成人（网络）教育系列规划教材
CHENGREN (WANGLUO) JIAOYU XILIE GUIHUA JIAOCAI

经济学原理（第三版）

JINGJIXUE YUANLI

主　编　吴开超　吴　伶
副主编　刘伟娜　罗　晶

西南财经大学出版社
Southwestern University of Finance & Economics Press

总序

随着全民终身学习型社会的不断建立和完善，业余成人（网络）学历教育学生对教材的质量要求越来越高。为了进一步提高成人（网络）教育的人才培养质量，帮助学生更好地学习，依据西南财经大学成人（网络）教育人才培养目标、成人学习的特点及规律，西南财经大学成人（网络）教育学院和西南财经大学出版社共同规划，依托学校各专业学院的骨干教师资源，致力于开发适合成人（网络）学历教育学生学习的高质量优秀系列规划教材。

西南财经大学成人（网络）教育学院和西南财经大学出版社按照成人（网络）教育人才培养方案，编写了专科及专升本公共基础课、专业基础课、专业主干课和部分选修课教材，以完善成人（网络）教育教材体系。

由于本系列教材的读者是在职人员，他们具有一定的社会实践经验和理论知识，个性化学习诉求突出，学习针对性强，学习目的明确；因此，本系列教材的编写突出了基础性、职业性、实践性及综合性。教材体系和内容结构具有新颖、实用、简明、易懂等特点，对重点、难点问题的阐述深入浅出、形象直观，对定理和概念的论述简明扼要。

为了编好本套系列规划教材，在学校领导、出版社和其他学院的大力支持下，首先，成立了由学校副校长、博士生导师丁任重教授任主任，成人（网络）教育学院院长唐旭辉研究员和出版社社长、博士生导师冯建教授任副主任，其他部分学院领导参加的编审委员会。在编审委员会的协调、组织下，经过广泛深入的调查研究，制定了我校成人（网络）教育教材建设规划，明确了建设目标，计划用两年时间分期分批建设。其次，为了保证教材的编写质量，在编审委员会的协调下，组织各学院具有丰富成人（网络）教学经验并有教授或副教授职称的教师担任主编，由各书主编组织成立教材编写团队，确定教材编写大纲、实施计划及人员分工等，经编审委员会审核每门教材的编写大纲后再编写。

经过多方的努力，本系列规划教材终于与读者见面了。在此之际，我们对各学院领导的大力支持、各位作者的辛勤劳动以及西南财经大学出版社的鼎力相助表示衷心的感谢！在今后教材的使用过程中，我们将听取各方面的意见，不断修订、完善教材，使之发挥更大的作用。

西南财经大学成人（网络）教育学院

2009 年 6 月

第三版序言

2010年6月，《经济学原理》第一版首发；

2011年6月，《经济学原理》第二版面世；

2013年6月，《经济学原理》第三版出版。

从2010年6月到2013年6月，《经济学原理》出版发行整整三个年头。在这三年里，从教材内容的取舍到教材结构的安排，从标点符号的正误到图形的标准化和美化，从概念术语的专业化到通俗化和网络化……许多读者通过邮件、QQ、飞信、微信、短信甚至电话给了我们不少的意见和建议。

这些建议和意见，有的长达几页，有的只是三言两语；有些言之有理，有些仅仅是一些理解和表述上的误解。但是，读者的每一条建议和意见，我们都感觉沉甸甸的，热乎乎的。因为那是读者对我们的关注、关心和关爱。正是读者关注、关心和关爱，才有了《经济学原理》的一版再版。

《经济学原理》的第三版，从内容到结构较之第二版都进行了较大幅度的修改。

一是增加了部分内容：第三版在第七章中增加了“第一节　总支出的组成部分”，在第八章中增加了“第一节　价格总水平和物价指数”，“第五节　经济周期与经济稳定”。

二是调整了部分内容：把第二版“第五章　垄断和不完全市场”压缩为一节，并与第二版“第六章　市场失灵与微观政策”整合为第三版“第五章　市场失灵和微观规制”；第二版第九章“第一节　总需求与总供给”拆分为第三版第八章“第二节　总需求曲线”和“第三节　总供给曲线”；第二版第十章“第二节　通货膨胀和消费价格指数”和“第三节　菲利普斯曲线”合并为第三版第九章“第二节　通货膨胀和菲利普斯曲线”；把第二版第九章的第三节和第四节调整为第三版第九章的第三节和第四节；把第二版第七章的第五节调整为第三版第九章的第五节。

此外，还删减了部分内容，比如第二版第五章“第三节　垄断竞争市场的产量与价格”。

这次调整遵循简明通俗的原则，也考虑微观经济学和宏观经济学的整体性，还采纳了读者的一些建议。我们希望此次修改能够帮助读者更好更快地理解和运用经济学原理。

当然，《经济学原理》第三版可能还存在这样或那样的不足，我们还是期待读者一如既往的关注、关心和关怀。

编者

2013年4月于学府尚郡

序

世界聚焦经济学

1929—1933 年，全世界陷入过一次经济大萧条。在那以后的 70 多年中，尽管局部地区和国家出现过经济和金融危机，甚至出现过 1997 年那样严重的亚洲金融危机，但是多数国家的经济实现了稳定增长，人们的生活水平得到了持续不断的提高，似乎经济大萧条不会重现了。正当我们津津乐道于经济繁荣之时，始于 2008 年美国“次贷”危机的全球性经济和金融危机再次袭来。面对新世纪的世界经济危机，各个国家政府强力出击，推出一系列改革金融、刺激经济的政策，希望减轻衰退，迅速复兴经济。效果如何，人们当拭目以待。

计划经济与市场经济体制的相互较量是 20 世纪出现的最为惊心动魄的事件。从 20 世纪初开始，社会主义国家如雨后春笋般建立起来。这些国家在建立之初几乎不约而同地选择了计划经济体制，而且这种体制也给这些国家带来了令人瞩目的经济增长速度。在 20 世纪 80 年代之后，计划经济体制国家遭遇了前所未有的经济困难，早年的经济增长势头难以为继。这些国家先后进行全面的改革，又不约而同地选择了市场经济体制，有些国家还取得了举世公认的成就。计划经济体制在人类历史上奇迹般地现身，它雄心勃勃的创新和遇到的种种挫折，反映了计划经济体制与市场经济体制之间充满曲折和反复较量的轨迹。

伴随着世界经济的衰退与繁荣，经历过经济制度的转型变迁，借助于科学技术的进步，得益于其他学科的发展，经过一代又一代经济学家的不懈努力，经济学的专业范畴、分析工具、分析方法、研究范围都得到了前所未有的创新。无论是作为一门科学，还是作为一门学科，经济学在全世界都已经成为人们普遍关注的焦点。

经济学家的感受

“经济”这个词来源于希腊语，意思是“管理一个家庭的人”，这就说明家庭和经济有许多相似之处。而中国素有“经世济民”、“经邦济世”这一类说法，说明经济学也关注国家管理的问题。所以，无论是作为家庭成员，还是作为国家管理者，都需要掌握必要的经济理论。

重视经济学并不是希望人人都成为以经济学研究为职业的经济学家，也不是因为经济学能够直接教给我们一些赚钱的窍门，而是希望大家都能够掌握经济学的思维方式，能够在现代社会中“像经济学家一样思考问题”。

约翰·梅纳德·凯恩斯说：“经济学理论并没有提供一整套立即可用的完整结论。它不是一种教条，只是一种方法、一种心灵的容器、一种思维的技巧，能帮助拥有它的人得出正确结论。”

经济学家和政治哲学家的思想，无论是对还是错，总比一般人的认识更加有力。实际上，这个世界是由少数人统治的。那些相信自己在智力上不受影响的实干家，往往是那些已经过世的经济学家的“奴隶”。那些当权狂人听信的流言，其实只是几年前一些末流文人狂妄思想的“结晶”而已。

沃尔特·威廉姆斯说：“经济学是一种思维方法，而且也是运用广泛的一种有用的分析工具。经济理论可以广泛运用于有关人类行为利益与成本问题的任何一种讨论。经济学家有在企业、政府、研究等教育机构工作的广泛就业前景。此外，在社会科学家中，经济学家的工资往往更高。”

教材细节扫描

经济学的使命是作出艰难的选择。经济学涵盖的内容实在太多，要求在一个学期内完成经济学基础课程，对讲授经济学课程的教师和学习经济学课程的学生来说，选择的艰难可想而知，而编写经济学基础教材的作者对此的理解尤为深刻。我们编写本书的目的，在于激发学生观察经济现象的兴趣，开发学生的“经济学思考方法”，介绍基本的经济学原理，使他们了解家庭、企业、市场和国家的经济行为和经济运行。

◆我们尽可能在本书中提供这门学科比较全面而完整的内容，而不是片面或过分简单的节选。从微观经济学到宏观经济学；从单个的家庭、单个的企业和单个的市场，再到作为整体的国民经济；从市场有效时的自由竞争到市场失灵时的政府干预……

◆我们知道许多学生一开始都对经济学有浓厚的兴趣，但是难于坚持学习，所以我们希望在书中加入一些有趣的事实。我们选择一些例子说明原理，以使学生感兴趣，并使内容生动活泼。同时，我们还通过运用原理来说明当前的现实与争论，以使原理也活起来。

◆我们意识到不少学生感到经济学难学，为此，我们把学生放在中心地位，并为学生而编写教材。我们不使用让人畏惧的形式与语言，以使学生把精力集中在实质性内容上。在书中，我们尽量使用通俗易懂的语言，大量使用简明直观的平面图形，几乎不涉及超过高中数学难度的计算公式。在经济学中大量使用的经济函数，我们也尽可能避免使用，而用经济因素之间的影响关系来表述相关问题。

◆尽管经济学中有很多模型、很多分析工具，但我们在书中仅仅运用供求均衡分析，而不是介绍多种分析模型和工具。比如我们用市场供求均衡理论分析市场价格和交易量的决定与变化，分析政府的微观规制对交易价格、交易量和经济福利的影响。又比如我们用总供求均衡理论来分析国内生产总值（GDP）、价格总水平和总就业量的决定与变化，并分析宏观财政政策和货币政策的作用。

可选的学习思路

经济学内容多且复杂，学生常常感觉看得懂、听得懂，但是无法整体把握，记不住、容易忘。导致这些问题的主要原因是学生没有把主要的经济学知识理顺。为此，我们在这里给大家介绍一种学习教材的思路，供学生参考。当然，如果学生自己能够理出一条线索，那是最好不过的了。

◆经济学导论（第1章）：经济学和经济学家，主要是为学习具体的经济学知识作一些准备。

◆微观经济学（第2、3、4、5、6章）。它包括基本理论和基本问题与对策两个部分。第2、3、4章主要是介绍市场供求均衡理论；第5、6章是供求均衡理论的运用，以研究现实中垄断、外部性、公共物品和信息不对称问题，揭示政府的微观规制在解决经济低效率中的作用。

◆宏观经济学（第7、8、9、10章）。它同样包括基本理论和基本问题与对策两个部分。第7、8、9章主要介绍总供求均衡理论，第10章是总供求均衡理论的运用，以研究现实中的失业和通货膨胀问题，揭示政府的宏观财政政策和货币政策在实现经济稳定中的作用。

学习建议点滴

经济学是作为经济类的基础课来设置的，是各专业的基础课之一。通过本课程的学习，要求学生掌握现代经济学的基本概念和基本理论，掌握经济学所运用的基本分析方法，以此作为学习其他专业课程的基础。在学习中，除传统重点外，还应该注意以下几个问题：

◆注意政治经济学和经济学的区别。政治经济学和经济学分别属于不同体系，不可将这两门不同的学科混淆起来。

◆着重掌握基本理论。多观察，多思考，用实例帮助理解，也可适当练习试题。

◆理解图形。图形是本书的教学难点。学习经济学必须懂得图形。图形并不要求死记，但必须看懂和理解。要根据教材进行训练，要求掌握最基本的图形，会识图、绘图。

◆重视计算题。考试计算题的出错率很高。一些常考的较简单的计算题，如需求弹性的计算，也常出现错误。因此必须在日常教学和期末复习中加强这方面的训练。

◆重视运用原理分析现实问题。本书特别强调原理的运用，要求同学们能够运用基本原理进行简单的经济学分析。

编写团队素描

为了编写适合成人教育、网络教育教学的教材，经过反复选择，我们成立了《经济学原理》教材编写组。

编写组由吴开超（西南财经大学）、吴伶（四川财经职业技术学院）、罗晶（上海工程技术大学）、刘伟娜（中州大学）四人组成。

作者都是国内著名大学的经济学博士或硕士，对经济学原理相当熟悉，关键是具有比较丰富的经济学教学的实践经验，对成人教育、网络教育的特点和要求也颇有心得。

教材编写提纲由吴开超和吴伶讨论制定。教材编写的具体分工为：吴开超主要编写第一章，并负责全书总纂；吴伶主要编写第二、三、四章；刘伟娜主要编写第五、六、七章；罗晶主要编写第八、九、十章。

感谢、祝愿、期待

本书得以编写出版，除了编写成员之间的愉快合作外，我们心中充满感激。在教材的编写过程中，我们参考了大量的国内外相关专著、教材、论文和新闻报道，特别是萨缪尔森等主编的《经济学》、曼昆主编的《经济学原理》、希勒主编的《当代经济学》、帕金主编的《经济学》和梁小民主编的《西方经济学》，我们在此表示衷心的感谢。感谢西南财经大学出版社！感谢西南财经大学成人教育学院、网络教育学院！

我们的新学生，当你们初次登陆经济学时，你们也许难免有点担忧，这是完全可以理解的。不过，我们要由衷地说，充满魅力的经济学世界正在等待你们去遨游！经济学教会你们弄清目标，认识到制约和机会成本，掌握不确定性，并知道如何根据新的观察得到最新的信息。学习经济学是“购买以后在许多职业和生活道路上可以运用的期权”。值此，我们祝愿你们学有所得，学有所用，一帆风顺！

我们水平有限，再加上时间太紧，书中疏漏和错误之处在所难免，我们当为此负责。本书最适合初学者，当然也可供各个层次的读者使用，我们盼望来自读者的批评和建议。

编者

2010 年 5 月于柳林

目 录

第一章　经济学和经济学家

导入：

(1) 高中毕业了，你面临着这样的选择：①花四年时间读大学；②参加职业技术培训班，花三个月掌握一门技能；③直接参加工作。你会怎样选择？选择的根据是什么呢？

(2) 假如你是公园管理部门工作人员，正在考虑怎样使一片草坪避免被人践踏，可能的方案有：①在草坪一角立一块警示牌，上书“禁止践踏草坪，违者罚款50元”；②在草坪周围竖立铁栏杆；③在草坪内对角线位置铺一条鹅卵石小路。你认为哪种方案比较可行？不同方案是怎样比较的？

(3) 周末，你在商场里面买了一大堆零食、日用品，门口20个收银台都被排队付款的人群淹没了，一眼望不到头。你会抱着东西一个一个队伍比较，从而找到一条最短的队伍，还是直接就近排队？如果告诉你，每个队伍的长度将是近似的，不值得花时间搜索，你会觉得奇怪吗？

(4) 政府决定对国内成品油价格进行改革，其中的一项措施是将原来每月固定的养路费改为燃油附加税，你对此表示支持还是反对？如果你正准备春节前买车，你的计划会因此而改变吗？

在实际生活中，家庭、企业和政府都会面临各种各样的经济问题。翻开报纸和杂志，占据大幅版面的是价格、工资、广告、收入分配、消费者权益、公平交易、外汇储备、银行利率、股票涨跌、进出口贸易、产业结构、税收等经济问题。打开电视和收音机，占用大量黄金时间的仍然是这些经济问题。经济问题纷繁复杂，备受关注。为了帮助人们更好地认识和处理经济问题，经济学家们通常根据一些给定条件，运用一套可以适用于各类经济问题的分析方法，进而建立了一门学科即经济学来解释复杂多样的经济现象。从英国经济学家亚当·斯密的《国富论》诞生到现在，现代经济学已经走过了200多年的历史，其研究成果之丰富，研究范围之广泛，以至于有“经济学帝国”之称。

学习本章之后，你将能够：

(1) 了解家庭在市场中的角色；

(2) 了解企业在市场中的角色；

(3) 了解经济学的研究对象；

(4) 了解经济学的基本问题；

(5) 了解经济学中假设的作用;
(6) 了解经济学的图表。

经济这个词来源于希腊语，意思是“管理一个家庭的人”，这就说明家庭和经济有许多相似之处。而中国素来有“经世济民”、“经邦济世”这一类说法，说明经济学也关注国家管理的问题。所以，无论是作为家庭成员，还是作为国家管理者，都需要掌握必要的经济理论。

为什么要学习经济学?

很简单，人们都希望赚钱，姚明可以通过打篮球、代言产品赚钱，巴菲特可以通过买卖股票投资赚钱……大多数人都无法回避这个问题——如何取得收入；然后，我们赚钱也是为了花钱，“怎样花钱才更划算呢?”——这是经济学研究的另一个重点；另外，作为社会整体经济的一分子，失业率上升对你有什么影响? 物价上涨会降低你的生活水平吗? 作为选民，你也要对政策进行投票和表态——具备一定的经济学知识可以帮助你作出准确的判断。

重视经济学并不是希望人人都成为以经济学研究为职业的经济学家，也不是因为经济学能够直接教给我们一些赚钱的窍门，而是希望大家都能够掌握经济学的思维方式，能够在现代社会中“像经济学家一样思考问题”。那么，经济学家主要思考哪些问题? 他们是怎样思考的? 这就是本章将要讨论的主要内容。

第一节 经济学的基本问题

一、市场活动循环流程图

图 1-1 是我们绘制的市场经济活动的流程图，它简要地说明了市场经济中的市场主体、市场客体、市场活动和市场价格。

(1) 就消费者来说，它是生产要素的所有者，通过向要素市场上提供劳动、资本、土地和企业家才能而获得工资、利息、租金和利润，这些要素价格就构成消费者的收入。消费者拥有的收入就是他的货币选票，他支付相应的价格，在市场中去购买所需要的食品、服装、理发等产品和服务，以满足自己的各种需要。当然，消费者还要与政府发生关系，一方面，消费者要向政府缴纳社会保障税和个人所得税，以获得政府提供的公共产品和服务；另一方面，政府还要对消费者进行福利开支等转移支付。

(2) 就企业而言，为了满足消费者的需要，它是产品和服务的生产者和所有者，通过向市场提供消费者所需要的食品、服装、理发等产品和服务而获得相应的收益。企业拥有的收入成为它的货币选票，它运用这些选票在要素市场上去购买它进行生产所必需的劳动、资本、土地和企业家才能，同时向他们支付工资、利息、租金和利润等价格。当然，厂商也要与政府发生关系，一方面，企业者要向政府缴纳间接税（关税、营业税、消费税等）、社会保障税和企业所得税，以获得政府提供的公共产品和服务；另一方面，政府也要对企业进行福利开支等转移支付。

(3) 如果消费者和企业仅仅是市场活动的参与者，那么政府的角色就是多重的。作为市场活动的参与者，政府在产品市场上，既提供公共物品和服务，又通过政府购买的形式购买产品和服务；在要素市场上，它既提供公共资源，同时又去购买要素。作为经济活动的调控者，政府还通过财政政策、货币政策和产业政策来引导经济运行，以弥补市场的失灵。当然，政府也不是万能的。

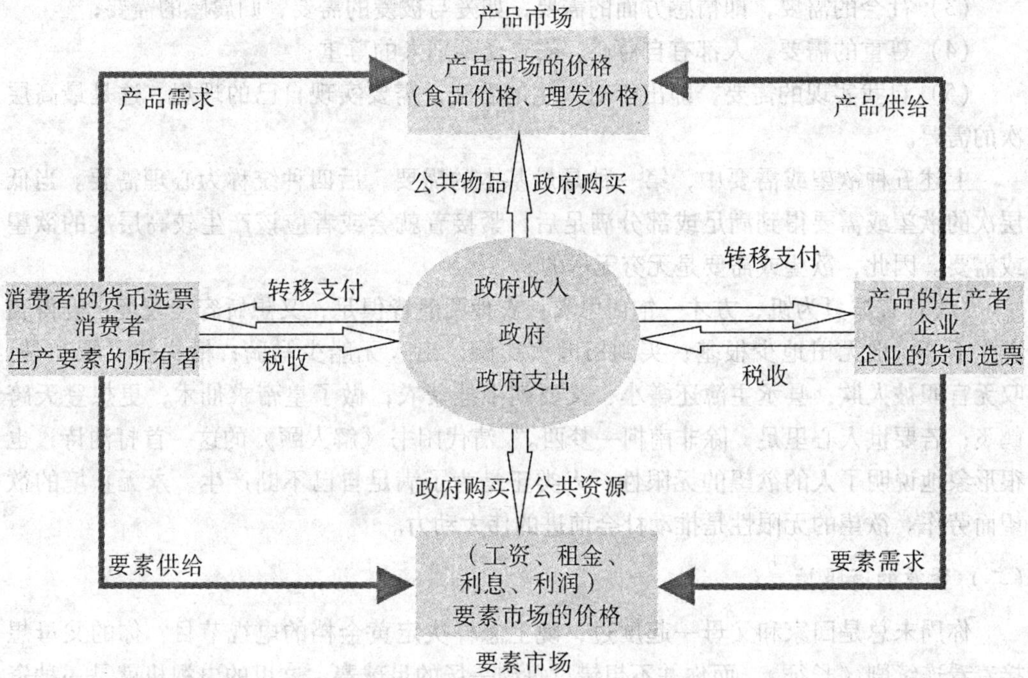

图 1－1　市场经济活动循环图

二、经济学并不总是讨论金钱

经济学就是关于赚钱的学问？当然不是，许多时候我们甚至是不自觉地就在处理经济问题。比如前面导入部分所举的一些例子。这些问题或许并不直接与金钱、货币相关，却是我们每个人都实实在在会遇到的经济问题，而且它们有一个共同点，就是都需要作出选择——读大学或是工作，支持或是反对……所以，从这个意义上说，经济学就是关于选择的学问。

要理解经济问题如何产生、人们如何解决，首先就要从经济学产生的根源谈起。人类社会的基本问题就是生存和发展，在这样的前提下产生了各种需要：吃饱穿暖的需要、受教育的需要等，人类欲望是无限的；另一方面，人类的各种需要通过资源的耗费来实现，而资源是有限的。因此，我们就需要在资源的各种用途上进行选择，以期获得最大的收益。

（一）人类欲望的无限性

如果你意外获得了阿拉丁神灯，你会许下什么样的愿望？健康、财富、地位、人生价值……一切都不必付出代价的话，什么时候你才会觉得“够了”？

俗话说“人心不足蛇吞象”，一个欲望得到满足，又会产生新的欲望。美国心理学家亚伯拉罕·马斯洛（Abraham Maslow）就提出了需要层次理论，认为人类的需要可分为五个高低不同的层次：

（1）基本的生理需要，即生存需要；

（2）安全需要，即希望未来生活有保障；

（3）社会的需要，即情感方面的需要，如爱与被爱的需要，归属感的需要；

（4）尊重的需要，人都有自尊心，需要受到别人的尊重；

（5）自我实现的需要，即出于对人生的看法，需要实现自己的理想，这是最高层次的需要。

上述五种欲望或需要中，第一种是最基本的需要，后四种统称为心理需要。当低层次的欲望或需要得到满足或部分满足后，紧接着就会或者应该产生较高层次的欲望或需要。因此，欲望或需要是无穷无尽的。

“终日奔波只为饥，方才一饱便思衣；衣食两般皆俱足，又想娇容美貌妻；娶得美妻生下子，恨无田地少根基；买到田园多广阔，出入无船少马骑；槽头扣了骡和马，叹无官职被人欺；县丞主簿还嫌小，又要朝中挂紫衣；做了皇帝求仙术，更想登天跨鹤飞；若要世人心里足，除非南柯一梦西。”清代闲书《解人颐》的这一首打油诗，也很形象地说明了人的欲望的无限性。人类正是为了满足自己不断产生、永无止境的欲望而劳作。欲望的无限性是推动社会前进的伟大动力。

（二）资源的有限性

你周末总是回家和父母一起度过，晚上怎样决定黄金档的电视节目？你的父母想接着看连续剧《长征》，而你并不想错过每周一场的足球赛。这里的电视机就是一种资源，它可以用来播放连续剧，也可以用来转播球赛，并且在同一个时段只能选择其一，因此并不能够同时满足你和父母的需要。

同样的道理，整个社会的高档轿车、华衣美食、一流的教育条件……这些资源的总量都是有限的，不能够满足所有人的需要，这就表现为资源的有限性。有调查表明，只有38%的美国人认为自己拥有了他们想要的“绝大部分东西”，还有21%的美国人认为自己只拥有了他们想要的“一些和非常少的东西”。

所谓资源，就是能够直接或间接地满足人类需要的物品。有的物品需要花费一定代价才能获得，叫作经济资源。劳动、土地、资本和企业家才能被认为是最基本的四大经济资源。除此之外，超市出售的面包、外套等也是经济资源；还有一些物品对人有用但是并不需要花费代价去购买，叫作非经济资源或者自由取用的资源，比如阳光、空气等。经济学中的“资源”专指经济资源。

试一试：

空气是自由资源，清新的空气也是吗？

（三）资源的稀缺性导致了经济问题的产生

资源的稀缺性一方面是绝对的，因为资源稀缺性存在于一切时代和一切社会；另一方面资源稀缺性又是相对的，这是因为资源数量相对于人类欲望的无限性来说，总是不足的。

没有稀缺性的社会是不存在的。我们不妨设想，如果社会能够无限量地生产出各种各样的商品和服务，那么会产生什么样的结果呢？所有的物品都可以免费得到，所有的价格都变成“零”了，仿佛沙漠中的沙子和大海的海水一般，只要你不愿意付钱，你都可以不付钱。然而，任何现实社会都是一个充满着稀缺的世界。稀缺性形成和决定了每一种经济资源都有一个大于零的价格。房地产开发商要得到土地，他就得支付土地的价格——地租；微软老板比尔·盖茨要雇用编程员，他就得支付劳动的价格——工资；如果你要获得资本，你也必须支付资本的价格——利息，你还要聘请职业经理人，你还要支付企业家才能的价格——利润。

资源稀缺性产生了经济问题。对家庭而言，不能给每一个成员所有想要的东西，谁做晚餐？谁打扫房间？而谁可以舒舒服服地躺在沙发上看电视？对整个社会而言，总的生产能力是有限的，多生产一些民生用品（面包），还是多生产一些武器（坦克）？谁可以获得华衣美食，谁必须为了温饱而努力？

由于可利用的资源是稀缺的，并不是每一个人都能拥有海景别墅和宝马跑车，都能到夏威夷度假，有些人甚至不能拥有最基本的食品和医药；企业可能因为没有足够的资本购买专利、聘请职业经理人，眼睁睁地看着赚大钱的机会从身边溜走；一个国家可能因为没有足够的资源，无法同时提供充足的消费品和军需品；当今世界，许多地方缺粮、缺水、缺电、缺药……在这个资源稀缺的世界里，并不是我们想得到就做得到，我们受到资源的约束。面对约束，我们不得不选择。经济问题数不胜数，但是基本的经济问题可以概括为四类：

1. 生产什么

100 万资本和 50 个工人，可以每天生产 1 000 份棉纱，也可能生产 10 万个面包，但两者只能选择其一。资源的稀缺性决定了我们不能生产想要的一切物品，而只能组织比较“划算”的生产，那么什么产品划算，应该生产多少，就是我们首先要考虑的问题。

2. 如何生产

由于资源的稀缺性，人们必须选择最有效的生产方法，使有限的资源生产出尽可能多、尽可能好的产品。但是，什么样的生产方法才是最有效率的呢？是采用先进技术少用工人，还是劳动密集型生产？是大规模生产节省成本还是小规模生产灵活方便？

比如邮局引进自动分拣机，1 台自动分拣机每天可以处理 10 万封信，如果人工处理则需要 50 名工人，那么引进自动分拣机就一定会实现效率吗？我们还要考虑价格，如果 50 名工人的工资总和也比不上机器的价格，那么引进机器就没能实现经济效益。如果这是一个偏远小村的邮局，每天大概只有不到 100 封信往来，那么使用自动分拣机也是一种闲置，没有很好地利用起来。

3. 为谁生产

资源稀缺决定了产品的不足，也就是说不能按照每个社会成员的愿望来分配。那么社会产品如何分配呢？是按劳分配，还是按要素分配？公平与效率的抉择是政府最重要的任务之一。我们国家会是一个穷人多富人少的社会吗？如果按照一个大致平等的原则进行分配，会产生什么后果？

4. 由谁决策

这些问题是一切经济制度下都会存在的问题，但不同的经济制度以不同的方式来解决问题。经济学认为，无论是命令式的中央计划制度还是市场经济制度都是两种极端的决策制度。前者由政府负责一切经济活动事务，由统一的计划管理机构通过一个官僚体系发布行政命令，决定生产什么、如何生产和为谁生产。后者则是通过市场，由生产者和消费者的自由交换和分散决策，决定生产什么、如何生产和为谁生产。

正如我们看到的，现实中没有一个国家完全依靠一种机制。在被认为经济最为自由的美国，政府也会对经济决策进行干预。萨缪尔森说，我们的经济是私人组织和政府机构都实施经济调节的混合经济制度。在混合经济制度中，大量财产为私人所有和处置，也有部分财产由国家或者政府拥有。生产什么、怎样生产和为谁生产的问题，主要依靠市场信号来解决，也有部分必须依靠政府指令。一般说来，市场能够很好解决的生产和分配问题都由市场来决定，而市场不能解决的问题交给政府来解决，比如，公共产品的生产和提供问题。除此之外，政府还解决市场作用的不利影响，诸如环境污染、疾病防治和垄断等问题。

显然，混合经济就是一个自由经济和指令经济的混合物。在实际经济生活中，由于产权的私有和公有、市场和计划的成分差异，存在各种各样的混合经济。随着科学技术、国际关系和资源环境的变化，一方面，原来的指令经济国家都在经历一个前所未有的经济和社会转型，有些甚至已经变成一个混合经济国家，比如中国、俄罗斯、罗马尼亚、越南等，即使还没有成为混合经济的国家，比如朝鲜、古巴、老挝，都开始了向混合经济的转变。另一方面，原来的自由经济国家，即使是像美国这样的国家，也在越来越多地依靠政府来调节经济。我们所说的市场经济，其实是混合经济中的一种，当然是更加靠近自由经济制度的混合经济制度。

试一试：

自然资源是经济增长最大的限制吗？你会不会担心资源枯竭危及人类社会的生存和发展？

三、经济学所研究的基本问题

经济学是一门研究人类行为以及如何将稀缺资源进行合理配置的社会科学。

经济学不仅仅研究资源的配置和利用问题，而且还研究人类行为，主要是人类如何作选择，包括个人的选择和群体的选择。因此，经济学研究要实现的基本目标有四个：经济效率、经济公平、经济稳定和经济增长。更为基本而言，经济学主要研究在社会能够实现的经济增长和社会普遍接受的收入平等的约束条件下，实现最大可能的经济效率。

正如萨缪尔森在《经济学》中所说：经济学是研究社会如何进行选择，以利用具有多种用途的、稀缺的资源来生产各种商品和劳务，并将它们在不同的人群中间进行分配的学科。

第二节　经济学的两大视角

经济学理论体系可以有两种分类，一种分为实证经济学和规范经济学，另一种分为微观经济学和宏观经济学。

我们来看下面几个案例：

（1）中国政府提出国内成品油市场进行改革，一项政策是将国内油价与国际油价实行接轨，即逐步放开成品油的价格管制；另一项政策是对成品油征收燃油税，同时逐渐废除养路费等相关费用。问：

①该政策对国内成品油价格有何影响？对石油企业有何影响？对消费者有何影响？对汽车市场有何影响？

②该项改革符合公共利益吗？是否应该进行这样的改革？

（2）当生产过程涉及的原材料价格发生变化时，为什么厂商往往会增雇或者解雇工人呢？如果原材料价格（比如钢材）上升10%，那么一个汽车公司或者整个汽车行业中有多少工人可能会被解雇呢？

（3）在2008年下半年，经济危机席卷全球，欧美主要发达国家受到巨大冲击，经济形势变差、国民收入减少等因素使得消费者怎样调整他们的圣诞节购物计划？

（4）如果美国人决定削减开支、减少对中国产品的购买，会导致中国的出口行业受到什么影响？会在多大程度上影响中国的国民生产总值和失业率？

其中哪些问题涉及微观经济学理论，哪些属于宏观经济学的研究范畴？哪些是实证经济学的内容，哪些又是规范经济学的东西？我们首先来比较一下它们的区别。

一、微观经济学和宏观经济学

（一）微观经济学

微观经济学研究个别经济单位的行为，这些经济单位包括个人（或者家庭）、企业和其他参与经济的实体，核心问题是资源如何实现优化配置。

微观经济学一方面主要阐述个体如何作出决策。比如：作为消费者，收入增加时你会增加还是减少对土豆的消费？猪肉价格上升会不会影响你对牛肉的消费？作为要素所有者，最低工资水平的提高会不会影响你的工作时间？作为厂商，你决定这个月生产多少产品，提价还是降价？

微观经济学的另一个方面则涉及经济个体之间的相互作用，从而形成更大的经济单位——市场和行业。它告诉我们电信行业为什么是现在这样的格局，其格局对于厂商和消费者的相互作用有何影响。为什么学校小卖部的商品价格总是比市场平均水平更高一些？如果增加三五家出售类似产品的超市，它们的价格会不会发生变化？

微观经济学的主要内容是价格理论，包括价格的决定以及均衡价格的变动。市场上有各种各样的商品，它们的价格是如何决定的？为什么情人节当天玫瑰花的价格上升幅度很大，而巧克力价格变化则要小得多？

微观经济学的主要任务就是解决资源优化配置问题，提供的解决方案总是建立在相应的理论基础之上，而理论的产生和发展则依照一套基本的假设和规律来进行。比如我们讨论如何实现消费者均衡，就基于这样一些假设：首先消费者追求的目标是效用最大，而且人们连续消费同一商品时遵循边际效用递减规律。在这样的前提下，我们分析消费者如何安排他的消费计划——购买什么，购买多少；同时，还能分析他的消费计划与商品的价格有何关联、在多大程度上受到收入变化的影响。

（二）宏观经济学

宏观经济学着眼于对经济总量的研究，比如国内生产总值、失业率、通货膨胀率等。它的主要任务是解决资源合理利用的问题。

宏观经济学主要关注经济整体的运行，研究社会总体的经济行为及其后果。为什么韩国、新加坡等国可以在20世纪的几十年间发展成为人均收入较高的国家，而非洲多数国家整整一个世纪都挣扎在贫困的深渊？为什么经济会发生时而高涨、时而萧条的周期性波动？为什么20世纪30年代危机期间美国的失业率高达25%？

宏观经济学的主要内容是国民收入决定理论，分析经济周期的原因和决定经济增长的主要因素，讨论如何能够实现资源的合理利用，实现经济的长期稳定增长。这就涉及宏观经济政策的分析：政府应当在经济发展过程中承担什么样的责任？如何对经济有效干预，避免经济危机的出现？

（三）微观经济学与宏观经济学的融合

尽管微观经济学和宏观经济学着眼于不同的研究领域，它们之间也存在着固有的联系，并且从现代经济学发展历程来看，两者之间的界限正在逐渐模糊。

宏观经济学研究总体行为，而总体正是由无数个体决策形成的，所以，不考虑相关的微观基础是很难理解宏观的发展的。比如考虑失业率水平的变化，我们就必须分析个体劳动者的劳动供给决策和厂商的劳动需求决策发生了什么样的变化。要分析债券市场的总需求和总供给，就离不开对投资者个人的行为分析。

本书沿用经典的经济学理论框架，分为微观和宏观两大部分，其中微观部分主要是均衡价格理论、消费者行为理论和厂商理论，探讨市场价格的形成和变动，以及作为个体经济单位的家庭和厂商如何决策；宏观经济部分则主要探讨国民收入的决定和增长，以及宏观经济问题，比如失业和通货膨胀。

二、实证经济学和规范经济学

经济学既讨论实证问题，也研究规范问题。那么，哪些是实证问题，哪些是规范问题？两者有什么联系和区别呢？

（一）实证经济学

经济学理论主要的任务是认识世界，解释经济现实，这是实证经济学的范畴。

实证问题首先基于对世界的描述，观察经济是怎样运行的——人们相互之间如何分工、如何交易？

实证分析还试图解释经济现象背后的原因，回答经济为什么会出现某种结果——为什么外科医生的收入水平远远高于邮递员？为什么商品房的价格上涨如此之快，以至于收入增长速度远远不能满足购买住房的需要？

当然，经济学还有一个重要的用途就是对经济运行作出预测——美国金融危机的爆发会使中国的出口如何变化？2010 年大学毕业生的就业形势是更好还是更坏一些？明年证券市场形势如何，现在是购买股票或者债券的好时机吗？

（二）规范经济学

很多时候我们并不满足于对现象的解释和对未来的预测，还会进一步提出“什么才是最好的”这类问题，这就涉及价值判断，属于规范经济学的范畴。

由于世界观、价值观以及个人立场的不同，价值判断有很强的主观性，因此很难确定一个得到公认的评判标准，这是经济学家在制定政策上发生分歧的主要原因之一。比如，某甲和某乙两个人，某甲月收入 8 000 元，每个月交税 800 元；某乙月收入 2 000 元，交税额为 0 元。这公平吗？政府是否应该对高收入者征收更多的税？“公平”与否、“应该不应该”的判断就属于价值观的内容，人们对此很难达成一致。

规范分析不仅涉及价值判断，而且直接影响到政策倾向。在确定对奢侈品征税的时候，首先是考虑到能够增加的税收额，然后是它对富人的影响、对奢侈品厂商的影响、对工人就业的影响，然后来判断是否应该实行。

涉及“好不好”这类问题的时候，经济学往往不能直接给我们答案，还要综合考虑伦理、宗教和政治哲学的看法，但是规范分析可以比较明确地指出各种可能的后果，帮助我们判断。

（三）实证经济学和规范经济学的关系

首先，实证分析和规范分析是相关的，规范分析作出的判断往往依赖于对现实的实证分析，比如判断奢侈品税是否合理，我们就可以比较奢侈品税带来的税收增加与对奢侈品行业的不利影响，而这个比较过程就是实证分析。

实证分析和规范分析的区别主要体现在我们如何证实或者推翻它的结论——对于实证分析，我们主要通过数据检验来确认或者否定它的结论；而对于规范分析，我们光有数据检验是不够的，还要考虑到价值观。

比如我们说外科医生比邮递员收入高是因为外科医生接受了更多的专业教育，如果数据表明学历（或者专业技术教育年限）不同的人平均收入水平差距不大，那么我们就有理由推翻这个结论。

如果是规范问题，比如最低工资法提高了失业率，所以政府不应该提高最低工资水平。那么即使我们找到证据证明最低工资法的实施提高了失业率，也不能证明该政策就是不好的。当然，如果有证据表明最低工资法没有提高失业率，我们倒可以说“政府不应该提高最低工资水平”这一判断缺乏依据。

第三节　像经济学家那样思考

在深入探讨经济学的本质和细节之前，我们不妨先了解一下经济学家是如何研究这个世界的。供给、需求、弹性、消费者剩余、通货膨胀率、失业等，都是经济学家的常用语言，与数学的积分、向量、面积等等名词一样，主要表现该学科的研究领域，是经济学这门学科区别于其他学科的特征之一。

乍一看，经济学并不显得特别高明——没有学习经济学的农民，也会知道丰收年份的粮食价格会下降。的确，经验可以是知识的重要来源，但理论素养可以使你认识更深刻、预测更精确。如果历史数据表明，在某一价格水平下，空调的需求价格弹性为2，那么我们可以推测提价会使总收益减少，如果给定价格水平和提价幅度，我们还能够大略估算总收益会减少多少；而如果商品变成大米，涨价却会使总收益增加——因为大米一般来说是缺乏需求价格弹性的。很重要的一点是，经验知识来源于生活经历，并且往往具有偶然性，难以一般化推广，而理论学习则试图找到现象背后的规律，形成指导行为的有用知识。

当然，你不可能一周之内成为高明的棋手，也很难在一年之内成为数学家或者哲学家，经济学也是如此。虽然很多时候经济学理论是在讲述抽象的道理，对你的帮助也不是那么立竿见影，但是掌握必要的经济理论对我们的生活——尤其是决策，绝对是大有裨益的。

因此，为了更好地认识世界，了解我们周围的经济是怎样运行的，我们需要培养经济学思维，能够“像经济学家一样思考”。那么，经济学家是如何思考问题的呢？

一、科学的态度＋科学的方法

经济学是科学吗？

不管你承认与否，这是现代经济学家努力的方向——让经济学研究与数学、物理等其他学科一样，通过精密的推导获得精确的结论。尤其在边际学派形成之后，经济学大量引进数学分析工具，建立了很多模型，使得推导和结论都更加容易验证。

（一）科学的本质是科学方法

爱因斯坦说：“全部科学不过是日常生活的精炼而已。”重要的是这个从具体生活现象到一般理论的精炼过程：观察生活（或者现象）—初步提出观点—逻辑验证，经过验证当然有两种可能，一种是通过验证，那么就可以应用于实践去检验；另一种是不能通过验证，那么就得回头来重新考虑原来的观点是否合适。

牛顿观察到苹果落地，引发了好奇心和思考，经过逻辑推导之后，提出万有引力定律，然后经过实验，发现可以应用于绝大多数情况。

“观察—理论—观察”这样的方法也适用于经济领域，虽然我们很多人并不习惯用科学的眼光去观察社会或者人的行为。如果食堂门口有一个人在那里倒立，我们怎么解释这一现象？他可能和朋友打赌来证明自己的勇气——验证过程比较简单，去问问他是不是这么回事；或许因为他相信倒立是一种有效的锻炼方法，我们可以看看是不是他以后还在那里出现。

（二）提出的理论应该是“可证伪的”

我们经常说“实践出真知”，因此验证过程是科学研究中必不可少的一环。既然要验证，那么结果就只能是两个：被证明是对的，或者被证明是错的。“可证伪的”就是说有可能被事实推翻，证明是错的。如果一个理论无论如何不可能错，那么我们就没法验证。

什么样的理论不可能出错呢？

1. 定义式的结论

比如说：人是直立行走的哺乳动物。这种描述性的结论是不可能错的，但也没有什么指导性的意义。

2. 包含了所有可能性的结论

如果新闻报道说医学专家发现食用某种蘑菇会在一定程度上影响人的脑神经，那么菜市场上该蘑菇的需求会受到什么影响，价格会怎么样？

我告诉你价格“可能上升，可能下降，也可能不变”，这有什么意义吗？无论价格如何，我的答案都是不可能错的，但也没什么用处。

（三）经济理论论证的困难

如果我们要证明“摩擦起电”，可以用两个物体来相互摩擦，或者换一些物品来反复证明。但是经济理论很难通过反复试验来证明，尤其是宏观经济问题。

比如我们试图研究人口增长对经济增长的影响，就没有办法通过提高或者降低人口增长率的办法，来观察其对实际经济增长率的影响。或者我们想要研究利率究竟在多大程度上影响人们的消费，也很难为此而特意提高或者降低利率水平。

不仅如此，很多经济指标难以量化，用模型和数学推导的办法来论证总是比较困难。比如人们常说“科学技术是第一生产力”，那么应该如何把“科学技术”量化进产出函数中？电力的发明和广泛应用、发动机的改进……分别意味着多大的贡献？

因此，由于经济学研究对象是人和社会的行为，我们很难用纯数学的办法来研究经济学，更多的时候数学只是作为我们推导的辅助工具，更重要的是思维和逻辑演绎。

二、理论假设的作用

几位在沙漠上旅行的学者讨论如何打开罐头的问题。物理学家说，给我一个聚光镜，我可以用阳光把罐头打开；化学家说，我可以用几种化学药剂的化学反应来打开罐头；而经济学家则说，假设我有一把开罐刀……

电影票价下降50%，你会将一个月看一场电影改为每周一次么？事实上，影响你看电影的因素是如此之多：收入、电影院的环境、女朋友（男朋友）的爱好、最近是否有好的片子……你要作出选择，就必须通过假设来简化现实。

(一) 简化现实

蝴蝶扇动翅膀都能引起远方的海啸，表明生活中相互影响的因素太多，因此我们很难同时研究所有的因素。回到看电影的问题，通常我们会假设其他因素不变——也就是说老板没有给你加薪，你也不用为了宠物狗生病而临时增加一笔开支，或者电影院也没有搬到更远的地方去，现在也不是春节，没有一窝蜂上映的大片——在这样的假设之下，我们来讨论电影票价下降对看电影频率的影响，就更加容易和可靠。

所以假设的作用主要是简化现实，使理论推导更加可行。比如物理学讨论惯性的时候，会假设平面光滑、摩擦力为零——这并不真实，但却是有用的简化。

当然，对现实的简化不能随意进行，科学思考的艺术就体现在提出什么样的假设上。如果讨论石块在空中下落的速度，我们可以假设这是真空，但如果讨论的是羽毛的下落，还能这样假设吗？同样，短期分析中，我们在收入不变的假设下讨论影响消费的因素，但如果涉及50年的消费变化，还能假设收入水平不变吗？

资料链接

沙漠中的假设与抽象分析法

"沙漠中的假设"这个故事被认为是对经济学家的嘲讽，因为经济学家在分析问题时总是依赖于一大堆假设。于是好像百无一用是经济学家，经济学最不像一门科学。但把经济学的假设作为一种方法来看，却是经济学家常用的一种抽象分析工具，其目的在于把复杂的问题简单化并最终得到研究结论。

其实，上面那个故事并不能说明只有经济学家的分析才利用假设，物理学家和化学家不也是在空想么？试想，在沙漠中，如果连开罐刀也没有，又何来聚光镜和化学药剂？难道物理学家和化学家会随身带着这些东西？他们只不过是根据自己的本行来假设罢了，在茫茫沙漠中一样不能奏效。

我们不能因为经济学家的假设最直接就觉得它没有可能。相反，如果回到一般情况下，经济学家的假设无疑是最容易与现实相符的、最容易为人们所接受的。这个故事只能说明经济学更加贴近我们的日常生活，它并不是人们所想象的那般高深莫测。它所假设的内容平时往往容易被人们所忽略。因此，经济学家最能挖掘假设对理论的巨大作用。根据弗里德曼提出的假设不相关命题，即使假设本身是不现实的，但并不影响以之为手段得到正确的结论。

在一些假设的基础上进行抽象分析，似乎又是经济学不得不做的选择。马克思说过："分析经济形势，既不能用显微镜也不能用化学试剂，两者都必须用抽象力来代替。"此语道出了抽象分析对经济学的重要性。

举一个通俗的例子：假如你要去美国旅游，但对美国又不熟悉，为了全面地了解美国，你可以找到一张美国航天局制作的卫星地图；它虽然完整地记录了美国的山山水水乃至一草一木，但对于普通人而言，由于它的信息太全面了，看了以后反而一无所获。

于是，你又找了一张美国旅游局制作的旅游地图，这是一张经过大量删减的地图，它不再详细记载美国的一草一木，而只记载了主要的山脉、河流、道路、桥梁、城市等有限的信息，但正是这张有限信息的地图却能给你帮助，使你能够了解美国。这里的旅游地图是经过抽象和简化了的地图。一般地图都是有比例尺的，比例尺就起到了一个抽象和简化的作用，这正说明了生活中为什么我们从来都不需要比例尺为1：1的地图。

经济学的方法需要假设，但不意味着经济学只会停留在假设上，一定的假设只不过是为了得到最终结论的手段，经济学理论的进展往往是在不断放松假设条件并步步逼近真实的过程中取得的。也就是我们常说的，人们认识问题总是先从具体到抽象，再从抽象回到具体。正如上述例子中，你在旅游地图的引导下进入了美国，但最后不会受到地图的束缚，你完全可以真实地饱览美国地图上并没有标记的山水草木。

资料来源：李仁君. 雾里看花般的经济学方法［J］. //经济学家茶座. 济南：山东人民出版社，2005.

（二）约定相同的起点

任何讨论都有一个起点，起点不同，也就无法讨论。

某甲说：空调的价格上升，人们的购买量就会下降。

某乙说：你错了，在夏天，空调价格上升，人们仍然争先恐后地跑去购买空调。

谁对？谁错？

其实甲乙两人的争论没有太大的意义，因为他们明显不是在一个起点上讨论问题。首先，甲所说的价格上升导致需求量下降，应该是建立在其他因素（比如天气、人们的收入水平等）不变的基础之上；而乙的结论建立在气温越来越高的基础之上。

无论你是普通老百姓，还是总统或者部长，几乎每一个人都在思考经济问题。通常情况下，同一个经济现象，人们都在思考，希望给出原因解释，给出解决问题的办法。但是，任何讨论都必须有一个共同的起点，否则所有的争论都没有意义。为了研究人们的经济选择，经济学的假设很多，但是基本的假设只有几个，这些基本假设就是为了约定一些相同的起点。

归纳起来，经济学中的基本假设主要有三个：政府是守夜的、市场是竞争性的、人是完全理性的。

1. 政府是守夜人

一个社会作出私人选择的方式，或者说解决私人物品中的生产什么、怎样生产和为谁生产的方式，就是经济体制。经济制度大致可以分为自由经济制度、指令经济制度和混合经济制度。在不同的经济体制中，政府具有不同的职能，与自由经济体制相对应，政府就是一个守夜人。

早在1776年，亚当·斯密在《国富论》中就提出了“看不见的手”决定生产和分配问题。自由经济制度是政府不对经济选择施加任何影响，完全由那只“看不见的手”来选择的经济体制。在这样的经济体制中，财产权主要为私人所有，产权明晰确定，千千万万的个人和企业在物质利益的激励下，根据市场价格信号独立地、分散地作出自己的经济决策。市场、价格、盈亏、刺激与奖励的一套机制解决了生产什么、怎样生产和为谁生产的问题。

显然，依靠“看不见的手”来解决经济选择问题，不需要消费者和生产者之间的直接联系，它们之间的沟通是间接地通过市场价格信号来完成的。如果你想要某种产品并拥有足够的钱，你就能够买到它。如果有足够的人这样做，该产品的价格就会上升。厂商看到价格上升，就会想到要获得这个潜在利润。于是，它们将设法获取更多的资源来生产人们想要的产品。

2. 市场是竞争性的

假设政府是守夜的，或者说假设我们是在一个自由经济体制中，仅仅是为分析人们的选择约定了共同的制度环境，那么假设竞争性市场就为人们约定了一个共同的行为空间，因为人们总是在产品市场和要素市场中活动。

完全竞争市场是一种竞争不受任何限制和干扰的市场结构。这种市场的基本条件是：一是市场集中度低。由于这个市场上厂商数量很多，而且每一家厂商的规模都很小，每家企业都不能通过改变自己的产量来影响市场的价格，市场价格是由整个市场来决定的，没有任何企业能够控制市场，因而市场是高度分散的。二是在这个市场上，除了时间的限制之外，进出该行业没有任何限制。也就是说，除非因为时间太短，资源在短期不能够自由流动，没有任何其他因素构成资源流动的壁垒，从而成为进出一个行业的实际限制。三是产品无差别。在现实经济中，绝对意义的完全竞争市场是不存在的。

在竞争性市场上，生产者和消费者对产品价格都没有太大的影响力——如果你决定将本店的面包每个提高 5 毛钱出售，那么可能的后果是消费者都转而光顾你的竞争对手；如果你不愿意支付公共汽车的 2 元钱，你会发现别人迅速上车占领了座位。所以，无论是生产者还是消费者，都只能作为价格的接受者。

在围棋比赛中，以所占实利决定胜负；游泳比赛里面，以速度决定胜负。那么在市场竞争当中，如何判断输赢？在自由市场上，价高者得，因此价格就是胜负的关键。如果没有市场，竞争也是存在的：弱肉强食、论资排辈、权力斗争等。为了维护良好的竞争环境，市场经济需要和明确的产权制度联系在一起，也就是保护私有产权。

3. 人是理性经济人

在约定了人们进行选择的制度环境、市场空间之后，经济学还对人的行为特征给予了约定。在实际经济生活中，不仅存在个人、厂商等不同类型的行为人，而且不同的个人和企业在不同的时间、地点和领域都可能有不同的行为动机。但是，经济学家假设个人和企业都是理性的经济人。

亚当·斯密在《国富论》中的对于（完全）理性经济人的阐述最为典型：“每个人都在力图应用他的资本，来使其产品能得到最大的价值。一般地说，他并不企图增进公共福利，也不知道他所增进的公共福利为多少。他所追求的仅仅是他个人的安乐，仅仅是他个人的利益。在这样做时，有一只看不见的手引导他去促进一种目标，而这种目标绝不是他所追求的东西。由于追逐他自己的利益，他经常促进了社会利益，其效果要比他真正想促进社会利益时所得到的效果为大。”显然，在斯密看来，理性经济人有几个方面的假设：

第一，经济人是个自利的人。也就是说，任何一个行为人的经济行为，在主观上都是追求自身利益的实现，而不是为了实现他人的利益和社会的利益。生产什么、生产多少、怎样生产和为谁生产等一切经济选择问题，都是基于自己经济利益的考虑来进行的，而不是别的什么东西。

第二，理性经济人能够实现经济利益最大化。人在作出经济决策时，总是理智地、深思熟虑地对各种可能的选择机会进行权衡比较，力图寻求以最小的代价去获得自身的最大经济利益。这就意味着，经济行为人具有完全的信息和无懈可击的计算能力，能够根据所面对的环境条件判断得失，并使自己的行为利益尽可能最大化。比如家庭作为经济人，无论在商品购买中，还是在要素的供给中，都是为了追求并使自己的满足或者效用最大化。又比如厂商作为经济人，无论在商品生产中，还是在要素的需求中，厂商的行为都是追求并使自己的利润最大化。

第三，理性经济人的自利行为会增进他人利益和社会利益。一个人追求自身利益的经济选择，可能是利己利人的，还可能是利己损人的。如果一个社会存在完备的道德约束、有效的市场约束以及良好的法律和制度保障，人们追求自身利益的自由行为就会无意识地、卓有成效地增进社会的利益。因此，在约束完备的条件下，自利便会利他，利他方能利己。

“理性经济人”假定未必完全合乎事实，但是对人的行为目标做出一致性假定，在影响人的经济行为的众多因素中，抽出主要的基本的因素来建立模型，在此基础上提出一些重要的理论结论，并据此对人们的经济行为做出预测，这显然是有意义的。可以设想：要是没有这个假定，如果人们对得失、利弊抱着无所谓的态度，那么经济学就很难提出什么有用的理论了。再者，任何理论总是建立在给定的前提或假定之上的。如果我们采用非功利主义的人类行为假定，比如同情心、利他主义、政治原则、道德伦理规范等，也许就更加不合乎经济生活的事实了。

资料链接

一、人的理性与“为”和“不为”

人的行为是理性的，这是经济分析中的一个基本行为假定。在经济学家眼里，人们出于本能去追求自身私利的行为是最正常不过的事情。为什么要假定人的行为是理性的呢？因为经济分析表明，人们可以通过成本收益计算，做到有所为有所不为，从而在一定的条件约束下实现某种最大化。

人是生存在一个稀缺性世界中的有智慧的动物，人们不可避免地要进行成本收益计算，有道是：天上不会自动掉馅饼，免费的午餐并不存在。人们必须通过付出才能得到，但人们也不会长期作无效的付出，只有在付出带来的好处大于付出的代价时，人们才会选择付出。人们心中的这本账就是成本收益计算。

在通常情况下，人们想要做的事情很多，然而能做成的事情却很有限，因而便只能是有所为有所不为。正如一个经典性的难题所提出的：“假如你的妈妈和女友同时落入了湖中，在只能救一人的情况下，你会救谁？”若将这一问题询问不同的人，也许答案会各不相同。譬如，第一位先生说：“我会救妈妈，因为妈妈今生今世只有一个，女朋友以后还可以再有！”而第二位先生则说：“我会救女友，因为妈妈会游泳！”

由此看来，这两位先生自然是有一些不同的。第一位先生可以说是一位亲情至上主义者，而第二位先生则是一位地道的现实主义者了，但这并不妨害他们两位都是理性的，在紧急情况下，他们都做到了有所为有所不为。假如他们在此紧急情况下，不是如此而是惊慌失措，既想救妈妈又想救女友，结果两个都救不了，那才是不理性呢。

理性也是在一定约束下的某种最大化，按照经济分析的逻辑，抽象的最优状态是不存在的，理性的人也只有在现实中的种种约束下去寻求最优的状态。在前述的难题中，将妈妈和女友都救上来岂不是更优的结果吗？但在实际给出的条件下，这又是极不现实的想法。因此两位当事人就只能在只救一人的约束条件下，作出最优的选择。但具体来说，第一位先生在此约束下选择救妈妈是一种最优选择，因为他是亲情至上主义者；而第二位先生在妈妈会游泳，而女友不会游泳的条件约束下，选择救女友也不失为一种非常务实的最优选择。

“人的行为是理性的”这一经济学的行为假设如果是可以接受的，那么现实中怎么还会发生种种似乎是不理性的行为呢？比如大家都知道酒后驾驶是相当危险的行为，可交警总是查到有人酒后驾驶。人不是理性的吗？他们为什么还要这样做呢？这里我们需要把理性和概率联系起来分析。从个人驾驶的角度来看，这种危险性始终只是一种可能而并非必然发生。假如这个概率为1%，那只是意味着酒后驾驶100次，可能会发生一次事故，因此，一个理性的个人也完全有可能冒一冒这个险。

但若从全社会的角度来看，酒后驾驶却是十分可怕的行为。因为如果社会每纵容100次酒后驾驶，根据1%的概率，总会出一起事故，尽管其他99次没事。所以，从全社会的角度，交警查酒后驾驶也是理性的选择。由此我们看到，个人的理性和社会的理性有时还可能会产生一些冲突。

资料来源：李仁君．雾里看花般的经济学方法［J］．//经济学家茶座．济南：山东人民出版社，2005.

二、私有产权保护

2004年3月召开的第十届全国人民代表大会第二次会议上，“公民的合法的私有财产不受侵犯”这一条款首次写入了宪法修正案；2007年3月16日第十届全国人民代表大会第五次会议通过了《中华人民共和国物权法》，表明我国私有财产法律保护制度逐步走向完善。

保护私有财产有何意义？小区的出路口被堵怎么解决？房屋预售中的“一房二卖”现象如何解决？住宅楼底层房屋改作商用，你不同意行吗？别人家空调滴水影响到你，你能不能讨个说法？新建的楼房严重影响自己家的通风采光时，如何维权？东西被别人捡到怎么才能要回来？生活中许多看似讲不清道理的事情，最终要到法律当中找答案。

“物权法运用法律制度对私有财产进行有效保护，可以充分调动人们创业的积极性。完善的物权法律制度，对市场经济、对企业的活动、对各类主体的经营和产权保护非常重要。”全国人大常委会委员沈春耀说：“产权关系如果不牢固、不清晰、不健全，那么社会主义市场经济很难健康、良好地发展。”

改革开放以来，非公经济从“小荷才露尖尖角”逐渐形成蓬勃发展之势。“有恒产才能有恒心，国家制定法律全面落实保护私有财产权，这让人们吃上了定心丸。”一直以来从事高科技创业的企业家王晶如此表示：“保护私有财产，将增强人们对拥有财富的安全感，有利于充分启动民间投资，充分调动人们创业的积极性，惠及长远。”

资料来源：人民网“新华视点”栏目

三、经济学家如何决策

经济学家不仅常常制定个人决策，而且也经常作为政府顾问直接影响公共政策——国有企业改革、房地产市场的引导、对股市的关注、制定税收计划或者公共投资等，甚至他们的著作或者理论研究会间接地成为政策依据——比如凯恩斯的理论就引导了第二次世界大战后许多西方国家的干预政策。

普通人依靠直觉和经验来决策，而经济学家的办法似乎要高明一些。当然我们不可能掌握所有经济问题的答案，重要的是掌握方法和工具，通过对经济现实的分析帮助决策。那么，决策中最重要的是什么？

（一）决策必须考虑机会成本

周林家有一块麦田，每年小麦收入 1 500 元，种子肥料等耗费 200 元；如果用来种棉花，每年收入 1 800 元，种子肥料等耗费 600 元；如果转让给乡里的木料加工厂，每年可以获得租金 2 000 元。周林应该怎么安排这块地？经济学家如何看待他的得失呢？

俗话说“天下没有免费的午餐”，我们决策时应该深深记住这句话，凡是获得某种东西就必然付出一些代价。“有得就有失”、“鱼与熊掌不可兼得”说的就是这个道理：得到鱼就要放弃熊掌，得到熊掌就要放弃鱼。

因为在资源稀缺的条件下，资源有多种用途，并且用于其中一种用途就不能用于其他。上面例子中的这块土地有三种用途：A 种小麦；B 种棉花；C 出租。三者只能选择其一，同时选择了一种就意味着放弃了其他选择。

这时我们如何衡量他的得失？首先从“得”方面来看。各种用途的净收益如下：A 种小麦净收益 1 300 元；B 种棉花净收益 1 200 元；C 出租净收益 2 000 元。从追求个人利益最大化来说，我们当然应该选择 C，把土地租出去。

那么把土地租出去的“失”怎么衡量呢？“失”——放弃的东西。他放弃了什么？当然是放弃了种棉花和种小麦可能获得的收益。我们把这种为了得到某种东西而不得不放弃的其他可能收益，叫作机会成本。

当然，机会成本并不是放弃的总收益（小麦加上棉花的总收益为 2 500 元，已经超过了他出租所得），而是放弃的所有可能收益当中最高的那个，即种小麦的净收益 1 300 元。

换句话说，我们在决策的时候就是把所有选择可能的收益进行排序，寻找收益最高的那一个作为最终选择，或者也可以说是选择机会成本最小的那一个。考虑到机会成本，可以使我们的决策更明智一些。

（二）决策可以不考虑沉没成本

周末最新上映电影《蜘蛛侠3》，铺天盖地的宣传和好评使你觉得它带来的愉悦值是80元，于是看到电影院的标价为50元时，你兴冲冲买下了一张票。然而到了进场前，你发现电影票丢了！这时，你是一边自叹倒霉一边回家，还是再买张票去欣赏电影？

遇到这种情况，很多人都会毫不犹豫地选择回家。但这并不是一个理性的选择。

我们仔细思考一下，现在面临的两个选择分别意味着什么：回家，损失50元，收益为0元；再买一张票，损失50元，看电影获得消费者剩余30元（获得的满足减去第二张电影票的价格）。这样我们就不难作出选择了——再买一张票！这里丢掉的电影票——50元就是我们说的沉没成本，决策时不应考虑。

所谓沉没成本，就是已经付出，并且无论如何无法收回的成本。生活中常说的“覆水难收”就是这个道理。

沉没成本不影响决策，这对于很多投入了固定资产的企业来说有着重要意义。比如在旅游淡季，航空公司常常是亏本运行——每次运送旅客的收益，还不能抵消付出的成本。那么为什么不干脆关门停业呢？这是因为航空公司的投入——购买的飞机（如果不能轻易转卖）、经营权的获得等，都是一旦付出就无法在短期内收回的，就“沉没”了，即使停业仍然无法收回。

（三）对边际变化斤斤计较

生活中的决策有时候涉及对原计划进行一个微小的变动，这就叫作边际变动。边际分析有助于我们作出最优决策。

你经营一辆长途客车，车上有30个座位，每开一趟的成本是2 400元，每个座位的平均成本是80元——于是有理由相信，你的定价不会低于每位乘客80元。不幸现在是淡季，离发车时间还有1分钟，车上却还有10个空位，有人告诉你他愿意付60元钱买一张票，你愿意卖给他吗（不考虑其他乘客的反应）？

如果从平均成本的角度出发，乘客出价低于平均成本，不应该卖给他。但事实上增加这位乘客可以引起总收益的增加，因此应该卖票给他——因为增加一名乘客所导致的成本增加是微乎其微的，在这里表现为无论接受这位乘客与否，该次运营的成本都是2 400元。

运用边际分析的方法可以帮助厂商更好的定价——重要的不是平均量，而是边际量。我们也可以运用这一点来帮助理解航空公司的机票打折等经济现象。

资料链接

天下无贼与边际分析法

天下无贼是世人理想的人间景象。在经济学家看来，人们希望天下无贼的心情是可以理解的，但通常情况下要达到这种境界却是不现实的。因此，经济学分析的结论可能倾向于一个社会应当存在适当数目的小偷，而不必追求天下无贼。这听起来似乎有点荒诞不经，但如果引入经济学的边际分析法，这一结论似乎又是不可避免的。

经济学的边际分析法强调的是在一个连续的过程中最后一个最重要的思想。有这样一则笑话，一个十分饥饿的人去买烧饼，连续吃了五个才吃饱。于是，他感慨地说："早知道这第五个烧饼才可以充饥，当初只买这个就好了。"这个饿汉的结论虽然滑稽，但这里还是显示了边际分析的重要性。应当说，这五个烧饼本身是没有区别的，但在人们消费的过程中却是最后一个烧饼决定其价值。也就是说，在人们的消费感受中，最后一个烧饼具有决定性作用。

边际分析强调下一个或最后一个最有用，这个方法在经济学中被大量运用。这场始于19世纪70年代一批工程师投身于经济学研究的运动，被称为经济学的"边际革命"。在此以前，经济学家们饱受"水和钻石之谜"的困惑而不能自解。因为一部分经济学家深信任何东西的价值都是由其效用（满足人们某种需要的程度）决定的。但水和钻石一比较，问题就出来了，水是生命之源，人们一天都离不开它，效用可谓极大；而钻石对于人们的生活来说，可有可无，一辈子没有也没有多大的关系，可谓效用极低。但在现实中，钻石通常比水贵得多，这就形成了悖论。虽然按照"物以稀为贵"的谚语，人们可以说，钻石比水稀少，所以，钻石比水贵，但按照经济学理论的要求，这正是需要进一步解释的。而边际分析法恰恰做到了这一点。

按照边际分析法，不是全部而是最后一个单位决定事物的价值。从这点来看，第一单位水的价值无疑是非常高的，但由于通常情况下水的数量极其丰富，到最后一单位水就递减得不值什么钱了；而对钻石来讲，第一单位肯定不如水的价值高，但由于钻石的数量极其有限，到了最后一单位，钻石的价值就再也递减不下去了，这就形成了钻石的昂贵。"水和钻石之谜"由此得以破解。

边际分析法还可以运用到石油问题上来。从石油时代开始以来，世界主要靠丰富的低价石油推动经济车轮的前进。尽管地质勘探技术有了惊人的进步，但所探明的新的石油储量明显减少，因为现有石油消费量与新勘探到的石油量的比例是四比一。在不久的将来，不论是发达国家还是发展中国家，最终都会面临石油危机。现在的问题是，假设地球上还有的石油储量都能被探明，比如说总共还有20 000亿桶，而全球今后每年平均消耗250亿桶，那么全球石油还能供人类使用多少年呢？

一般而言，人们通过简单的计算都会得出还能用80年的结论。但在经济学家看来，这未必是正确的答案！虽然要准确地说出全球石油还能供人类使用多少年还受制于很多不确定的因素，但仅根据上述所提供的条件而论，经济学家们给出的答案是绝对少于80年的。我们只要引入边际分析法，便不难得出这一结论。石油资源是一种不可再生能源。尽管最近有科学考察表明，这种能源在地球上正在不断生成，例如在墨西哥湾、黑海等，但其生成的速度，不是以年计算，而是要以地质年代来计算。所以我们只能以全球目前的20 000亿桶石油储量为考虑对象。目前由于石油的储量还算丰富，所以人们使用的石油因其使用方便和价格低廉而远胜于其他能源。但在今后的石油开发过程中，随着石油数量的不断减少，其开采难度会越来越大，石油开采的边际成本是递增的，也就是说，不用等到20 000亿桶石油开采完，在边际上，石油因其开采成本递增而价格会变得十分昂贵。以至于和其他能源相比，特别是新能源的使用，石油已没有任何优势可言，因而必然被人们所弃用。这就是在给定条件下石油为什么不能使用80年的原因所在。

现在再看天下无贼的问题。从边际上，我们每抓住一个小偷就可避免一定量的公民财产损失，不妨假设它为100，这就是抓小偷的边际收益（即每多抓一小偷给我们带来的好处）。但抓小偷也是有成本的，并且这个成本在边际上呈现这样的特点：小偷数量越少时，抓一个小偷的边际成本就越高（这是因为极少数小偷隐藏在茫茫人海中，要抓住他实在是太困难）；相反，如果小偷数量很多时，在边际上多抓一个小偷就很容易，因为当满街都是小偷时，警察是十分容易发现并抓获小偷的。因此，结合抓小偷的成本和收益，就有一个最优的度，在这个度上决定了小偷的数量，使得抓小偷的边际成本等于抓小偷的边际收益，比如，两者都等于100，就是社会可以容忍的小偷数量了。因为要使小偷数量低于此数，在边际投入上抓小偷的成本就会大于100，得不偿失；而小偷数量高于此数，说明在边际上抓一个小偷的成本必定低于社会上少一个小偷带来的收益100，这说明超过这个最优量的小偷都是应该被抓起来的。所以，按经济学的边际分析，一个理智的社会并非一定要实现天下无贼，而只需将小偷的数量限制在一定的范围之内就是最好的做法了。

资料来源：李仁君. 雾里看花般的经济学方法 [J]. //经济学家茶座. 济南：山东人民出版社，2005.

第四节　经济学中的常用图表和公式

图表用来说明关键的经济学观点。图表不仅出现在经济学教科书中，也出现在讨论商业和经济观点的报纸杂志文章中。为什么要大量使用图表？因为它们简化了经济观点，让观点更具体，可以应用于现实世界的问题中。经济和商业问题可能会很复杂，但图表使复杂的问题简单明了，突出理解商业问题所需的关键联系。

学生们之所以在使用图表和公式时有困难，通常仅仅是因为对它们不熟悉。经过实践，你会熟悉本书中所有的图表和公式。而一旦你熟悉了它们，你就可以运用它们来分析那些如果不使用它们会非常难以分析的问题了。下面是对如何使用图表和公式的一个简要介绍。

一、单变量图

（一）离散图

离散图画出了一种经济变量的值对另一种经济变量的值。这种图形用来揭示这两种经济变量之间是否存在一种关系；它也被用于描述这种关系。

图 1－2 表示消费与收入之间的关系。横轴衡量平均收入，纵轴衡量平均消费。每一个点表示在 2000 年到 2007 年中某一年的人均消费与人均收入。在图形内代表 8 年的各点是“离散”的。每个点用两个数字标出，它们告诉我们相应的年份。例如，标有 06 的点告诉我们，在 2006 年，人均收入是 19 200 元，而人均消费是 17 750 元。这个图中的点形成一种关系，这种关系表明随着收入增加，消费也增加。

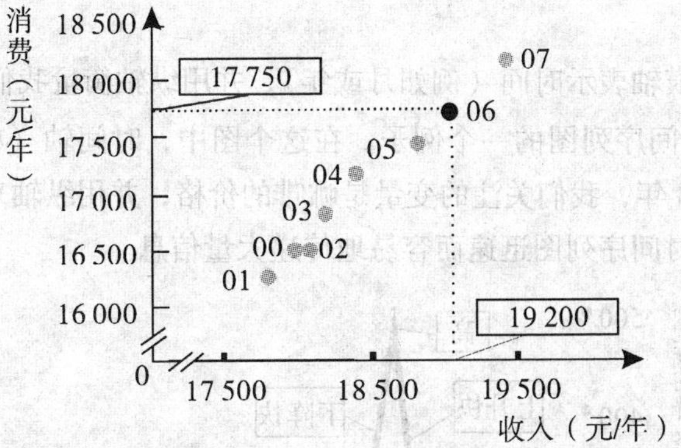

图 1－2　消费与收入

图 1－3 表示某国通货膨胀与失业的关系。这个图中的各点告诉我们这两个变量之间没有明显关系。由于缺少一个明确的关系，这个图形告诉我们，在某国的通货膨胀与失业之间并不存在一种简单的关系。

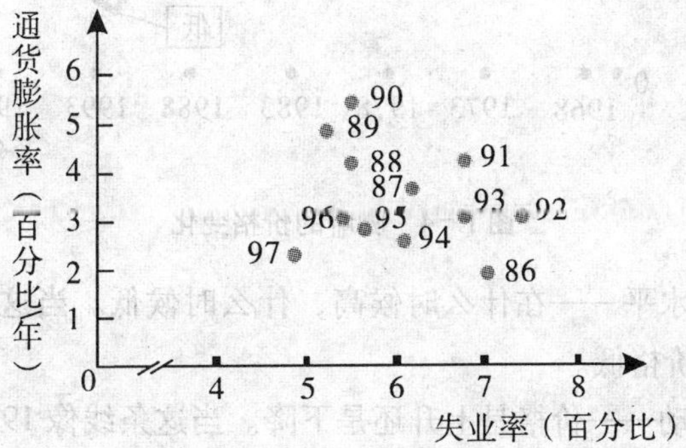

图 1－3　失业与通货膨胀

像图 1－2 这种表示两个变量之间一种明确关系的离散图告诉我们，两个变量有高度相关性。当表现出高度相关性时，我们可以从一个变量的值来预测另一个变量的值。但是，相关性并不简单就是因果关系。有时高度相关性仅仅是一致性，但有时高度相关性产生于因果关系。例如很可能是收入增加引起消费增加。

你刚刚看到的两个图，正如小缺口所表示的，轴是断开的。这种断开表示从原点 0 跳到所记录的第一个值。图 1－2 中，使用了断开是因为消费的最低值大于 15 000 元，而收入的最低值大于 16 500 元。在这个图的轴上没有断开的小缺口，就会有许多空地方，而所有的点都会挤在右上角，而且我们也无法看出这两个变量之间是否存在一种关系。通过把轴断开，我们可以看出这种关系。

把轴断开像用变焦镜头一样，使这种关系进入图形中心并加以放大，使它占满了图形。断开可以用来强调一种关系，但是断开也会引起误导，作出了说谎的图形。为了避免这种误导，在开始解释图形之前应密切注意横轴和纵轴上的数值和标记，养成这样的习惯，不失为一种好办法。

（二）时间序列图

时间序列图用横轴表示时间（例如月或年），并用纵轴衡量我们关注的一个或几个变量。图 1－4 是时间序列图的一个例子。在这个图中，时间轴（横轴）用年来衡量，是从 1968 年到 1998 年，我们关注的变量是咖啡的价格，并用纵轴来衡量价格。正如这个例子所表明的，时间序列图迅速而容易地传递大量信息。

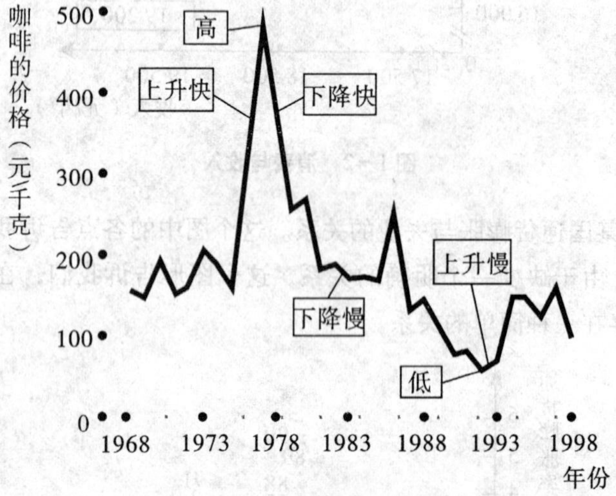

图 1－4 咖啡的价格变化

（1）咖啡的价格水平——在什么时候高，什么时候低。当这条线距离横轴远时价格高，距离横轴近时价格低。

（2）价格如何变动——价格是上升还是下降。当这条线像 1976 年那样向上方倾斜时价格上升，当这条线像 1978 年那样向下方倾斜时，价格下降。

（3）价格变动的速度——价格上升得快还是慢。如果这条线非常陡峭，那么价格上升或下降就都快；如果这条线不陡峭，价格上升或下降就都慢。例如 1976 年和 1977 年价格上升极快，而 1993 年价格上升得比较缓慢。同样，当 1978 年价格下降时，下降迅速，但在 20 世纪 80 年代初期，价格下降较为缓慢。

（4）时间序列图还表明是否存在一种趋势。你可以看出，从 20 世纪 70 年代中期到 20 世纪 90 年代中期，咖啡价格的普遍趋势是下降。这就是说，虽然价格也有涨落，但是普遍倾向是下降。

（5）时间序列图还使我们可以迅速地比较不同的时期的情况。图 1－4 表明 20 世纪 80 年代不同于 20 世纪 70 年代，20 世纪 70 年代咖啡价格的波动比 20 世纪 80 年代剧烈。

有时我们想用一张时间序列图比较两个不同的变量。例如假设你想知道政府预算余额是否随失业率而波动。你可以画一个每种变量都在同一时间标度上的图来考察政府预算余额和失业率。我们可以衡量的政府预算余额既可以是盈余又可以是赤字。图1-5表示预算盈余与失业的关系，失业率标度在图的左边，政府预算盈余的标度在右边，黑色线表示失业，灰色线表示预算盈余。这个图表明，失业率和政府预算盈余反方向变动。

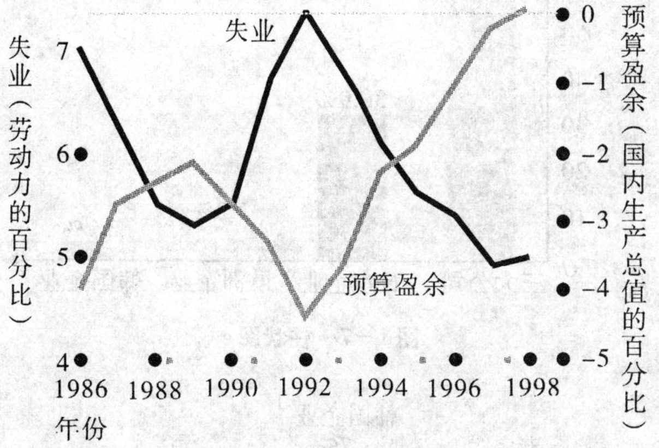

图1-5　失业与预算盈余

图1-6表示按赤字衡量的政府预算余额与失业的关系。这就是说，我们把右边的标度的含义反转过来了。这个图表明，失业率与政府预算赤字同方向变动，预算赤字和失业率同时增加和减少。

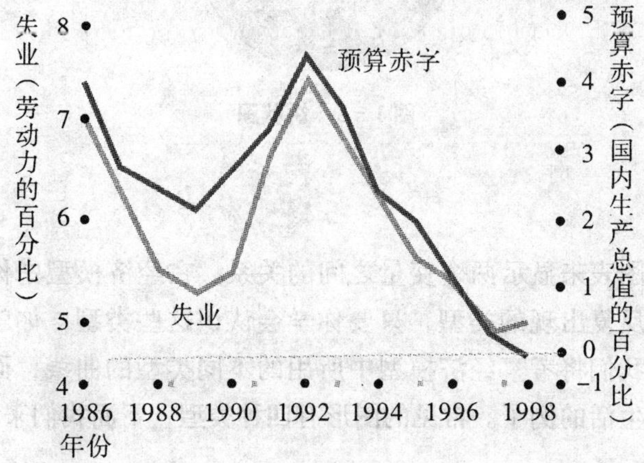

图1-6　失业与预算赤字

（三）横断面图

图1-7、图1-8使用两种常见形式的图表，显示了美国汽车市场份额的值。市场份额显示不同企业所占行业销量的百分比。在这个例子中，所显示的是各组企业的信

息："三大公司"——福特、通用和戴姆勒·克莱斯勒，以及日本企业、欧洲企业和韩国企业。图 1-7 以柱状图的形式显示，每组企业的市场份额由柱形的高度代表。图 1-8 以饼状图的形式显示相同的信息，每组企业的市场份额由不同扇形的面积代表。

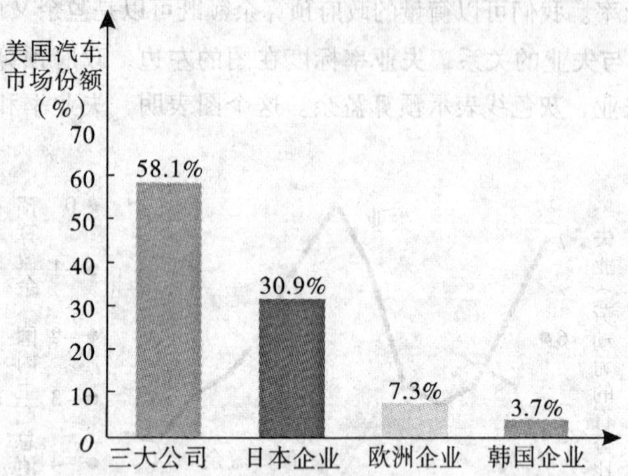

图 1-7　柱状图

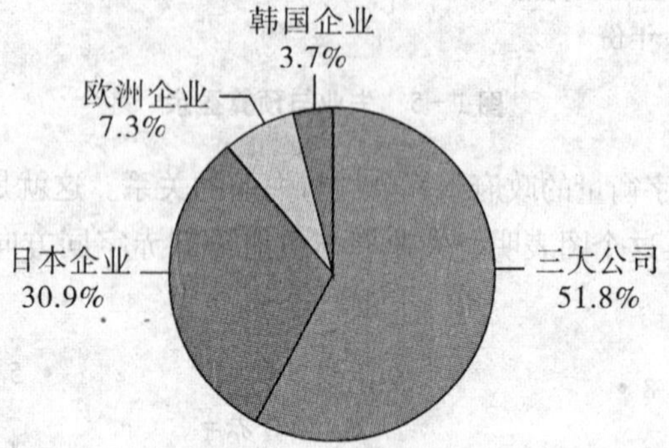

图 1-8　饼状图

二、双变量图表

我们常常使用图表来显示两个变量之间的关系。在经济模型中你将遇到许多不同的图形，但有一些反复出现的类型，只要你学会认识这些类型，你就会很快了解图形的含义。在这里，我们将考察经济模型中所用的不同类型的曲线，而且我们将看到每种曲线的一些日常生活的例子。常见的图形有四种类型，下面我们来考察这四种情况。

（一）同方向变动的变量

同方向变动的两种变量之间的关系称为正相关或同方向相关，用向右上方倾斜的线来表示这种关系。图 1-9、图 1-10、图 1-11 表示三种类型关系，一种是一条直线，而另外两种是曲线。但在这三个图中的所有线都称为曲线。图形的任何一条线，无论它是直线还是曲线都称为曲线。

一条直线所表示的关系称为线性关系。图 1-9 表示 5 个小时中走过的千米数与速度之间的线性关系。例如 a 点告诉我们，如果我们的速度是每小时 40 千米，5 个小时中我们将走 200 千米。如果我们使速度翻一番达到 1 小时 80 千米，那么在 5 个小时中我们将走过 400 千米。

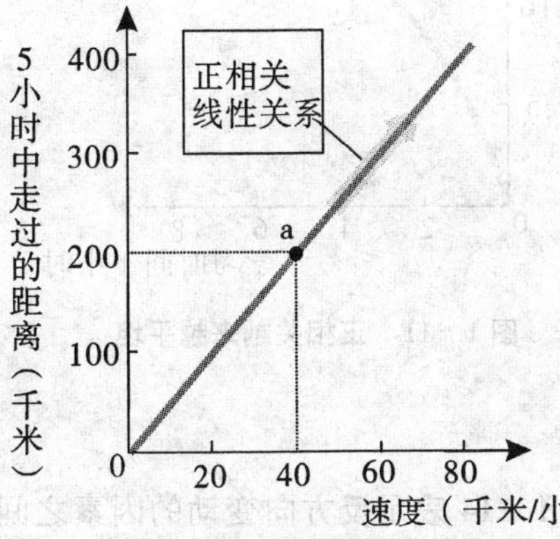

图 1-9　正相关线性关系

图 1-10 表示跑步距离与使心率回到正常休息时的水平所需要的时间之间的关系。这条曲线向右上方倾斜而且越来越陡峭的原因是跑步每增加 100 码（1 码 =0.914 4 米）就需要额外的恢复时间。跑 100 码时所要恢复的时间小于 5 分钟，但跑第 3 个 100 码时所需要的恢复时间大于 20 分钟。

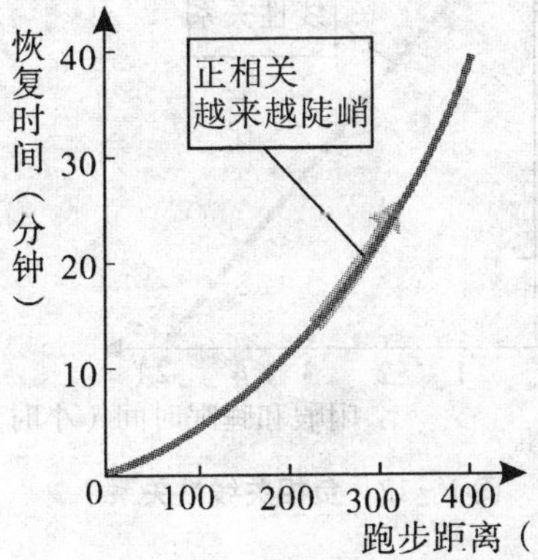

图 1-10　正相关越来越陡峭

图 1-11 表明学生所完成的习题量和学习时间量之间的关系。这种关系用一条开始时相当陡峭而以后越来越平坦的向右上方倾斜的曲线来表示。随着学生学习时间越来越多和越来越累，学习的效率越来越低。

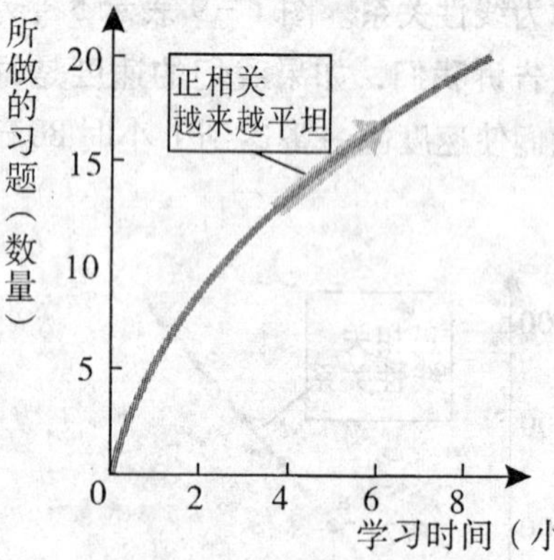

图 1－11　正相关越来越平坦

（二）反方向变动的变量

图 1－12、图 1－13、图 1－14 表示反方向变动的因素之间的关系。反方向变动的变量之间的关系称为负相关或者反向相关。图 1－12 表示一个人每一天可用于劳动的小时数与闲暇和睡眠的小时数之间的关系。多劳动一小时意味着闲暇和睡眠的时间就要少一小时，反之亦然。这种关系是线性负相关。

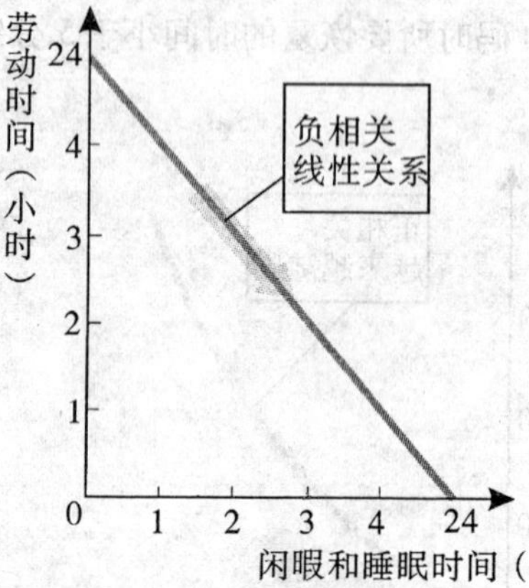

图 1－12　负相关线性关系

图 1－13 表示旅行每千米的成本和旅途长度之间的关系。旅途越长，每千米的成本越低。随着旅途长度增加，每千米成本下降，但是，旅途越长，成本下降得越少。曲线向右下方倾斜这一事实表示这种关系的特点。这条线在旅途短时陡峭，然后随着旅途长度增加而越来越平坦，这种关系的产生是因为一些成本是固定的，例如汽车保险，这些固定成本分摊到了较长的旅途中。

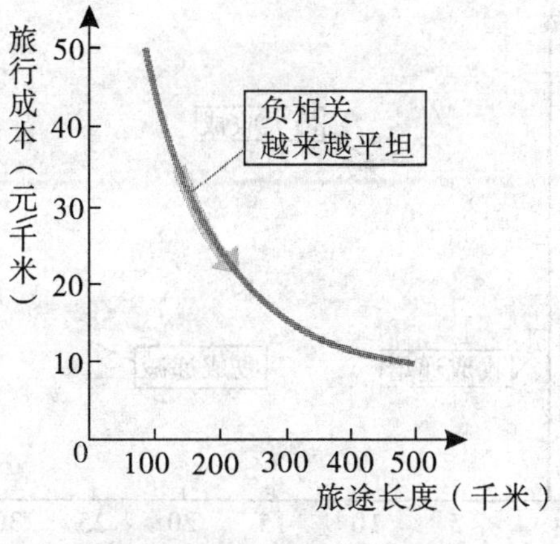

图 1－13　负相关越来越平坦

图 1－14 表示一个国家民用品产量与军用品产量之间的关系。随着民用品产量的增加，军用品不仅产量会减少，而且每多生产一个单位的民用品所导致的军用品的减少量会越来越大。这种关系是因为在一定的资源条件下，生产民用品的边际收益在递减，从而机会成本在递增。

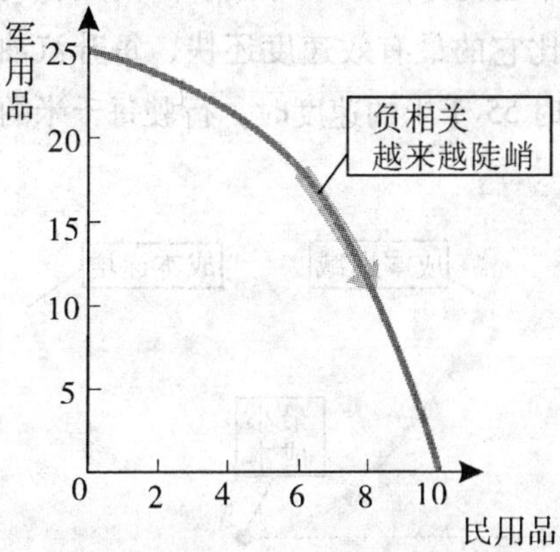

图 1－14　负相关越来越陡峭

（三）有最大值或最小值的变量

经济模型中的许多关系有最大值或最小值，例如，企业努力使可能的利润最大并以可能的最小成本生产。

图 1－15 表示劳动投入量与小麦产量之间的关系。在资本和技术不变时，如果没有劳动投入时，小麦收成为零；随着劳动量增加小麦收成也增加。在劳动投入为 10 时，小麦收成达到 40 的最大量。但是，如果劳动量超过 10，小麦收成开始减少。这种关系是开始时向右上方倾斜，达到最大，然后向右下方倾斜。

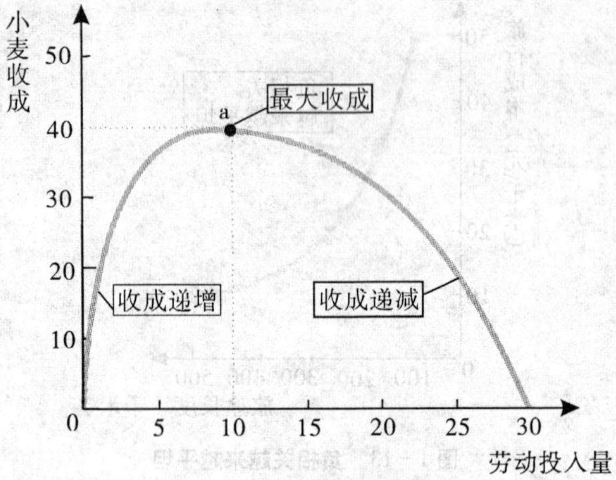

图 1－15　有最大值的关系

图 1－16 表示相反的情况——开始时向右下方倾斜，下降到最小，然后向右上方倾斜的关系。这种关系的一个例子是随着开车速度的提高的每千米汽车成本。在速度低时，汽车沿一条拥挤的车道爬行，每升汽油的千米数低，因此每千米的汽油成本高。在速度极高时，汽车开得比它的最有效速度还快，每升汽油的千米数也低，所以每千米的汽油成本高。在一小时 55 千米的速度时，行驶每千米的汽油成本最小（b 点）。

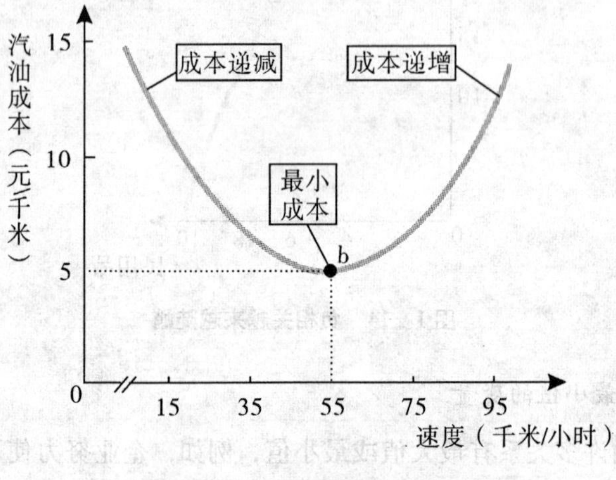

图 1－16　有最小值的关系

（四）无关的变量

有许多情况是无论一个变量发生什么变动，另一个变量都保持不变。有时我们想用一个图形来表示两个变量之间的这种独立性，如图 1－17、图 1－18 所示。

在图 1－17 中，无论横轴上的香蕉价格如何变化，学生的经济学成绩都是 75 分。在图 1－18 中，法国葡萄酒的产量并不随着加州的降雨量而变化。

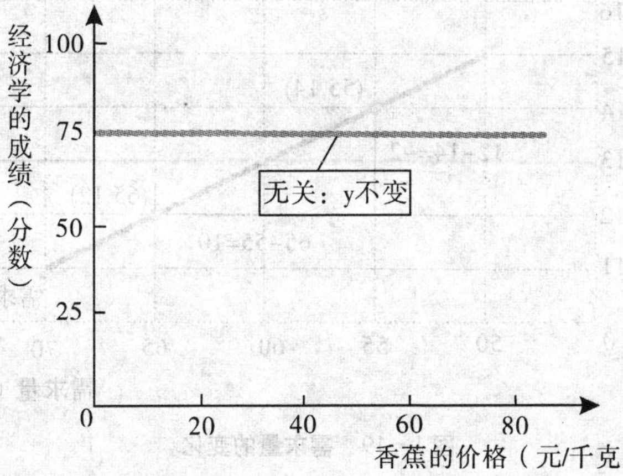

图1－17　无关：y 不变

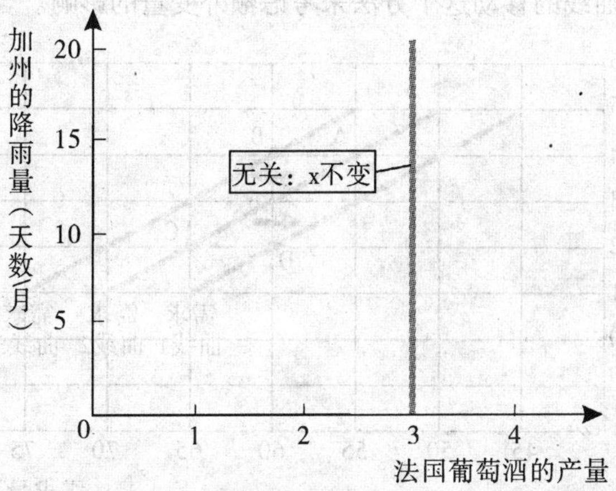

图1－18　无关：x 不变

三、考虑两个以上的变量的图表

图1－19、图1－20 中的需求曲线显示了烤鸭的价格和烤鸭的销售量之间的关系，但我们知道，任何商品的销售量不仅仅取决于它的价格。例如，烤鸭在某一周的销售量可能受到其他一些变量的影响，像涮羊肉的价格、烤鸭店是否在进行广告宣传等。改变任何其他变量的值，都会使图形中的需求曲线的位置发生变化。

例如假定图1－19 中的需求曲线是将涮羊肉的价格保持在 20 元固定不变的前提下绘出的。如果涮羊肉的价格涨到 30 元，那么有些消费者就会从购买涮羊肉转为购买烤鸭，在每个价格上出售的烤鸭就会增加。在图形中的结果将是代表需求曲线的线段向右上方平移。类似的，如果涮羊肉的价格从 20 元降到 10 元，有些消费者就会从购买烤鸭转向购买涮羊肉，而每个价格上出售的烤鸭就会减少。在图形中的结果将是代表需求曲线的线段向左下方平移，如图1－20 所示。

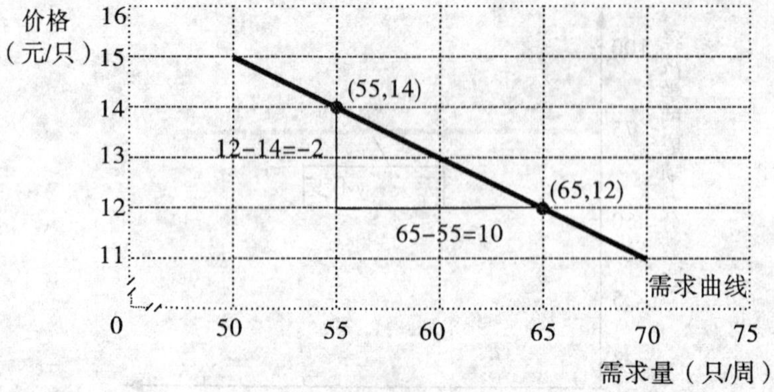

图 1－19　需求量的变化

显然，通过需求曲线的移动，我们就考虑了第三个变量——涮羊肉的价格。我们将在本书中多次运用曲线的移动这个方法来考虑额外变量的影响。

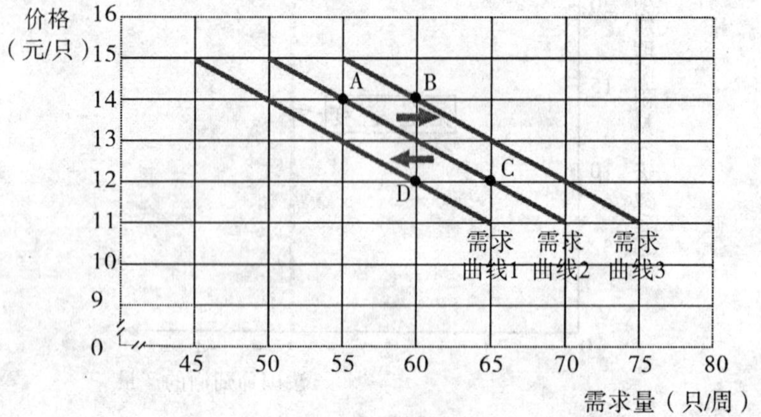

图 1－20　需求曲线的移动

四、经济学中的重要计算公式

在这个部分，我们将介绍几个有用的公式，并且说明如何运用它们来总结数据和计算重要的关系。

（一）计算变化的百分比的公式

百分比变化是以百分比表达的某个经济变量的变化，通常是从一个时期到下一个时期的变化。一个重要的宏观经济变量是实际的国内生产总值（以下使用英文缩写 GDP 表示）。GDP 是一年内一国生产的所有最终产品和服务的价值，实际 GDP 对通货膨胀的效应做出了修正。当经济学家说美国经济在 2004 年增长了 4.4%时，他们的意思是 2004 年的实际 GDP 比 2003 年的高 4.4%。进行这个计算的公式是：

$$\text{实际 GDP 的增长率} = \frac{\text{2004 年的实际 GDP} - \text{2003 年的实际 GDP}}{\text{2003 年的实际 GDP}} \times 100\%$$

或者，对任何两个时期更一般的计算：

$$X的变化率=\frac{第二个时期X的值-第一个时期X的值}{第一个时期X的值}\times 100\%$$

（二）计算斜率的公式

我们用斜率来衡量一个变量对另一个变量的影响。一种关系的斜率是用纵轴（y轴）衡量的量的变动量（Δy）除以横轴（x轴）衡量的量的变动量（Δx）。

$$斜率=\frac{纵轴量的变化值}{横轴量的变化值}=\frac{\Delta y}{\Delta x}$$

如果用纵轴衡量的变量变动大而用横轴衡量的变量变动小，那么斜率就大，从而曲线陡峭。反之，如果用纵轴衡量的变量变动小而用横轴衡量的变量变动大，那么斜率就小，从而曲线平坦。

对于一条直线而言，无论你计算这条线上的哪个地方的斜率都是相同的。因此，一条直线的斜率是不变的。但是，一条曲线的斜率是多变的。曲线的斜率有两种计算方法，你可以计算曲线上某一点的斜率，或者你也可以计算曲线上某一段弧的斜率，不过通常用某点的切线的斜率来代表。

实际上，斜率反映了曲线的倾斜度。回想前面两个变量的关系：正相关的曲线斜率为正，其中线性正相关的斜率不变，正相关越来越陡的曲线斜率逐渐增大，正相关越来越平缓的曲线斜率逐渐减小；负相关的曲线斜率为负，其中线性负相关的曲线斜率不变，负相关越来越平缓的曲线斜率逐渐变小，而负相关越来越陡的曲线斜率逐渐增大。对于两个无关变量的曲线，如果曲线是垂直于纵轴的，斜率为零；如果曲线是平行于纵轴的，斜率为无穷大。同样的道理，有最小值的曲线，斜率由负变为正，达到最小值时的斜率为零；反之，存在最大值的曲线，其斜率由正变为负，达到最大值时的斜率也为零。

值得着重说明的有两点：

（1）我们前面说到的边际分析，即分析自变量改变一定的数量所引起的因变量的改变量，就是分析一种关系的斜率。任何总量曲线的斜率就是边际量。比如，总效用曲线的斜率就是边际效用，总收益曲线的斜率就是边际收益，总利润曲线的斜率就是边际利润等。

（2）既然斜率是纵轴量的变化值与横轴量的变化值之比，那么必须根据坐标轴的具体建立才能确定斜率。仅仅根据函数式无法判断斜率的大小，因为函数式没有告诉我们关于纵、横坐标轴的信息。在学习数学时，由于人们习惯用纵轴代表因变量Y，用横轴代表自变量X，因而当我们看到 $y=5-3x$ 时，我们就可以明确知道曲线的斜率为 -3。但是，在经济学中，经济学家有可能不同于数学家的习惯，有时可能用横轴代表因变量，用纵轴代表自变量。

（三）计算弹性的公式

当一个变量（X）影响另一个变量（Y）时，我们就说变量Y要对变量X的变化作出反应，弹性就是用来衡量一个变量（Y）对另一个变量（X）的反应灵敏度的。如果Y对X反应敏感，我们就说弹性大，反之就是弹性小。弹性的一般计算公式为：

$$Y 对 X 的弹性 = \frac{\Delta y}{\Delta x} \times \frac{x}{y}$$

很明显，弹性的大小与斜率密切相关。因为弹性公式中的$\frac{\Delta y}{\Delta x}$与斜率相关。如果$\frac{\Delta y}{\Delta x}$为斜率，那么斜率越大弹性就越大，斜率越小弹性就越小。如果$\frac{\Delta y}{\Delta x}$为斜率的倒数，那么斜率越大弹性就越小，斜率越小弹性就越大。比如，需求曲线越陡，需求弹性就越小，而需求曲线越平，需求弹性就越大。

总结与回顾

经济学包含的内容十分丰富，很多人认为经济学是抽象的、枯燥的。的确，如果总是使用数学公式和数学推导，或许会给人难学的感觉。但本书试图让经济学从现实中来，并应用于现实，从生动活泼的现实出发掌握基本理论。

● 经济学是关于如何配置和充分利用稀缺资源的学问，也是一门关于人和社会如何选择的学问。

● 经济学分为两个分支：微观经济学和宏观经济学。微观经济学研究个人和企业决策，中心问题是价格理论；宏观经济学研究整体经济的发展趋势，中心问题是国民收入的决定和变动。

● 经济学分析需要科学的方法，通过提出假设并反复验证得到有用结论。经济学研究既解决实证问题，也讨论规范问题。

● 经济学家决策时考虑机会成本，运用边际分析方法，可以不考虑沉没成本。

● 经济学习惯用图形来表示一些基本原理。这些图形有一个变量的，也有两个和多个变量的。学习图形，首先是要看坐标轴所代表的变量的经济意义；其次是要看斜率是正的还是负的，是大的还是小的，是递增的还是递减的；再次是看截距的大小和变化；最后，还要学会看曲线所围成的面积的大小。

思考与练习

深圳房价赌局风波

2007 年 7 月 11 日，北京大学中国经济研究中心徐滇庆教授出席深圳某论坛时预言深圳房价一直看涨，并表示如果房价下跌，可以登广告道歉；

2007 年 7 月 19 日，中国房地产行业独立评论家牛刀写博客反驳房价上涨；

2007 年 7 月 30 日，徐滇庆接受《中国房地产报》采访，说："如果明年（2008 年 7 月 11 日）深圳的房价比现在（2007 年 7 月 11 日）低一分钱，我一定在媒体上用整版篇幅向深圳市民道歉。"而随后，牛刀再次发表博客，"我和你打赌，肯定会跌！而且要是我输了，我也用整版道歉！"——赌局成立。

2008 年 6 月以来，道歉事件引起人们极大关注，徐滇庆几经转变终于在指定报纸上登出了道歉信，却比打赌时间提前三天，并坚称道歉并不代表自己输了。

与此次事件类似的是，其他经济学家也先后公开预测房价走向。很多人认为，专家是在滥用话语权，误导公众。而易宪容等经济学家则表示，公众应该有自己的判断力，“为什么要相信专家的言论呢，为什么要相信他所谓的影响力？”你也不会吃个不停，那又是为什么？

思考：

(1) 举一个例子，说明专家的看法会怎样影响你的决策（如果有影响的话）。

(2) 经济学的主要作用之一就是预测未来，为什么经济学家的预测经常出错呢？

(3) 对于同一个问题，不同经济学家常常得出不同的结论，如何看待这样的问题？

第二章　消费者的购买行为

导入：

（1）人类生活离不开水，而钻石主要用于装饰并非必需，为什么水价格低廉而钻石非常昂贵？

（2）2007 年石油价格迅速上升，从 40 美元/桶上升到 130 美元/桶，这种变化对人们的生活将会产生什么影响？

（3）自助餐老板向你收取一个固定的费用，提供牛肉和蔬菜两种食品。牛肉昂贵而蔬菜便宜，但你不会只吃牛肉不吃蔬菜，为什么？你也不会吃个不停，那又是为什么？

在一般商品市场上，个人（或家庭）是买者，也就是消费者。我们已经知道买者的行为决定市场需求，那么是什么决定了个人需求呢？或者说消费者为什么要购买各种物品？更进一步地说，消费者如何决定购买多少牛肉、多少医疗服务、多少娱乐用品？

学习本章之后，你将能够：

（1）定义总效用与边际效用；

（2）解释水和钻石的价值之谜；

（3）解释家庭的预算限制；

（4）分析消费者的最优选择是如何形成的；

（5）预测价格变动和收入变动的影响；

（6）思考一些实际的经济问题。

考察人们的消费行为，需要从两个方面着手。首先，人们为什么消费？当然是为了满足一定的需要，吃穿住行、教育娱乐等，都需要通过购买食物、衣服、住房等物品来获得满足。人类欲望是无限的，所以我们想要购买的物品通常非常多。但恐怕只有比尔·盖茨等少数富豪才可以随心所欲地购买想要的物品，我们大多数人的消费还得考虑另一个问题——支付能力。这时我们就会想起经济学基本论点之一：人们面临交替关系，消费者需要在不同物品之间进行取舍——多买牛肉少买啤酒，或者少买牛肉多买啤酒。

我们先来讨论消费者的目标问题：人们为什么购买商品和服务？

第一节 效用和边际效用递减

经济学认为，个人不管是购买商品，还是提供要素，目的都在于获得效用。什么是效用呢？

一、效用的内涵

我们购买牛肉，因为它可以满足解除饥饿的需要；我们购买衣服，因为它可以满足保暖的需要；我们购买房屋，因为它可以满足遮蔽风雨的需要……

人们从某种物品或劳务的消费中所获得的利益或满足称为效用（utility）。效用概念可以帮助我们描述消费者的偏好。

（一）效用是一个主观的抽象概念

效用是对欲望的满足，是人们需要的所有商品的共有特征。只要物品被人们需要，那它就一定能够满足某种欲望。

消费物品给人带来的满足是一种主观感受，同一个物品对不同的人可能有不同的效用——甲之蜜糖，乙之砒霜。对于喜欢辣椒的重庆人来说，麻辣火锅是美味，效用非常大；对于怕辣的北方人而言，吃辣椒就是一种折磨，满足程度很低甚至是一种不满。

同一个人对同一个物品的评价可能也会因为时间地点环境的不同而改变。在沙漠里，1 瓶纯净水就是生命的希望，或许值得垂死的人用所有财富去交换；在口渴的时候，1 瓶纯净水恰逢所需，值得花钱去购买；在徒步负重旅行的时候，1 瓶水是负担，可能会被选择丢弃。

所以，效用是一个主观的、抽象的概念，看不见摸不着。与效用类似的是温度，也是一个抽象概念。我们可以感受到冷热，却没法直接观测到“温度”。或许聪明的你已经想到，既然我们可以用水银等物体的膨胀收缩制作温度计，用来间接的观察温度，那么我们应该也能够找到类似的方法来表示效用。

（二）效用没有伦理学含义

效用是一个中性的概念，没有伦理学的含义，也没有道德标准，不区分“好的效用”和“不好的效用”。

毒品对于吸毒者来说非常重要，能够带来很大程度的满足，这就是毒品的效用，并不因为它不符合人们的价值判断而进行否定。

资料链接

最好吃的东西

兔子和猫争论，世界上什么东西最好吃。兔子说：“世界上萝卜最好吃。萝卜又甜又脆又解渴，我一想起萝卜就要流口水。”

猫不同意，说：“世界上最好吃的东西是老鼠。老鼠的肉非常嫩，嚼起来又酥又松，味道美极了！”

兔子和猫争论不休、相持不下，跑去请猴子评理。

猴子听了，不由得大笑起来：“瞧你们这两个傻瓜蛋，连这点儿常识都不懂！世界上最好吃的东西是什么？是桃子！桃子不但美味可口，而且长得漂亮。我每天做梦都梦见吃桃子。”

兔子和猫听了，全都直摇头。那么，世界上到底什么东西最好吃？

这个故事说明了效用完全是个人的心理感觉。不同的偏好决定了人们对同一种商品效用大小的不同评价。

资料来源：杨伯华. 西方经济学原理［M］. 成都：西南财经大学出版社，2004.

（三）效用的计量单位为效用单位

效用大小可以用1，2，3，4……这样的确定的数值来表示大小。比如1个面包带来5个单位的效用，1本书带来8个单位效用。而马歇尔规定效用单位为util。

既然每个物品的效用大小可以用确定的数字表示，那么不同物品的效用就可以进行加总求和。比如一个面包和一本书的效用之和就是13util。

二、总效用和边际效用

（一）总效用

如果1个面包带来的效用为5util，2个面包带来的效用为9util……我们把消费者从所有物品的消费中得到的满足叫作总效用。

很显然，总效用的大小与物品的消费数量有关。比如看电影的效用可以用表2-1表示。

表2-1　　看电影的效用

数量（每周看电影次数）	总效用（util）
0	0
1	50
2	90
3	120
4	140
5	150

一般来说，随着消费数量增加，消费者得到的总效用也就越多——如果不看电影，消费数量为0，那么不能得到效用；如果看1场，效用为50util；如果看5场，效用为150util。

（二）边际效用

1. 定义

我们已经知道了每周看 5 场电影的总效用是 150util，那么每增加一场电影，总效用会增加多少呢？

每增加一单位物品或劳务的消费所引起的总效用的变动叫作边际效用，这是现代经济学最重要的分析方法之一——人们更注重考察边际量。

同样是看电影带来的效用，现在我们在表 2－2 中列出边际效用大小。

表 2－2　　看电影的效用

数量（每周看电影次数）	总效用（util）	边际效用（util）
0	0	
1	50	50
2	90	40
3	120	30
4	140	20
5	150	10

2. 边际效用递减规律

与总效用不同，随着消费数量增加，看电影带来的边际效用是逐渐减少的。第 1 场电影带来 50 单位效用，第 2 场只有 40 单位效用……第 5 场只有 10 单位效用了。这种现象就叫作边际效用递减。

在一定时间内，在其他商品的消费量保持不变的情况下，随着消费者对某种物品消费量的增加，消费者从连续增加的每单位商品中获得的满足越来越少，这就是边际效用递减规律。正是因为这个原因，自助餐老板才不会担心所有人都只吃牛肉，也不会担心人们吃个不停，让他亏本。

为什么会有边际效用递减规律？

（1）生理或心理原因。无论你多么喜欢吃牛肉，也不太可能在自助餐店里一顿吃上 5 千克牛肉。从生理上来说，人的胃口是有限的，不可能一直吃下去；从心理上来说，连续吃同样的食物也会厌烦。

（2）物品用途的多样性。一种物品通常有多种用途，并且总是首先用在比较紧急的用途上，发挥出较大的效用，然后逐渐用于比较次要的用途，效用更小一些。

比如人们用水，首先用来救命（沙漠干旱地区），效用非常大；然后用于解渴，效用比较大；接着可能用于洗漱，效用相对比较小；如果还有很多的水，可能就用于人工喷泉满足观赏需要，效用更小一些。

试一试：

你是否觉得一年一度的春节联欢晚会吸引力在逐年下降，为什么会这样呢？

(三) 总效用与边际效用

现在我们进一步考察物品的总效用与边际效用的关系。

随着消费数量增加，边际效用逐渐减少，甚至有可能为负值。边际效用为正数时，每增加 1 单位商品都会带来总效用的增加；边际效用为 0 时，商品消费量增加而总效用是不变的；边际效用小于 0 时，增加商品的消费意味着总效用的减少。

因此，我们可以通过图形来表示总效用和边际效用的变化，如图 2－1 所示，用 TU 表示总效用，用 MU 表示边际效用。

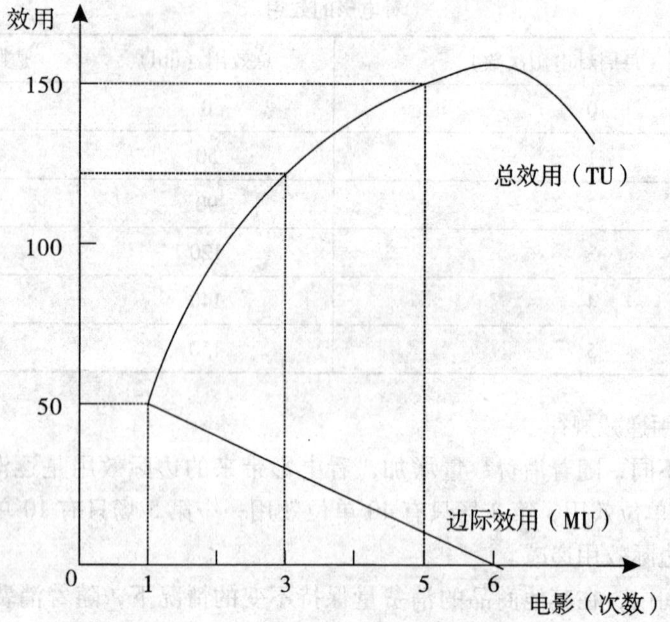

图 2－1 总效用和边际效用

考虑前面看电影的例子，每周看 1 场电影，其效用为 50 单位；看 2 场电影，总效用变为 90 单位，而第 2 场电影的边际效用为 40……随着看电影次数增加，每场电影带来的满足程度下降。设想一种极端情况：每时每刻不停地看电影，甚至不睡觉，这时看电影就不再是享受，可能变成了折磨！所以边际效用可能为负数。

所以总效用并不总是增加的，而是先增加后减少，有一个顶点——最大值。什么时候总效用最大呢？边际效用为 0 的时候——也就是图 2－1 中消费第 6 个单位的时候。在之前，边际效用为正数，意味着增加消费会引起效用的增加，总效用增加；在第 6 个单位之后，边际效用为负数，意味着增加消费会引起效用的减少。因此，在边际效用为 0 的时候，总效用最大。

三、容易迷惑的问题

(一) 货币也满足边际效用递减规律吗？

通常我们觉得钱是越多越好的，那是不是违反了边际效用递减规律呢？理解这个问题时我们要注意，边际效用递减规律讨论的是每增加一单位物品带来的效用，因此我们不是比较 1 000 元钱与 100 元的效用，而是要比较每 1 元钱的效用大小。

如果月底回家的时候，身上只有 2 元钱，这时不小心掉了 1 元钱硬币到马路对面，你会去捡吗？如果月初身上有 1 000 元钱的时候，同样有 1 元钱掉到马路对面，你会不会去捡呢？很容易发现，随着数量增加，每 1 元钱的效用也是逐渐减少的。正是基于这样的理由，我们认为富人的 1 元钱比穷人的 1 元钱效用更小，从整个社会角度来看，把富人的 1 小部分钱给穷人，会提高整个社会的总的满足程度。因此，政府设计了累进的所得税制度——对富人征收更高比率的所得税，取得税收之后，以转移支付等方式补贴穷人，从而提高整个社会的福利水平。

（二）邮迷集邮违反边际效用递减规律

如果一套邮票有 8 张，现在搜集到了 7 张，第 8 张显得更为重要，表现为你愿意为此支付更高的价格。

关于第 8 张邮票的问题，我们可以换一个角度来看。其实集邮者看重的并不是第 8 张邮票，也不单独看待其他的任何一张，而是以“整套”为单位来考虑它们的效用。因此，8 张邮票是一个整体，共同构成一个商品单位。同样，四条腿的桌子缺了任何一条腿都不行，我们不能因此判断缺掉的那条腿效用最大，而是应当把整张桌子作为一个整体来看待，是一个商品单位。

第二节　偏好与无差异曲线

设想张帆计划消费两种商品，一是买牛肉，二是看电影。当他走到市场上，看到市场上的月度信息公告牌显示：

商品或者服务	单价	可供销售的数量
牛肉	15 元/千克	40 千克
电影	50 元/场	20 场

这个消费者知道，他只能在既定的市场供给条件下进行购买选择。

一、偏好的假定

消费者偏好就是人们对商品的喜爱程度，通常用效用单位来衡量偏好。效用越大，就说明人们越喜欢，效用越小人们就越不喜欢。人们对不同的商品可能有不同的偏好，比如，你可能喜欢可口可乐，讨厌冰激凌，而你的女朋友可能正好相反，喜欢冰激凌，讨厌可口可乐。由于边际效用递减，因而人们对每一个单位的商品也有不同的偏好，因而对两种商品的不同数量组合也有不同的偏好。

我们首先来了解对于偏好的规定。

为了比较不同商品的效用，消费者的偏好要满足下列假定：

（一）消费者的偏好具有可比较性

对于任何两种或者两种以上的物品，消费者总是能够准确地给出评价，比如对于 A 和 B，人们的偏好只能是 A > B、A = B、A < B 三者中的一个，不存在不能判断的情况。同样，对于任何两个商品组合，消费者总是能够准确地给出评价，不存在不能判断的情况。比如，对于张帆来说，他能够对图 2－2 中的关于电影和牛肉的所有组合（整数单位有 800 个组合）给出准确的评价。

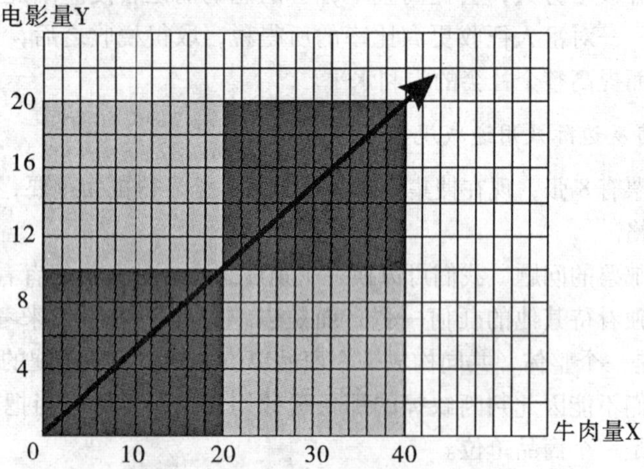

图 2－2　存在供给约束的偏好组合

（二）消费者的偏好具有可传递性

如果已知对 A、B、C 三种物品的偏好满足 A > B 及 B > C，那么在 A、C 两种商品的比较中，一定有 A > C。同样，如果已知对图 2－2 中的组合，张帆认为（20 千克牛肉，10 场电影）好于（16 千克牛肉，8 场电影），而（16 千克牛肉，8 场电影）又比（10 千克牛肉，7 场电影）好，那么，我们可以肯定张帆认为（20 千克牛肉，10 场电影）好于（10 千克牛肉，7 场电影）。

（三）消费者的偏好具有不饱和性

不饱和性是指如果两个商品组合中的区别仅在于其中一种商品的数量不同，那么，消费者总是偏好于数量更多的那个组合，即所有的商品都是“好的”，多比少好，不存在过量导致少比多好的情况。比如，在图 2－2 中而言，对应于任意一个电影量，比如，10 场电影量，不饱和性就意味着（0，10）<（1，10）<（2，10）<……<（39，10）<（40，10）；当然，对应于任何一个牛肉量，比如 20 千克牛肉，不饱和性意味着（20，0）<（20，1）<……<（20，19）<（20，20）。显然，沿着图中过原点的那条线向外移动，距离原点越远的组合张帆越偏爱，即（0，0）<（2，1）<（4，2）<……<（36，18）<（40，20）。

二、无差异曲线图

在面对牛肉和电影的商品组合时，消费者的偏好使他在不同数量的组合之间进行选择，如果有一些数量不同的组合带给消费者相同的满足程度，那么这些组合对于该消费者而言就是无差异的，或者是等效用的，因此我们把这种消费者偏好相同的两种商品的不同数量的各种组合连接起来，就可以得到无差异曲线。

（一）无差异曲线的特征

在同一个平面上，可以有无数多条无差异曲线，这些无差异曲线具有哪些特征呢？

1. 离原点越远，代表的满足程度越高

在图2-3中的无差异曲线 U_1 和 U_2 代表不同的满足程度，U_2 离原点更远，表示更高的满足程度。这是和偏好的不饱和性联系在一起的，既然商品多比少好，那么 U_2 曲线上的点表示更多商品的组合，当然比 U_1 更令人满意。

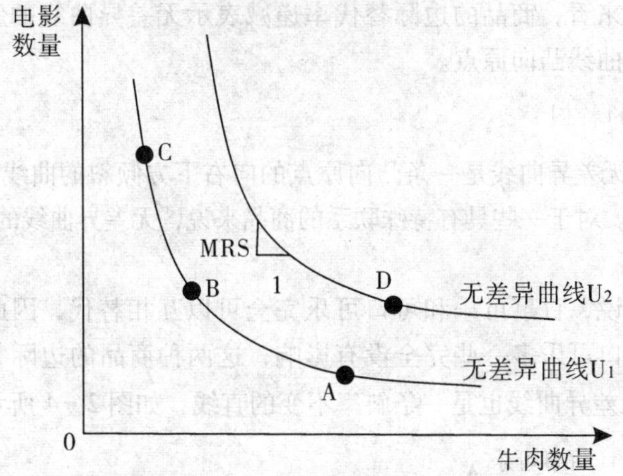

图2-3 无差异曲线

2. 同一平面上任意两条无差异曲线不会相交

如果代表不同满足程度的两条无差异曲线存在交点，则违反了偏好的传递性。

3. 无差异曲线向右下方倾斜

无差异曲线的斜率反映了消费者愿意用一种物品替代另一种物品的比率。在大多数情况下，消费者两种物品都喜欢。因此，如果要减少一种物品的量，为了使消费者同样满足就必须增加另一种物品的量。由于这个原因，大多数无差异曲线向右下方倾斜。

（二）商品的边际替代率

一条无差异曲线上任意一点的斜率等于消费者愿意用一种物品替代另一种物品的比率。这个比率称为商品的边际替代率（MRS）。

在图2-3的例子中，边际替代率衡量为了补偿减少1单位牛肉消费导致的满足程度下降，需要增加多少电影消费，即 $MRS_{XY}=-\frac{\Delta Y}{\Delta X}$。

要注意的是，由于无差异曲线并不是一条直线，所以，在一条既定的无差异曲线上，所有各点的边际替代率并不相同。消费者愿意用一种物品交换另一种物品的比率取决于他已经消费的物品量。比如说在牛肉消费量比较多的A点，消费者愿意为减少1

单位牛肉要求很少的电影消费量，比如 0.1 单位；而在牛肉消费量较低的 C 点，消费者就为减少 1 单位牛肉消费要求较多的电影作为补偿，比如 1 单位。

在效用水平不变的条件下进行商品交换，其实质是不同商品带来的效用的交换，因此这两种商品的效用必然相等，即 $\Delta X \times MU_X + \Delta Y \times MU_Y = 0$。

所以 $MRS_{XY} = -\dfrac{\Delta Y}{\Delta X} = \dfrac{MU_X}{MU_Y}$。

通常情况下，消费者愿意放弃他们拥有较多的物品，而不愿意放弃本身就比较缺乏的物品，所以存在商品的边际替代率递减规律。也就是说，在维持满足程度不变的条件下，随着一种商品消费数量的连续增加，消费者想要获得更多的这种商品的愿望就不那么迫切了，为得到每一单位这种商品所愿意放弃的另一种商品的数量是递减的。

从几何图形上来看，商品的边际替代率递减表示无差异曲线的斜率的绝对值是递减的，因此无差异曲线凸向原点。

（三）无差异曲线的特例

一般情况下，无差异曲线是一条凸向原点的向右下方倾斜的曲线，而其形状取决于商品的边际替代率。对于一些具有特殊联系的商品来说，无差异曲线的形状可能不同。

1. 完全替代品

对于消费者来说，百事可乐和可口可乐完全可以互相替代，因此商品组合中百事可乐多一点还是可口可乐多一些完全没有影响，这两种商品的边际替代率是一个常数（1∶1），相应的无差异曲线也是一条斜率不变的直线，如图 2－4 所示。

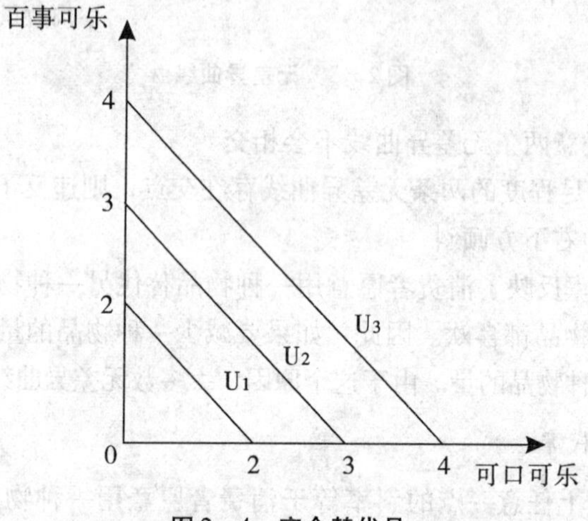

图 2－4　完全替代品

2. 完全互补品

完全互补品是指两种商品必须按照固定不变的比例同时消费才能发挥作用的情况，比如眼镜架和镜片、右脚鞋和左脚鞋、汽车和汽油、牙膏和牙刷等。

在完全互补的情况下，相应的无差异曲线是直角形状，如图 2－5 所示。

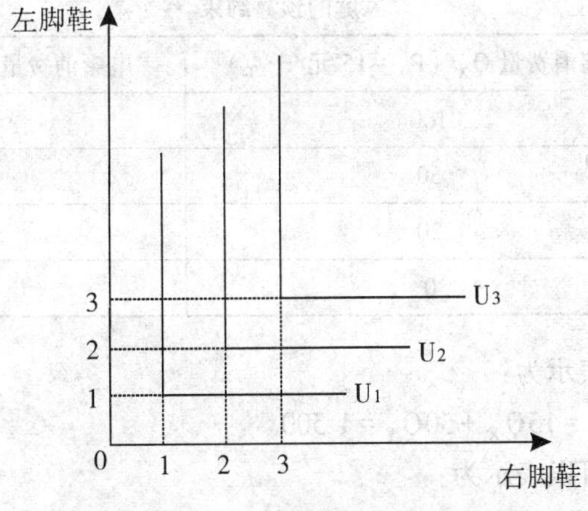

图 2-5 完全互补品

第三节 购买能力与消费预算线

一种理想的购物状态是什么样的？应该是毫不考虑物品的价格，可以随心所欲地购物。而现实是大多数人都必须在眼花缭乱的商品与非常有限的钱包之间进行权衡，香车、豪宅、海边度假、漂亮的衣服、名牌运动鞋……偏好决定人们想要购买的物品可能非常多，但现实的支付能力则决定了我们很难同时购买所有想要的物品。

个人或家庭的消费决策受到收入和支出水平的约束，也受到所购买物品的价格影响，这就是我们常说的预算约束。

一、预算约束方程和预算约束线

为了简化讨论，我们假定所有收入（M）都用于支出，只用于购买两种物品：X 和 Y，其价格分别为 P_X 和 P_Y，并且消费行为本身并不影响物品的价格。同时我们还假定两种物品的购买量分别为 Q_X 和 Q_Y。

（一）预算约束方程

按上面的假设，可以用一个简单的方程来表示预算约束，我们把它叫作预算约束方程。预算约束方程表示为：

$$M = P_XQ_X + P_YQ_Y$$

假设一个家庭每月收入 1 500 元，主要用于食品和休闲娱乐，为了简单明了，我们假定这个家庭购买的是牛肉（X）和电影（Y）两种物品。在牛肉价格为 15 元/千克，电影 50 元/场时，这个家庭能够消费多少牛肉和电影呢？

如果全部用来购买牛肉，一共可以购买 100 千克；如果全部用来看电影，一共可以看 30 场，如表 2-3 所示。简单地说，如果一种物品的购买量增加，那么就必然导致能够购买的另一种物品数量减少。

表 2-3　家庭的预算约束

消费组合	牛肉消费量 Q_X（P_X=15 元/千克）	电影消费量 Q_Y（P_Y=50 元/场）
A	100	0
B	50	15
C	20	24
D	0	30

把预算表用方程表示为：

$$M = P_XQ_X + P_YQ_Y = 15Q_X + 50Q_Y = 1\ 500$$

变换一下形式，可以表示为：

$$Q_Y = 30 - 0.3Q_X$$

（二）预算约束线

预算约束线用图 2-6 来表示：

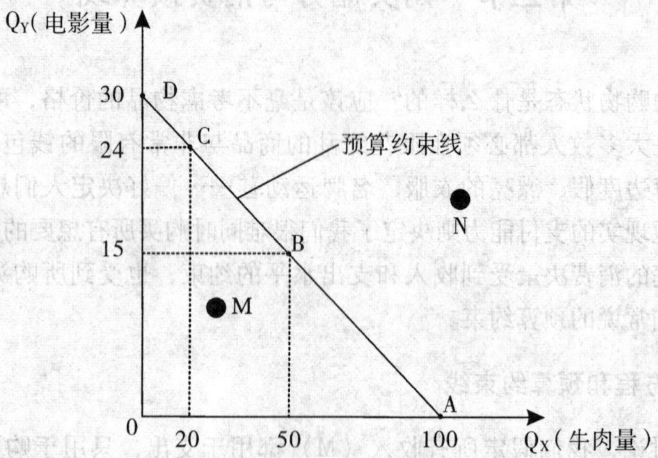

图 2-6　预算约束线

预算约束线上的每一点都表示消费者恰好能够购买的最大的商品组合，它决定了消费者能够购买的极限。曲线内部的点（如点 M）表示购买之后收入还有剩余，而曲线外部的点（如点 N）表示消费者的收入买不起的组合。

从图 2-6 上我们也不难发现，两种物品之间存在替代关系——如果要增加牛肉的购买，就必须减少电影的消费；反之亦然。

二、预算约束线的变动

前面我们确定的预算约束是在确定收入、确定价格的条件下讨论消费者的消费可能。如果收入或者价格变动，人们的消费选择会发生什么变化呢？

（一）收入变动

如果用来购买牛肉和电影的支出减少到 1 200 元，那么能够购买的最大组合如何变化呢？如表2－4所示：

表2－4　**新的预算约束**

消费组合	牛肉消费量 Q_X（P_X=15元/千克）	电影消费量 Q_Y（P_Y=50元/场）
E	80	0
F	40	12
G	20	18
H	0	24

则有：$M_1 = P_XQ_X + P_YQ_Y = 15Q_X + 50Q_Y = 1\ 200$

转变形式为：$Q_Y = 24 - 0.3Q_X$

由图2－7可知，收入从1 500元减少到1 200元时，预算约束线向左平行移动，而斜率不变；反之，如果收入增加，那么预算约束线将向右平行移动。

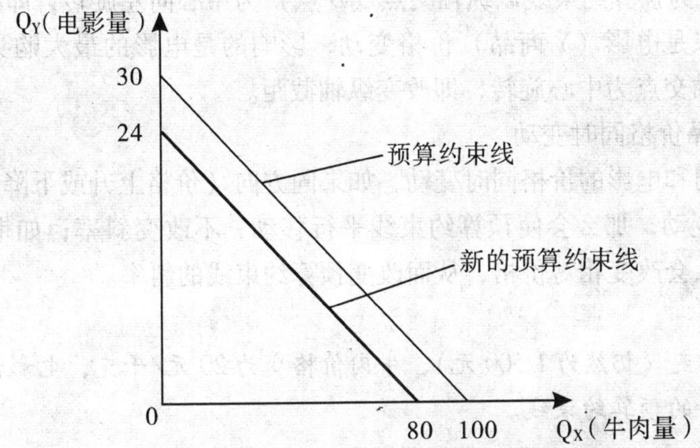

图2－7　收入变动时的预算约束线

（二）价格变动

变化之前，牛肉价格 P_X = 15元/千克，电影价格为 P_Y = 50元/场，预算约束线方程为 $Q_Y = 30 - 0.3Q_X$。

现在假设商品价格发生变化，考察预算约束线的变动。

1. 一种商品价格变动

假如牛肉价格涨到20元/千克，而收入水平仍然是1 500元不变，那么预算约束方程变为：

$M = 20Q_X + 50Q_Y = 1\ 500$

即：$Q_Y = 30 - 0.4Q_X$

如图2－8所示：

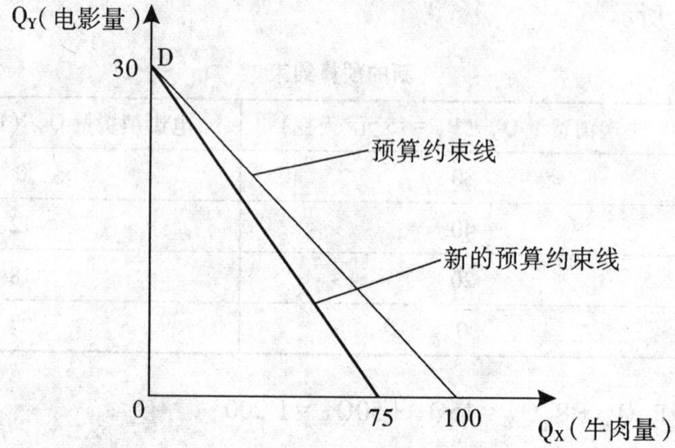

图 2－8　X 商品涨价

由此可见，牛肉（X 商品）涨价改变的是牛肉的最大购买量（从 100 千克减少到 75 千克），表现为预算约束线以纵轴交点（D 点）为中心向左旋转，即横轴截距缩短。

同样，如果是电影（Y 商品）价格变动，影响的是电影的最大购买量，表现为预算约束线以横轴交点为中心旋转，即改变纵轴截距。

2. 两种商品价格同时变动

有可能牛肉和电影的价格同时变动，如果同方向（价格上升或下降）、同比例（变动百分比）的变动，那么会使预算约束线平行移动，不改变斜率；如果不是同方向同比例变动，那么会改变相对价格，从而改变预算约束线的斜率。

试一试：

根据收入不变（仍然为 1 500 元），牛肉价格变为 20 元/千克，电影价格变为 40 元/场，作出消费者的预算约束线。

第四节　消费者的购买决策

从经济学含义来看，消费者在作出购买决策时，事实上就是要解决稀缺资源的配置问题——由于人们的购买欲望超过了支付能力，所以货币就是一种稀缺资源，消费者必须在不同的想要购买的商品中作出艰难的选择，而选择的依据就是如何使得自己从消费中获得的总效用最大。

一、消费者均衡的条件

消费者均衡是指消费者在偏好一定（一组无差异曲线），并且收入和商品价格也一定（预算约束线确定）的条件下，选择的商品组合实现了效用最大化的目标的情况。

现在我们考察收入为 1 500 元时，牛肉（X 商品）和电影（Y 商品）的最大消费组合所代表的效用水平，分别列出总效用、边际效用，以及每单位货币带来的边际效用大小。

每单位货币购买到的边际效用可以用边际效用除以该商品价格获得，即$\frac{MU_X}{P_X}$和$\frac{MU_Y}{P_Y}$。

假定我们可以明确列出消费者从牛肉和电影消费中获得的满足程度，分别用TU、MU表示总效用和边际效用，而两种商品的总效用$TU = TU_X + TU_Y$，以什么方式组合牛肉和电影这两种商品才能使消费者获得最大的效用呢？我们可以通过列出不同消费量下的效用表（如表2－5所示）来观察一下。

表2－5　　预算约束下的消费组合

消费组合	牛肉的消费（$P_X=15$元/千克）				电影的消费（$P_Y=50$元/场）				总效用
	Q_X	TU_X	MU_X	$\frac{MU_X}{P_X}$	Q_Y	TU_Y	MU_Y	$\frac{MU_Y}{P_Y}$	(TU_X+TU_Y)
A	100	0	－30	－2	0	0	100	2	0
…									
B	50	750	0	0	15	1 125	50	1	1 875
…									
C	33.3	667	10	0.7	20	1 333	33	0.7	2 000
…									
D	10	270	24	1.6	27	1 485	10	0.2	1 755
…									
E	0	0	30	2	30	1 500	0	0	1 500

从表2－5中我们可以看到，随着牛肉消费量减少，电影消费量增加，总效用先增加后减少（从A到C增加，从C到E减少）。

在C（$Q_X=33.3$，$Q_Y=20$）点的消费组合下，总效用最大（TU＝2 000），消费者实现均衡消费，此时满足最后一单位货币购买到的效用相等，即$\frac{MU_X}{P_X}=\frac{MU_Y}{P_Y}$，这就是实现消费者均衡的条件。

因此，消费者均衡的条件就是使每支出的1单位货币购买到的边际效用都相等。如果有多种商品，那么就是满足下列条件：

$$\frac{MU_1}{P_1}=\frac{MU_2}{P_2}=\frac{MU_3}{P_3}=\cdots=\frac{MU_n}{P_n}=\lambda$$

其中，$P_1X_1+P_2X_2+\cdots+P_nX_n=M$。

试一试：

如果没有预算约束（收入无限），消费者均衡在什么时候得以实现？

二、消费者均衡的图示

由于消费者面临一条确定的预算约束线和一组无差异曲线，只有既定的预算线与其中一条无差异曲线的切点才是消费者获得最大效用水平的均衡点，如图 2－9 所示。

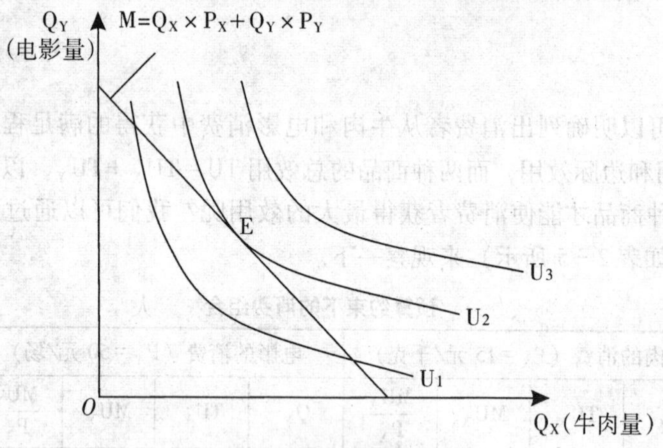

图 2－9　消费者均衡

在图 2－9 中，确定了预算约束线 $M=Q_X\times P_X+Q_Y\times P_Y$，无差异曲线 U_1、U_2、U_3 代表着消费者的偏好。

U_1 与预算约束线相交，它们没有达到消费者预算约束下的最高效用水平；U_3 与预算约束线相离，已经超出了预算约束的范围；U_2 与预算约束线相切，切点为 E 点，达到预算约束下的最大效用。

在消费者实现效用最大化的 E 点，无差异曲线与预算约束线相切，所以两条线上该点的斜率相等。根据无差异曲线，E 点的斜率为 $k_1=\frac{\Delta Q_Y}{\Delta Q_X}=-\frac{MU_X}{MU_Y}$；根据预算约束线，E 点的斜率为 $k_2=-\frac{P_X}{P_Y}$。

因此，消费者均衡的条件为：$\frac{MU_X}{MU_Y}=\frac{P_X}{P_Y}$，可变形为$\frac{MU_X}{P_X}=\frac{MU_Y}{P_Y}$，即商品的边际效用与价格之比相等，每 1 单位货币花在 X 商品或者 Y 商品上能够换来的边际效用都相等。

三、消费者均衡分析的运用

在消费者行为分析中，由于通常假设偏好不变，也就是无差异曲线不变，因而构建约束线特别重要。从上面的说明中，我们可以总结出消费者均衡分析的基本步骤为：第一，找出只购买横轴所代表的商品或者服务的量，也就是找出横截距；第二，找出只购买纵轴所代表的商品或者服务的购买量，也就是求出纵截距；第三，连接纵横截距点；第四，如果涉及预算线的运动，关键是要搞清楚究竟是收入变化引起的运动，还是相对价格变化引起的运动；第五，比较各种均衡的变化，尤其是消费者效用水平的变化。

(一) 不同资费标准下的消费者选择

某个大学生，每月父母给 900 元钱，他计划花在手机通信和除了打手机之外的其他商品上，如果其他商品价格为 1 元，而中国移动提供了 1、2 两种资费标准，如表 2-6 所示。

表 2-6　两种资费标准

手机资费类型	月固定费用（元）	每分钟价格（元）
1	300	0.1
2	0	0.2

如图 2-10 所示，显然，对于资费标准 1 而言，这个大学生每月使用手机的时间最多为 6 000 分钟，而消费其他商品的量最多不超过 600 单位，因为只要他选择资费标准 1，即使打手机的时间为 0，他也得支付 300 元的固定费，从而可用于购买其他商品的钱只有 600 元了。所以，图中直接 CD 为资费标准 1 的预算线。

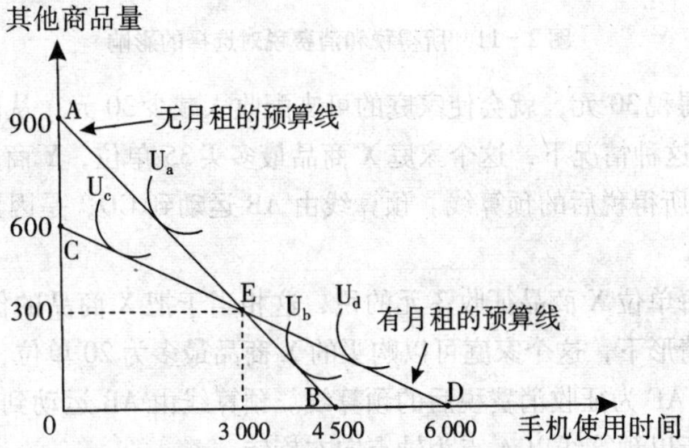

图 2-10　不同资费下的选择

同样的道理，对于资费标准 2 而言，这个大学生每月使用手机的时间最多为 4 500 分钟，而消费其他商品的量最多不超过 900 单位。所以，图中直线 AB 为资费标准 2 的预算线。

比较两种资费标准下的预算线 AB 和 CD，我们发现：在使用手机时间少于 3 000 分钟时，资费标准 2 比资费标准 1 让大学生有更大的购买力，因为三角形 ACE 中的组合是资费标准 2 所买不起的。如果使用手机时间多于 3 000 分钟时，资费标准 1 比资费标准 2 让大学生有更大的购买力，因为三角形 BDE 中的组合是资费标准 1 所买不起的。

进一步，我们发现，在使用手机时间少于 3 000 分钟时，采用资费标准 2 比资费标准 1 让大学生获得更大的效用，因为 U_a 大于 U_c。如果使用手机时间多于 3 000 分钟时，采用资费标准 1 比资费标准 2 让大学生有更大的效用，因为 U_d 大于 U_b。这就是我们常常看到的，使用电话多的人选择有固定费用的资费标准，而用时少的人选择无固定费用的资费标准。

（二）不同税收下的消费者选择

某个家庭现有收入为 100 元，用来购买 X 和 Y 两种商品，X 的单价为 2 元，Y 的单价为1元。如果政府征税：①对该家庭征收30元的所得税，②对X商品征收每单位3元的消费税。

如图2－11所示，显然，征税前，这个家庭的预算线为AB，因为100元钱最多能买50单位的X商品，最多买100单位的Y商品。

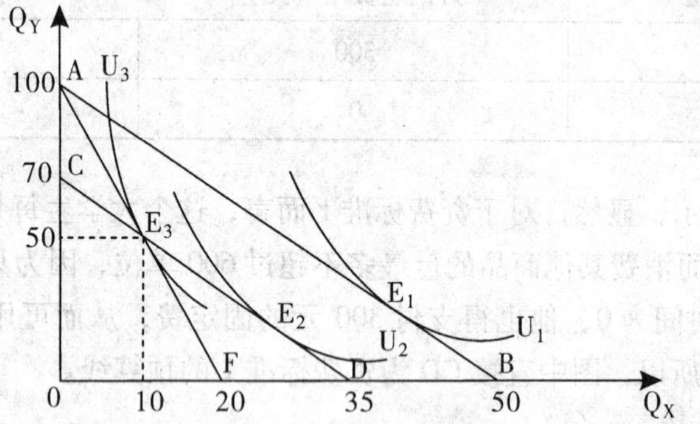

图2－11　所得税和消费税对选择的影响

如果征收所得税30元，就会使家庭的可支配收入减少30元，从而家庭的预算支出减少为70元。在这种情况下，这个家庭X商品最多买35单位，Y商品最多买70单位。因而，CD为征收所得税后的预算线。预算线由AB运动到CD，是因为收入减少，所以预算线向左平移。

如果仅仅对每单位X商品征收3元的税，这相当于把X商品的价格从2元提高到了5元。在这种情形下，这个家庭可以购买的X商品最多为20单位，而Y商品最多为100单位。所以，AF为征收消费税后的预算线。预算线由AB运动到AF，是因为X商品价格提高了，所以预算线以A点为轴点向左旋转。

为了便于比较，如果这个家庭缴纳消费税也为30元，那么其均衡购买量为E_3，获得的效用为U_3。图2－11显示，政府的征税直接降低了消费者的效用水平，因为这个家庭在税前得到的效用为U_1，大于随后的U_2和U_3。不仅如此，在政府征税30元的情况下，征收所得税对消费者的效用影响更多一些，因为征收所得税仅仅使消费者的效用由U_1减少到U_2，而征收消费税却让消费者的效用由U_1减少到U_3了。

（三）三种住房支持计划的影响

如果某个家庭可支配收入为40 000元，计划用来购买两种商品，一种是住房，一种是除了住房之外的其他商品。假设其他商品单价为800元，住房市场价格为每平方米2 000元。如果政府准备对这个家庭实行住房支持，具体的住房支持方案有三种：

方案一：允许这个家庭以每平方米1 000元的优惠价格购房；

方案二：直接向这个家庭发放40 000元现金；

方案三：直接为这个家庭免费提供最多20平方米的住房。

如图2－12所示，很明显，这个家庭享受住房支持前的预算线为AB，因为40 000元最多可以购买住房20平方米，而其他商品最多能买50单位。

如果政府以优惠价格1 000元提供支持，这个家庭的预算线为AD。因为其他商品价格没变，仅仅是住房价格降为每平方米 1 000 元，所以仅仅住房的最大可能购买量变为 40 平方米。预算线由 AB 运动到 AD，实际上就是住房价格降低了，导致预算线以纵轴截距点为轴点向外旋转了。

如果政府直接发放货币补贴 40 000 元，相当于使这个家庭的可支配收入增加到 80 000 元了。在此条件下，家庭最多可购买的住房面积增加为 40 平方米，而其他商品最多为 100 单位。因此，货币补贴下的预算线为 CD。预算线由 AB 运动到 CD，实际上就是收入增加了，导致预算线向外平移了。

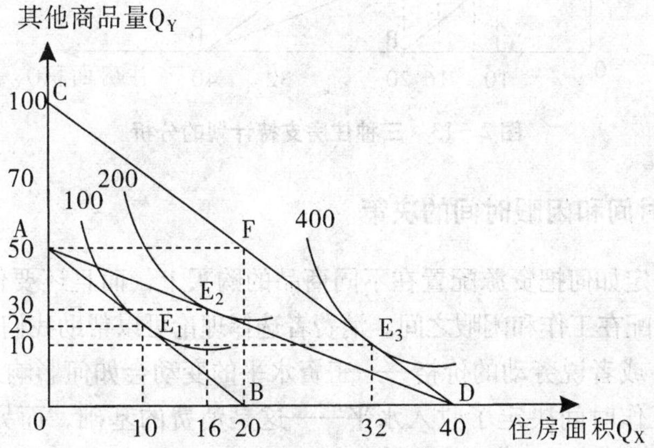

图 2-12　三种住房支持计划的比较

如果政府直接为这个家庭免费提供 20 平方米的住房，预算线会是怎样呢？情况要稍微复杂一点。在此情况下，这个家庭的预算线为 AFD。容易理解，这个家庭最多可以拥有的住房面积为 40 平方米，而最多可以消费的其他商品为 50 单位。但是，当这个家庭拥有 20 平方米以内（含 20 平方米）住房时，他所能够消费的其他商品都可以是 50 单位。比如，只要这个家庭愿意，他拥有 1 平方米住房时，最多可以购买 50 单位其他商品；他拥有 2 平方米住房时，他也可以最多购买 50 单位其他商品；以此类推，他拥有 20 平方米住房时，他可以购买的其他商品还是 50 单位。当然，如果这个家庭要拥有大于 20 平方米的住房，他能购买的其他商品就要减少了，因为他必须花一部分自己的钱去买住房了。

进一步比较发现，政府的住房支持确实让受助家庭的效用水平提高了。但是，如果在政府三种支持方案的市场价值都为 40 000 元的条件下，受助家庭通过自由选择，从三种方案中得到的可能收益是不同的。整体上讲，价格优惠的支持对受助家庭来说是增加效用最小的，仅仅增加效用 100 单位。就货币补贴方案与实物分配方案而言，如果住房拥有量超过 20 平方米，两种方案一样，都使受助家庭效用增加到 300 单位；如果这个家庭的住房拥有量小于 20 平方米，那么对家庭进行货币补贴是最好的，受助家庭的效用会增加到 400 单位，而实物分配只能把效用增加到 300 单位，如图 2-13 所示。

因此，如果从受助家庭的效用增加这个角度来看，政府应该采用货币补贴的形式来支持，因为政府并不了解受助家庭的实际偏好，因而通过给钱让受助家庭自我选择有助于最大幅度提高效用水平。

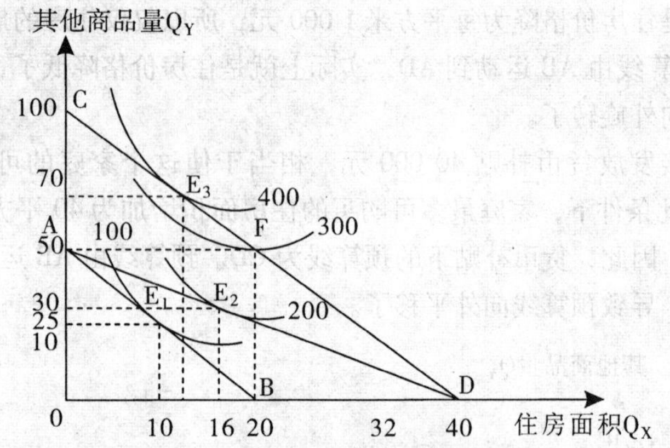

图2-13　三种住房支持计划的分析

四、家庭的工作时间和闲暇时间的决策

家庭不仅要决定如何把资源配置在不同商品的购买上，而且还要作出许多其他的决策，比如把时间分配在工作和闲暇之间。消费者选择理论可以帮助我们理解这些决策。

工作的价格，或者说劳动的价格——工资水平的变动会如何影响工作时间呢？

工资水平和工作时间决定了收入水平——这是消费的基础，而另一个方面，工作时间和闲暇时间此消彼长——用于闲暇的时间越长，工作时间越短，收入水平也就越低。所以，工资不仅是工作的报酬，还是闲暇的机会成本。所以，虽然无所事事几乎什么都不花费，考虑到机会成本，也是有代价的。

考察张文一周的时间安排，如果每周100小时，现在他可以选择把时间用来研发电脑软件，每小时能够获得50元的报酬。如果他把所有时间都用来工作，那么可以获得5 000元收入，但却没有时间去消费了，此时他愿意放弃一些收入来换取闲暇，因此闲暇和工作存在替代关系。

可以用工资率与工作时间的图形来表示劳动者的供给曲线，如图2-14所示：

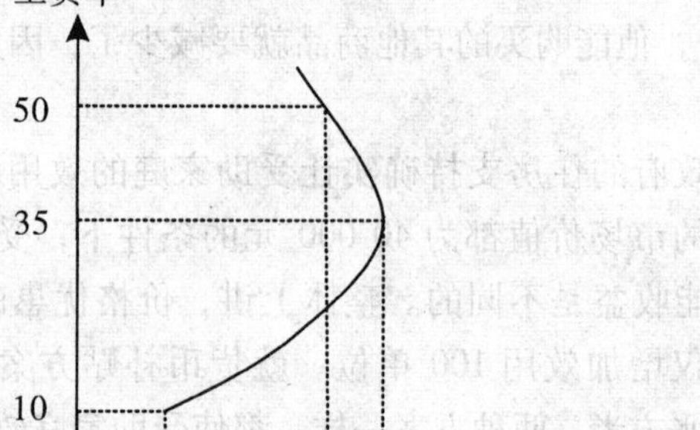

图2-14　工作与闲暇的权衡

考察工资水平从10元/小时上升到50元/小时这个过程中劳动时间的变化。

（1）工资水平为10元/小时的时候，张文每周工作20小时，获得200元收入；

（2）工资水平上升到35元/小时的时候，张文延长工作时间，每周工作70小时，获得2 450元收入；

（3）工资水平继续上升，达到50元/小时，张文选择工作60小时，获得3 000元收入。

这和我们知道的劳动供给曲线非常类似，在工资水平上升的过程中，劳动者先延长工作时间，然后减少。

理解这一过程需要从两个方面考虑，一方面，工资率代表着闲暇的机会成本，工资水平上升意味着闲暇的机会成本增加，人们倾向于减少闲暇的购买，即工作更长时间；另一方面，工资水平更高使人们的收入增加，那么消费者会增加所有正常物品的购买（回顾收入变动对消费者均衡的影响），而闲暇也是正常物品，因此人们增加闲暇的购买，即减少工作时间。

综合起来看，工资水平上升对闲暇时间的影响是双方面的，一方面使闲暇时间减少（替代效应），同时又使闲暇时间增加（收入效应），最终闲暇时间的变动由这两种效应共同决定。

在工资水平较低时（图2－18中低于35元/小时），替代效应大于收入效应，于是工资上升使闲暇时间减少，而工作时间延长；在工资水平较高时（图2－18中高于35元/小时），替代效应小于收入效应，因此工资上升使闲暇时间增加，而工作时间减少。

劳动者的供给曲线，即背弯的劳动供给曲线（如图2－18所示）非常有意义，可以用来理解劳动者平均每周的工作时间从19世纪的70小时减少到20世纪的40小时（甚至更少）。其次，这种理论可以解释为什么越来越多的妇女走出家庭，成为全职工作者——市场上工资水平上升，使得在家做全职主妇的机会成本上升，替代效应非常大，于是妇女选择到市场上工作取得收入。

向后弯曲的劳动供给曲线只是存在于理论中吗？100多年前，许多人一周工作6天，现在每周工作5天是正常的。在每周工作长度减少的同时，一般工人的工资（根据通货膨胀调整后），一直在增加。随着工资增加，工人的报酬也增加了。但大多数工人对这种激励提高的反应不是更多工作，而是以更加闲暇的形式选择使用自己更多的收入。换句话说，更高工资的收入效应大于替代效应。

如果你中了500万，还会继续工作吗？美国的一项调查显示：那些赢得了总计5万美元以上奖金的人中，几乎有25%的人在一年内辞职，而另有9%的人减少了他们工作的时间。那些赢得奖金超过100万美元的人中，几乎有40%的人不再工作。劳动的收入效应是巨大的。因此，卡耐基警告说："给儿子留下巨额财产的父母会使儿子的才能和热情大大丧失，而且使他的生活不如没有遗产时那样有用和有价值。"卡耐基在有生之年和死后，把他巨额财产的大部分捐给了慈善机构。

资料链接

人是理性决策者

经济活动离不开人的参与，因此经济学研究的一个重要内容就是人的行为。有关家庭、工厂、一般商品市场、劳动市场和金融市场人类行为的经济分析基于这样的假定：可以把人的行为解释为对稀缺性的反应，可以把我们所作的每一个决定都解释为在受到有限的资源和技术带来的约束条件下使总收益最大化的选择。

（一）为什么越来越多的妇女成为劳动力

如果在约束条件变化时，人们的偏好是稳定的，那么我们就有可能预测人们如何对变化的条件作出反应。经济学家吉米·边沁（Jeremy Bentham）（1748—1832）是用效用概念解释人类选择的第一人，也是最早提出退休养老金、保证就业、最低工资、免费教育与免费医疗这类社会福利的人之一。边沁的身体所做的标本至今仍保存在伦敦大学的一个玻璃柜子里。

经济学家把人类行为解释为约束条件下进行效用最大化选择的结果，是约束条件改变导致人们行为变化，而不是态度（或者说偏好）。比如过去100年间妇女参加工作的比例变化。在19世纪90年代，不到20%的妇女参加市场就业，并且大多数从事报酬低而毫无吸引力的工作。其他的妇女则选择了在家庭从事非市场性的工作。到1997年，有60%以上的妇女属于劳动力，而且，尽管许多人是低报酬工作，但在专业工作和行政岗位上出现了越来越多的妇女——比如美国最近的两位国务卿：赖斯和希拉里。与100年前相比，是什么原因引起这种急剧的变化呢？是妇女更喜欢市场性工作（偏好），还是约束条件（技术、工资等）呢？

经济学家认为是约束条件的变化导致了妇女选择的变化。技术进步提高了生产效率，也使得工资报酬增加，于是市场工作比家庭劳务更有吸引力了；另一方面，技术进步也使得家务劳动时间减少——比如抽油烟机的使用就减小了打扫厨房的难度，这也使得更多的妇女走向劳务市场，成为劳动力。

（二）为什么大多数国家的人口出生率会下降

另一位研究人类行为的杰出的经济学家是加里·贝克尔（Gary S. Becker）（1930—），他的博士学位论文后来作为《歧视经济学》一书出版，深刻地改变了人们对于歧视现象的认识和减少歧视的经济方法。贝克尔教授的另一部主要著作是1964年出版的《人力资本》，这本书已经成为经典，并且成功影响了克林顿政府关于教育问题的思考。1992年，由于他对人力资本的研究而被授予诺贝尔经济学奖。

贝克尔教授对人口经济学作出了重大贡献，提出了“儿童是耐用品”的思想，并获得美国最高人口学奖——阿尔宁·塔奥博奖（Irene Taeuber Award）。从经济学方法得出的结论看，人们想要的孩子的数量主要取决于两个因素：成本与决策。其中，成本不仅包括给孩子的食物和住所，还包括父母花在孩子身上的时间——在大多数社会里，这主要是母亲的时间。当母亲受到更多的教育、有更多的市场工作机会时，在家照顾孩子的时间成本就增加了。随着时间成本的增加，家庭就不会像过去那样要许多孩子。第二个影响因素是家庭作出的关于儿童生活质量的决策，用儿童的教育、培养和健康来表示。现代经济越来越强调知识、技术和技能，因此父母需要在孩子的教育、培养和健康方面下大工夫，意味着养孩子的成本更高了。

在过去的30年间，大多数国家的人口出生率都在下降，包括印度、中国、其他亚洲国家、拉丁美洲和非洲的一些国家。目前，大约有15个国家的人口出生率已经大大低于死亡率，包括德国、意大利、西班牙、葡萄牙、法国和日本等。这就意味着这些国家的人口最终会迅速减少，因此了解人口出生率为何放慢已经不仅仅是家庭或者个人选择的问题，而是关系到国家政策的重要问题。

资料链接：薛求知，等．行为经济学［M］．上海：复旦大学出版社，2003.

总结与回顾

消费者行为理论描述了人们如何作出决策，在生活中有着广泛的应用。它可以解释一个人如何决定购买的牛肉和电影票的数量，如何根据工资水平调整工作时间等。

现实中的人们有没有严格根据理论的结果来行事呢？大概很少有人在超市购物的时候严格计算面包、洗衣机、微波炉等物品的效用，这是否说明理论不过是空谈呢？回答是否定的。消费者选择理论并不是对人们如何作出决策提供一种忠实的描述。它是一个模型。而且，正如我们最早在第一章中提到的，模型并不是完全现实的，它对现实进行了简化。

最好的理解是把消费者行为理论作为消费者如何作出决策的一个概括，或者说一个趋势性的解释。没有一个消费者（除非一位职业经济学家）是明确地借助这种理论中包含的最大化来作出决策的。但消费者知道他们的选择要受到自己收入及支出水平的约束。而且，在这些约束条件下，他们所能做的最好的就是达到最高满足程度。消费者行为理论努力用更为明确的方法来描述隐含的心理过程。

● 消费者也是一个理性的经济人，其目的是在既定的供给约束、收入约束、价格约束和偏好约束条件下，通过自己的产品购买和要素供给行为实现自己的效用最大化。

● 消费者的偏好程度用效用单位来度量。无差异曲线图就是用来反映消费者偏好状况的工具，根据它，我们可以判断和比较各种商品组合的效用大小并进行排序。

● 预算约束线是用来反映消费者购买能力大小的工具。线外的组合为消费者买不起的组合，线内的组合为消费者有剩余货币的购买组合，只有线上的组合才是消费者可能的最大购买组合。

● 能够给消费者带来最大效用的组合，一定是无差异曲线和预算约束线切点的组合。此时消费者花在每一种商品上最后单位货币的边际效用相等，而且等于货币本身的边际效用。

● 消费者均衡分析工具可以用来分析与消费者相关的现实，无论是厂商的市场策略的影响，还是政府政策的影响。

● 消费者均衡描绘了人们对商品组合的最优购买策略，而个人需求曲线则是在此基础上说明个人对某种商品的购买量与市场价格之间的关系。个人需求曲线的基础就是边际效用曲线。

● 边际效用决定了人们的支付意愿，从而形成需求价格。消费者剩余就是用来度量消费者支付意愿与市场价格之间差值大小的，反映消费者福利的大小。

思考与练习

每个人或者家庭会面临的一种选择是消费与储蓄的取舍。人们取得的收入有两种可能用途：一种是用于现期消费，另一种是用于储蓄以备未来的需要。我们可以用消费者选择理论简单分析人们如何作出这种决策以及储蓄的数量如何受到利率的影响。

如果你有10万元，可以现在消费用掉，也可以存起来未来消费。在现期消费和未来消费之间作出选择的时候，你会考虑利率水平吗？简单地说，利率水平上升，人们是增加储蓄还是减少储蓄？

利率水平决定了储蓄的收益，也决定了现期消费的机会成本。当利率为10%时，将10万元全部用于储蓄将在未来获得1万元利息，可以在未来获得11万元的消费；如果利率水平为20%，那么10万元的储蓄将带来2万元利息，未来可以消费12万元。在利率更高的情况下，年轻时放弃消费将在未来得到更多的消费。

那么，人们一定会在利率上升的时候增加储蓄（减少现期消费），在利率下降的时候减少储蓄吗？

事实不然，或许有人还记得在1998年前后，我国政府曾经为了促使人们减少储蓄、增加消费而降低利率，并且征收利息税，结果却未能达到预想。为什么？

第三章　企业的产出行为

导入：

(1) 联想电脑的部件并不完全由本企业生产，比如微软公司提供了它的Windows操作系统，英特尔制造了它的处理器芯片，其他企业制造调制解调器、声卡、显卡等。为什么联想集团不自己生产所有部件？联想集团是如何决定生产哪些产品、购买哪些产品的？

(2) 张文在一家公司上班，每个月工资为2 000元；他还拥有一个小铺面，租给别人卖衣服，租金为每个月1 000元。朋友建议他用这个铺面自己开一个小卖部，每个月大概能够销售30 000元商品，其中进货成本24 000元，水电等费用1 000元，还需要雇用一个店员支付800元工资。那么张文每个月经营小卖部的利润是多少？

每个人的生活都离不开企业，你的早餐来自于食堂或者蛋糕店，你的衣服是从工厂里加工出来的。你使用联想电脑，向公交公司购买乘车服务……你也有可能在现在或将来实际经营一家企业，这时你需要面对哪些问题，如何来分析问题、解决问题？

经济由成千上万家企业组成，如同消费者追求效用最大一样，厂商也会有所追求。厂商的目标决定了他选择的依据。同时，所有企业，无论是微软这样的大企业还是家门口的小吃摊，当它们进行生产和销售时都会引起成本，企业成本是其生产和定价决策的关键决定因素——这是厂商决策的约束条件之一。从追求目标和约束条件两个方面，考察厂商如何决策。

学习本章之后，你将能够：

(1) 了解企业的主要组织类型；

(2) 了解企业的技术效率和配置效率；

(3) 区分边际产量递减规律和报酬递减规律；

(4) 区分会计成本和经济成本以及会计利润和经济利润；

(5) 了解短期平均成本、平均变动成本和边际成本的形状和相互关系；

(6) 初步把握长期平均成本曲线的形状；

(7) 掌握企业的短期停止营业决策；

(8) 掌握企业的长期退出的决策。

我们知道企业是市场主体之一，正是成千上万家企业组成了经济。那么，如何对企业进行定义呢？作为某种产品或劳务的提供者，一个家庭经营的小吃店和拥有上万员工的微软公司在本质上是相同的吗？

第一节 企业生产和技术效率

一、企业的主要组织类型

在市场经济中，主要的企业组织类型有：

（一）单人业主制

单人业主制就是俗称的个体户，是只有一个承担无限责任的所有者的企业，业主以全部财产作为偿还债务的担保。街边商店、艺术家都是单人业主制的代表。

单人业主制由业主自主管理、自主决策、自负盈亏，产权明确、权责清晰，从这个角度看效率很高。但单人业主制企业另一个特点就是规模小——受到个人的财力和能力限制，很难形成国际型大型企业。由于规模小就很难获得分工和专业化、规模经济等带来的好处，因此从这个角度看其效率又不高。

（二）合伙制

合伙制是两个或更多具有无限责任的所有者共同经营的企业。几个或者若干个所有者的财力组合起来，使得合伙制企业比单人业主制企业规模更大，但它的缺点是在法律上实行无限连带责任。比如5个人合伙经营一个企业，你投入了10万元。由于经营不善产生了100万元的债务，而其他4个人都无力偿还，那么即使你只是其中的一个人，即使你只投入了10万元，你也要承担全部的100万元的债务。

合伙制企业的另一个缺点是可能存在产权不明确、权责利不清楚的问题。比如改革开放初期，我国产生了大量家族式企业，这些企业在发展过程中，由于产权不明，往往产生了利益分配和管理上的矛盾，最终无法做大。

市场经济中，合伙制企业并不是主要的企业组织形式，主要是小企业以及一些法律上规定的必须采取合伙制的企业——比如注册会计师事务所。

（三）公司制

现代市场经济中最重要的企业形式是公司制企业。公司是由一个或多个有限责任股东拥有的企业。有限责任意味着所有者在法律上承担的责任只是他们最初投资的价值。对于投资者来说，是风险更小的形式。

公司制的第一个优点是规模巨大，可以在短期内筹集大量资金，所以最早在远洋运输、铁路等需要大量资金的行业产生了公司。

公司制的第二个优点是实现有限责任，个人可以根据自己的风险偏好和承担风险的能力而选择购买股份的多少，因此成为风险投资的很好的选择。

公司制的第三个优点是实行所有权和经营权分离，有利于提高管理水平和效率。毕竟，有钱人有投资愿望，但不一定有经营能力；而有经营管理能力的人不一定有钱。股份制企业实行所有者与经营者分离，股东作为所有者主要提供资金，而经理层作为实际经营者，提供企业家才能。尤其是在企业规模扩大到一定程度的时候，更加需要专业人士来管理企业。当然，这种所有权与经营权的分离也带来了一个问题，即委托—代理问题。

二、企业生产函数与技术效率

生产轿车可能有三种方式，一种是全机器人生产，只需要1个工人监督1 000台机器工作；第二种是流水线生产，一些工人在流水线旁边各自完成一部分工作，需要10个工人10台机器；第三种是手工生产，由工人使用少量工具完成所有工序，需要1 000名工人和1台机器。那么，哪种方式是最有效率的？应该选择哪种方式进行生产？

回答这个问题，首先就要明确什么是效率的问题。我们常常说要实现资源的配置效率，其实有技术效率和经济效率两个概念。

那么，什么是技术效率，什么是经济效率呢？

企业的生产是把投入变为产出的过程，而技术就是把投入变为产出的方法。

假设企业已经选择了它要经营的行业——餐饮或是服装，汽车或是煤炭……也已经选择了企业的类型——单人业主制、合伙制或公司制企业。但这个企业还没有决定生产多少产品、投入多少要素，也没有决定出售产品的价格。

现在我们首先考虑如何在产量既定时决定投入要素，也是如何实现技术效率的问题。分析企业在产量既定时的决策，我们将主要使用生产函数这一工具。

（一）生产函数

企业为生产产品投入了哪些必要的东西？我们通常将投入的生产要素分为资本、劳动、土地和企业家才能。需要注意的是，资本不仅包括现金形式的资金，也包括用来生产的房屋、机器等固定资产，还包括生产出来的成品、半成品和原材料；劳动当然主要指直接或间接服务于产品生产的人，包括一线生产工人和辅助生产工人；土地则泛指自然资源，不仅包括狭义的土地，还包括矿产、木材、能源等自然资源；企业家才能主要是经营者为生产或销售产品而表现出来的管理、决策、风险承担等能力。

投入与产出之间的物质技术关系通常用生产函数来表示，即用方程来表示投入多少要素最多能够转换为多少产出，也就是衡量投入要素一定时的最大产量，或者产量既定时的最小投入。

一般情况下，我们假设自然资源（土地）的数量是不能随意改变的，因此，生产函数中只考虑资本、劳动和企业家才能的影响，生产函数为：

$$Q = Af(K, L)$$

其中，Q是产品的数量，表示产出；A表示企业家才能、科学技术等不容易用具体数字进行量化的影响因素；K表示资本的数量；L表示劳动的数量。该生产函数表示企业的产量受到企业家才能、科技水平、资本和劳动等投入要素的影响。

如果某企业的生产函数满足 $Q = A \times K^{\frac{1}{3}}L^{\frac{2}{3}}$，其中 $A = 1$，那么当投入要素为 $K_1 = 1\,000$，$L_1 = 1$ 时，最大产量为 $Q_1 = 10$；如果已知产量 $Q_2 = 10$，投入资本为 $K_2 = 10$，那么投入劳动最少为 $L_2 = 10$。

（二）技术效率

技术效率就是指投入与产出之间的关系，当这个投入产出关系满足生产函数时，就实现了技术效率。换句话说，当投入不再增加就不能增加产量时，就实现了技术效率。

从上面生产函数的例子我们可以看到，满足生产函数的投入方式不止一种，也就是说，实现同样技术效率的生产方式不止一种。比如上例中，同样生产 10 单位产品，两种投入方式 $K_1 = 1\,000$，$L_1 = 1$ 和 $K_2 = 10$，$L_2 = 10$ 都能够实现技术效率。针对不同的行业，微软公司主要投入人力资本，也就是劳动；而网吧这类企业则主要投入了资本——大量的电脑设备、必要的网络等，而劳动投入非常少。

那么在满足同样技术效率的不同投入方式之间，应该选择哪一种呢？比如轿车生产中，假如投入 1 000 台机器、1 个工人和投入 1 000 个工人、1 台机器两种方式都能够满足技术效率，那么我们究竟是选择哪一种投入方式呢？这就要考虑经济效率。

（三）短期和长期

假如你刚刚接手一家小吃店，分别考虑在一周内提高利润额和在一年内提高收益率，你可能采取的措施会有所不同吗？

为了研究企业的产量决策及其成本之间的关系，我们把决策的时间长度区分为短期和长期。时间长度不同，人们可能采取的对策也会不同。

1. 短期

短期与长期的区分并不在于绝对时间的长短——不是说 1 个月是短期，1 年就是长期。

短期是一些投入要素数量固定，不能随意改变的时间段。只要有一种资源数量是固定不变的，这个时间段就是短期。比较而言，哪些投入要素数量不容易改变呢？比如管理组织方式、科学技术水平等，我们将之统称为企业的设备，包含在资本之中。

对一个建筑公司来说，拥有的机械数量、办公大楼等都是企业的设备；对一个小吃店来说，店面、桌椅、厨房用具等都是设备。这些设备的投入数量在短期内是难以改变的。

既然短期内企业的资本固定不变，那么要改变产量就只能通过改变劳动投入来实现：为了生产更多的产品，建筑公司需要雇用更多的工人，而小吃店可能让伙计加班，通过增加劳动的投入让机器运转更长时间，最终增加产量。

短期决策是容易改变的，企业可以通过增加或减少雇用的劳动时间来提高或降低产量。如果发现决策不正确，那么可以迅速改变行为进行修正。

2. 长期

与短期相对，长期就是所有投入要素的数量都能够改变的时间长度。这时不再有固定数量的投入要素，所有要素都是可变的。

在长期中，如果要改变产量，企业可能同时改变资本或劳动的数量，也可能通过改变投入资本和劳动的比例来达到目的。要增加产出，建筑公司可能雇用更多的人，可能购买更多的机械设备，也可能两者同时进行；小吃店可能扩大店面，增加桌椅的数量，或者雇用更多的厨师和伙计。

长期决策就不那么容易修改了，如果决策错误，很可能使企业面临失败。尤其是增加固定资产的决策——比如购买更多的搅拌机，购买更多的桌椅——需要保持一段时间，不能立刻进行反向调整。为了理解这一点，我们回顾一下沉没成本的概念。过去购买固定设备的成本是沉没成本，一旦发生就很难收回。如果要变卖机械设备和桌椅、厨房用具等，不单需要寻找合适的买家，而且还要面临价格的急剧下降——新的二手产品也很难卖到好价钱。

三、短期生产与边际产量递减规律

无论是街头小吃店还是世界五百强企业，虽然生产的产品和规模不同，但同样要面临生产多少和如何生产这类基本经济问题，企业如何作出生产决策？

大多数汽车生产企业的生产能力都大于其销售能力，宁愿闲置机器设备也不进行最大可能的生产，为什么？在旅游旺季，通往景区的公共汽车数量不够，于是往往抽调或租用其他线路的汽车来满足需要，而公司并不会增加车辆以便完全满足市场需求，为什么？

短期中，企业如何配置资源，最终实现技术效率呢？由于资本投入量不变，用 $\bar{K}$ 表示，劳动投入量可变，用 L 表示，则生产函数可以写为：

$$Q = f(\bar{K}, L)$$

或者简化为：

$$Q = f(L)$$

（一）总产量、边际产量和平均产量

在短期生产函数中，产量变化只受到劳动投入量的影响。我们用总产量、边际产量和平均产量三个相关的改变来描述产量与投入的劳动数量之间的关系，如表 3－1 所示。

表 3－1 总产量、边际产量和平均产量

	劳动（工人数/天）	总产量（件/天）	边际产量（件/每个增加的工人）	平均产量（件/人）
A	0	0		
B	1	4	4	4
C	2	10	6	5
D	3	13	3	4.33
E	4	15	2	3.75
F	5	16	1	3.2
G	6	16	0	2.67
H	7	14	−2	2

1. 总产量（TP）

总产量（Total Product，TP）是企业生产产品的总量。从表 3－1 中总产量这一列的数据可以看到，随着劳动数量的增加，总产量先增加后减少。如 D 组合，每天 3 个工人，产量为 13 件；E 组合，每天 4 个工人，产量增加到 15 件；到了 H 组合，每天 7

个工人，产量却减少到14件了。假如面包房里有两个烤箱，是固定投入，当可变的劳动投入为1个工人时，有一个烤箱闲置，增加工人数到2个时，能够增加产量；当工人数量增加到3时，还可以互相换班，提高烤箱的利用率，产量仍然增加；当工人数量继续增加时，还可以腾出人专门从事递工具等工作，从而提高劳动效率，产量增加。然而当工人数增加到超过需要的范围时，就有可能出现几个工人同时使用一个烤箱，结果劳动没有得到充分利用，还可能因为消极怠工而减少产量。因此，随着投入劳动数量的增加，总产量先增加后减少，掌握这个规律对于企业来说也是非常重要的。

2. 边际产量（MP）

劳动的边际产量（Marginal Product，MP）是所雇用的劳动量增加1单位引起总产量增加的数量，$MP=\frac{\Delta TP}{\Delta L}$。

例如在表3－1中，劳动数量从3增加到4时，总产量从13增加到15，因此第4单位的劳动的边际产量为2件。

3. 平均产量（AP）

平均产量（Average Product，AP）表示平均而言，工人的生产率如何。平均产量等于总产量除以所雇用的劳动量，$AP=\frac{TP}{L}$。

例如在表3－1中，5个工人每天生产了16件产品，平均产量就是3.2件产品——每天16件产品除以5个工人。

4. 总产量、边际产量、平均产量之间的关系

从表3－1当中我们可以观察到总产量、边际产量和平均产量的变化趋势存在一些规律：

（1）总产量与边际产量。随着劳动投入L的增加，总产量TP先增加后减少，存在一个最大值，此时对应着边际产量$MP=0$。

（2）平均产量与边际产量。在平均产量与边际产量相等时，即$AP=MP$，平均产量最大。

（3）边际产量。边际产量曲线是先上升后下降，意味着随着劳动投入的增加，边际产量先增加，后下降。当后一个工人的边际产量小于前一个工人的边际产量时，就产生了边际收益递减。

边际收益递减规律产生于这样一个事实：短期生产中资本投入是固定不变的，而生产过程需要资本和劳动配合使用。同样考虑面包房的生产效率，两个烤箱是固定的资本投入。当工人从1个增加到2个时，烤箱得到充分利用，边际产量很高；当工人数增加到3个时，可以通过换班来增加产量，边际产量也很高，但可能不如第2个工人的边际产量高；当工人继续增加时，设备的运行已经接近于底限，甚至可能新增加的工人什么都不用做，即边际产量为0。

因此，在资本投入固定不变的条件下，随着企业可变投入（劳动L）增加，可变投入的边际产量最终会递减。

即使产品不同，建筑公司和小吃店的总产量、边际产量、平均产量之间也存在类

似的规律。

（二）边际产量递减规律

企业在进行生产决策时，不可忽视的一个规律是边际收益递减规律，即在给定技术水平、其他投入不变的条件下，随着某一种投入要素数量的不断增加，它能够带来的边际产量最终会趋于下降。

以短期生产函数 Q = f(L) 为例，资本设备数量不变（也不存在技术进步）的条件下，随着劳动要素投入数量的不断增加，劳动的边际产量最终会下降。

观察一下常见的蛋糕店，如果只有一个工人，可能忙得团团转，而且每天只能做很少的蛋糕。这时，如果我们增加一个帮手，一个人专心和面，另一个人专心烘焙，蛋糕的产量会大幅度提高，这时增加一个工人的边际产量就很高；如果继续增加工人，我们可以把工序分得更细，专业化程度提高会使得增加工人的边际产量提高，直到实现工人和设备的最佳组合。

超过最佳组合之后情况就有所转变，继续增加劳动的投入并不会继续提高产量，可能还会因为人数过多造成拥挤——假设一个10平方米的蛋糕店雇上20个工人，也许转身就会踩到别人的脚，互相干扰的结果就是产量下降。这时，就表现为增加要素投入量得到的边际产量逐渐下降，甚至变成负数。

理解边际收益递减规律需要注意以下几个方面：

(1) 边际收益递减规律是普遍存在的，在任何经济制度下，在任何行业或者企业，持续增加某种要素的投入，最终都会出现边际收益递减。

(2) 边际收益递减的出现是有条件限制的，其一是技术水平不变，其二是其他投入要素不变。技术水平决定了投入要素与产出之间的比例，如果改变，则生产函数本身将发生变化；其他投入要素不变则表明生产规模不能无限扩大。

用人们常说的和尚挑水的故事来打个比方，假设不变的设备是2个木桶和1条扁担，挑水也只能通过人力往返于山上山下来完成（技术不变）。只有一个和尚的时候，他需要花4小时往返一次（包括中途休息），每天能挑4桶水；如果增加一个和尚，可以轮流挑水，减少中途休息时间，每天能挑10桶水，那么第二个和尚的边际产量就是6桶水；如果继续增加和尚，每个人都更省力，结果挑了18桶水，于是第三个和尚的边际产量是8桶水……随着和尚人数的增加，木桶和扁担的数量却保持不变，那么总有某个时刻，和尚的边际产量会达到最大——和尚和木桶、扁担的组合达到最优，然后继续增加和尚的数量就会使得边际产量减少。比如说到了8个和尚的时候，4组换班，基本上可以保持木桶在不停地往返运动中，此时该组织挑水的数量已经达到了极限，再增加和尚也不会使产量继续增加，甚至还可能因为相互推诿而减产——人数太多，每个人都可能产生偷懒的冲动。

(3) 边际收益递减规律表明的是一种“最终”的趋势，也就是说，投入要素的边际产量并不是一开始就减少，而是先上升后下降。

(4) 边际收益递减规律适用于短期生产。如果时间足够长，技术不变的假设就不太现实，即使没有采用更先进的技术，劳动者也会因为分工产生的专业化而提高熟练程度和产量，可能会表现为边际产量上升。

边际收益递减规律在经济学上有着重要的意义，尤其是存在不可改变的要素投入时。比如农业生产，由于土地的肥力有限，即使不断增加投入劳动和种子、肥料，也不可能一直保持产量的增长。

四、长期生产与规模报酬的变化

当企业成倍增加其投入要素时，产量将会如何变化？这就是规模报酬分析的内容，即考察企业生产规模变化所引起的产量变化，通常我们用投入要素按照相同比例变化来表示生产规模的变化。

在其他条件不变时，企业生产规模的变化将导致三种不同结果。比如生产函数 $Q=f(L, K)$，当生产规模变为原来的 λ 倍时，新的产量变为 $Q_1=f(\lambda L, \lambda K)$，现在就要比较 Q_1 与 λQ 之间的大小关系。

（一）规模报酬递增

规模报酬递增是指产出增加的比例大于各种投入要素增加的比例，即 $Q_1>\lambda Q$。

产生规模报酬递增的原因主要是企业生产规模扩大的时候，可能带来专业化等生产效率的提高，尤其是在制造业当中，这一过程体现得比较明显。

（二）规模报酬不变

规模报酬不变是指产出增加的比例等于各种投入要素增加的比例，即 $Q_1=\lambda Q$。

需要注意的是，规模报酬不变并不是说生产规模扩大的时候企业的产量也不变，而是指产量按照相同比例增加。

（三）规模报酬递减

规模报酬递减是指产出增加的比例小于各种投入要素增加的比例，即 $Q_1<\lambda Q$。

产生规模报酬递减的原因主要是企业生产规模过大，使生产的各个方面难以协调，从而降低了生产效率，即管理成本上升。

规模报酬的变化一般来说呈现如下规律：

（1）当企业处于创业初期的时候，随着规模扩大，生产率也显著提高，处在规模报酬递增阶段；

（2）当企业的生产规模扩大到一定程度，其发展进入成熟阶段以后，就逐渐进入规模报酬不变的阶段；

（3）企业规模大到相当程度之后，如果仍然一味追求市场占有率或者生产规模的扩大，就可能进入规模报酬递减的阶段。

第二节　企业成本与经济效率

企业进行生产时需要考虑两个方面的问题，一方面是产量与要素投入量之间的技术关系，即上一节讨论的生产理论；另一方面是收益与成本之间的经济关系，这就要通过本节的成本理论来进行分析。

为了简化问题，我们假定企业购买要素的价格是确定不变的。

一、经济效率与成本函数

（一）经济效率

正如前面所说，在同样满足技术效率的不同投入方式之间，应该选择哪一种呢？比如轿车生产中，假如投入1 000台机器、1个工人和投入1 000个工人、1台机器两种方式都能够满足技术效率，那么我们究竟是选择哪一种投入方式呢？这就要考虑到经济效率。

经济效率指成本和收益之间的经济关系。当成本一定时实现收益最大，或者收益一定时实现成本最小，就满足经济效率。

判断企业是否实现了经济效率，就要综合考虑成本和收益。其中收益等于产出的价格乘以数量，成本等于投入要素的价格乘以数量。如果没有实现技术效率，也就是说在同样产出水平下，投入要素不是最少的，那么也就不可能实现经济效率；但是如果实现了技术效率，也并不一定同时实现了经济效率。

比如在轿车生产中，产量为100（收益既定）时，可以有两种实现技术效率的方法：一是1 000台机器，1个工人工作1个月；另一种是1 000个工人使用1台机器工作1个月。为了判断是否满足经济效率，我们需要把投入要素转变为货币支付，也就是成本。

如果每台机器价值5 000元，每个工人1个月的工资为3 000元，那么我们知道方案一的成本为500.3万，而方案二的成本为300.5万元。因此，从经济效率的角度看，方案二的效率更高。

如果机器价格较低而工人工资水平更高，即每台机器价值3 000元，而每个工人工资为4 000元，我们可以看到方案一的成本为300.4万元，而方案二的成本为400.3万元，方案一的经济效率较高。

由于劳动力与现代化的机器设备（资本）之间存在互相替代的关系，厂商常常为资本与劳动的比例关系而烦恼。为什么我国很多企业在生产时并没有首先采用现代化的机器设备，而是使用大量劳动力呢？这是符合我国国情的追求经济效率的做法，因为在中国，大量劳动人口的存在使得劳动力价格相对便宜，人工生产比机械化生产更便宜。反过来，在欧美发达国家，工资水平高，科技水平也很高，先进机器也较为便宜，这就使得在欧美国家采用机械化生产更为便宜，因此割草机、洗碗机等产品的应用就比中国更为普遍。

（二）企业成本

回顾本书开头介绍的机会成本的概念，经济学总是从使用资源的机会成本的角度来衡量企业成本。

仍然考虑本章开头的例子来分析。

张文在一家公司上班，每个月工资为2 000元；他还拥有一个小铺面，租给别人卖衣服，租金为每个月1 000元。朋友建议他用这个铺面自己开一个小卖部，每个月大概能够销售30 000元商品，其中进货垫支24 000元，水电费等费用1 000元，还需要雇用一个店员支付800元工资。

1. 显性成本

显性成本是企业经营的货币支出，它实际发生了，在会计上也核算这部分成本。由于货币支出可以用于一种用途，也可以用于多种用途，因此，它也是使用资源的机会成本的一部分。

张文经营小卖部有哪些货币支出？进货垫支、水电费、店员工资都是张文的实际支出，显性成本为25 800元。

2. 隐性成本

与显性成本相对，隐性成本是没有现实货币支出的机会成本，它体现着经济学与会计学成本的不同。显性成本与隐性成本之间的区别说明了经济学家与会计师分析经营活动之间的重要不同。经济学家关心企业如何作出生产和定价决策，因此，当他们在衡量成本时就包括了所有机会成本。与此相比，会计师的工作是记录流入和流出企业的货币。结果，他们衡量显性成本，但忽略了隐性成本。

隐性成本的产生主要由于下面几种情况：

（1）使用自有资本。企业主生产经营时，放弃了从事其他工作取得收入的机会。比如张文在公司上班时，每月获得2 000元的工资，构成他经营小卖部的隐性成本。

企业使用自有资本——比如固定资产时，放弃了出租该资本可能取得的租金收入。张文原来将铺面租出去可以取得收入1 000元，构成隐性成本的一部分。

企业在使用自有资金或其他金融资产时，也放弃了可能取得的利息。假设利率为每个月2%，那么张文垫支的24 000元就放弃了480元的利息收入，也属于隐性成本。

（2）经济折旧。2007年，组装一台双核、80G硬盘的电脑大概需要5 000元。而2008年组装一台配置完全相同的电脑大概只需要4 000元——相同的电脑硬件的市场价值下降了，这就叫作经济折旧。这部分差额——1 000元——属于隐性成本。

（3）企业家才能。企业所有者通常提供企业家才能——组织企业、作出企业决策、创新和承担经营风险的资源，企业家才能的收益是利润，而且提供企业家才能的平均收益成为正常利润。

由于企业家经营了一个企业就放弃了经营其他企业可能带来的收益，因此企业家才能也构成企业机会成本的一部分。张文在经营小卖部时提供企业家才能，他就放弃了经营另一家小卖部可能获得的正常利润。假如经营小卖部的正常利润为每个月1 000元，那么这个1 000元要计入张文经营小卖部的机会成本上。

企业的成本指的是经济成本，即使用各种生产要素所支付的代价，包括显性成本和隐性成本。

经济成本 = 机会成本 = 显性成本 + 隐性成本

如果分别用K、L表示资本和劳动，用P_K、P_L表示资本和劳动的价格，那么总成本可以表示为成本函数：

$TC = P_K \times K + P_L \times L$

其中TC表示总成本（Total Cost），主要包括为了购置设备和原料等物品的资本支出，以及雇用工人的劳动支出。

二、短期成本函数

企业的总成本（TC）包括所有投入要素的成本，比如资本和劳务支出，还有企业家才能（正常利润）。在短期生产中，企业的一些投入要素数量固定，因此我们把总成本分为总固定成本（Total Fixed Cost，TFC）和总可变成本（Total Variable Cost，TVC）。

$TC = TFC + TVC$

总固定成本是企业所有固定不变的投入要素的成本，与产量多少无关。

总可变成本是所有可变投入要素的成本，由于企业改变产量就需要改变可变投入，因此可变成本与产量有关。

总成本是总固定成本和总可变成本之和，即TC = TFC + TVC。

与用总产量、边际产量、平均产量来描述产量与投入要素之间的关系类似，我们用三个相似的概念来描述产量和成本之间的关系：总成本、边际成本和平均成本。

（一）总成本

企业的总成本与产量有关，也与可变投入要素——劳动的数量有关，如表3－2所示。

表3－2　总成本与产量

	劳动	产量	总固定成本	总可变成本	总成本
	（工人数/天）	（件/天）	（元/天）		
A	0	0	30	0	30
B	1	4	30	20	50
C	2	10	30	40	70
D	3	13	30	60	90
E	4	15	30	80	110
F	5	16	30	100	130
G	6	16	30	120	150
H	7	14	30	140	170

在短期中，资本投入不变，而可变的是劳动的投入。因此成本的变化与产量有关，也与劳动投入数量有关。

当劳动投入L＝5时，产量Q＝16，而总成本TC＝130元，其中固定成本TFC＝30元，可变成本TVC＝100元。

如果劳动数量可以细分，我们把表3－2中的数据转变为图3－1。

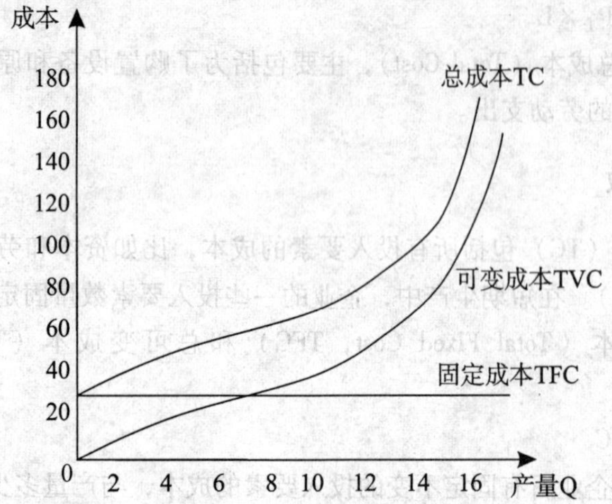

图 3-1　产量与总成本

随着劳动投入数量的增加，总成本一直上升，但是在产量较低的时候按照一个递减的比率上升，而在产量水平较高时则按照一个递增的比率上升。

为了理解总成本这样的变动趋势，需要引入边际成本的概念。

（二）边际成本

边际成本（Marginal Cost，MC）表示增加 1 单位产量所引起的总成本的变化。由于固定成本与产量变化无关，所有只有可变成本随着产量变化而变化，如表 3-3 所示。

$$MC = \frac{\Delta TC}{\Delta Q} = \frac{\Delta TVC}{\Delta Q}$$

表 3-3　　**产量与边际成本**

	劳动	产量	总固定成本	总可变成本	总成本	边际成本	AFC	AVC	ATC
	（工人数/天）	（件/天）	（元/天）						
A	0	0	30	0	30				
B	1	4	30	20	50	5.00	7.50	5.00	12.50
C	2	10	30	40	70	3.33	3.00	4.00	7.00
D	3	13	30	60	90	6.67	2.31	4.62	6.92
E	4	15	30	80	110	10.00	2.00	5.33	7.33
F	5	16	30	100	130	20.00	1.88	6.25	8.13

将表 3-3 中的数据转化为边际成本曲线 MC，是一条 U 型曲线，即当企业的产量较低时，边际成本降低；但是随着产量的增加，边际成本不断上升。

为什么边际成本会先下降后上升呢？在产量少时，因为专业化的优势，工人的生产率上升，因此增加 1 单位产量只需要增加很少的要素投入，边际成本降低；但最终因为边际收益递减规律，每增加 1 单位产量需要越来越多的劳动投入，从而使得边际成本上升。

（三）平均成本

平均成本（Average Cost，AC）表示每单位产量引起的成本。由于成本分为总成本、总固定成本和总可变成本，所以平均成本也分为平均总成本（ATC）、平均固定成本（AFC）和平均可变成本（AVC）。

平均总成本等于总成本除以产量，即 $ATC = \frac{ATC}{Q}$；

平均固定成本等于总固定成本除以产量，即 $AFC = \frac{TFC}{Q}$；

平均可变成本等于总平均成本除以产量，即 $AVC = \frac{TVC}{Q}$。

$ATC = AFC + AVC$

由图 3－2 中的曲线可以看到，平均固定成本 AFC 随着产量增加而降低，因为固定成本总额不变，随着产量增加，每单位产量上分担的固定成本就更少了，因此 AFC 曲线向右下方倾斜；平均可变成本、平均总成本曲线都是 U 型曲线，即 AVC、ATC 都是先减少后增加。

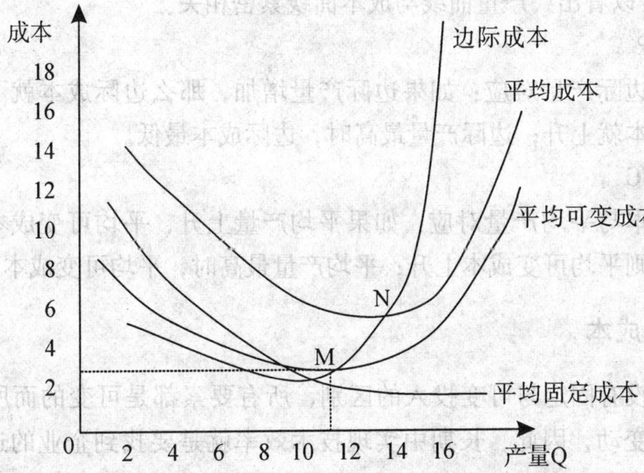

图 3－2　短期成本关系

（四）各成本曲线的变动规律

（1）总固定成本 TFC 曲线是一条水平的直线，表示一个固定不变的数额；总成本曲线 TC 一直随着产量增加而上升，但上升的速度先减少后增加；

（2）总成本曲线 TC 与总可变成本曲线 TVC 形状相同，垂直距离等于总固定成本 TFC；

（3）边际成本曲线 MC、平均总成本曲线 ATC、平均可变成本曲线 AVC 都是 U 型曲线，即随着产量增加，MC、ATC、AVC 都是先下降后上升；而平均固定成本曲线

AFC一直向右下方倾斜，即随着产量增加，AFC逐渐减少；

（4）MC与AVC、ATC相交，其交点（图3－3中M点和N点）分别是AVC的最低点和ATC的最低点。即当AVC＝MC时，AVC最小；当ATC＝MC时，ATC最小。

（五）短期成本与产量

企业的最终目标——利润最大化——的实现需要同时考虑技术效率和经济效率，也就是同时考察生产函数和成本函数。

将前面例子的产量和成本之间的关系列出来，得到表3－4。

表3－4　产量和短期成本

	L	MP	AP	MC	AVC
A	0				
B	1	4.00	4.00	5.00	5.00
C	2	6.00	5.00	3.33	4.00
D	3	3.00	4.33	6.67	4.62
E	4	2.00	3.75	10.00	5.33
F	5	1.00	3.20	20.00	6.25

由表3－4可以看出，产量曲线与成本曲线紧密相关。

1. MC与MP

边际成本与边际产量对应：如果边际产量增加，那么边际成本就下降；边际产量减少，则边际成本就上升；边际产量最高时，边际成本最低。

2. AP与AVC

平均可变成本与平均产量对应：如果平均产量上升，平均可变成本就下降；如果平均产量下降，则平均可变成本上升；平均产量最高时，平均可变成本最低。

三、企业的长期成本

在长期中，没有固定与可变投入的区别，所有要素都是可变的而所有投入的变动就是生产规模的变动，因此，长期中实现技术效率就是要找到企业的适度规模——规模太大不行，规模太小也不行。

就企业规模而言，到底是“大的是美好的”还是“小的是美好的”呢？1917年美国最大的100家公司，到1997年只有22家仍在最大的100家企业之中，所以规模大并不能确保企业的生存；小企业也一样，美国每年有数百万小企业倒闭。

如何才能确保企业生存下去呢？在长期中，资本和劳动数量都是可变的，企业可以新建或关闭工厂、购买更多或更少的原料、雇用更多的工人或者解雇一部分……总之，企业在收益与成本的约束下寻找最适合的生产规模。

（一）长期成本曲线

由于短期中许多成本是固定的，而长期中所有成本都是可变的，所以长期总成本曲线（LTC）不同于短期成本曲线。

长期总成本曲线表示在长期生产中，企业在每一个不同的产量水平上，由最优生产规模所带来的最小的总成本。

长期总成本曲线从原点出发向右上方倾斜，表示产量为 0 时，企业的总成本也是零；并且随着产量增加，企业的总成本也逐渐增加，并且先增加得越来越慢，经历一个相对平稳的区间后，增加得越来越快。

（二）长期平均成本曲线

将长期总成本曲线 LTC 上每一个成本值除以对应的产量 Q，就可以得到长期平均成本曲线。

1. 长期平均成本曲线的形状

长期平均成本曲线（Long-term Average Cost，LAC）也是一条 U 型曲线，但比短期成本曲线（ATC）更平坦。同时，LAC 曲线上所有的点都位于该企业所有短期平均成本曲线之下。这是因为长期中，企业拥有更大的灵活性，产量可以从无到有任意改变。

需要注意的是，短期平均成本的最低点并不在长期平均成本曲线上。

2. LAC 不同部分的经济含义

LAC 仍然是一条 U 型曲线，并且不同部分有着不同含义：

（1）曲线下降阶段可以说存在规模经济效应——随着生产规模扩大（产量增加），企业生产出来的每单位产品的平均成本下降，即投入要素增加引起产量增加的比率更高，提高了技术效率，在其他条件不变的情况下扩大生产规模是有利的。比如劳动和资本的投入变为原来的 2 倍，而产量上升为原来的 3 倍或 5 倍，要素增加的比率比产量增加的比率更低。

规模经济效应一般存在于产量水平较低的阶段，此时扩大规模可以采用更先进的机器、实行更精细的分工、提高创新能力等。

（2）曲线上升阶段可以说存在规模不经济——随着生产规模扩大，每单位产品的平均成本上升，即投入要素增加的比率大于产量增加的比率，降低了技术效率，在其他条件不变的情况下扩大生产规模是不利的。比如投入要素的数量变为原来的 2 倍，而产量只是增加为原来的 1.5 倍，要素增加的比率大于产量增加的比率。

规模不经济一般是企业规模大到一定程度之后才会出现，由于规模过大，引起企业组织内部不协调，管理成本上升，规模扩大反而不利于提高企业效率。

（3）曲线水平阶段表示规模报酬不变，即平均成本保持不变，比如产量从 1 000 增加到 1 200，长期平均成本仍然是 10 000。

规模报酬不变表示投入要素增加的比率和产量增加的比率相等，如果投入要素变为原来的 2 倍，那么产量也变为原来的 2 倍。

所以，企业的规模扩大既可能产生规模经济效应，也可能产生规模不经济，并不是规模越大就越好。在长期中，企业不断调整生产规模就主要是为了实现“适度规模”，这个规模可以理解为规模报酬递增到最大的时候的规模。

试一试：

如果一汽公司每月生产 90 辆轿车，它的长期总成本是每月 450 万元。如果每月生产 100 辆轿车，它的长期总成本是 500 万元。一汽公司表现出规模经济还是规模不经济？

3. 规模经济和范围经济

企业什么时候能够实现适度规模呢？一方面，在不同行业差别很大。在钢铁、石化这类行业中，专业设备很多，而且相当昂贵，需要大量投入。另一方面，这些企业的产品都是标准化的，可以进行大量生产。因此，这些行业适合大规模企业，企业规模越大越能实现技术效率，获得专业化的好处。比如钢铁厂的年产量都要达到 1 000 万吨以上，欧洲还建设了年产 5 000 万吨的钢铁厂。但在另一些行业中，产品需求多样，专业设备较少，比如餐饮或者服务业，需要提供多样化产品，“船小好掉头”，企业规模越小越能够实现效率。

随着科技进步以及经济全球化的发展，如何做大是很多企业都关心的问题。但是我们说的做大是规模扩大的同时也要提高技术效率，并不是单纯扩大规模，而是要做强。企业做大有两种途径，一个是追求规模经济，另一个是追求范围经济。

规模经济是针对生产一种产品的企业而言，通过扩大规模获取专业化和分工带来的好处，比如能够使用更多的专业化设备，更专注于技术创新，在企业内部实行更精细的分工等。

范围经济是向相关行业或不相关行业扩张的企业，也就是通常说的多元化经营，这类公司所占的比例不断上升。比如养鸡场生产鸡和鸡蛋，大学提供教学和科研。多元化经营可以将专用设备等成本分担在更多产品上，进入利润更高的行业，很多企业如中粮集团、珠海巨人公司都进入了与主营业务不相关的房地产市场；但也有可能因为不擅经营而遭受失败，毕竟企业家不可能掌握所有行业的市场信息和具备生产经营优势，尤其是跨行业经营可能使管理成本更高。

（三）长期边际成本

长期边际成本 LMC 是指企业在长期生产中，增加的最后 1 单位产量引起的总成本的增加，它等于长期总成本对产量求导，即：

$$LMC = \lim_{\Delta Q \to 0} \frac{\Delta LTC}{\Delta Q} = \frac{dLTC}{dQ}$$

长期边际成本值可以由对应 LTC 曲线上的斜率得到，如图 3－3 所示。

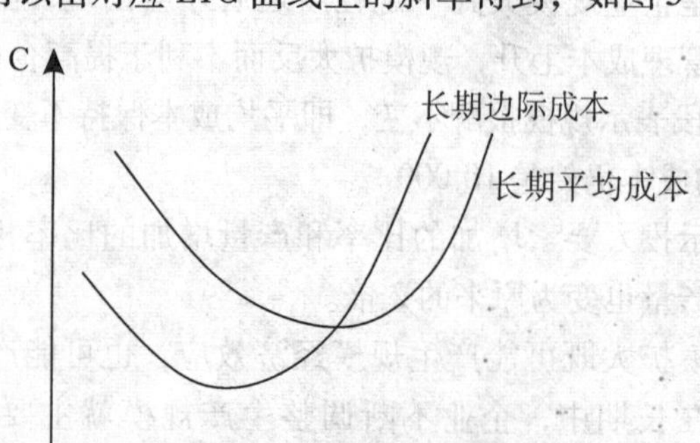

图 3－3　长期平均成本和长期边际成本

LMC 曲线也是呈 U 型，它与 LAC 曲线相交于 LAC 曲线的最低点。其原因在于：当 LAC 处于下降阶段时，必然有 LMC < LAC，正是边际成本低于平均成本，才能将整个平均成本曲线往下拉；反之，当 LAC 处于上升阶段时，必然有 LMC > LAC，拉动整个平均成本曲线向上。同时由于 LAC 曲线在规模经济和规模不经济的作用下呈 U 型，所以 LMC 曲线也必然是先下降后上升。

由于 LMC 代表总成本曲线 LTC 的斜率，那么 LMC 曲线呈 U 型也就正好说明了 LTC 的斜率先减少后增加。

资料链接

多元化经营：中粮集团

中国粮油食品进出口（集团）有限公司（简称“中粮”、“中粮集团”，英文简称 COFCO）于 1952 年在北京成立，是一家集贸易、实业、金融、信息、服务和科研为一体的大型企业集团，横跨农产品、食品、酒店、地产等众多领域。1994 年以来，一直名列美国《财富》杂志全球企业 500 强。

（一）集团地位

中粮集团长期从事粮油食品进出口贸易，是中国最大的进出口企业之一。截至 2003 年，中粮集团进出口额累计 1 468 亿美元，其中，出口总额累计 785 亿美元，进口总额累计 683 亿美元。

（二）发展历程

1992 年以来，伴随着中国市场经济的不断发展，中粮集团加快战略调整，大力实施实业化、国际化、集团化、多元化经营战略，有力地促进了公司由传统外贸代理企业向产业化经营的跨国企业转型，逐步发展成为一家集贸易、实业、金融、信息、服务和科研为一体的大型企业集团。

目前，中粮集团已形成了以粮油食品加工业为主体，兼顾相关行业的发展格局。食用油脂、饮料、酒类、啤酒麦芽、面粉、巧克力、金属包装等业务在国内占有领先地位。中粮产品“福临门”食用油、“长城”葡萄酒、“金帝”巧克力、“梅林”罐头享誉大江南北；此外，中粮集团还是可口可乐在中国的主要装瓶商。

中粮集团投资开发的海南三亚亚龙湾国家旅游度假开发区被外国游客誉为中国的夏威夷。中粮投资建设的商用写字楼、民用住宅，也在市场上受到欢迎。中粮集团旗下的凯莱国际酒店集团是世界酒店 300 强之一。

（三）协同多元化战略

中粮从进出口贸易商转型进入实业化发展阶段以来，目前所从事的主要行业有：食品制造业、房地产业、酒店业、金融业、保险业、生物能源等，这些业务之间都是一种协同关系。

根据公司的战略定位及各业务之间的协同效应，对公司现有业务及集团相关业务进行评估和检讨，通过内部成长和外部扩张的方式获取长期成长动力，对公司内部进行资源整合，包括品牌、渠道、研发、生产、物流、采购以及组织架构等。如在食用油方面，已形成市场的主导，从自主福临门到控股鲁花，到开发高端的滋采，形成了系列化品牌，有效形成了品牌区隔；如重组中谷，加强了在农产品流通领域的优势；进军生物能源，既利用了自身的优势，又有国家对能源战略的支持，其发展空间巨大；利用资本进入保险和地产，通过强大的资本实力来整合产业，多元化投资，专业化经营，产生了较好的协调效应。如在房产行业，中粮在收购深宝恒以后，把优质房地产开发业务注入深宝恒；并利用深宝恒现有土地资源，在宝安区以租赁厂房或其他形式，设立粮油食品、包装等产品的生产加工基地，把深宝恒发展成为集物流、仓储、贸易、采购、地产物业为一体的上市公司。

资料来源：张亚，郑予捷．现代企业管理［M］．北京：科学出版社，2006.

第三节　企业利润最大化原则

一、企业的决策原则

企业的最终目标是追求利润最大化，而利润等于总收益减去总成本，所以企业要追求利润最大就需要综合考虑收益和成本两个方面。

（一）企业的成本

本章主要分析企业的成本，我们把企业成本分为会计成本和经济成本。其中会计成本是企业使用各种生产要素而支付的货币额，它有实际的资金流出，因此叫作显性成本。经济成本不仅包括实际支付的显性成本，为了生产经营还放弃了其他可能收益，产生了机会成本，它并没有实际的资金流出，不记在会计账目上，因此是隐性成本。我们讨论的企业利润指经济利润，要从总收益中减去会计成本和机会成本，因此经济利润一般小于会计利润。

企业追求利润最大化也就是要实现经济效率，为了实现经济效率，首先就要满足技术效率的要求。为了分析企业的效率问题，我们一方面使用生产函数来描述产量与投入要素的数量之间的关系（技术效率），另一方面使用成本函数来描述成本与产量之间的关系（经济效率），将两者结合起来寻求企业实现资源优化配置的产量水平。

不仅如此，企业成本还要区分短期和长期，从效率角度出发，我们主要分析边际成本和平均成本与产量之间的关系。当边际成本和平均成本相等时，平均成本最小，对应着边际产量最高的点，此时的产量就是同时实现了技术效率和经济效率的产量水平，即适度规模。

（二）企业的收益

企业的利润还涉及收益，而收益是价格与销售量的乘积，如果价格是既定的，那么收益变动与销售量的变动就具有相同趋势。

这里我们只是简单理解，企业的收益也分为总收益、边际收益和平均收益三个概念。总收益（TR）是卖出一定量产品的总收入；边际收益（MR）是每增加一单位产品带来的收入变动，等于边际产量乘以价格；平均收益（AR）是平均每单位产品的收入，等于平均产量乘以价格。

假定市场价格为P固定不变，那么

$$TR = P \times Q$$

$$MR = P \times MP = \frac{\Delta TR}{\Delta Q}$$

$$AR = P \times AP = \frac{TR}{Q}$$

其中MP、AP分别表示边际产量和平均产量。

现在我们就考虑其收益。还记得前边提到的周林家的麦田吗？我们就来考察一下这个小麦生产者的收益。

周林的小麦销售量为Q，价格为P，那么总收益TR = PQ。如果每千克小麦卖1.5元，那么当产量为2 000千克时，他的收益为3 000元。

由于周林的小麦产量相对于世界小麦市场来说是微不足道的，因此即使他增加或者减少产量，市场价格也不变——每个企业都是市场的价格接受者。如果周林的小麦产量上升到3 000千克，价格仍然是1.5元/千克不变，那么他的收益就变为4 500元。

所以，周林出售小麦的收益为TR = 1.5Q，与产量同比例变化。

表3-5　**卖价固定不变的企业的收益**

产量	价格	总收益	平均收益	边际收益
（千克）	（元/千克）		（元）	
（Q）	（P）	（TR = PQ）	（AR = TR/Q）	MR = ΔTR/ΔQ
1 000	1.5	1 500	1.5	1.5
2 000	1.5	3 000	1.5	1.5
3 000	1.5	4 500	1.5	1.5
4 000	1.5	6 000	1.5	1.5
5 000	1.5	7 500	1.5	1.5
6 000	1.5	9 000	1.5	1.5
7 000	1.5	10 500	1.5	1.5
8 000	1.5	12 000	1.5	1.5

正如我们在前面章节说过的那样，边际分析是有用的。因此，为了考察企业的生产决策，我们还需要考察其平均收益和边际收益，如表3-5所示。

平均收益AR告诉我们，出售的每一单位小麦带来多少收益；边际收益MR说明每增加1单位产品能够带来多少收益。

由于总收益TR = PQ，平均收益AR = TR/Q = P，因此对于所有企业（不仅仅是竞争性企业）而言，平均收益等于该产品价格——周林出售小麦的平均收益就等于价格

1.5 元/千克。

对于竞争性企业而言，产量并不影响市场价格，因此 TR = PQ = 1.5Q，所以边际收益 MR = ΔTR/ΔQ = 1.5 元/千克。这是竞争性企业特有的结论，即边际收益也等于市场价格。

所以竞争性企业的收益曲线比较特别，是直线而不是曲线，如图 3 - 4 所示。

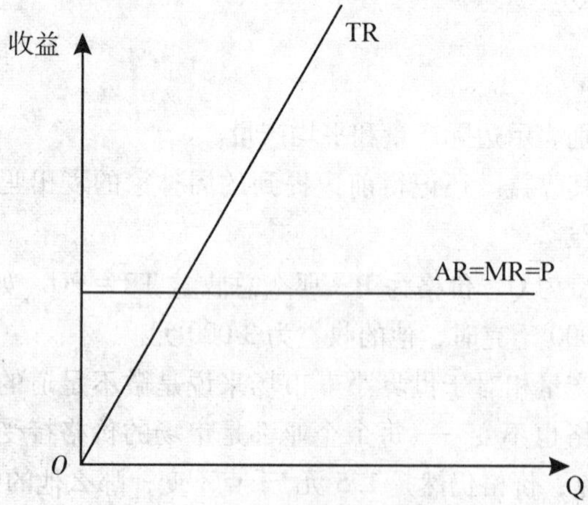

图 3 - 4　竞争企业的收益曲线

（三）利润最大化条件

企业的经济利润等于其总收益减去总成本。值得注意的是，企业的机会成本是其显性成本和隐性成本之和，而隐性成本已经包括了正常利润。

经济利润为零是不是就意味着企业无利可图？当企业家才能的收益大于正常利润时，企业就有正的经济利润；而企业家才能的收益小于正常利润时，企业就可能有负的经济利润。因此，经济利润为零甚至为负也仍然可能有经营下去的必要。

试一试：

李武去建筑工地打工，每天挣 60 元。他在自己的土地上花 1 天时间种下价值 150 元的小麦种子。他引起的经济成本是多少？如果他准备用会计的方式记账，衡量的成本是多少？如果这些种子能够带来价值 400 元的小麦，李武能够赚到多少会计利润？他赚到经济利润了吗？

利润 π = 总收益 - 总成本 = TR - TC

什么时候利润最大呢？结合上面的利润函数和数学知识，人们把利润最大化的条件一般性的概括为边际成本等于边际收益，即 MC = MR。

如果 MC < MR，比如 MC = 5 元，MR = 8 元时，增加 1 单位产品带来的收益为 8 元，却只需要付出 5 元的成本，收益 > 成本，说明继续生产还可以赚钱，此时应当增加产量；

如果 MC > MR，比如 MC = 9 元，MR = 8 元，增加 1 单位产品带来的收益仍然是 8 元，却要导致成本增加 9 元，收益 < 成本，说明继续生产是不合算的，此时应当减少

产量；

只有 MC = MR，比如 MC = 8 元，MR = 8 元时，企业既不增加产量，也不减少产量，说明这时的产量是企业满意的产量水平，实现了利润最大化。

再比如，假设周林提供小麦的收益与成本满足表 3 - 6 中的数据。

表 3 - 6　　　　周林的利润最大化

产量	总收益	总成本	利润	边际收益	边际成本
（吨）	（千元）				
（Q）	（TR = PQ）	（TC）	（π = TR - TC）	MR = ΔTR/ΔQ	MC = ΔTC/ΔQ
0	0	0.5	-0.5		
1	1.5	0.51	0.99	1.5	0.03
2	3	0.58	2.42	1.5	0.12
3	4.5	0.77	3.73	1.5	0.27
4	6	1.14	4.86	1.5	0.48
5	7.5	1.75	5.75	1.5	0.75
6	9	2.66	6.34	1.5	1.08
7	10.5	3.93	6.57	1.5	1.47
8	12	5.62	6.38	1.5	1.92

观察第四栏的数据，利润先增加后减少，根据表 3 - 6 中给出的数据可以看到的最大的利润额是 6.57（单位：千元）。当然，也有可能是在产量为 7 到 8 之间的某一个点上，利润达到最大值，变化趋势从上升变为下降。

另一个更准确的判断利润最大化产量的办法是考察边际收益与边际成本。只要边际收益大于边际成本，增加产量就是划算的；而当边际收益小于边际成本时，就需要减少产量。当 Q = 7 时，MR = 1.5，而 MC = 1.47，MR > MC，应当继续增加产量；当 Q = 8 时，MC = 1.92，MR < MC，应当减少产量使利润增加，因此利润最大化的产量应该是 7 到 8 之间的某一点。

还记得利润最大化的条件吗？当边际收益 MR = 边际成本 MC 时，利润最大。从表 3 - 6 中给出的数据可以看出，MR = 1.5 固定不变，MC 一直上升，在产量为 7 ~ 8 之间，MC 可以达到 1.5，对应着利润的变化趋势也是在产量为 7 到 8 之间的某一点达到最大值。

二、企业决策举例

（1）张文有一个服饰加工厂，每年能够生产 1 万件产品，并且按照 25 元/件的价格出售。生产 1 万件产品的原料是 15 万元，而为了生产而投资的厂房和机器设备价值 40 万元。为了投资，张文不仅拿出了自己的储蓄 20 万元，并以 10% 的利率借款 20 万元（假设他也可以把自己的20万元以10%的利率贷出去）。如果不自己办厂，张文也可以在其他服装厂工作，每年收入6万元。那么，张文经营服装厂每年的收益是多少？他在现有生产水平上能够获利吗？

解：①由于销售量 $Q=1$ 万件，价格 $P=25$ 元/件，那么

总收益 $TR=PQ=25\times1=25$ 万元

②产量为1万件时，引起的会计成本为 $15+20\times10\%=17$ 万元

经济成本为 $15+40\times10\%+6=25$ 万元

所以会计利润为 $25-17=8$ 万元

经济利润为 $25-25=0$

由于经济利润值为0，所以张文经营的服装厂在现有生产水平上无利可图。虽然他经营服装厂得到了8万元的会计利润，但是他在别的服装厂工作可以取得工资收入6万元，加上20万元自有资本可以取得的利息收入2万元，其机会成本为8万元，正好两相抵消。

（2）假定某企业的成本函数为 $TC=\frac{2}{3}Q^3-5Q^2+8Q+100$，当市场形成均衡时，产品价格固定为20元，那么企业应当进行多大规模的生产？

解：利润最大化的条件是边际成本 MC = 边际收益 MR，那么分别找出 MC 和 MR 的数值或表达式。

根据已知条件 $TC=\frac{2}{3}Q^3-5Q^2+8Q+100$，可推导出

$$MC=2Q^2-10Q+8 \quad ①$$

另一方面，既然价格固定为20元，那么每销售1单位产品就能取得20元的收入，所以

$$MR=20\text{元} \quad ②$$

结合①②两式，可以得到 $Q=6$（另一个答案 $Q=-1$ 应舍去）。

因此，追求利润最大化的企业应在产量 $Q=6$ 的水平上进行生产。

第四节　企业的生产经营决策

一、最大化利润的产量决策

所有企业都按照竞争最大化的原则来进行决策，也就是同时考虑收益和成本来实现效率。

（一）收益和成本曲线

通过前面的学习我们了解到成本曲线具有一些典型的特征：

首先，边际成本曲线 MC 向右上方倾斜，表示随着产量增加，MC 递增；其次，平

均总成本曲线 ATC 是 U 型的，表示随着产量增加，ATC 先下降，后上升，并且 MC 与 ATC 的交点是平均成本最低的点。

下面我们同时考虑竞争性企业的收益与成本曲线，如图 3－5 所示。

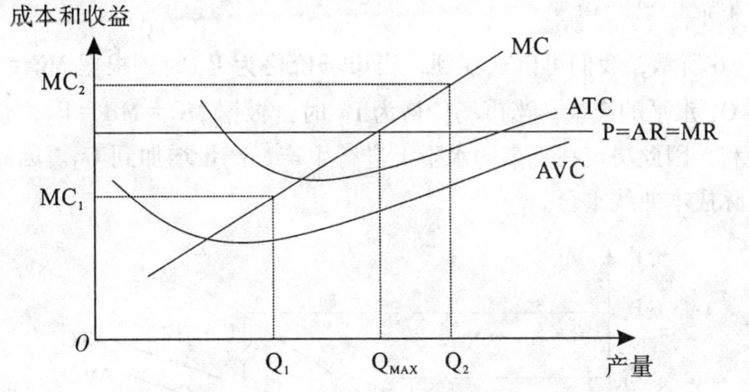

图 3－5 竞争企业的利润最大化

（二）利润最大化的生产量

我们可以用图 3－5 来确定利润最大化的产量。

设想企业生产量在 Q_1，在这种产量水平时，边际收益大于边际成本，$MR > MC_1$。这就是说，如果企业提高其生产和销售水平一个单位，增加的收益（MR）将大于增加的成本（MC_1）。利润等于总收益减总成本，利润会增加。因此，如果边际收益大于边际成本，正如在 Q_1 时的情形，企业可以通过增加生产来增加利润。

相反，企业的产量为 Q_2 时，$MR < MC_2$。如果企业减少一单位产品，节约的成本（MC_2）将大于失去的收益（MR）。因此，如果边际收益小于边际成本，正如 Q_2 时的情况，企业就可以通过减少生产而增加利润。

企业的生产水平需要不断调整以寻找到利润最大化的点。无论是从生产的低水平 Q_1 开始，还是从高水平 Q_2 开始，企业最终要把生产调整到产量达到 Q_{MAX} 为止。这种分析说明了利润最大化的一般规律：在利润最大化产量水平时，边际收益和边际成本正好相等。

所以，竞争性企业的生产决策比较简单，由于竞争企业是价格接受者，所以，它的边际收益等于市场价格。对于任何一个既定价格来说，竞争企业可以通过观察价格与边际成本曲线的交点来找出利润最大化的产量。在图 3－5 中，这个产量水平是 Q_{MAX}——这个“MAX”并不是表示产量最大，而是表示这时的利润水平最高。

二、企业的短期生产决策

企业的供给量取决于什么因素？或者说，企业的供给曲线是如何形成的？

供给曲线表示在不同价格水平下，生产者愿意并且能够提供的生产的数量。也就是说，企业的供给曲线主要考察产量与价格水平之间的关系。

（一）供给曲线与边际成本曲线

当市场价格发生变化的时候，企业的供给量会如何变化？我们已经知道企业决策的最终依据是实现利润最大化，因此价格变化之后，关键在于找出企业能够实现利润最大的产量水平。

如图 3－6 所示，我们可以观察到，当市场价格为 P_1 时，根据 $MC = MR = P_1$，企业决定提供 Q_1 水平的产量；当市场价格为 P_2 时，根据 $MC = MR = P_2$，企业发现继续生产能够获利，因此决定在更高的水平上进行生产，产量增加到 Q_2。因此，企业的供给曲线和边际成本曲线重合。

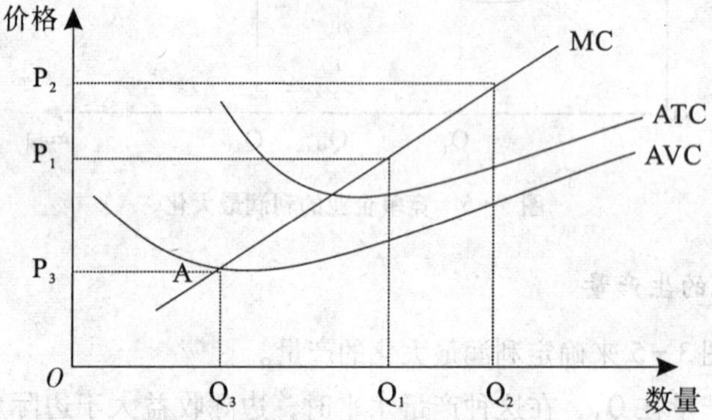

图 3－6　竞争企业的供给曲线

事实上，边际成本曲线决定了企业增加 1 单位产品需要支付的代价，而价格水平代表了边际收益，只要边际收益能够弥补边际成本，企业就继续生产。因此边际成本曲线代表了企业在不同价格水平下愿意提供的产量——这就是企业的供给曲线。

（二）企业的有效规模和短期停业

也许有细心的人已经发现，图 3－6 中的边际成本曲线作为供给曲线有一个问题：如果价格低于平均可变成本的最低点（图 3－6 中的 A 点），企业也会提供一定的产量吗？

1. 有效规模

什么时候企业能够赢利？也就是收入至少要能够弥补所有的成本。在图 3－7 中，平均成本最低点就是平均成本曲线与边际成本曲线的交点（图 3－7 的 B 点），此时对应的价格水平为 P_4，而产量为 Q_4。这个产量下的生产规模就是有效生产规模。

那么是不是说价格低于 P_4 就不应当生产了呢？比如在图 3－7 中的 C 点，价格低于 P_4，但高于最低平均可变成本所在的点（A 点）。也就是说，增加 1 单位产品的生产，虽然不能弥补平均总成本，但能够弥补平均可变成本，因此增加产量是有利可图的。

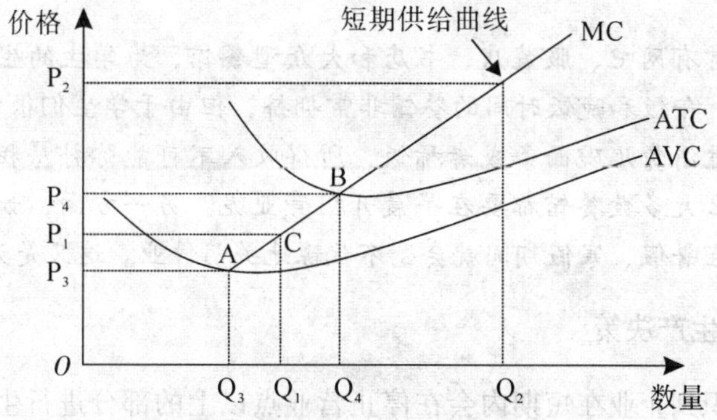

图 3-7 短期供给曲线

为什么平均总成本似乎并不影响企业的生产决策呢？这是因为总成本中有一部分是固定不变的，也就是我们说的沉没成本，而沉没成本不影响决策。在短期中，企业并不能通过暂时停产来收回固定成本，因此，企业在考虑生产决策时，可以放心地忽视固定成本。

2. 停止营业点

总成本由固定成本和可变成本构成，虽然固定成本不影响决策，但可变成本却是决策的一个关键——如果价格很低以至于不能弥补可变成本，那么就不应当进行生产。比如当价格为 3 元时，表示每个产品能够带来 3 元的收入（平均收益）；而平均可变成本为 4 元，表示每个产品耗费了 4 元的成本，那么每个产品带来的收益（3 元）小于它带来的可变成本（4 元），那么生产的每个产品都产生了亏损，都是不应该生产的。

所以，当价格跌到平均可变成本之下时，企业会停止生产，我们把只能弥补其可变成本的产量（Q_3）和价格（P_3）叫作企业的暂停营业点（A 点）。

假如 $P_3=5$ 元，$Q_3=100$ 是企业的暂停营业点，那么只要价格略低于 5 元，那么企业的产量就不是略低于 100，而是直接降为 0——企业暂时停止生产。

（三）企业的短期供给曲线

企业的短期供给曲线如图 3-7 所示，是边际成本曲线高于停止营业点以上的部分，即边际成本曲线高于平均成本曲线的部分。

在短期生产决策中，企业无法改变固定成本，因此在停止营业点（A 点），企业存在经济亏损，亏损额为固定成本的总额。2008 年由于全球金融危机对中国经济的影响，许多企业受到市场需求急剧减少从而导致市场价格迅速降低的影响，甚至已经低于最低的平均可变成本，于是钢铁制造企业、出口型企业等企业作出了暂时停产的决定，给工人放 6 个月左右的“长假”。由于短期内无法收回厂房、固定设备等投入要素的成本，虽然停产停业的决策避免了继续投入劳动和原料的可变成本，但仍然遭受固定成本带来的亏损。

如果很长一段时间内，市场状况不能改变企业面临的亏损状态，那么企业就可能作出退出该行业的决定，因为长期中企业可以改变所有投入要素的数量，包括固定设备。

试一试：

大学周围通常有网吧、服装店、书店和大众型餐馆，为学生的生活带来了很多方便。一般情况下，午饭和晚饭时间的餐馆非常拥挤，但由于学生们很少去餐馆吃早餐，寥寥几个顾客不过消费几碗面条或者稀饭，所得收入不可能弥补房租、水电和人工等成本，那么为什么大多数餐馆都要在早晨开门营业呢？另一方面，如果网吧周围没有多少住户，那么在暑假、寒假期间就会毫不犹豫地关门停业。这又是为什么？

三、企业的长期生产决策

我们已经认识到企业在短期内会在停止营业点以上的部分进行生产，此时有可能遭受固定成本带来的亏损，比如在图 3-7 中的 C 点位置进行生产，虽然产品的平均收益（AR = P）大于平均可变成本，但小于平均总成本。这时，企业进行生产不是因为能够盈利，而是因为在短期内无法改变固定成本，此时生产的话还能够因为 P > AVC 而获得一定的收益，不生产则亏损更多。

长期中，所有要素投入都是可变的，不再有可变成本与固定成本的问题，因此如果企业的收益不能弥补成本，就会退出该行业；反之，如果总收益大于总成本，那么新企业就会进入该行业。

用 TR 代表收总收益，TC 代表总成本，那么退出标准就可以表示为：

$TR < TC$

两边同除以产量 Q，可以变为$\frac{TR}{Q} < \frac{TC}{Q}$，即 $AR < LAC$（LAC 为长期平均成本）。

由于竞争市场上 P = AR，所以退出标准可以表示为 P < LAC。企业的长期成本曲线变为边际成本曲线在长期平均成本曲线以上的部分，如图 3-8 所示。

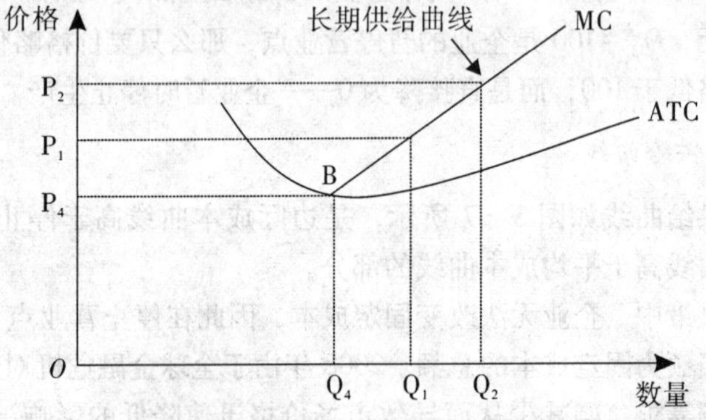

图 3-8　长期供给曲线

因此，在长期中，竞争市场上的企业按照价格等于边际成本的原则确定产量，但如果价格低于最低平均总成本的水平（图 3-8 中 B 点对应的 P_4），那么企业就会选择退出（或不进入）该行业。

四、企业的利润

现在我们用竞争性企业的收益与成本图形来表示企业的利润，如图 3-9、图 3-10

所示。

图3－9表示企业赚到的利润。正如我们已经讨论过的，企业根据P＝MC确定生产规模，在该产量水平上实现利润最大化——利润数额为阴影部分的面积。该矩形的高是（P－ATC），即价格与平均总成本之间的差额；宽是Q_E，即产量。因此矩形的面积是（P－ATC）×Q_E，即企业的利润。

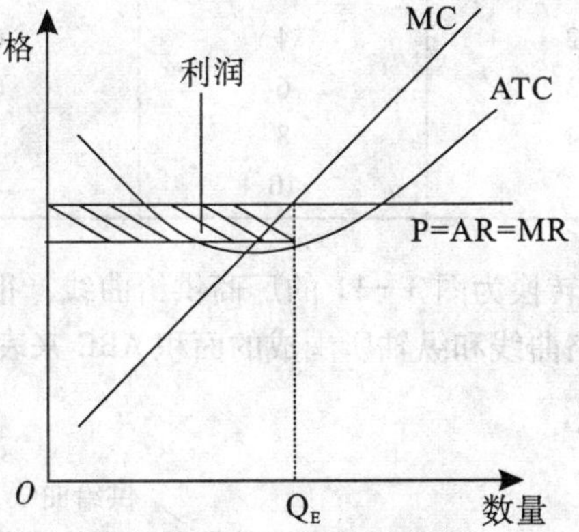

图3－9 竞争企业的利润

同样，图3－10表示有亏损（负利润）的企业。在这种情况下，总收益不能弥补总成本，实现利润最大化事实上意味着损失最小化，仍然通过P＝MC来确定产量水平。现在考虑阴影的矩形。矩形的高是（ATC－P），而宽是Q_E，面积是（ATC－P）×Q_E，即企业的亏损。这时企业之所以生产只是作为一个权宜之计，短期内因为无法改变固定成本而不得不通过生产减少亏损；一旦考察时间足够长，由于企业得不到足以弥补其平均总成本的收益，最终将选择退出市场。

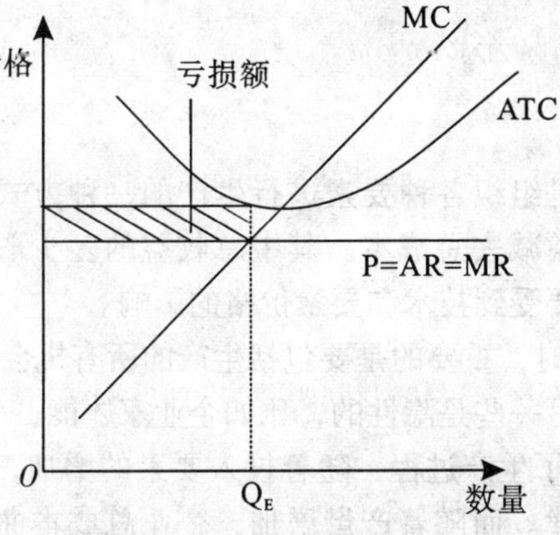

图3－10 竞争企业的亏损

五、生产者剩余

厂商实际卖价与愿意接受的最低卖价之间的差值，就是生产者剩余。从表3－7可见，厂商销售3单位商品的单价为6，这就是市场价格，为此厂商获得18单位的销售收入；同时，我们还可以发现，厂商生产3单位商品耗费的成本为2＋4＋6＝12，这构成厂商愿意出卖3单位商品的最低报酬，也就是厂商的意愿卖价。很容易得到，厂商的生产者剩余为18－12＝6。

表3－7　　生产者剩余

点	商品单位	成本	市场价格	生产者剩余
A	1	2	6	4
B	2	4	6	2
C	3	6	6	0
D	4	8		
E	5	10		

如果我们把表3－7转换为图3－11的厂商供给曲线，很容易发现，生产者剩余可利用供给曲线、市场价格曲线和纵轴所围成的面积ABC来表示。

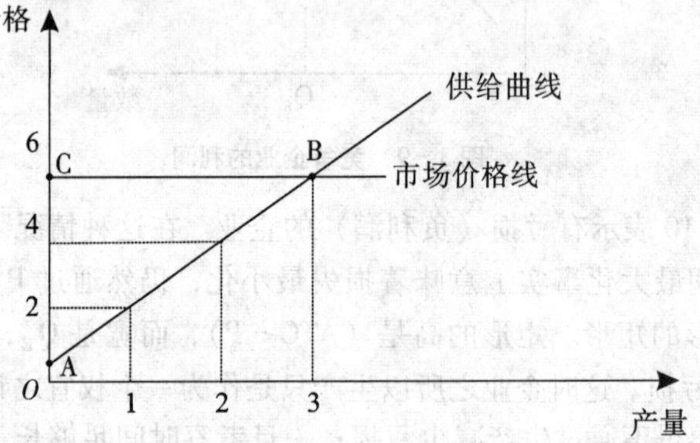

图3－11　生产者剩余

总结与回顾

企业与市场类似，是组织各种要素进行生产的一种方式。企业最终目标是利润最大化，而利润等于总收益减去总成本。其中总收益的多少取决于市场，受到价格和需求量的影响，而成本主要受到技术和要素价格的影响。

● 在衡量企业成本时，重要的是要包括生产的所有机会成本，其中一些是显性的，有实际的资金支出；而另一些是隐性的，比如企业家才能。

● 企业的成本反映了生产过程，随着投入要素的增加，总产量曲线变得平坦，表明了边际产量递减的规律。而随着产量增加，企业总成本曲线变得较为陡峭，表明边际成本递增的性质。

● 分析企业行为时，画出平均总成本曲线和边际成本曲线是非常有用的。典型的边际成本曲线、平均总成本曲线都是U型的，表明随着产量增加，边际成本、平均总成本先下降后上升。边际成本曲线和平均总成本曲线的交点就是平均成本最低的点，也对应着平均产量最高的点。

● 企业的成本还取决于决策时期的长短。许多成本在短期中是固定的，但长期中所有成本都是可变的。长期平均成本曲线比短期平均成本曲线更平坦。LAC也是一条U型曲线，在下降阶段存在规模经济，曲线水平部分表示规模报酬不变，而上升阶段存在规模不经济。

● 追求利润极大化的企业，必须按照边际成本等于边际收益的原则来决定自己的产量，因为当企业的边际成本大于边际收益，它就可以通过减少产量来减少亏损；当企业的边际成本小于边际收益，它就可以通过增加产量来增加利润。只有当企业的边际成本等于边际收益，它就再也不能通过增加或者减少产量来使自己的利润增加了。

● 企业在短期的生产中面临三种可能性：第一种是企业能够赚得经济利润，第二种是企业仅仅是保本经营，还有一种就是存在亏损。尽管企业可能在亏损条件下经营，但是企业在短期有可能停业。由于停业时企业的亏损额刚好等于固定成本，因此如果企业生产的亏损额还大于固定成本，也就是总收益小于变动成本，企业就会选择停业。因此，平均变动成本的最低点就是企业的短期停业点。

● 如果企业能够按照一个既定价格卖出产品，那么企业在长期的利润和亏损都会趋于零，因此企业的长期均衡是收支相抵的均衡。因为，如果存在经济利润，不仅在位企业会扩大生产规模，而且会有潜在企业进入，从而使经济利润趋于消失。反之，如果存在亏损，不仅部分在位企业会缩小生产规模，而且会有部分在位企业退出，从而使亏损趋于消失。

思考与练习

小高毕业后成为一家企业管理咨询公司的管理顾问。他上任后不久，就接受了为一家公司的收购方案进行分析、评估的任务，这家客户叫明达皮革有限公司，主要生产各种皮革制品，包括皮革服装、皮革箱包和皮鞋等，该公司拥有对生猪皮和生牛皮进行加工的大型工厂，其原料供应充足。该公司目前打算收购的对象是一家叫华光箱包厂的小型企业。这是一家县办国有企业，主要生产以皮革和帆布作原料的公文包、旅行包和书包等。除了厂房，它的主要固定资产是缝纫机，另外就是进行皮革或帆布剪裁或缝制的熟练工人，目前该厂有一百多名工人，平均每个工人月工资600元。

该厂自己并不加工皮革，它还曾经向明达公司长期购买皮革。现在明达公司想把该厂收购下来，作为自己旗下专门生产皮革箱包的加工基地。但明达公司总裁老杨对华光箱包厂是否有潜力，因此他希望小高能为他作一些调查。他通过了解和测算，得到了一些很有意思的数据：如果仅考虑工人的生产效率，目前该厂一个工人每月可以生产240个书包；而如果只考虑固定投资缝纫机的效率，则每台缝纫机每月可生产500个书包。另外，他也得知这种能够加工皮革和帆布制品的工业缝纫机目前每台市场售价是800元。根据这些数据，小高非常有信心地向杨总指出：华光箱包厂目前生产经营缺乏足够的效率，但它有潜力可挖，收购它是可行的。

思考：

(1) 你知道小高是如何得出这个判断的吗？

(2) 他将建议明达公司在完成收购后采用怎样的措施来提高华光厂的效率？

第四章 竞争市场与经济效率

导入：

(1) 大学的学费逐年上涨，为什么还是有这么多人争先恐后地挤上高考“独木桥”？

(2) 周末，你需要购买一些日用品，于是走进商场的大门。琳琅满目的商品贴上了价格标签。是什么决定了这些产品的价格？为什么苹果6元/千克，洗衣粉5元/袋，猪肉20元/千克？

(3) 2007年，我们对大米、食用油的嗜好几乎没有什么大的变化，为什么它们的价格不断上涨？

(4) 汽油价格逐渐攀升，而提供天然气的加气站前开始排队。这两种现象有必然联系吗？

在大多数国家，经济活动的一个特征是政府干预减少，主要由“看不见的手”引导经济运行，这种经济个体（家庭和企业）通过市场相互作用来解决经济学基本问题的方式，叫作市场机制。在市场上，你有权决定购买中华牙膏或者佳洁士牙膏，你也有权决定去麦当劳打工或者去为某品牌电脑发宣传单……简而言之，在市场上每个人都拥有自主决策的权利，交易总是基于自愿的原则。市场通常是一种组织经济活动的好方法。

那么这个完全自主的市场是如何运行的呢？在任何一种经济制度中，资源都要配置到竞争性用途中。计划经济通过行政命令等方式来配置资源，而市场经济则利用供给与需求的力量来实现这个目标。

供给和需求是经济学分析的核心工具和主要方法，以至于托马斯·卡莱尔戏说：“培养一个经济学家是容易的，只要像教一只鹦鹉那样让他学会说‘需求’和‘供给’就可以了。”

学习本章之后，你将能够：

(1) 竞争市场上的产品价格如何决定；

(2) 了解价格管制对市场结果的影响；

(3) 了解价格弹性对总收益的影响；

(4) 了解为什么竞争市场的效率最高；

(5) 了解运用供求均衡分析现实经济问题；

(6) 了解为什么竞争市场均衡的福利是最大的。

供给与需求这两个术语是指人们在市场上相互交易时的行为。市场是某种物品或劳务的一群买者与卖者。买者作为一个群体决定了一种物品的需求，而卖者作为一个群体决定了一种物品的供给。价格是市场经济中影响资源配置的关键因素——生产者和消费者都根据价格信号来作出自己的生产和购买决策，而价格的决定和变化则由商品的需求和供给共同作用而形成。对需求、供给以及均衡价格的分析，是西方经济学分析市场经济如何运行的起点。

我们首先来看看需求理论的内容，考察买者的行为与商品价格之间的联系。

第一节　市场需求和需求规律

当你走进超市准备为晚餐购买一些材料，比如牛肉、胡萝卜或者芹菜，当然买一些调和油也是必要的。这时，你就是消费者，你的购买行为组成了牛肉、胡萝卜或者芹菜的市场需求的一部分。

一、市场需求的基本内涵

在某一特定时期内，某个市场上的全体消费者在每一个价格水平上，愿意并且能够购买的商品数量，就是市场需求。

当苹果价格为5元/千克时，你每周大概购买3千克；当价格为4元/千克时，你可能愿意多买一点，于是购买4千克；如果价格上升到6元/千克，你或者会觉得太贵了因此只买2千克……这种与不同价格水平联系在一起的购买数量就代表着你个人对苹果的需求。

当然，需求的含义并不像字面上那么简单，还有几点需要注意。

（一）需求是购买欲望和支付能力的结合

例1：英国商人的失算——消费欲望与需求

鸦片战争以后，英国商人为打开了中国这个广阔的市场而欣喜若狂。当时英国棉纺织业中心曼彻斯特的商人估计，中国有4亿人，假如有1亿人晚上戴睡帽，每人每年用两顶，整个曼彻斯特的棉纺厂日夜加班也不够，何况还要做衣服呢！于是他们把大量洋布运到中国。但结果呢？中国人没有戴睡帽的习惯，衣服也用自产的丝绸或土布——缺乏购买洋布的欲望，洋布根本卖不出去。

例2：房地产市场低迷——支付能力与需求

我国处于快速城市化进程中，大量劳动力从农村涌入城市，城市适婚年龄人口在不断增加，子女教育也可能要求购买新的住房，因此有人提出楼市的“刚性需求”——即住房对人们而言是必不可少的。但是2008年8月开始，深圳楼市持续下跌，“十一”期间举办的秋季住房交易会也惨淡收场。最主要的原因在于房价过高，超过了人们的支付能力——2007年深圳人均收入24 870元，而2008年8月深圳新建商品房均价为14 449元/平方米。

由此可见，需求是购买欲望和支付能力的统一，两者缺一不可。

（二）需求量不是一个现实的数量

需求是消费者愿意或者打算购买的数量，是理论上存在的概念，并不一定表现为实际的购买行为。

但是需求概念仍然是有意义的，它可以在很大程度上代表着趋势，即如果人们的需求增加，那么实际购买量也倾向于增加。因此在实际讨论中，我们常常用商品的销售量（或购买量）来代表需求量。

（三）需求不同于需求量

需求表示一系列价格与数量的对应关系，比如价格 $P_1=2$，对应数量 $Q_1=10$；价格 $P_2=3$，对应数量 $Q_2=8$；价格 $P_3=4$，对应数量 $Q_3=6$……

市场需求量表示在一个确定的价格水平下，消费者愿意并且能够购买的商品的数量，即价格 $P=2$ 时，需求量为 $Q=100$。

（四）市场需求是个人需求的总和

我们每个消费者的购买决策代表着个人需求，即个人对某种产品或劳务的需求；扩大到整个市场范围，所有个人对某种产品或劳务的需求总和就叫作市场需求。

如果市场上有甲、乙两个人，他们对产品 A 的需求与市场需求的关系就可以用表 4－1 来表示：

表 4－1　　产品 A 的需求量

价格	甲的需求量	乙的需求量	市场需求量
1	20	30	50
2	18	25	43
3	16	20	36
4	14	15	29
5	12	10	22

简单地说，市场需求量就是把该价格水平下，所有个人的需求量加总求和。影响个人需求量的因素也会影响市场需求量。

（五）影响需求量的因素

现实生活中，影响需求量的因素非常多。

作为消费者，考察一下你的消费决策，你每个月购买多少酸奶？哪些因素会影响你的决定？需求量是在特定条件下，消费者愿意并且能够购买的物品量。其影响因素主要包括：

1. 商品本身的价格

如果每瓶酸奶的价格上升 0.5 元，你大概会觉得买纯牛奶更合算，从而减少对酸奶的购买；如果酸奶的价格下降 0.5 元，你或许会选择每天多喝一瓶。

2. 相关商品的价格

早餐的时候你可以选择酸奶，也可以喝纯牛奶，那么纯牛奶就被称为酸奶的替代品。现在出于某种原因，纯牛奶的价格下降，而酸奶价格不变，那么你会多购买纯牛奶而少购买酸奶——因为酸奶相对而言变贵了。

如果早餐的时候你同时吃面包喝酸奶，那么面包和酸奶这样共同使用的物品就是互补品。类似的例子还有牙膏和牙刷，汽车和汽油等。如果面包价格上升，即使酸奶的价格不变，你也会感觉到两者总体而言更贵了，从而减少酸奶购买量。

3. 消费者收入

除了比尔·盖茨等超级富豪，我们绝大多数人的购买决策都受到收入的影响。收入增加时，消费者通常购买更多的物品；而当收入减少时，人们通常削减购买量。鲜果酸奶 5 元/盒，月收入只有 500 元（主要是父母给的生活费）的时候，你大概要一周才买一两盒来品尝；现在意外得到 300 元收入，你可能每天都买一盒。

通常，收入增加引起商品需求增加，这样的商品是正常物品。比如衣服、旅游等。

当然，收入增加也可能引起某种商品需求量的减少，这样的商品叫作低档物品。比如火车硬座，随着收入增加，人们会更多地选择卧铺或者飞机进行长途旅行。

4. 预期价格

如果预期一种商品的价格在未来会上升，并且这种物品可以储藏，那么，为未来使用而在现在购买更多的商品就是理性的——现在购买比未来购买更划算。如果你估计食用油的价格三天后会上升 5%，那么今天去超市买上两桶油回家就是可能的选择。

反过来，如果预期一种物品的价格在未来下降，相对于未来预期的价格而言，现在购买的相对价格就是高的。比如政府宣布半年后下调轿车购置税，也就是半年后买车费用更低一些，那么人们就有理由放弃眼前的购车计划，等待半年后再买——当前对轿车的需求就减少了。

5. 消费者偏好

偏好是个人对物品与劳务的态度，在很大程度上影响着一个人的商品需求。如果你喜欢喝酸奶，那么就会买得多一些。通常经济学并不解释偏好，因为它基于历史或者生理因素，超越了经济学的解释范围——要解释一个人为什么喜欢红色讨厌绿色确实很难。但是我们也要讨论当偏好发生改变的时候，人们的消费决策会发生什么变化。如果有研究表明，多喝酸奶有助于皮肤美白，也许会加深你对酸奶的好感；反过来，如果研究表明多喝酸奶对人的肠胃有不好的影响，那么也许会减少你对酸奶的需求。

6. 市场上消费者的人数

在其他条件不变时，消费者人数增加，需求就会增加，从而需求量就会增加。反之，如果消费者人数减少，需求和需求量都会减少。

二、市场需求的表达方式

如前所述，我们可以用“价格 $P_1=2$，对应数量 $Q_1=10$；价格 $P_2=3$，对应数量 $Q_2=8$；价格 $P_3=4$，对应数量 $Q_3=6$……”这样的文字描述来表示需求，但是稍显繁项。在讨论问题的时候我们常常用图表来表示需求。

（一）需求表

我们可以用表格来表示“价格 $P_1=2$，对应数量 $Q_1=10$；价格 $P_2=3$，对应数量 $Q_2=8$；价格 $P_3=4$，对应数量 $Q_3=6$……”，这个表格就叫作需求表，如表4-2所示。它可以直观地表示不同价格水平和数量之间的一一对应关系。

表4-2 苹果的需求表

组合	价格（元）	需求量（千克）
A	2	10
B	3	8
C	4	6
D	5	4
E	6	2

（二）需求曲线

根据需求表中的组合，我们可以将组合点连起来作出一条表示需求的曲线，这就是需求曲线，它表示价格与需求量之间的关系，如图4-1所示。

习惯上，我们用横轴表示需求量（Q），纵轴表示价格（P），需求曲线一般记为D（Demand）。

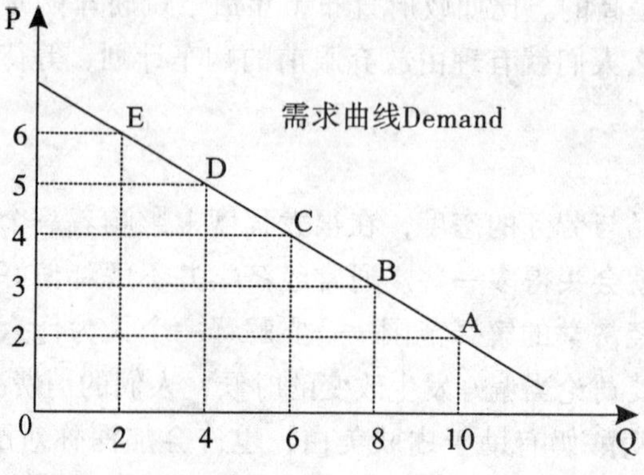

图4-1 需求曲线

（三）需求函数

需求函数是表示商品需求量与它的影响因素之间相互关系的函数。如果仅仅考虑价格对需求量的影响，用P表示价格，Q表示需求量，那么有：

$Q=f(P)$

其中，价格P是自变量，需求量Q为因变量。根据表4-2中的数据，我们就可以得出苹果的需求函数为 $Q=14-2P$。

三、市场需求规律

从前面举例数据（比如表4－2）可以看到，当苹果价格不断上升时，需求量不断减少。这就是需求规律——在其他条件不变的情况下，一种物品的价格越高，需求量越小。

如果用图形来表示，那么需求规律就表现为一条向右下方倾斜的需求曲线，如图4－1所示。

关于需求规律的理解，有三点需要注意：

（一）需求规律的前提——其他条件不变

我们有时候会发现不符合需求规律的现象：比如医药保健品价格不断上升，同时人们的购买量也在增加。一部分的原因在于人们的收入增加了，有更多的钱可以花在保健上面；另一部分可能的原因是厂商通过广告宣传，影响了人们对于保健品的偏好——比如“送礼送健康”。

因此，在考虑商品价格和需求量的反向变动时，需要坚持“其他条件不变”这个前提。我们已经知道收入、相关商品价格、偏好、预期价格等因素也会影响到需求量，在具体考虑问题的时候就要注意，哪些因素是不变的，哪些因素在变化。

（二）需求规律存在的原因

为什么商品价格上升就会使得需求量减少？这是由于以下两个原因：

1. 替代效应

尽管商品各有不同，但一般都有替代品——可以用来代替它的其他物品。比如同样作为水果，梨或者橘子可以在一定程度上替代苹果，或者苹果汁、苹果饮料也能替代苹果。因此，如果苹果涨价而其他商品价格不变，那么相对而言，苹果就更贵了，人们会倾向于选择它的替代品——比如橘子。

这就是替代效应，即当一种商品价格上升时，人们会更多地购买它的替代品，而减少对该商品的需求量。

2. 收入效应

当其他因素不变，只有商品本身价格改变时，同样的收入水平下，能够购买的商品数量更少了。原来苹果价格为4元/千克的时候，10元钱能够购买2.5千克，现在价格上升到5元/千克，同样10元钱就只能买到2千克。

因为价格变化而影响到实际购买力变化，从而改变商品的需求量，就叫作收入效应。

（三）需求规律的例外

需求规律是一般商品的规律，而某些特殊的商品并不满足这一规律。

1. 炫耀性商品

某些商品本身就是用来表示身份地位的，而只有高价才能体现出这一作用，因此如果该商品价格下降，那么就会失去显示身份地位的作用，需求量将下降。

针对这一现象，美国著名社会学家、经济学家凡勃伦于1899年出版了《有闲阶级论——关于制度的经济研究》一书，描述美国经济高速发展时期出现的“暴发户”的行为，他们在曼哈顿大街购筑豪宅，疯狂追逐时髦消费品。越是高价的商品越是受到欢迎，需求量越大，因此被叫作“炫耀性商品”。

2. 吉芬商品

吉芬商品指的是价格上升引起需求量增加的物品。

英国统计学家罗伯特·吉芬最早发现，在1845年爱尔兰发生灾荒时，土豆价格上升，但是土豆需求量反而增加了。这一现象在当时被称为“吉芬难题”。

吉芬物品与其说是一种商品，不如说是一种现象。对于当时的爱尔兰人来说，土豆是一种廉价的主食，当土豆和其他食物（比如牛肉）的价格恒定的时候，穷人消费土豆的量是一定的。但是一旦土豆价格上升，购买力下降，那么只好少买肉省下钱来买更多的土豆。

比如原来一天吃10个土豆2块牛肉正好（既吃饱了也没有多余的钱）。现在因为饥荒土豆涨价，只能买8个土豆2块牛肉，但这就得饿肚子！于是只好以填饱肚子为第一目标，买12个土豆1块牛肉。于是我们看到的就是土豆价格上升，而购买量增加。

当然，需求规律的例外并不太多，但了解这一点有助于我们理解现实问题。

四、市场需求的变动

当价格、收入等因素发生变化时，人们的购买决策就会发生变化，但不同因素变动产生的影响是不同的。

（一）市场需求量的变动

当某种商品自身价格变动时，就会引起需求量的变动，表现为从需求曲线上的一点移动到另一点。如图4－2所示，当苹果的价格从2元上升到4元时，它的需求量从20减少到12，相应的购买决策也从原来的A点移动到B点。

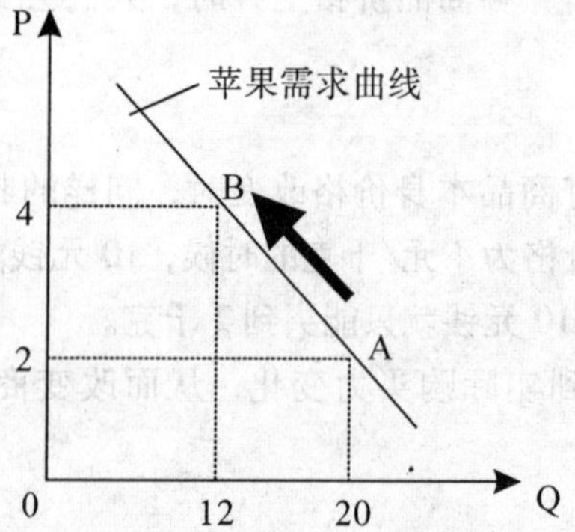

图4－2　沿着需求曲线的移动

（二）市场需求的变动

当商品本身价格以外的因素发生变化时，会导致需求的变动，表现为需求曲线的移动。

我们同时考虑价格和收入对苹果的购买量的影响（如表4－3、表4－4所示）。

表4－3　　收入为300时，苹果的需求表

购买决策	价格	需求量
A	2	20
B	4	12

表4－4　　收入为500时，苹果的需求表

购买决策	价格	需求量
M	2	30
N	4	18

在同样的价格水平下，当收入增加时，人们倾向于购买更多的苹果。如果用图形来表示，我们发现整个需求曲线向右移动了，如图4－3所示。

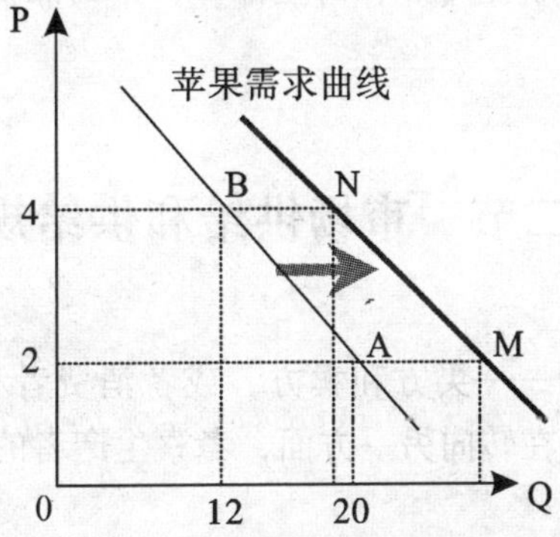

图4－3　需求曲线的移动

需求的增加意味着针对原来的每一个价格水平，消费者都愿意并且能够购买更多的数量，因此表现为需求曲线向右移动；反过来，需求的减少意味着针对原来的每一个价格水平，消费者只愿意或者能够购买更少的数量，表现为需求曲线向左移动。

在此我们总结一下需求量的变化和需求的变化，如表4－5所示。

表4－5　　需求的变化和需求量的变化

因素	变动方向	影响	表现
商品本身的价格	上升	需求量减少	沿着需求曲线左移
	下降	需求量增加	沿着需求曲线右移

表4-5（续）

因素		变动方向	影响	表现
相关商品的价格	替代品	上升	需求增加	需求曲线右移
		下降	需求减少	需求曲线左移
	互补品	上升	需求减少	需求曲线左移
		下降	需求增加	需求曲线右移
收入（正常物品）		上升	需求增加	需求曲线右移
		下降	需求减少	需求曲线左移
预期未来的价格		上升	需求增加	需求曲线右移
		下降	需求减少	需求曲线左移
偏好		上升	需求增加	需求曲线右移
		下降	需求减少	需求曲线左移
消费者人数		增加	需求增加	需求曲线右移
		减少	需求减少	需求曲线左移

试一试：

考虑一下你对食堂面包的购买情况，你每周购买多少面包？主要取决于什么因素？如果情况发生了变化（父母决定增加你的生活费、牛奶涨价了等），你会怎样调整你的购买量？

第二节　市场供给和供给规律

市场交易是双方的行为——买方和卖方，或者消费者和生产者。我们已经了解了关于消费者的需求理论，现在转向另一方面，考察生产者的行为。

一、市场供给的基本内涵

与需求相对，供给描述生产者的行为。市场供给就是在某个特定时期内，在每一个价格水平下，市场中的全体生产者愿意并且能够供应的商品的数量。

比如上海大众汽车有限公司每天生产100辆桑塔纳轿车，就构成了汽车供给的一部分。

关于供给的内涵也有几点需要注意。

（一）供给是生产能力和生产欲望的结合

1. 生产能力

上海大众汽车有限公司能够生产轿车，意味着它具备相应的资源与技术——有一些厂房和流水线，雇用了工人，购买了原材料，拥有生产技术……只有满足这样一些条件，才能够提供相应的商品。

资源与技术限制着生产能力，早期经济学就重点研究这个问题，比如亚当·斯密的《国富论》就曾集中讨论如何提高生产能力，特别强调了分工与专业化的作用。

但是具备生产能力并不意味着一定会提供产品，还要考虑到生产者的意愿。

2. 生产欲望

司马迁所著的《史记》中《货殖列传》有这样的描述："天下熙熙，皆为利来；天下攘攘，皆为利往"，意思是说芸芸众生为了自己的利益而劳累奔波。

厨师制作美味的食品、保洁员清扫环境，主观上都是因为这样有利可图，调动了生产者的积极性。

当苹果价格为2元时，利润很低，生产者只愿意提供5千克；苹果价格上升到10元时，利润很高，但生产能力有限，或许只能提供10千克。因此，供给是生产能力和生产愿望的统一，两者缺一不可。

（二）市场供给量不一定等于市场购买量

一种物品或劳务的市场供给量是生产者在某一既定时期内在某种价格水平上计划出售的数量，表现为厂商的产量，也有可能通过存货调整计划。在实际销售过程中，有时候供给量大于需求量，一些产品卖不出去，因此，购买量一般小于供给量。

（三）市场供给与市场供给量是不同的概念

市场供给是不同价格与商品数量的对应关系，而市场供给量是确定的一个价格水平下，全体生产者愿意并且能够提供的数量。

（提示：回顾上一节关于需求与需求量的描述。）

（四）市场供给是企业供给的总和

供给分为个别供给和市场供给。正如市场需求是所有买者需求的总和一样，市场供给也是所有卖者供给的总和。

假设苹果市场上有张文和李武两个生产者，他们的个别供给情况和苹果的市场供给，如表4-6所示。

表4-6　苹果的个别供给和市场供给

价格	张文的供给量	李武的供给量	市场供给量
1	5	10	15
2	10	15	25
3	15	20	35
4	20	25	45
5	25	30	55

（五）影响供给量的因素

如果你是果园的经营者，有哪些因素会影响你的生产计划？苹果价格的变化、嫁接和保鲜技术的进步、进口苹果大量涌入市场……他们都可能影响你决定向市场提供的产品的数量。

供给量是在特定条件下，生产者愿意并且能够提供的产品的数量。它主要受到下列因素的影响：

1. 商品本身的价格

在其他条件不变的时候，商品价格上升意味着更高的利润水平，从而促使生产者提供更多的产品。

如果某种原因导致苹果价格突然从 3 元上升到 5 元，而你的生产成本等因素都不变，那么每单位苹果给你带来的利润就更多，在可能的情况下你当然会提供更多的苹果，增加供给量。

2. 投入要素的价格

为了生产苹果，你需要投入各种要素：肥料、人工等。如果要素价格上升，比如工人的工资从每月 800 增加到 1 000，而其他因素（苹果的价格等）不变，那么生产苹果的成本上升，导致单位产品带来的利润更少了。

这时从事苹果生产这件事情就不那么有利可图，会降低生产者的积极性，从而减少市场供给。

3. 生产技术水平

各种投入要素（土地、原料、人工等）转变为产品的技术也会影响供给。技术进步意味着同样数量的要素投入能够生产出更多产品。

例如采用更先进的嫁接技术，使得投入要素不变的情况下，苹果的产量提高，单位产品的成本也就下降了。如果其他条件不变，那么出售每单位苹果的收益将会增加，生产者倾向于提供更多的产品。

4. 预期价格

在产品可储存的情况下，预期将会影响到产品的供给。

如果预期一周后苹果的价格将会上升，那么理性的做法就是把现在采摘的苹果储存起来，留待一周后涨价了再卖，从而减少了今天苹果市场的供给。所谓“囤积居奇”就是这个意思。

5. 生产的相关商品的价格

猪肉和排骨是必须同时生产的物品——互补品，如果排骨价格上升，那么即使猪肉本身价格不变，猪肉的供给量也会增加。因为同时生产这两种商品，只要其中一种变得更有吸引力，生产者就乐意增加整体的供给。

相反，替代品价格上升会减少商品的供给。黄豆既可以用来做豆腐，也可以用来制作豆干，那么豆腐和豆干就是替代品。如果豆干的价格上升，生产豆干就更加有利可图，因此生产者会多生产豆干，从而减少豆腐的供给。

6. 市场上供给者的数量

考虑到整个市场的供给，生产者的数量也会影响供给。生产一种物品的厂商数量越多，该商品的供给越多。如果在有条件的地区推广优质苹果的栽种，越来越多的人开始生产苹果，结果就是市场上苹果的供给也越来越多。

二、市场供给的表达方式

为了简明，我们通常用表格、曲线和函数三种方式表示供给。

（一）市场供给表

在其他条件不变的时候，市场提供苹果的数量随着价格上升而不断增加，这样的表格就被称为市场供给表，如表4－7所示。

表4－7 市场的苹果供给表

价格	数量
1	5
2	10
3	15
4	20
5	25

（二）市场供给曲线

根据供给表中的组合，我们可以将组合点连起来作出一条表示供给的曲线，这就是供给曲线，它表示价格与供给量之间的关系，如图4－4所示，同时也表明在每个产量水平上，生产者愿意接受的最低价格。

习惯上，我们用横轴表示供给量（Q），纵轴表示价格（P），供给曲线一般记为S（Supply）。

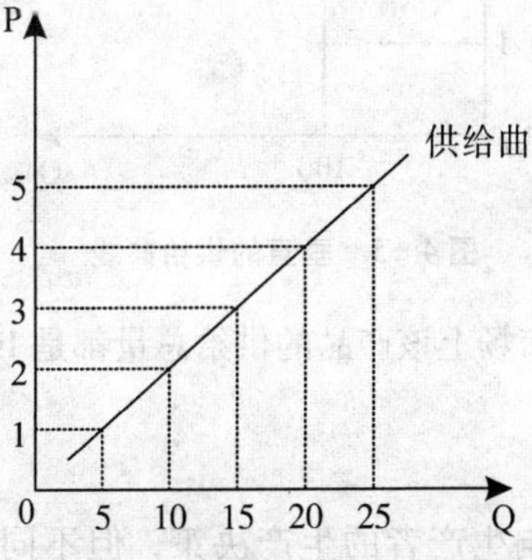

图4－4 市场的苹果供给曲线

（三）市场供给函数

市场供给函数是表示商品的市场供给量与它的影响因素之间相互关系的函数。如果仅仅考虑价格对供给量的影响，用P表示价格，Q表示供给量，那么有

$Q = f(P)$

其中，价格 P 是自变量，供给量 Q 为因变量。根据表 4－7 中的数据，我们就可以得出苹果的供给函数为 Q＝5P。

三、市场供给规律

其他条件（要素价格、技术条件等）不变的情况下，商品价格上升，供给量就会相应增加，这就是供给规律。

如果用图形来表示，供给曲线向右上方倾斜，表示供给量和商品价格是同方向变化的。

大多数商品的供给都符合规律，但也有例外。

和很多艺术家一样，梵高一生穷困潦倒。但在他去世之后，他的作品价格一路攀升，这是一种偶然吗？

除了艺术作品的价值需要经过时间检验这类原因，我们不难发现另一个关键因素：无论如何，不能再增加这些作品的产量。本着“物以稀为贵”的原则，其价格自然越来越高。

大多数古董、已故艺术家的作品都符合这样的特点，另外还有土地等要素也是属于总供给量固定的物品，它们的供给曲线表现为一条垂直于横轴的直线，如图 4－5 所示。

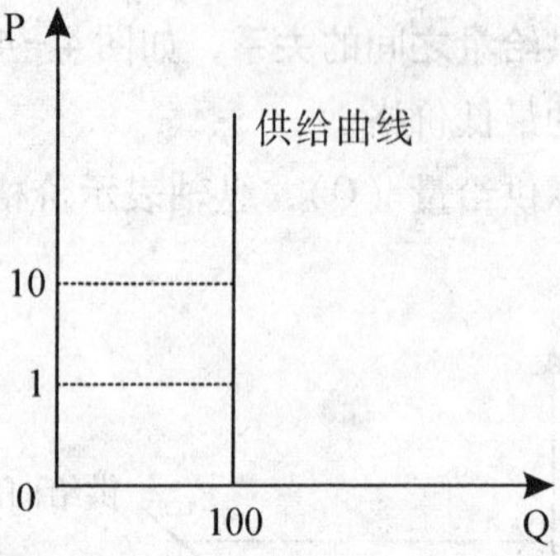

图 4－5　垂直的供给曲线

无论价格是 1 还是 10，市场上该产品的供给总量都是 100。

四、市场供给的变动

资源、技术等因素会影响生产者的生产决策，但不同因素的变动会产生不同的影响。

（一）市场供给量的变动

当某种商品自身价格变动时，就会引起供给量的变动，表现为从供给曲线上的一点移动到另一点。如图 4－6 所示，当价格从 10 元上升到 20 元时，供给量就从 5 增加到 12，相应的生产决策也从原来的 A 点移动到 B 点。

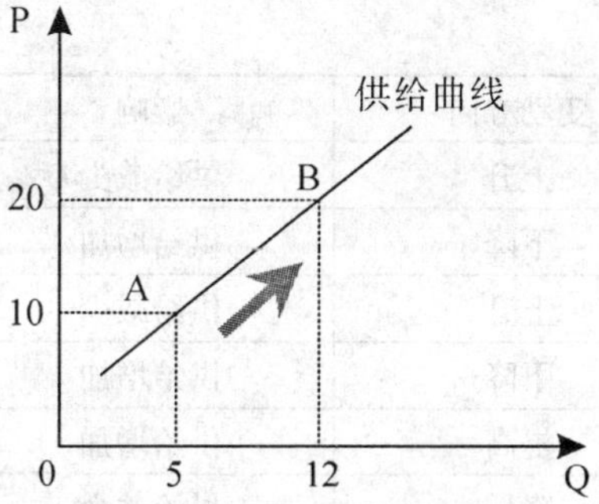

图 4－6　沿着供给曲线的运动

（二）市场供给的变动

当商品本身价格以外的因素发生变化时，会导致供给的变动，表现为供给曲线的移动。

我们同时考虑嫁接技术和价格对苹果的供给量的影响。在同样的价格水平下，当嫁接技术进步时，人们倾向于生产更多的苹果。如果用图形来表示，我们发现整个供给曲线向右移动了，如图 4－7 所示。

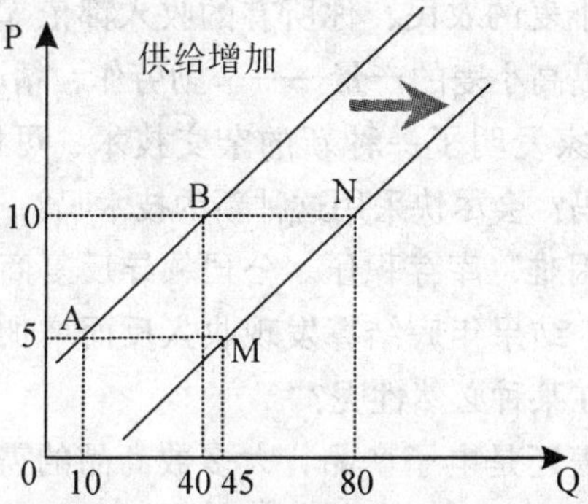

图 4－7　供给曲线的移动

供给的增加意味着针对原来的每一个价格水平，生产者都愿意并且能够提供更多的产品，因此表现为供给曲线向右移动；反过来，供给的减少意味着针对原来的每一个价格水平，生产者只愿意或者能够提供更少的数量，表现为供给曲线向左移动。

在此我们总结一下供给量的决定因素变动所产生的影响，如表 4－8 所示。

表 4－8　　供给的影响因素

因素		变动方向	影响	表现
商品本身的价格		上升	供给量增加	沿着供给曲线右移
		下降	供给量减少	沿着供给曲线左移
相关商品的价格	替代品	上升	供给减少	供给曲线左移
		下降	供给增加	供给曲线右移
	互补品	上升	供给增加	供给曲线右移
		下降	供给减少	供给曲线左移

表4-8（续）

因素	变动方向	影响	表现
投入要素的价格	上升	供给减少	供给曲线左移
	下降	供给增加	供给曲线右移
预期未来的价格	上升	供给减少	供给曲线左移
	下降	供给增加	供给曲线右移
生产技术水平	提高	供给增加	供给曲线右移
	降低	供给减少	供给曲线左移
生产者数量	增加	供给增加	供给曲线右移
	减少	供给减少	供给曲线左移

第三节 供给弹性和需求弹性

假设你是山东一个种小麦的农民，你所有的收入都依靠出售小麦获得。为了生活得更好，你尽最大的努力提高小麦的产量——辛勤劳作，精心管理，关注天气情况等。今年，有消息说农业科学家发明了一种新的杂交技术，可以使小麦的产量平均提高20%以上，你会觉得高兴吗？会尽快采用这种新的技术吗？

某电子产品因为销售困难，库存积压。公司领导反复商议之后决定忍痛平均降价19%，估计损失100万元。结果年底结算发现收入反而增加50万元，不由喜出望外。这个结果是偶然的还是存在某种必然性呢？

我们知道，无论是小麦还是电子产品，大多数商品的需求都满足需求规律——价格越高，需求量越少。而出售产品的总收益取决于需求量和价格两个因素，价格上升之后使得总收益增加还是减少？我们不仅要定性判断需求量是减少的，还要定量分析需求量减少多少，才能够考察总收益的变动趋势。

前面讨论需求量和供给量的变动的时候都只是判断它的变动方向，现在要进一步讨论需求量和供给量变动的大小，为此我们需要引入一个概念——弹性。

一、供给价格弹性

春节期间，火车票紧缺，提高价格是刺激供给的有效方法吗？

供给价格弹性表示在其他因素不变的条件下，商品的供给量对价格变动的反应程度，用供给量的变动百分比除以价格变动百分比进行计算。

$$E_S = \frac{\Delta Q/Q}{\Delta P/P}$$

E_S 表示供给的价格弹性，ΔQ 表示供给量变动的绝对量，ΔP 表示价格变动的绝对量。

比如价格水平上升10%，导致汽车供给量增加20%（其他因素不变），那么汽车的供给价格弹性就等于2。

如果供给量对价格变动的反应程度大，就是富有弹性的；如果供给量对价格变动反应程度小或者几乎不变，那么就是缺乏弹性的。

供给量的变动大小与时间长短紧密相关——时间越短，调整供给量越困难。如果要2小时内增加10辆汽车的供给量，只能依靠存货来调整；如果时间延长到2个月，那么可以通过购买原料增加生产；如果时间更长一些，就有可能新建工厂进行生产。因此，时间越短，供给的价格弹性越小，因为供给量的相对变动很小。

影响供给弹性的另一个重要因素是生产规模的伸缩性——改变产量是否容易实现。一个极端的例子是完全无法增加供给的物品，比如市区中心的土地，它的供给量几乎不因价格变动而变化，供给价格弹性很小。而常见的商品，比如电脑、汽车等物品的生产规模是容易调整的，因此供给量会对价格作出更明确的反应。

二、需求价格弹性

当小麦均衡价格下降时，我们知道均衡数量会增加。那么是价格下降得多还是数量增加得多呢？这就涉及需求量对价格变动的反应程度大小。

如何衡量反应程度呢？一般用相对变动来表示，也就是变动的百分比。如果原来的价格为4，新的价格为6，那么价格提高了50%。对应的需求量从100减少到80，那么需求量减少了20%，这就是需求量的反应程度。

当橘子价格为2元/千克时，人们决定购买100千克；如果橘子价格降低为1.5元/千克，市场需求量增加为150千克。怎样用弹性来表示需求量对价格变动的反应程度？

（一）需求价格弹性的计算

其他因素不变的条件下，需求规律表明需求量与价格反向变动。需求价格弹性就是一种物品需求量对价格变动反应程度的衡量，用需求量变动百分比除以价格变动百分比来计算。

1. 计算公式

用E_D表示需求价格弹性，原来的价格为P_1，对应的需求量为Q_1；新的价格为P_2，对应的需求量为Q_2，那么需求价格弹性的计算公式为：

$$E_D=\frac{(Q_2-Q_1)/Q_1}{(P_2-P_1)/P_1}$$

$$=\frac{\Delta Q}{\Delta P}\times\frac{P}{Q}$$

回到上面的例子，我们很容易计算出橘子的需求价格弹性：

$$E_D=\frac{(Q_2-Q_1)/Q_1}{(P_2-P_1)/P_1}$$

$$=\frac{(150-100)/100}{(1.5-2)/2}$$

$$= \frac{50\%}{-25\%}$$

$$= -2$$

需求价格弹性绝对值为2，表示需求量变动百分比是价格变动百分比的两倍。

大多数物品的需求变动与价格变动都是反方向的，需求价格弹性为负数，因此习惯上我们用需求价格弹性的绝对值来表示弹性大小。在这个例子中，我们就说橘子的需求价格弹性为2。在这个意义上说，弹性越大，事实上是需求价格弹性的绝对值越大，意味着需求量对价格越敏感。

2. 点弹性

假设某种商品的需求满足函数关系 $Q=180-4P$，其需求曲线如图4-8所示，我们来考察一下需求曲线上各点的弹性大小。

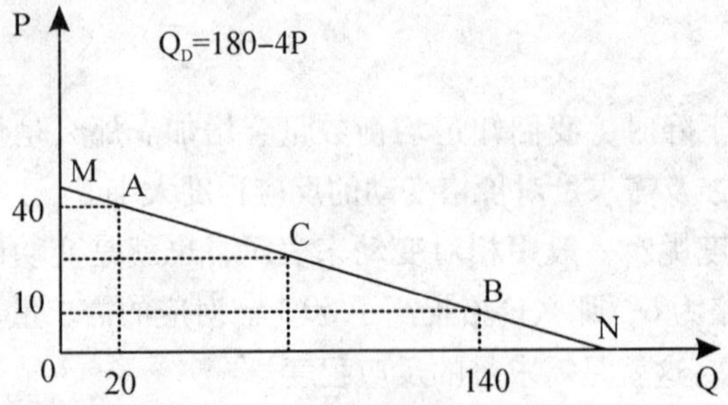

图4-8　需求曲线上各点的弹性

我们首先在这条直线型需求曲线上找到一些特殊的点，M（0，45）是需求曲线与纵轴的交点，表示当价格 $P=45$ 时，需求量 $Q=0$；N（180，0）是需求曲线与横轴的交点；C（90，22.5）是需求曲线上MN之间的中点；而A（20，40）在CM之间；B（140，10)在CN之间。

现在我们分别计算各点的弹性大小，由于每一点的弹性可以看作是价格变动极其微小的结果，因此计算每一点的弹性公式与前面一段弧的中点公式有所不同。假设有一点E，对应价格水平P，需求量为Q，则E点的需求价格弹性大小为：

$$E_D = \lim_{\Delta P \to 0} \frac{\Delta Q}{\Delta P} \times \frac{P}{Q} = \frac{dQ}{dP} \times \frac{P}{Q}$$

这里用到了数学里极限的概念，接下来我们通过这个实例来熟悉计算。

在点M（0，45）的弹性大小为：

$$E_M = \lim_{\Delta P \to 0} \frac{\Delta Q}{\Delta P} \times \frac{P_M}{Q_M}$$

由于该物品需求满足 $Q=180-4P$，因此 $\lim_{\Delta P \to 0} \frac{\Delta Q}{\Delta P} = -4$（需求函数Q对自变量P求导)。考虑到需求的价格弹性一般取绝对值，因此：

$$E_M = \lim_{\Delta P \to 0} \frac{\Delta Q}{\Delta P} \times \frac{P_M}{Q_M}$$

$$=4\times\frac{45}{0}=\infty$$

在点 A（20，40）的弹性大小为：

$$E_A=\lim_{\Delta P\to 0}\frac{\Delta Q}{\Delta P}\times\frac{P_A}{Q_A}$$

$$=4\times\frac{40}{20}=8$$

在点 C（90，22.5）的弹性大小为：

$$E_C=\lim_{\Delta P\to 0}\frac{\Delta Q}{\Delta P}\times\frac{P_C}{Q_C}$$

$$=4\times\frac{22.5}{90}=1$$

在点 B（140，10）的弹性大小为：

$$E_B=\lim_{\Delta P\to 0}\frac{\Delta Q}{\Delta P}\times\frac{P_B}{Q_B}$$

$$=4\times\frac{10}{140}\approx 0.29$$

在点 N（180，0）的弹性大小为：

$$E_N=\lim_{\Delta P\to 0}\frac{\Delta Q}{\Delta P}\times\frac{P_N}{Q_N}$$

$$=4\times\frac{0}{180}=0$$

考察各点的弹性，我们发现同一条需求曲线上，不同高度（纵坐标）的点的需求价格弹性大小不同，并且存在着普遍规律：

（1）需求曲线上，点的位置越高（价格越高），需求价格弹性越大，在需求曲线与纵轴交点（图4－8中M点）处趋近于无穷大；点的位置越低，需求价格弹性越小，在需求曲线与横轴交点（图4－8中N点）处变为0；

（2）需求曲线线段中点处（图4－8中的C点）需求价格弹性为1；

（3）需求曲线上，位置高于中点的各点（如图4－8中A点）需求价格弹性大于1，是富于弹性的部分；

（4）需求曲线上，位置低于中点的各点（如图4－8中B点）需求价格弹性小于1，是缺乏弹性的部分。

因此，在一般意义上，如果假定需求曲线是一条直线，那么该需求曲线上各点的弹性大小如图4－9所示。

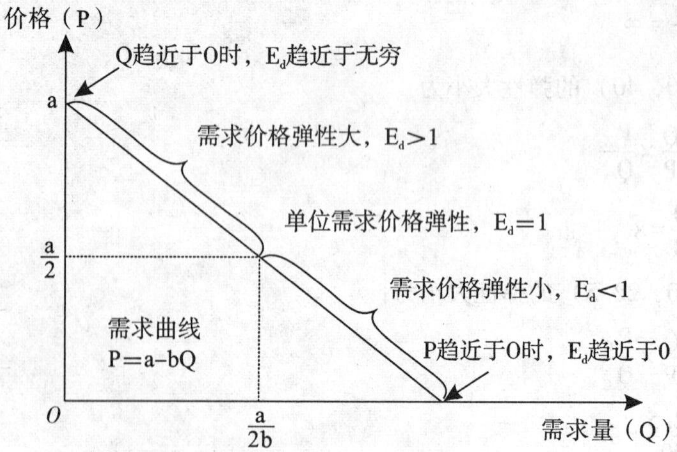

图4-9　需求曲线上各点的弹性大小

因此，即使同一种物品，有着同样的线性需求曲线，价格变动的影响也是不同的。在前面例子中，如果价格为30（高于中点C的价格22.5），那么就处于富有弹性范围，如果涨价，需求量减少幅度比价格上升幅度更大。

3. 弧弹性：中点公式

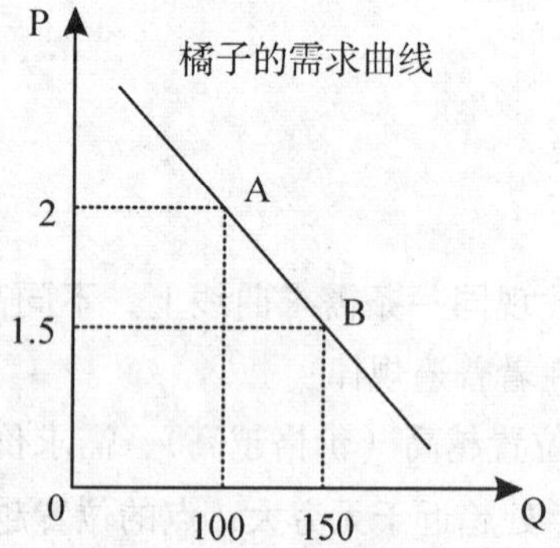

图4-10　橘子的需求价格弹性

更仔细地考察橘子的需求价格弹性，我们会发现一个有意思的现象：同样的变动（如图4-10所示，需求曲线的AB段），降价和涨价会得出不同的需求弹性。

（1）降价（从需求曲线上的A点移动到B点）

价格从2元降低到1.5元，我们得到的需求价格弹性是 $E_{D1}=-2$；

（2）涨价（从需求曲线上的B点移动到A点）

价格从1.5元涨到2元，对应的需求量从150千克减少到100千克，则需求价格弹性为：

$$E_{D2}=\frac{需求量变动百分比}{价格变动百分比}$$

$$=\frac{(Q_1-Q_2)/Q_2}{(P_1-P_2)/P_2}$$

$$=\frac{(100-150)/150}{(2-1.5)/1.5}=\frac{-33.3\%}{33.3\%}$$

$$=-1$$

避免这个问题的一个简单办法是采用中点法计算弹性。中点法不是用变动量除以原先的水平计算变动的百分比，而是用变动量除以平均水平——两点之间的中点——来计算变动的百分比。

因此，用中点公式计算的话，不论是从 A 点到 B 点，还是从 B 点到 A 点，需求的价格弹性大小为：

$$E_D=\frac{\text{需求量变动百分比}}{\text{价格变动百分比}}$$

$$=\frac{(Q_2-Q_1)/\frac{Q_1+Q_2}{2}}{(P_2-P_1)/\frac{P_1+P_2}{2}}=\frac{\Delta Q}{\Delta P}\times\frac{P_1+P_2}{Q_1+Q_2}$$

$$=\frac{50}{0.5}\times\frac{2+1.5}{100+150}$$

$$=1.4$$

需求价格弹性为 1.4，意味着需求量对价格变动的反应程度较大，是价格变动百分比的 1.4 倍。

如果要计算弹性，尤其是价格变动明显时，最好使用中点公式，无论是计算需求价格弹性还是收入弹性，都是如此。

（二）需求价格弹性的种类

如果一种物品需求量对价格变动反应程度小，可以说它缺乏弹性；反过来，如果需求量对价格变动反应程度大，则说它富有弹性。

不同商品具有不同的需求价格弹性，表现出不同的需求曲线。

1. 富有弹性的需求曲线

如果物品富有弹性，意味着需求变动百分比大于价格变动百分比，需求价格弹性大于 1，那么需求曲线也比较平坦，如图 4－11 所示。

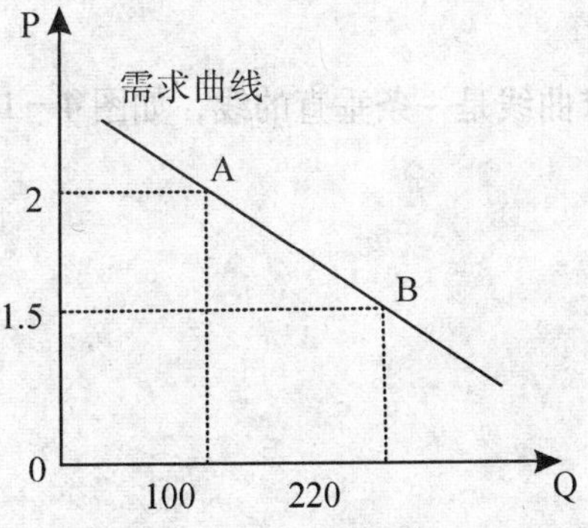

图 4－11　富有需求弹性

2. 缺乏弹性的需求曲线

如果物品缺乏弹性，意味着需求变动百分小于价格变动百分比，需求价格弹性小于1，那么需求曲线也比较陡峭，如图4-12所示。

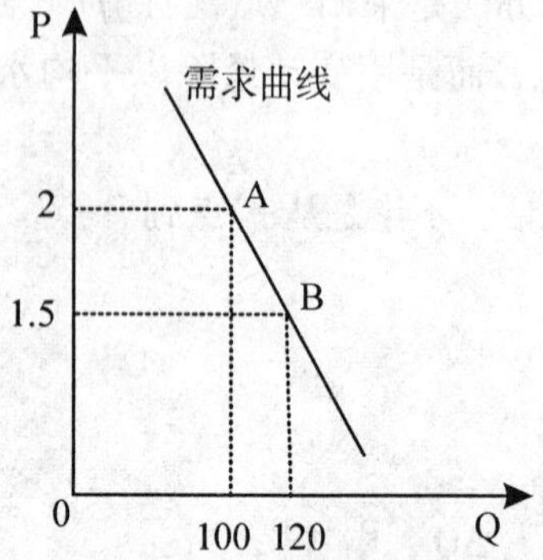

图4-12　缺乏需求弹性

3. 单位弹性

如果物品的需求变动百分比与价格变动百分比相当，需求价格弹性等于1，这就叫作单位弹性，如图4-13所示。

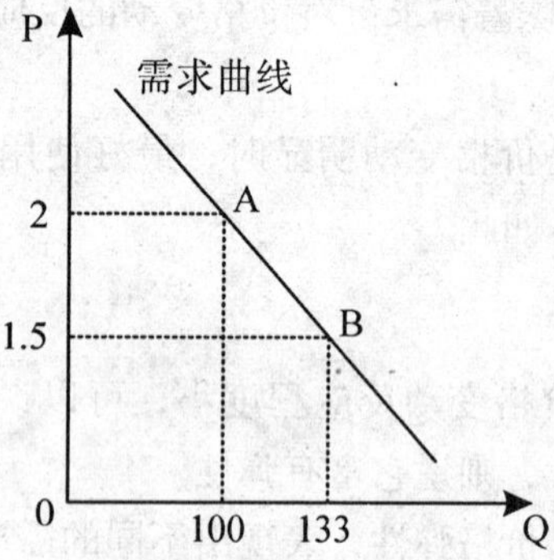

图4-13　单位需求弹性

4. 完全无弹性

理论上存在一个极端，即需求量完全不因价格变动而变动，需求价格弹性为0，这种情况叫作完全无弹性。

完全无弹性物品的需求曲线是一条垂直的线，如图4-14所示。

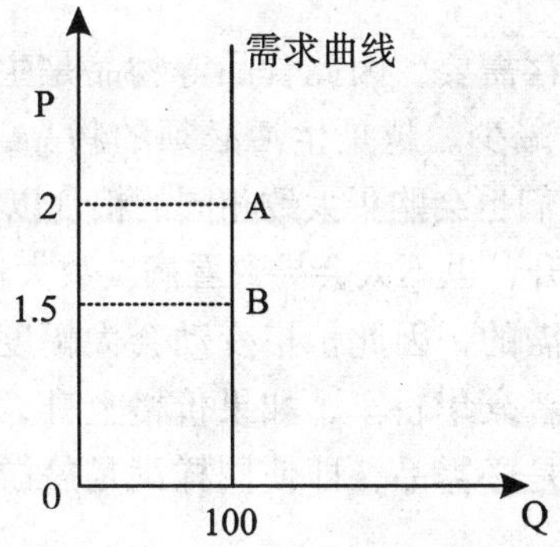

图 4－14　需求完全无弹性

5. 完全弹性

另一个极端是完全弹性的物品，其需求价格弹性为无穷大，需求曲线表现为一条平行于横轴的曲线，如图 4－15 所示。

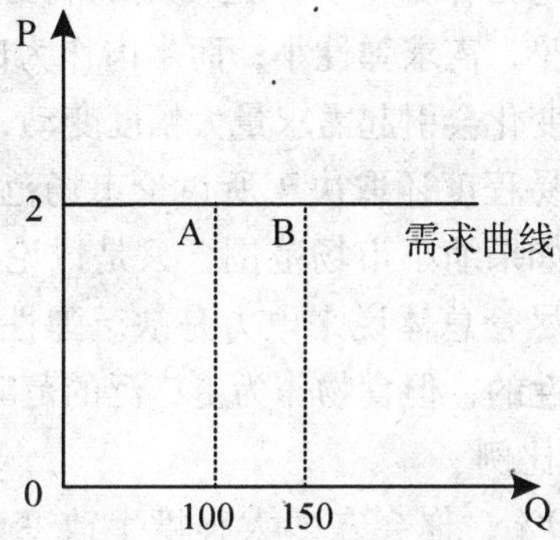

图 4－15　需求完全弹性

完全弹性的情况意味着价格微小的变动都会引起需求量的极大变动。比如两台完全一样的饮料贩卖机同时出售同样种类的饮料，如果价格相同，每天各自大概能卖出 100 罐饮料。现在其中一台贩卖机里面的饮料涨价 1 分钱，变化了 0.2%（理论上我们还可以假设这个比率更小，接近于 0），结果就是不会有人去价格更高的那台贩卖机购买饮料，需求量变为 0，变动了 100%。

如果大米等粮油食品都价格上升 20%，估计一下你对这些商品的需求量会减少多少？

如果飞机票涨价 20%，你的需求量大概会如何变化？反应程度大于、等于还是小于价格变化的幅度？

（三）影响需求弹性的因素

需求的决定受到很多因素的影响，因此需求的价格弹性取决于许多形成个人欲望的经济、社会和心理因素，但是我们从生活经验中可以发现大米的需求价格弹性小，而飞机票的需求价格弹性大，为什么呢？

需求价格弹性的大小主要受到下列因素的影响：

1. 生活必需程度

要生活首先就要满足生存需要，因此食品等物品是生活不可或缺的，即使价格上升，其需求量也不会大幅度减少。越是生活必须的物品，越是缺乏需求弹性。因此，即使大米价格上升20%，人们也会购买大致相同的粮食以满足需要。同样，医疗服务、药品也是这样，即使价格上升，也不太会导致看病次数大幅度下降。

但奢侈品就不是生活必需的，因此价格变动会大幅度影响人们的需求量，是富有弹性的。比如去欧洲旅游或者豪华轿车，如果价格上升，它们的需求量就会大幅度减少——旅游或者私家车并不是必需品，即使同样满足旅游的需要，也还可以选择国内旅游、周边旅游。

当然，一种物品属于必需品还是奢侈品并不完全取决于物品本身，还要结合个人偏好来看。如果是一个热爱旅游而不太关心健康的人来说，也许去欧洲旅游是缺乏弹性的必需品，而医疗是富有弹性的奢侈品。

2. 获得替代品的难易程度

比较一下电力和牛肉，电力作为一种广泛使用的动力很难找到相似的替代品，因此价格变化对需求量影响较小，需求弹性小；而牛肉作为肉食品很容易被羊肉、鸡肉、猪肉等产品替代，因此价格变化会引起需求量大幅度变动，需求弹性大。

当然，获得替代品的难易程度还取决于所讨论市场范围的大小。比如电力是一个广泛的范畴，缺乏弹性。但如果缩小市场范围，只是讨论火力发电或者水电，那么就比较容易找到替代品。因此尽管总体说来电力是缺乏弹性的，但火力发电则较为富有弹性。同样，牛肉是富有弹性的，但食物作为更广泛的范畴却是缺乏弹性的。

3. 该物品支出占收入的比例

如果口香糖价格变动10%，你会在多大程度上改变购买量？如果汽油价格变动10%，其影响会不会有所差别呢？

通常，口香糖在你每个月的总支出中所占比例非常小，大概不到1%；但汽油就不同了，在总支出中大概占到20%（比如拥有轿车的家庭）。同样是价格变动10%，口香糖的影响显然非常小，也许你根本就不会注意到，因此还会购买几乎相同的数量；但汽油价格上升则会让你的预算紧张，因此作出较大的调整。

所以，物品的消费在总支出中所占的比例越大，需求价格弹性就越大，所占比例越小，则弹性越小。比如坦桑尼亚人的食物支出占总支出的62%，食物需求的价格弹性是0.77；与此相比，美国人食物支出为总支出的12%，其食物需求的价格弹性是0.12。

4. 调整时间的长短

假如你每天都在学校食堂买2个馒头作为早餐，今天早晨也一样。但是到了食堂才发现每个馒头涨了5毛钱，而包子、面包等都已经卖完了。或许你会一边抱怨一边无可奈何地买下2个馒头——买1个不够吃，也来不及去其他地方购买。

如果价格变化后，给消费者的调整时间很短，那么消费者往往购买相近数量的商品，需求缺乏弹性。随着时间流逝，消费者就有可能寻找既可接受也更便宜的替代品，逐渐改变原来商品的消费量，需求变得富有弹性。

比如汽油价格上升，短期内消费者可能仍然购买原来的消费量，但是时间越长，人们就有可能改变消费量——改乘公共汽车，改用天然气，购买更省油的汽车，搬到离工作地点更近的地方居住……只要时间足够长，汽油的需求量就会大幅度减少。

（四）需求弹性与总收益

经常困扰人们的一个问题是：如果要使总收益增加，到底是涨价好还是降价好？尤其是对于管理者和经营者而言，这是一个非常关键的问题。

总收益是某种物品价格与销售量的乘积，用 TR 来表示。对于消费者来说，TR 是支付的总量；对于生产者来说，TR 是得到的总量。卖者尤其关心总收益问题。

比如一条高速公路建成后，究竟应该按照多高的价格收费？收费太高，更多的司机就会选择绕行，购买量减少；收费过低，数量增加，但并不一定意味着总收益增加，还有可能导致拥挤。同样，游乐园、旅游景区等门票价格的制定也是高深的问题。

因此，考察总收益的变动需要综合考虑价格的变动以及需求量的反应程度。如果价格上升 10%，需求量减少，那么只要能够判断需求量减少的程度是大于 10% 还是小于 10%，我们就可以判断总收益是减少还是增加。因此需要用到需求价格弹性来帮助分析。

从前面的内容我们可以了解到，当物品的需求富有弹性时，需求量的变动程度大于价格变动的幅度，那么价格上升使得需求量减少更多，总收益会减少；缺乏弹性时，需求量的变动程度小于价格变动的幅度，价格上升使得需求量减少幅度较小，那么总收益就会增加。

仍然采用前面的例子，某物品的需求满足 $Q=180-4P$，其中点价格为 $P=22.5$。

（1）当价格高于 22.5，在富有弹性阶段变化时，比如 $P_1=40$，$Q_1=20$。考察价格降低 10% 的影响：

降价前，总收益 $TR_1-P_1Q_1-40\times20=800$

降价后，价格变为 $P_2=P_1\times(1-10\%)=40\times(1-10\%)=36$

需求量变为 $Q_2=180-4\times P_2=36$

总收益变为 $TR_2=P_2Q_2=36\times36=1\ 296$

$TR_2>TR_1$，总收益增加。

（2）在缺乏弹性阶段内，比如 $P_0=10$，$Q_0=140$。考察价格降低 10% 的影响：

降价前，总收益 $TR_0=P_0Q_0=10\times140=1\ 400$

降价后，价格变为 $P_3=P_0\times(1-10\%)=10\times(1-10\%)=9$

需求量变为 $Q_3=180-4\times P_3=144$

总收益变为 $TR_3=P_3Q_3=9\times144=1\ 296$

$TR_3<TR_0$，总收益减少。

（3）在单位弹性处，价格为 22.5，需求量为 90，总收益 TR = 2 025。如果价格降低 10%，变为 20.25，需求量变为 99，则总收益变为 2 004.75，变化非常小。

因此，当需求价格弹性大于 1（富有弹性）时，涨价使总收益减少，而降价使总收益增加；

当需求价格弹性小于1（缺乏弹性）时，涨价使总收益增加，而降价使总收益减少；

当需求价格弹性等于1（单位弹性）时，价格变动几乎不影响总收益，此时总收益最大。

第四节　均衡价格和价格管理

我们已经初步了解价格与消费者、生产者之间的关系，原来亚当·斯密所说的"看不见的手"就是价格，它协调着生产者和消费者的决策。当价格上升时，消费者买得更少而生产者生产得更多；反之，价格下降时，消费者决定多买一些而生产者决定少提供一些产品。当消费者和生产者达成一致意见时，市场就处于均衡状态。

一、均衡价格的形成和变动

当消费者和生产者的计划一致时，市场上就出现了均衡价格和均衡数量，即市场需求与市场供给相等时的商品价格和数量。

当市场处于均衡时，产品的需求量恰好等于供给量，所有产品都能够卖出去，同时所有想要购买产品的人都能够买到，如图4-16所示。

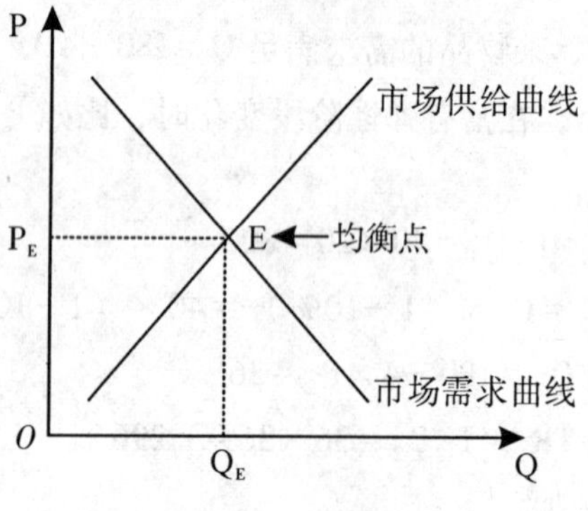

图4-16　市场均衡

（一）均衡价格的形成

如果市场处于非均衡状态——存在过剩或者短缺，那么价格会促使生产者或消费者调整计划。

1. 市场过剩及其调整

过剩指的是在某一价格水平，市场上有产品生产出来但是没能卖出去，即市场供给量大于需求量。如图4-17所示，当市场价格为P_0时，供给量为Q_1，需求量为Q_2，且$Q_1>Q_2$。这时市场上该产品的供求就出现了一个"缺口"，由于供给量大于需求量出现了过剩（Q_1-Q_2）。

市场上产品过剩的状态会长期持续吗？当然不会。在过剩状态下，生产者大量产品卖不出去，库存积压，自然会采取各种措施促销——比如降价或者减产。

当产品价格降低后，消费者也会调整自己的购买决策，决定多买一些产品，于是一方面产品的供给量减少，另一方面需求量增加，经过调整之后就有可能出现相等的情况——新的均衡价格和均衡数量出现了。如图4－17所示，价格从P_0下降到P_E，供给量从Q_1减少到Q_E，而需求量从Q_2增加到Q_E，实现了新的均衡。

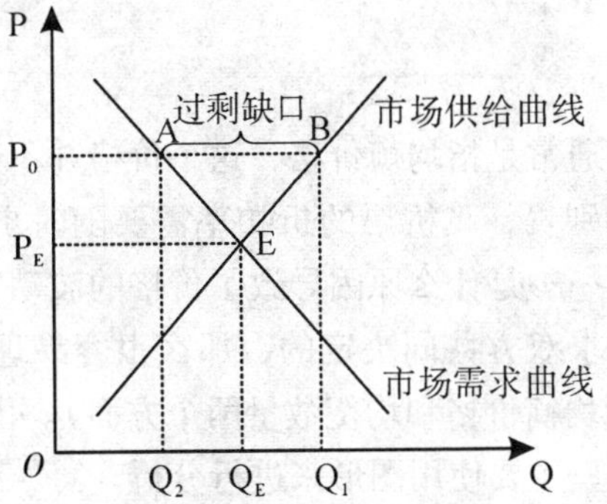

图4－17　过剩的调整

2. 市场短缺及其调整

短缺是另一种非均衡状态，即在某一价格水平，市场上有产品购买能力和购买意愿而买不到。当市场价格低于均衡价格的时候，生产者缺乏积极性，供给量少；而消费者因为低价决定购买更多的产品，结果就是产品供不应求（如图4－18所示，供给量Q_1＜需求量Q_2），出现短缺（Q_2-Q_1）。

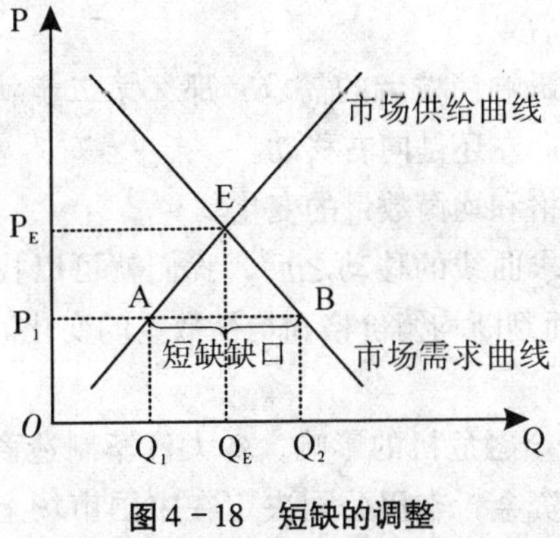

图4－18　短缺的调整

当市场上产品供不应求时，有一些人想买而买不到，就有可能出高价竞争产品，导致市场价格上升。价格上升又会刺激买卖双方：一方面生产者积极性提高，增加供给量；另一方面一些消费者退出市场，决定不再购买，使需求量减少——最终供给量和需求量相等，形成新的均衡。

3. 均衡的形成

市场均衡由买卖双方共同决定，它们就像剪刀的两边一样相互作用。如果市场上出现了短暂的非均衡状态，那么买卖双方将会重新协调，调整自己的生产决策或者购买决策，改变市场供给量和需求量，直到实现新的均衡。

试一试：

北京奥运会期间，在北京市区租房是更困难还是更容易？为什么？房租价格会如何调整？

（二）均衡价格的变动

我们谈论的商品价格通常是指均衡价格，这个价格并不是固定不变的。

情人节的玫瑰总是特别贵，飞机票的折扣率需要随时更新，石油或者黄金的价格常常成为人们关注的焦点……是什么原因导致了价格的波动？

既然市场均衡是由供求双方共同决定的，那么很容易理解供给或者需求的变动将会引起均衡的变动（包括均衡价格和均衡数量两个方面）。由于图形具有的不可替代的直观性、简便性，我们这里主要使用图形来进行分析。

1. 如何判断均衡价格的变动

分析某个因素变动对均衡的影响需要考虑三个步骤：

第一步，确定直接的影响对象。

某个因素变动之后是影响供求的哪个方面呢？比如收入增加或减少将会直接影响消费者的需求。

所以首先要确定该因素变动是影响需求量、供给量——供求曲线不动，还是影响需求、供给，或者同时影响供给和需求——供求曲线变动。

第二步，确定影响的后果。

如果确定了收入变化影响消费者的需求，那么第二步就是要确定它是使得需求增加还是减少，需求曲线是向左还是向右移动。

第三步，考察均衡价格和均衡数量的变化。

经过前面两步确定供求曲线的移动之后，我们就可以找到新的均衡点（供给曲线和需求曲线的交点），从而判断均衡价格和均衡数量的变化。

2. 案例分析

2008 年下半年，由于金融危机的影响，各大汽车制造商陷入困境，资金紧张。假如为了尽快消化库存获得资金，丰田公司决定在中国市场上对该公司轿车进行降价促销。同时，由于经济形势严峻、需求疲软等原因，轿车的原材料——钢材的价格大幅度下降。综合考虑这两个因素，中国国产轿车市场会受到什么样的影响？

为了回答这个问题，我们按照前面的三个步骤来分析。

第一步，确定影响对象。

丰田轿车（进口车）是国产轿车的替代品，它的价格变化直接影响消费者的需求；钢材是国产轿车的生产要素之一，它的价格变化直接影响生产者的供给。

因此，综合考虑起来，国产轿车市场的供给和需求两方面都受到了影响。

第二步，判断影响的后果。

从需求方面来看，替代品价格下降会导致国产轿车的需求减少——既然进口车相对而言更便宜了，那么人们会倾向于选择进口车，从而减少对国产轿车的购买。因此需求曲线从 D_1 向左移动到 D_2，如图 4－19 所示。

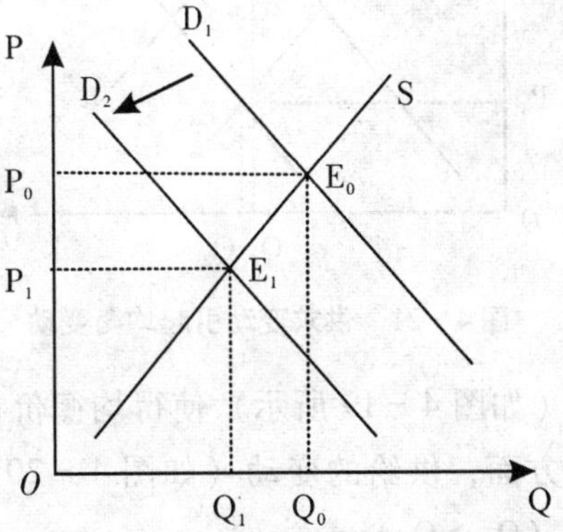

图 4－19 需求变动引起均衡变动

从供给方面来看，原材料价格下降使得生产成本降低，生产者倾向于提供更多的产品，于是供给曲线从 S_1 向右移动到 S_2，如图 4－20 所示。

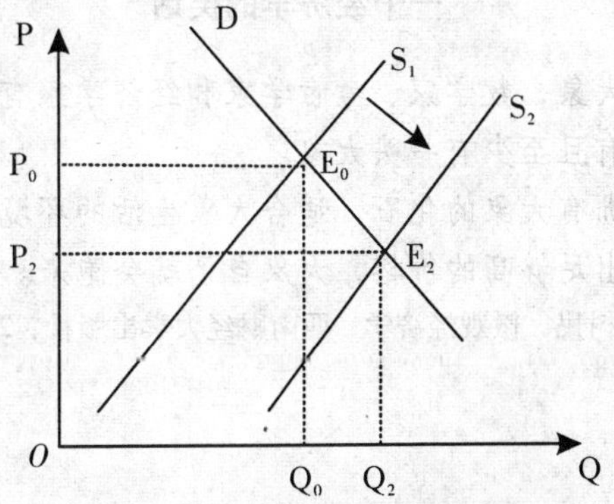

图 4－20 供给变动引起均衡变动

第三步，考察均衡的变动。

市场均衡始终是由供给和需求双方共同决定的，因此考察均衡的变动就要看供给需求变动之后如何形成新的均衡。

由于替代品降价使得国产轿车的需求曲线从 D_1 向左移动到 D_2，同时原材料降价使得供给曲线从 S_1 向右移动到 S_2，因此新的均衡点为 D_2 与 S_2 的交点 E_3，如图 4－21 所示。

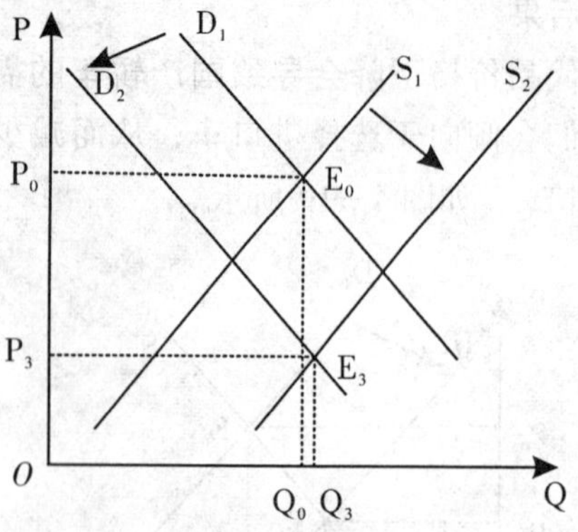

图 4-21　供求变动引起均衡变动

一方面，需求的变动（如图 4-19 所示）使得均衡价格下降（$P_1 < P_0$），均衡数量减少（$Q_1 < Q_0$）；另一方面，供给的变动（如图 4-20 所示）使得均衡价格下降（$P_2 < P_0$），均衡数量增加（$Q_2 > Q_0$）。

综合起来看，均衡价格下降（$P_3 < P_0$），而均衡数量的变化不能确定。

资料链接

一个经济学的笑话

为了得到一头非洲大象，数学家、考古学家和经济学家有不同的思维和办法。

数学家：证明非洲有且至少有一头大象。

考古学家：发现非洲有大象的化石，适合大象生活的环境。

经济学家：只要给出足够高的价格，大象自己就会跑来。

资料来源：吴开超，张树民．微观经济学．西南财经大学出版社，2007 年版。

二、看看几个典型案例

尽管现实中的经济现象纷繁复杂，我们很难准确把握所有的现象和规律，但供求理论是分析具体的经济问题时最有力的工具，帮助我们认识和了解市场的运行。弹性理论可以帮助我们看得更加深刻一些。

（一）谷贱伤农

如果科学家能够使小麦产量普遍提高，对农民来说是一个好消息吗？

要回答这个问题，我们首先需要判断科学家的发现会如何影响市场。可以按照前面讲过的三个步骤进行分析。

1. 技术进步影响市场供给

更先进的技术提高小麦的产量，主要影响的是生产者——农民的行为，而并不直接影响消费者的行为。

所以，科学家的发现使得小麦的供给曲线移动。

2. 小麦的供给曲线向右移动

技术进步使得小麦的单位产量提高，在既定的价格水平下，农民愿意提供更多的产品，因此市场供给曲线向右移动，如图 4－22 所示。

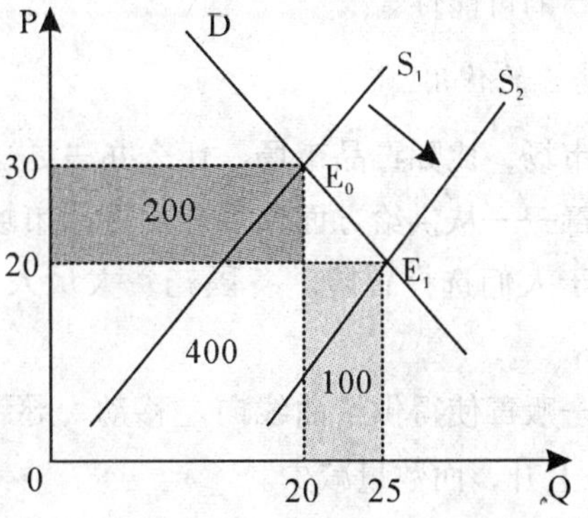

图 4－22　小麦供给增加，农民收益减少

3. 小麦的价格下降

由于小麦的供给曲线向右移动而需求曲线不变，所以新的市场均衡下，小麦的价格降低，而销售量增加。

因此技术进步对农民的影响是双重的：一方面小麦产量提高，另一方面小麦价格降低。为了进一步判断农民的总收益，就要进一步考虑小麦的弹性。

在现实中，小麦这类农产品的需求一般是缺乏弹性的，因为这类产品在总支出中所占比例较少，同时也很容易找到替代品。因此，小麦价格降低会使得农民的总收益减少，技术进步对农民来说并不是好消息。

或者我们会想到，是不是农民就因此不采用先进技术呢？答案是否定的。因为个人的小麦供给量对于市场来说是微小的——只要其他人采用先进技术，就会导致小麦价格下降——这时个人采用先进技术还能提高产量，不采用先进技术就只能以更低的价格出售原来的产量，总收益更少。

知道了这一点之后，我们可以理解为什么大多数国家都采取农业保护政策，以确保本国的粮食安全。因为如果放任市场力量决定农产品的价格，那么农民的利益就会与社会整体的利益产生冲突——技术进步对增加粮食产量是有利的，有利于消费者；但会减少农民的收益，挫伤生产积极性，这就是“谷贱伤农”的含义。

因此，政府一方面会采取措施推广新技术，增加粮食产量；另一方面会制定农产品支持政策，确保粮食产量增加之后农民的收入不会减少。

很多政府干预农产品市场，典型的是日本和欧盟，当然，美国和中国也有类似政策。常见的做法是：

（1）存货调整。市场上粮食供给多的时候，政府买进粮食以维持价格；市场上粮食短缺的时候，政府出售粮食以维持价格稳定。

（2）实行支持价格。另一个政策是制定农产品价格下限，其结果就是市场上出现过剩，政府需要花钱买下过剩的这部分产品，长期持有农产品存货，于是在欧洲就出现了“奶油山”和“酒湖”。大量存货本身还带来了仓储、保管的压力和成本。

（3）实行生产限制。为了避免农产品大量过剩这一问题，欧盟还出台了生产限制政策，支付津贴鼓励农场主闲置农场。其好处就是不会生产出更多的过剩农产品，同时保持了土地用于农业生产的可能性。

（二）非法产品市场——禁毒的作用

如果要抑制非法产品市场，比如毒品市场，什么办法更好一些？

常见的办法是打击贩毒——从供给方面着手影响毒品市场，但效果似乎并不太好。贩毒利润如此之高，以至于人们选择冒险。各国花费大量人力物力打击贩毒，但毒品仍然无处不在。

如图4－23所示，打击贩毒使得供给曲线向左移动，导致毒品市场的均衡点从 E_1 移动到 E_2，因此毒品价格上升，而数量减少。

由于毒品对于上瘾者来说几乎是不可或缺的，需求弹性极小，因此毒品需求曲线非常陡峭。毒品供给曲线移动之后，需求量的减少幅度比价格上升幅度小（缺乏弹性）。

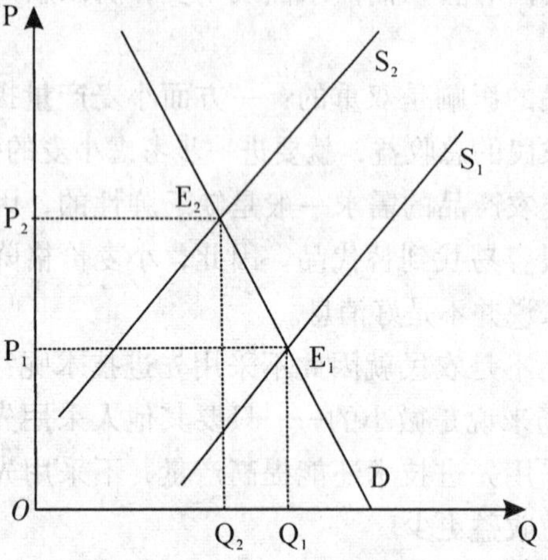

图4－23　打击贩毒的结果

打击贩毒的做法收效甚微还有另外一个原因：毒品的罪恶不仅在于使人上瘾，还会使吸毒者为了获得毒资而偷盗、抢劫或进行相关犯罪。因为政府打击贩毒，使得毒品供给减少，价格上升，由于缺乏弹性，毒品价格上升使得总收益增加，意味着吸毒者总支付额上升。因此吸毒上瘾者为了满足吸毒需要就必须支付更多的钱，从而增加了与毒品相关的犯罪。

禁毒政策的支持者对此作出补充，认为短期内毒品需求虽然是缺乏弹性的，但毒品价格高昂可以抑制青少年吸毒的尝试，长期看来仍然是富有弹性的，因此打击贩毒需要长期坚持。

由于打击贩毒短期内会有增加相关犯罪的后果，有人提出对毒品市场放任不管，还有人提出通过反毒品教育（使需求曲线向左移动）来抑制毒品市场。

三、政府的价格政策

市场是一种重要的资源配置方式，通过价格协调市场参与者的利益。在市场上，消费者决定市场需求，生产者决定市场供给。供求双方共同决定市场价格，而价格反过来又指导消费者和生产者的行为。因此价格是交易能够进行的基础，也是资源配置的信号。

在自由市场上，价格在供求双方的作用下上下波动，自动调节市场均衡。但市场自由形成的价格未必符合我们的期望。如果生活必需品（大米、面粉等）价格很高，会有很多人因为买不起而无法生活；如果工资水平太低，对工人或许就是一种不公平。因此如果决策者认为一种商品的价格对买者或卖者不公平，或是为了满足临时需要(比如战争)，就有可能实行价格政策，对价格进行管制。

但是价格控制是不是一定会使市场结果更好呢？我们将分别讨论直接的价格控制——最低工资法、房租上限管制，以及间接的价格政策——税收的影响。

(一) 最低工资法

在没有管制的劳动市场上，如图 4 - 24 所示，工人决定劳动供给，企业决定劳动需求，工资的调整使劳动市场趋于均衡（供给量恰好等于需求量）。

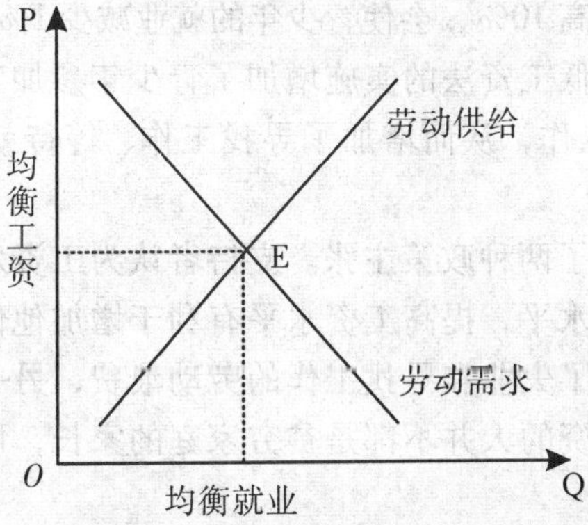

图 4 - 24　没有管制的劳动市场

现在假设自由市场上的均衡工资水平为 5 元/小时，而政府认为这个工资水平对工人不公平，于是通过法律规定最低工资不能低于 8 元/小时，这时劳动市场上的供求将会发生变化。

由于劳动的价格——工资水平上升，如图 4 - 25 所示，企业减少雇用工人，而愿意工作的人更多，劳动市场上出现了过剩（$Q_d < Q_s$），这就意味着更多的人失业。所以最低工资法一个直接的后果是增加了有工作工人的收入，而另一个后果是增加了失业。

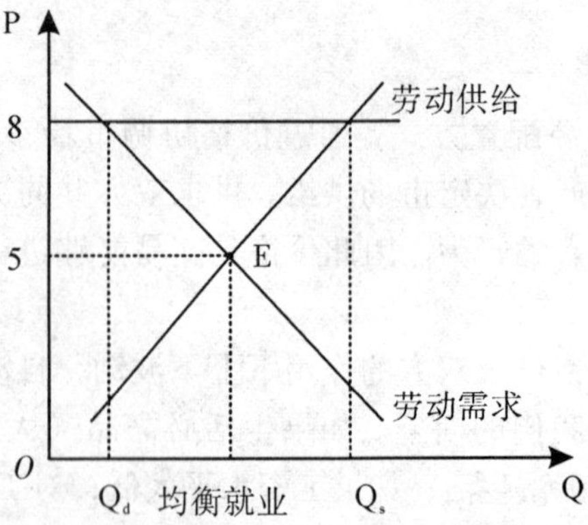

图 4-25　最低工资的劳动市场

更进一步的分析，我们发现最低工资法对不同工人有着不同影响。对于技术高而熟练的工人来说，最低工资法没有太大影响——这类工人往往拿着远远高于最低工资水平的工资，企业要减少雇用工人也不会从他们开始；但对于非熟练工人（比如初次求职者、青少年），最低工资的影响非常大——因为青少年往往愿意接受更低的待遇换取工作经验以及在职培训。

因此，从需求方面来说，最低工资法会减少企业雇用青少年的数量。美国一些调查发现，最低工资水平提高 10%，会使青少年的就业减少 1% ~3%。

从供给方面来说，最低工资法的实施增加了青少年参加工作的收入，因此会鼓励更多的青少年选择寻找工作，从而增加了寻找工作、等待就业的时间，导致劳动的浪费。

关于最低工资法形成了两种政策主张。支持者认为工资水平太低导致贫穷，使一些人的收入远远低于平均水平，提高工资水平有利于增加他们的收入；反对者认为最低工资的实施一方面增加了失业和寻找工作的劳动浪费，另一方面并不能很好地解决贫困问题——拿到最低工资的人并不都是贫穷家庭的家长，可能是中产阶级家庭为了赚取零花钱的青少年。

（二）房租上限管制

一个常见的价格上限管制例子是租金控制。在许多城市，为了帮助穷人租得起房，地方政府都规定房东向房客收取的租金上限。经济学家经常批评租金控制，诺贝尔经济学奖委员会主席林德贝克甚至称之为摧毁一个城市最有效的手段，比氢弹还有效。

房租上限管制会产生什么影响呢？我们通过直观的图形来对比一下有无租金控制的市场结果。

在没有管制的租房市场上，如图 4-26 所示，租房者和房东双方自愿交易，共同决定了租房市场的均衡（E 点）。此时，房租水平为 400 元/套，市场上有 20 万套住房被租住。

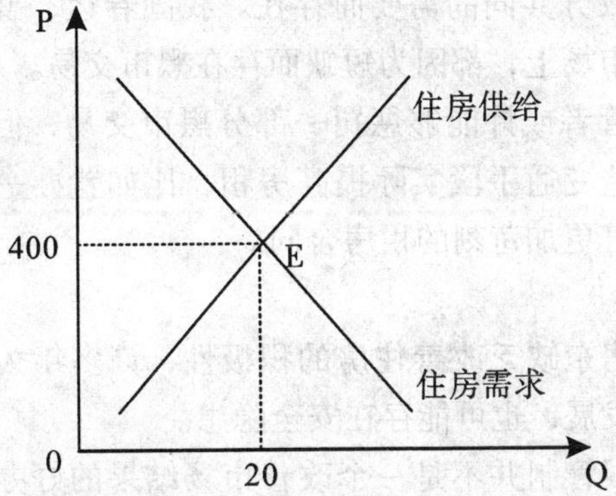

图 4－26　没有管制的租房市场

现在假设政府觉得400元/套的房租水平会让很多穷人无力支付，从而规定该地区房租不能超过200元/套，如图4－27所示。既然价格降低，那么生产者当然会减少提供产品的数量，房屋的供给量降到12万套——一些人把原来租出去的房子改为自用；而另一方面，更多人决定租房子，房屋的需求量增加到35万套——原来租不起的人现在能租房了，本来可以租一套的现在决定租两套。市场上供给量小于需求量，于是产生了短缺，这时必须要有其他的安排使得12万套住房在需要35万套住房的人中间进行分配。

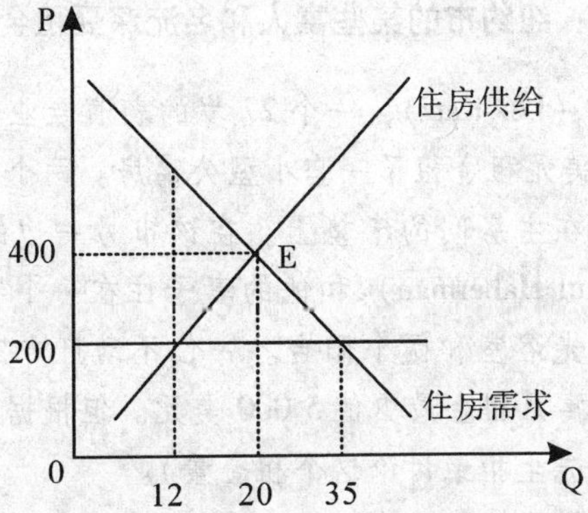

图 4－27　房租上限的租房市场

房租上限管制对于租房者来说是一件好事吗？

1. 租房成本上升

住房短缺的一个直接反应就是租房子更加困难了。于是租房者不得不花费大量时间来寻找房子、关注房屋信息，这就增加了租房的成本。

房租上限能够控制的只是租房成本的一部分，而寻找和等待所花费的时间是另一部分。当租房变得很困难时，寻找和等待的花费就越多，机会成本上升。

2. 黑市交易

当市场上只有12万套住房时，一部分租房者愿意支付更高的价格以租到房子，而房东当然也很乐意，这就可能导致黑市交易。黑市是指当价格超过法律规定的上限时的非法市场，因为买卖双方共同的需要而存在。我国春运、暑运时期的火车票市场以及大型文体活动门票等市场上，都因为短缺而存在黑市交易。

在住房市场上，监管者或许能够惩罚一部分黑市交易，但本身代价也不低。房东和租房者还可能采取一些变通手段实际提高房租，比如置办一些不值钱的家具要求租房者支付高价，或者制订更加苛刻的租房合同。

3. 住房质量降低

由于房租水平低，房东缺乏改善住房的积极性，许多年久失修的住房也可能成为抢手货，既不利于城市发展，也可能存在安全隐患。

由此可见，房租上限管制并不是一个改善市场结果的好办法。在自由竞争的市场上，价格按照人们的支付意愿和支付能力来配置稀缺的住房资源，而管制扭曲了这种资源配置方式。

许多地区都存在房租上限管制，比较著名的是纽约市。纽约房租上限管制的一个结果是本地家庭——包括高收入家庭，享受着低房租，而外来者为千辛万苦找到的住房支付更高的租金。同时，在租金受管制的哈莱姆地区，房东把整个城区扔给了穷人和毒贩子。既然价格不再是配置住房资源的唯一方式，人们就按照其他办法进行分配，比如种族、性别等。

资料链接

免费住房：纽约市的某些富人和名流深受租金法的恩泽

纽约——里斯·凯兹（Les Katz），一个27岁的表演专业学生兼门房，和两位室友在曼哈顿上西区以1 200美元租金租了一套小型公寓房。两个人睡在搭盖在厨房之上的分开的卧室中，第三个睡在主房间的床垫上。在该市另一边的中央公园大道上，私人投资者保罗·哈伯曼（Paul Haberman）和他的妻子住在一个宽敞的、有两个卧室的公寓中，该公寓还有一个日光浴室和两个阳台。一位不动产专家说，这座位于这条著名大道上豪华建筑物中的公寓月租金最少值5 000美元。但根据租金记录，这对夫妇只支付350美元左右（哈伯曼先生拒绝讨论这个租金量）。

这种悬殊的原因是：纽约的租金管制。

纽约市正面临着23亿美元的预算赤字和20年来最严重的财政危机。同时，根据各种估算，该市由于对租金限制所减少的现金流量，以及由此引起的住宅建筑估价减少而失去的财产税收入每年在1亿美元左右。批评者还指出，租金限制还遏制了新住宅建筑的建设，并迫使房东——以及间接地迫使纳税人——去补贴那些有幸租到一套受管制公寓的房客……

几乎各个方面的人都被租金管制公寓所吸引：女演员米亚·法罗（Mia Farrow）和希希莉·托森（Cicely Tyson）；男爵夫人英格瑞德·曲辛（Ingrid Thyssen）；有五月花夫人之称的西德尼·比德尔·巴罗斯（Sidney Biddle Barrows）；州参议员民主党领袖曼菲瑞德·奥瑞斯坦（Manfred Ohrenstein）；融资收购专家托德·古德温（Todd Goodwin）；以及任职于本报发行者道琼公司的雇员……

纽约市租金管制是在第二次世界大战期间作为一项应急措施开始实施的，目的在于确保当地居民不至于在与临时居住的高薪工作人员竞争有限的公寓中失去机会。战后，当地政治家保留了租金管制，规定只要空房率在5%以下，则住房紧张状况仍然存在。现在空房率是3.4%。

房客如何得到这种低租金住房呢？

一些人是继承了这些住房。法罗（Farrow）女士每月支付2 900美元左右租了中央公园西街的十间房子，这仅是这些房子市场价值的一部分。这位女演员在这座公寓中长大，这里也是她的一部电影——《汉娜和她的姐妹们》——的背景。她的母亲莫伦·欧苏利文（Maureen Osullivan）曾在伍·艾伦的影片中出现过，在40年前第一次签订了租约。

其他居住租金控制公寓的房客，例如，前纽约市长大卫·迪金斯（David Dinkins）和曼哈顿区的检察官罗伯特·摩根索（Robert Morgenthau），认识房东，他们的房东是纽约的卢丁（Rudin）家族。一位在迪金斯手下负责住房部并坚决支持租金管制的副市长芭芭拉·法伊夫（Barbara Fife）说："卢丁家族乐于让前任政府官员得到租金稳定的住房。"

有时候，想成为房客的人要向前房客或房东支付被称为"定金"的钱。一些房东喜欢把房子租给有钱人，因为这些人会支付公寓维修费。一位哈斯坦德房地产公司的经纪人布拉恩·爱德华（Brian Edwards）说："我们一直把公寓廉价地租给极富有的人，这些人正是房东所欢迎的人。"

资料来源：曼昆．经济学原理［M］．梁小民，译．上海：三联书店，1999.

（三）税收负担的分摊

每个政府——地方政府、中央政府——的运转都需要经费，还需要运用税收手段调节经济，因此税收对经济产生的重要影响，也是每个人都经常讨论的话题之一。

如果政府决定对汽油征收燃油附加税，这笔税收最终由谁来承担？它会对市场均衡产生什么影响？

当政府对一种物品征税时，谁来承担税收负担？是购买此物品的人（消费者），还是出售此物品的人（生产者）？经济学家用税收归宿这个术语来特指这些关于税收负担分配的问题。税收归宿并不是表面上由谁交税的问题，而是讨论最终归宿在哪里。比如我们向生产者征收的一些税种，比如增值税，虽然表面上是由生产者交给政府，但他完全可以通过提高价格的办法把这部分税收转嫁到消费者身上，因此可能消费者最终也承担了增值税。

假定在没有税收的汽油市场上，如图4-28所示，生产者与消费者在价格为5元/升时达成一致，市场均衡交易量为200万升。

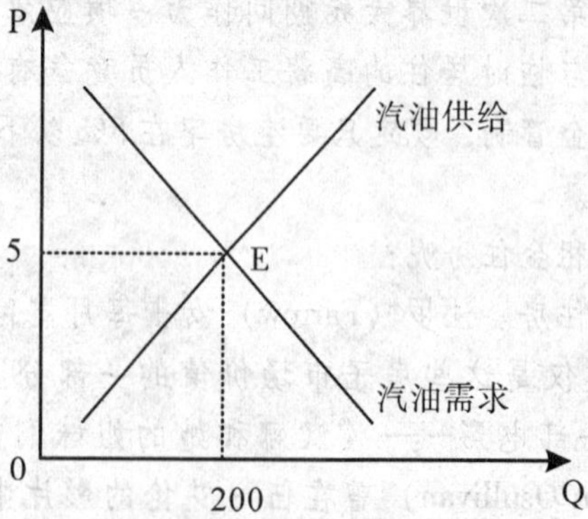

图 4-28　没有税收的汽油市场

1. 向买者征税

现在政府决定向每个购买汽油的人征收 1 元/升的燃油附加税，它直接影响消费者的需求，如图 4-29 所示——原来每升汽油价格为 5 元，现在需要花费 6 元才能消费，因此需求曲线从 D_1 移动到 D_2，移动的垂直距离正好就是 1 元。新的需求曲线与原来的供给曲线形成新的均衡点 E_1，对应的价格水平为 4.6 元/升，均衡数量为 180 万升。

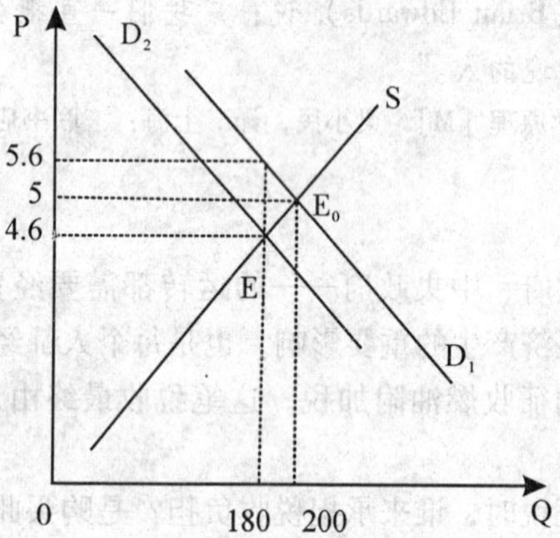

图 4-29　向买者征税

比较征税前后的市场均衡，我们发现消费者支付得更多，买得更少——原来每升 5 元，消费 200 万升，现在每升支付 5.6 元，消费 180 万升；由于消费者买得少，生产者当然也就卖得少了——原来以 5 元的价格卖掉 200 万升，现在以 4.6 元的价格卖掉 180 万升。

从市场均衡的变化可以看到，税收会抑制市场活动。当政府对某种产品征税时，该产品在新的均衡点的销售量减少了，生产规模也会缩小。

另一方面，虽然燃油附加税由消费者支付，但它是由生产者和消费者共同承担的，买卖双方的状况都因为税收而变得更差一些。

2. 向卖者征税

如果政府不是向购买汽油的人征税，而是向生产者征税，结果会有什么不同？

同样，如果政府决定向生产者征收 1 元/升的燃油附加税，那么供给曲线会向左移动，如图 4－30 所示——原来出售 1 升汽油可以获得 5 元，现在只能得到 4 元，生产积极性当然会降低。供给曲线从 S_1 移动到 S_2，垂直距离仍然恰好等于税收—— 1 元/升。

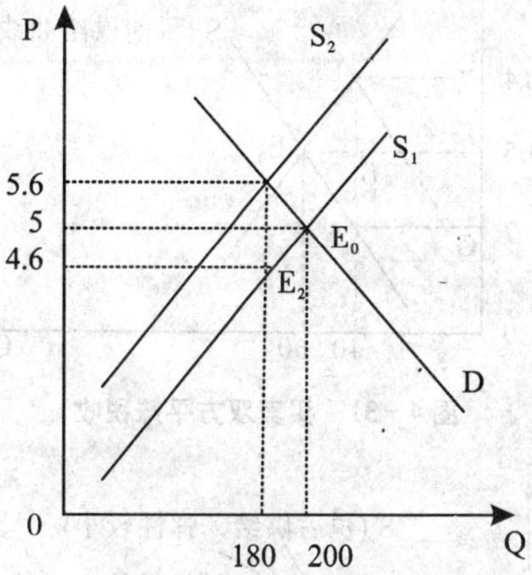

图 4－30　向卖者征税

在新的市场均衡点 E_2 的水平上，消费者为每升汽油支付 5.6 元，而生产者只能得到其中的 4.6 元，还有 1 元作为税收由政府得到。

比较图 4－29 和图 4－30，很容易发现一个令人惊奇的结论——对买者征税和对卖者征税产生了相同的结果！

无论向生产者还是向消费者征税，税收都抑制了汽油市场的消费——销售量从 200 万升降低到了 180 万升。在征税之后新的均衡点上，买卖双方共同承担税赋。

其实这个问题也很容易理解，我们可以假设在销售汽油的同时放一个箱子专门收税。那么向买者征税的时候，消费者每购买 1 升汽油，就向箱子里扔 1 元钱；而向卖者征税的时候，就由生产者来把这 1 元钱扔进箱子。无论这 1 元钱是直接由消费者扔进箱子，还是间接地由消费者支付，其影响都是一样的，买卖双方共同承担税负。

3. 谁负担的税收多？

究竟消费者和生产者谁负担的税收更多呢？如果供给弹性等于需求弹性，那么双方平均分摊税负，如图 4－31 所示，消费负担 $BE_1=14-10.5=3.5$，而生产者负担 $AB=10.5-7=3.5$。如果需求弹性小于供给弹性，消费者负担更多的税收，如图 4－32 所示，消费者负担 $BE_2=16-10.5=5.5$，而生产者负担 $AB=10.5-9=1.5$。如果需求弹性大于供给弹性，那么生产者负担的税收更多，如图 4－33 所示，消费者负担 $BE_2=12.5-7=5.5$，生产者负担 $AB=7-5.5=1.5$。极端地，如果需求是完全弹性的，通常税收由生产者全部承担；如果供给弹性为无穷，那么消费者就承担全部税收。道理很简单，弹性大的一方更容易通过自己的行为来规避税收。

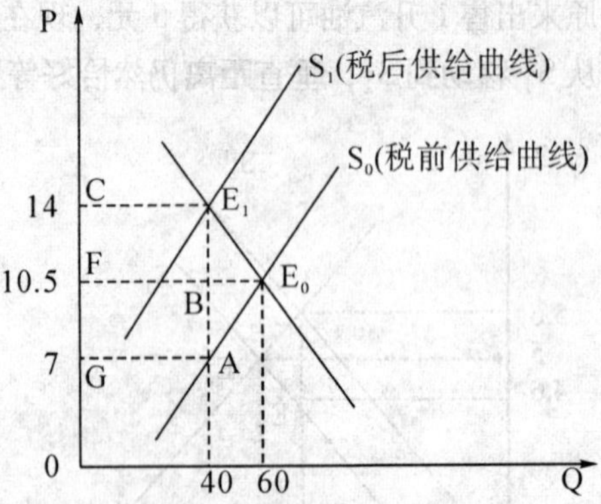

图 4－31 买卖双方平摊税收

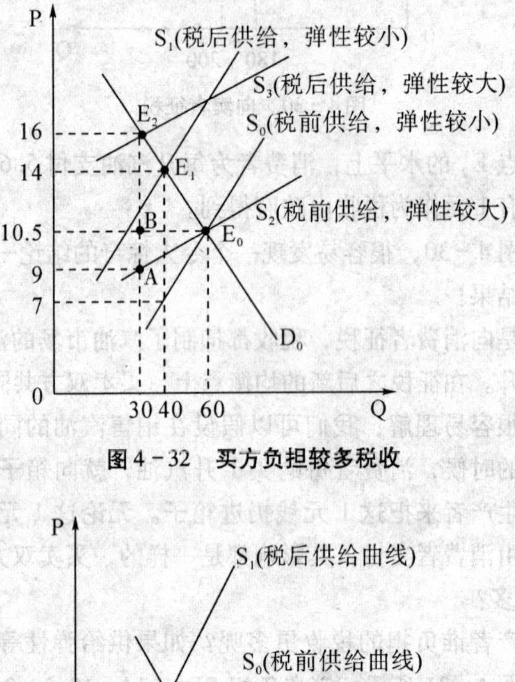

图 4－32 买方负担较多税收

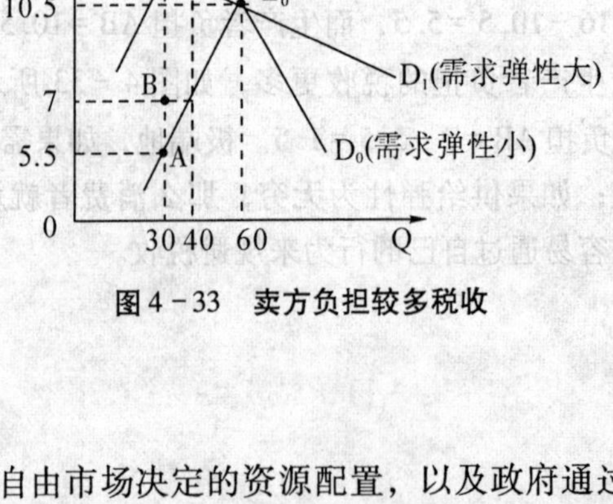

图 4－33 卖方负担较多税收

四、竞争市场的效率

前面我们分析了由自由市场决定的资源配置，以及政府通过价格政策来决定的资源配置。我们自然要问，由自由市场决定的资源配置是我们想要的结果吗？政府的资源配置结果又如何呢？实际上，这个问题就是关于自由市场均衡的经济福利和经济效率如何？

（一）经济福利与经济效率

如何衡量市场的经济福利和经济效率呢？我们已经知道，消费者剩余衡量市场中的消费者的经济福利，而生产者的福利用生产者剩余来衡量。理所当然，经济学家就会用消费者剩余和生产者剩余的和来代表市场的经济总福利。

经济总福利＝消费者剩余＋生产者剩余

什么是经济效率呢？经济效率通常是指资源配置效率，合理配置了资源就有效率，否则就缺乏效率。实际上，如果资源配置使总剩余最大化，我们可以说，这种配置表现出效率。如果一种配置是无效率的，那么，买者和卖者之间交易的一些好处就还没有完全实现。例如，如果一种物品不是由最低成本的卖者生产，配置就是无效率的。在这种情况下，将生产从高成本生产者转给低成本生产者就会降低卖者的总成本并增加总剩余。同样，如果一种物品不是由对这种物品评价最高的买者消费，配置也是无效率的。在这种情况下，使该物品的消费从评价低的买者转给评价高的买者就将增加总剩余。

（二）市场均衡的福利和效率

如图4－34所示，当市场达到供求均衡时的总剩余为三角形ABE的面积。我们前面说明过，消费者剩余等于价格以上和需求曲线以下的面积，而生产者剩余等于价格以下和供给曲线以上的面积。因此，供给和需求曲线到均衡点之间的总面积代表这种市场的总剩余。

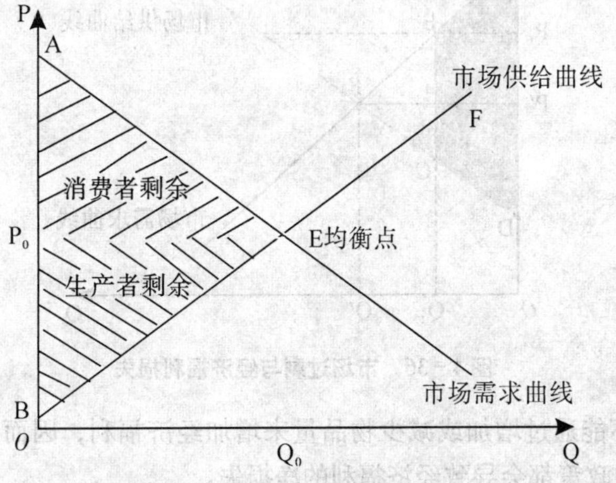

图4－34　市场均衡与经济福利最大

这种均衡的资源配置是否有效率？它是否使总剩余实现了最大化？为了回答这些问题，要记住当市场均衡时，决定价格的是参与市场的买者与卖者。如图4－35所示，那些对物品评价大于价格（由需求曲线上的AE段表示）的买者选择购买物品；那些对物品评价小于价格（由需求曲线上的 CE 段表示）的买者选择不购买物品。同样，如图 4-36 所示，那些成本低于价格（由供给曲线上 BE 段表示）的卖者选择生产并销售物品；那些成本大于价格（由供给曲线上 EF 段表示）的卖者选择不生产和销售。这些观察可以得出以下两个关于市场结果的观点：

（1）在生产与销售量达到市场均衡时，人们不能通过改善买者之间的消费配置或卖者之间的生产配置来增加社会福利，因而是有效率的。因为自由市场把物品的供给分配给对这些物品评价最高的买者，也就是支付意愿最高的买者，同时，自由市场将物品的需求分配给可以以最低成本生产这些物品的卖者。

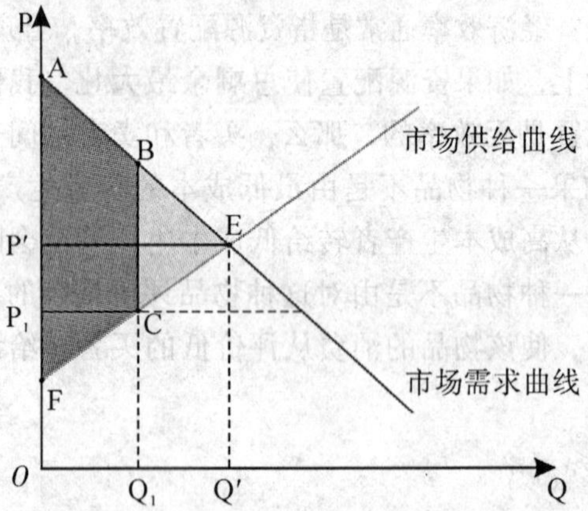

图 4-35　市场短缺与经济福利损失

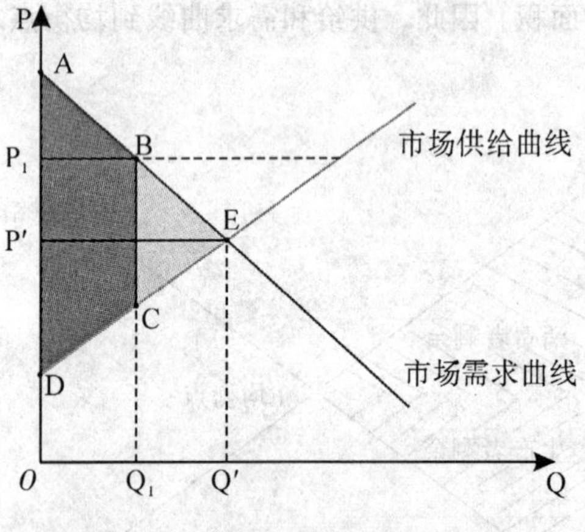

图 4-36　市场过剩与经济福利损失

（2）社会也不能通过增加或减少物品量来增加经济福利，因而福利是最大的，任何偏离市场均衡的政策都会导致经济福利的净损失。

在图 4-35 中，政府的最高限价政策（比如租金控制）使市场偏离了自由市场的均衡，从而总剩余为梯形 ABCF 的面积，比市场均衡时的总剩余小了三角形 BCE 的面积。同样的，在图 4-36 中，政府实行最低限价政策，比如制定最低工资法，实行农产品支持价格等，也会偏离市场均衡状态，让社会白白损失掉相当于三角形 BCE 的面积大小的剩余。

这两个关于市场结果的观点告诉我们，供求均衡使消费者与生产者剩余之和最大化。换句话说，均衡结果是资源的有效配置。因此，政府的工作是非常简单的：它可以让市场自己找出结果。现在的年轻人在问：我的青春谁做主？那么，我们要问：我们的福利谁做主？现在的回答很简单：我们的福利由自由市场做主。

资料链接

追寻供求理论的足迹

经济学只是纸上谈兵吗？供求理论从诞生之初就处处留下了应用的足迹。

供求定理由法国里昂大学数学教授安东尼·奥古斯汀·古诺（1801—1877）发现。尽管古诺是运用需求与供给的第一个人，但使供求理论第一次实际运用的是19世纪50年代铁路的发展与扩张。当时的铁路与现在的航空一样是处于技术前沿，而且竞争非常激烈。

铁路公司非常焦虑如何在竞争市场上获得更高的收益，经济学家也对此感兴趣。伦敦大学的爱尔兰哲学教授迪尼苏斯·拉德纳尔（1792—1859）用需求与供给说明，铁路公司可以通过区别定价来提高收益：在竞争激烈的长途运输市场上，降低每英里（1英里=1.609千米，下同）运费，从而增加收益；在不太担心其他竞争者的短途运输市场上，提高每英里运费，从而增加利润。该模型也被用于现代航空公司的定价策略上。因此，在竞争较少的市场上，每英里运费是较高的。

在法国，朱利斯·杜邦（1804—1866）是一位工程师和经济学家，他用需求计算建筑桥梁的收益。而且，为了计算使用桥梁的收费，曾经专门造过桥梁。他的著作是今天成本—收益分析的先驱。用杜邦发明的原理进行工作，今天的经济学家计算高速公路和机场、大楼以及发电站的成本与收益，帮助制定价格。

杜邦运用需求规律，根据使用者来确定建设一座桥梁或隧道是否能与建造成本相等。拉德纳尔第一个发现了生产成本与供给之间的关系，并用供求理论来解释铁路运营的成本、价格和利润。他利用这个理论找出通过提高短途运费率和降低长途运费率来增加收益的方法。

今天，经济学家用杜邦设计的同样原理来计算扩大机器和空中运输控制设备的收益是否足以弥补其成本。航空公司用拉德纳尔建立的原理来确定其价格，并决定什么时候提供“便宜的座位”。与此前的铁路公司一样，航空公司在短途运输中收取每英里的高价格，因为这方面他们面临的竞争少；而对长途运输收取每英里的低价格，因为在这方面竞争激烈。

市场做了令人惊讶的工作。供求理论则帮助我们认识市场的运行，而且，有了供求理论工具，我们可以在一定程度上设计市场，得到更加理想的结果。

资料来源：吴开超，张树民．微观经济学［M］．北京：西南财经大学出版社，2007.

总结与回顾

除了市场本身的力量，政府法规政策也会影响市场结果，价格管制和税收是常见的经济政策。最低工资法、房租上限管制是典型的价格管制政策，虽然其目的主要是改善市场结果——提高穷人的收入和生活水平等，但效果却还要受到市场供求的影响，所以往往不尽如人意。

经济学除了认识经济规律、解释经济现象之外，还往往被用来改进世界，成为政策指引。考虑到市场供求的巨大影响，我们制定政策时往往要综合审慎地进行思考，避免解决一些问题的时候制造出更多的新问题。

市场是配置资源的重要方式，供给和需求就是最重要的市场力量，它通过价格指引人们从事经济活动。

本章主要介绍供给和需求的相关理论，让你初步了解市场价格是如何形成的，它受到哪些因素的影响，会如何发生变动。通过本章学习，你开始学会分析一些常见的经济现象，以及了解政策等干预市场的力量的作用。概括地说，我们开始初步融入市场经济的运行。

● 经济学家用供求模型来分析竞争市场。在竞争性市场上，有许多买者和卖者，买者决定需求，而卖者决定市场供给。

● 需求曲线表示一种物品的需求量如何取决于价格。根据需求规律，当一种物品价格下降时，需求量增加。因此，需求曲线向右下方倾斜。除了价格之外，决定需求量的其他因素包括收入、嗜好、预期以及替代品和互补品的价格。如果商品本身价格以外的决定因素中的一种改变了，需求曲线移动。

● 供给曲线表示一种物品的供给量如何取决于价格。根据供给规律，当一种物品价格上升时，供给量增加。因此，供给曲线向右上方倾斜。除了价格之外，决定供给量的其他因素包括投入价格、技术以及预期。如果商品本身价格以外的决定因素中的一种改变了，供给曲线移动。

● 供给与需求曲线相交决定了市场均衡。在均衡价格时，需求量等于供给量，形成市场均衡数量。买者与卖者的行为自然而然地使市场趋向于均衡。当市场价格高于均衡价格时，供给量大于需求量，产生过剩；当市场价格低于均衡价格时，供给量小于需求量，产生短缺。

● 为了改变某些市场的结果，政府常常实行价格控制政策，比如最低工资法（规定价格下限）、房租上限控制（规定价格上限），税收也会影响市场。对物品征税时，不管是对买者征税还是对卖者征税，结果一样，都会抑制市场；在新的均衡点上，买者和卖者共同承担税赋。

● 弹性是对供求变动进行定量分析的重要工具，表示供给量或需求量对价格等因素变动的反应程度的大小。常用的弹性概念有需求价格弹性、需求收入弹性、需求交叉弹性和供给价格弹性。

● 物品的需求价格弹性决定总收益变化——对于缺乏弹性的物品（比如农产品），

提价使总收益增加；对富有弹性的物品（比如奢侈品），提价使得总收益减少。在计算弹性时，有中点公式和点弹性公式两个主要的计算方法。

● 综合运用供求理论和弹性的相关知识，我们可以分析现实中的一些经济现象。本章主要介绍了农产品市场、奢侈品市场和非法产品市场的一些政策。

思考与练习

卖掉一个肾脏

最近，用于人体移植的器官的极度短缺，引起了国际的关注，增加器官捐赠似乎已经成为了国际范围内急需解决的问题。这种情况可追溯到，最少在一定的程度上可追溯到1986年，人类研制出了一种可以有效地减小器官与周边组织排斥性的药物。同时，由于外科手术技术的发展和经验的增加，极大地提高了许多器官移植的成功率。随着成功率的上升和移植手术费用的下降，对捐赠器官的需求量大大地超过了来自于志愿者的器官捐赠量。在1995年，美国医生进行了2 400起心脏移植手术，但是有4 000人在等待着这种手术，并且有731人在等待中死亡；对肾脏患者来说情况更坏，美国医生共进行了10 000起肾脏移植手术，但是有30 000人在等待手术，有1 375人在等待捐赠肾脏时死亡；对肺和肝脏病人来说，分别有290和674人在等待中死亡。在美国和绝大多数西欧国家，由于捐献的器官严重短缺，人们不得不面临着从医学职业角度来说，在器官短缺时，首先应该将器官给谁才算是公正的。这是个沉重的道德问题，而在美国为棒球传奇人物 Mickey Mantle 进行的肝脏移植手术的失败，使这一道德上的困境更加触目。

直到最近，面对越来越严重的器官短缺现象，最有效的解决方法还是鼓励政府部门采取积极的措施，来促进器官的捐赠。例如，教育市民们得到捐赠卡的重要性，加强立法，使死亡的志愿者的愿望得以实现（家庭成员经常阻碍死者器官的捐赠）；还有一些医生希望能够用动物器官来弥补这些缺口。不幸的是，当器官需求量持续上升时，器官的供给量却停留在了某个不相配的水平上，导致了每年器官的短缺都在加剧。

如同我们所解释过的一样，当价格低于市场出清所必需的价格水平时，供不应求就会出现。先不要为我们将器官视为普通商品，与小麦不加区别而不安。这里将说明，根据供需法则，人类器官供不应求出现的原因以及缓解这种现象的方法。

Gary Becker，1992年诺贝尔经济学奖获得者，在《商业周刊》上发表了一篇文章指出“肺、心脏、肾脏的供给存在着严重的不足，那么为什么不通过向捐赠者提供奖金以增加捐赠者的数目呢”？美国1984年的器官移植法将买卖人体器官视为犯法行为。美国的医学界秩序维护者们，正考虑放松这条法律的限制，以增加对器官捐赠的奖金刺激。

尽管人们希望通过奖金的刺激来达到捐赠效果，但医生们担忧金钱鼓励捐赠会引起某些不良的后果，甚至会减少捐赠量。《华尔街日报》指出，过去反对金钱刺激的医生们开始改变他们的看法。一个医生说“这也许看起来有些古怪，我一直都反对奖金刺激，但是我所要做的是拯救生命，我会考虑拯救生命需要付出些什么。”

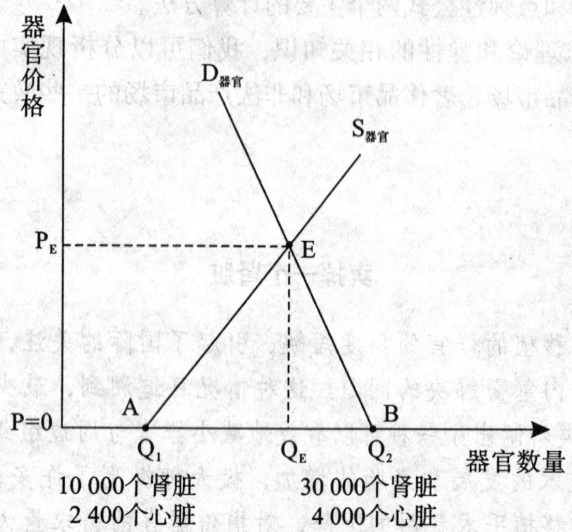

上图相应的数字表明，器官捐赠者的数目正在不断地上升，反映出随着资金刺激的增强，器官捐赠者的数目也在不断地上升。当价格为零时，器官捐赠的数量是 Q_1（A 点），而器官的需求量是 Q_2（点 B），器官的短缺量由图中 A 与 B 之间的距离表示。在 1995 年，善良的市民们捐赠了 10 000 个肾，同时有 30 000 名病人等待着捐赠，也就是存在着 20 000 个肾脏短缺。对心脏移植来说，在 1995 年存在着 1 600 个的需求短缺。随着器官需求曲线的不断右移和供给曲线的保持不动，短缺量（图中 A 与 B 间的距离）将会不断地变大。

如果每一年有几百万人死亡，为什么点 A 总是出现在点 B 的左边，而不是右边呢？在每一个进行过市民投票的国家，同意进行器官捐赠者都占压倒性地位。但是，鼓励器官捐赠的活动仅仅取得了微弱的效果，供给曲线只发生了微小的移动。人们拒绝捐赠，一定程度上是由于因循守旧，还有一部分潜在的捐赠者，害怕当他们发生了车祸等事故时，医生看到他的器官捐赠者牌子，在急诊室里的抢救行为，就不会像对一般的患者那样积极主动、在对自己生命的问题上，人们是绝对不会冒险的。我们将在后面的章节中说明，预感到危险的人们需要鼓励补偿，才会在存在危险的条件下加入自愿者行列；给捐赠者们的奖金越高，愿意在他们的驾驶执照上贴上捐赠标签的人也就越多。

在图中，在价格 P_E 上，器官市场正好可以出清。所有愿意承担出清价格 P_E 的人不用等待很长时间就可以获得一个器官。当器官的价格上升至 P_E 时，医生就再也不用就谁应该获得器官，而谁应该继续等待作出痛苦的抉择了。人类无法操纵的市场将稀缺的器官供给那些最愿意并且能够承担这些器官价格的需求者们。在图中，那些愿意提供所需价格——等于或是高于 P_E 的人将会以市场价买到所需器官。那些处于 Q_E 与 B 点之间的需求者将不会购买器官。

许多医生，实际上是所有有同情心的市民们，都会考虑到，如果单纯由市场进行分配，将会有一部分人不会得到这些稀缺的器官。有些病人将不会购买新的器官，因为他们认为，即使有了新的器官，移植后的生活也将是短暂的，而且这种痛苦的生活不值得再付出那些金钱了。处于 Q_E 与 B 之间的一些病人，只有当他们的收入升高时，才会提高他们所愿意付出的价格，从市场上获得所需的器官。并不是所有这些人都处于赤贫，有些病人是考虑到不愿意使他们的家人背上沉重的经济负担，对那些确实处于赤贫状态的潜在需求者，有些富有同情心的捐赠者，愿意将他们的器官捐入为贫穷者专设的器官库，这些器官将以抽奖的形式进行分配。只要器官的需求量超过器官的捐赠量——不存在奖金时，供给量不能满足需求量——只有将器官的价格提高至市场出清价格，才会削弱这种供不应求的状态。但是并不是所有希望得到器官的人都会得到所需的器官，只是在市场出清价格下，得到所需器官的人将会多于不存在任何鼓励时的人数（$Q_E > Q_1$）。

对于人体器官的捐赠与买卖：

(1) 为什么政府会出台法律禁止人体器官买卖？

(2) 仅仅允许人体器官的捐赠，为什么会导致短缺？

(3) 如果建立人体器官市场，那么人体器官的价格如何决定？

(4) 关于生命器官的获得，适合用市场供求均衡理论来分析吗？

第五章　市场失灵和微观规制

导入：

(1) 1994年之前，只有一家提供个人电脑芯片的公司——英特尔公司，奔腾处理器的价格在1993年开始时定为1 000美元以上，然而，到了1996年春天，奔腾系列处理器的价格降到不足200美元。是什么原因导致了芯片价格的迅速下降？

(2) 如果你购买一台品牌电脑，那么很可能这台电脑已经使用了微软公司的视窗(Windows) 操作系统。其他企业能够出售该操作系统吗？

(3) 如果你稍微留意一下，你可能都会发现，每一年我国利润排名前十位的企业，几乎都被石油、银行、电讯等国有巨头霸占，你知道为什么吗？你认为政府应该出台政策对国有大型企业的高管薪酬进行控制吗？

(4) 怪！怪！怪！肯德基印制并免费发放精美的优惠券，让持有优惠券的消费者低价消费它的产品，而不用优惠券的顾客要出高价购买。你觉得真的怪吗？

(5) 人们都知道“高分不一定高能，低分不一定低能”，那么为什么企业的招聘广告总要求求职者提供受教育的文凭等材料呢？

(6) 如果你是一个按揭买房的人，你肯定对银行要求你提供的那些复杂的材料烦透了，你知道银行为什么会有如此苛刻的要求吗？

(7) 人们都不喜欢污染，但为什么污染几乎无法避免，而且治理污染又那么难吗？同时，大家都赞美见义勇为者，可是人们为什么还是觉得社会上这种人太少了呢？

(8) 为什么公共渔场的鱼会过度捕捞，公共草场会出现过度放牧，公共财产容易被私人侵占？

(9) 当你到一个陌生之地，你为什么愿意找人多的餐馆而不是人少的餐馆吃饭呢？

亚当·斯密在《国富论》《道德情操论》中这样来论述：“神奇的市场机制——‘看不见的手’——指导人们去追求自己的利益，往往使他能比真正出于本意的情况下更有效地促进社会的利益。”在斯密看来，人们从事经济活动是从个人利益出发的，而在那只“看不见的手”的指引下，对个人利益的追求必将促进社会繁荣。社会利益就是以个人利益为基础的。正是由于那只“看不见的手”的存在和发生作用，使经济达到“自然平衡”。同时，它可以实现人类社会政治、文化上的平衡。它在某种程度上反映了市场经济的内在矛盾，即私欲与道德、利己与利他的矛盾，发挥“看不见的手”的作用，让价格把利己行为引导到有利于整个社会的方向，即实现利他。

在第二、第三和第四章，我们从完全竞争市场上发现了亚当·斯密所说的景象，市场机制引导人们的消费、生产和交换，实现了经济效率和经济福利，这就是我们所说的市场有效。然而，现实并不是那样的，我们发现了市场失灵。

在经济学中，市场失灵是用来描绘市场做不好和不能做的现象。市场失灵主要表现在垄断与寡头市场，信息不对称、外部性和公共物品以及收入分配不公等方面。

学习本章之后，你将能够：

(1) 解释垄断是如何产生的；

(2) 分析垄断者如何决定价格和产量；

(3) 考察垄断市场上的效率和福利；

(4) 解释寻租以及为什么产生寻租；

(5) 认识价格歧视及其影响；

(6) 了解逆向选择以及信号传递；

(7) 了解道德风险以及激励机制；

(8) 掌握负外部效应及其解决思路；

(9) 掌握科斯定理；

(10) 掌握私人物品和公共物品的含义及特征；

(11) 懂得公共物品中的“搭便车”；

(12) 了解为什么政府要提供公共物品；

(13) 了解导致收入差别的原因；

(14) 解释税收与社会保障和福利计划对经济不平等的影响；

(15) 了解政府的经济职能与政府失灵；

(16) 考察一些目的在于解决垄断问题的公共政策。

第一节 垄断和寡头市场

回忆一下前面学习的完全竞争市场，买卖双方都没有影响市场总量和价格的能力，因此没有市场势力。现在我们考察另一种极端的市场——只有一个卖者的市场，它并没有面临竞争，并具有极大的市场势力，能够通过决定产量来决定市场价格，从而获得极大的利润。

这就是垄断，在这个市场上，只有一个企业提供某种产品，并没有相近的替代品。垄断的例子并不少见，比如微软公司的视窗软件，比如本地电话公司提供的通信服务，或者电力和自来水公司。

那么，垄断是怎样形成的？

一、垄断的形成原因

垄断是在一些特殊原因下形成的，但最基本的原因是进入限制：垄断者能在其市场上保持唯一卖者的地位，是因为其他企业不能进入市场并与之竞争——存在进入限制。当然，这种进入限制并不一定是人为的，可以分为以下四种：

（1）技术原因使一个企业比多个企业生产更有效率；

（2）政府给予一个企业排他性地生产某种产品的权利；

（3）关键资源被一个企业占有；

（4）厂商采用的市场策略。

接下来我们分别讨论产生垄断的不同原因。

（一）自然垄断

在某些产品市场上，一个企业提供产品比多个企业更有效率，这就形成了自然垄断。为什么一些产品市场会产生自然垄断呢？

1. 避免重复建设

水电、电信等产品的生产都有一个共同的特点，那就是在初期需要进行大量的基础设施建设，比如自来水的提供就首先需要铺设大量管道。

如果 A 公司为某个小区提供自来水，就需要进行管道铺排；如果还有一个 B 公司进入这个市场，那么也需要进行同样的管道铺排——对于整个社会而言，这就形成了重复建设，是资源的浪费。

2. 规模经济

由于这些行业需要大量固定资本的投入的特点，产品的生产容易产生规模经济效应，这就导致自然垄断的形成。

如图 5－1 所示，有规模经济的企业的平均总成本是一条 L 形的曲线。随着产量增加，平均总成本逐渐降低，并且在产量达到一定水平之后，这个平均总成本水平就比较稳定了。在这种情况下，一个企业可以以最低的成本生产任何数量的产品。这就是说，在任何一种既定的产量时，企业数量越多，每个企业的产量越少，平均总成本越高。

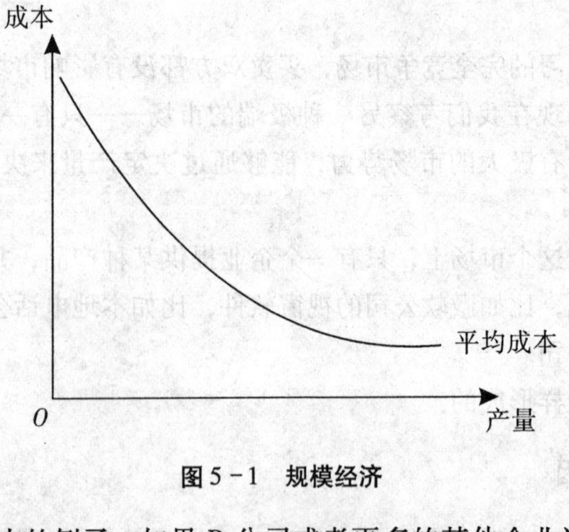

图 5－1　规模经济

同样考虑小区供水的例子。如果 B 公司或者更多的其他企业进入该市场，每个企业都必须支付铺设水管网的固定成本，却只能分得较少的产量，因此平均总成本较高。

因此，一家企业提供产品是最有效率的——此时平均总成本最低，市场价格也最低。

（二）政府创造的垄断

在更多的情况下，垄断的产生是因为政府给予一个企业排他性地出售某种物品或劳务的权利，通过行政许可的方式从根本上避免了其他企业进入市场的可能性。

行政垄断有时是因为垄断企业的政治影响，所以欧美很多大企业都会赞助某些政治家竞选，成功之后就可以获得一些经营特权；在另一些时候，政府也会由于这样做符合公共利益而赋予垄断。比如政府认为由国有企业来控制能源、交通等经济命脉是必要的，就赋予国有企业独家经营这些行业的权利。

1. 特许经营

政府制造的垄断的第一种情况就是通过立法形成的政府特许经营或称专营，比如政府立法把邮政的专营权交给邮政局，只有邮政局能够从事邮政业务的生产经营，这就导致了邮政局的垄断。

2. 许可证制度

第二种是许可证制度，要进入某个行业就必须获得该行业的经营许可，得到许可证的企业就拥有了从事该行业的垄断权力。比如从事煤矿的经营，就必须获得政府颁发的许可证。

3. 专利和版权

专利和版权法是政府如何为公共利益创造垄断的典型案例。微软公司设计出了视窗软件，它就可以向政府申请专利。如果政府认为这种软件确实是原创性的，它就批准专利，该专利给予该公司在 15 ~ 20 年中排他性地生产并销售这种软件的权利。同样，当一个小说家写完一本书时，他可以有这本书的版权。版权是一种政府保证，它保证其他人在没有得到作者同意时就不能印刷并出售这本著作。版权使这个小说家成为他的小说销售的一个垄断者。比如《哈利·波特》系列小说的作者。

专利与版权法的影响是容易理解的。由于这些法律使生产者成为垄断者，市场价格会高于竞争时的情况。但是，通过允许这些垄断生产者收取较高价格并赚取较多利润，这些法律也鼓励了一些符合公共利益的行为。允许微软公司成为它们设计的软件的垄断者是为了鼓励公司的技术研究；允许作者成为销售他们著作的垄断者是为了鼓励他们写出更多更好的书。因此，决定专利和版权的法律既有收益也有成本。专利和版权法的收益是增加了对创造性活动的激励。

（三）控制关键资源

形成垄断的最简单的办法就是占据一种关键的生产资源。

比如考虑一个小镇上水的市场。如果小镇上几十个家庭都拥有能用的井，第四章讨论的竞争模型描述了卖者的行为。结果，每单位水的价格被降到等于多抽取一单位水的边际成本。但是，如果镇上只有一口井，而且从其他地方不可能得到水，那么，井的所有者就垄断了水。当然，垄断者比竞争市场上任何一家企业都有大得多的市场势力，可以影响甚至是决定市场价格。即使是边际成本非常低的水，垄断者也可以规定极高的价格。

或者以微软公司的视窗软件为例，增加 1 单位产品的边际成本不过是把软件复制到另一张磁盘上所引起的额外成本，非常低（参考盗版软件的价格不过 10 元左右），但微软公司可以把软件的价格定在更高的水平上——比如 1 000 元。

垄断者向顾客收取高价其实是非常自然的——市场上只有一个卖者，消费者除了向垄断者购买别无选择。但垄断者也不会无限制地提高价格，因为价格太高会使需求量减少，消费者不购买或者非法盗版。

虽然关键资源的排他性所有权是垄断的一个原因，但实际上垄断很少产生于这种原因。因为现实经济如此巨大，资源通常由许多人拥有。而随着交易范围和市场规模的扩大，没有相近替代品的例子非常少。比如同样考虑小镇上的水的市场，如果价格非常高，那么可能会有外地的矿泉水、桶装水进入本地市场，形成竞争。

（四）市场竞争与合作

想一想：

微软公司的垄断是如何形成的？

石油输出国组织（OPEC）的垄断是如何形成的？

实际上，一个存在多个企业的市场，哪怕是一个完全竞争市场，企业之间采取一定的策略也会形成垄断。

1. 企业竞争会形成垄断

企业之间的竞争，会使部分优势企业得到发展壮大，最后这些企业就具有一定的垄断地位了。现实中，世界上的 500 强企业不乏在市场竞争中成长起来的垄断企业。

2. 企业合作会形成和强化垄断

企业之间的竞争，尤其是大企业之间的竞争，多半是几败俱伤的，如果他们通过一定的形式合作起来，共同控制产量和价格，就形成垄断了。

试一试：

学校食堂是垄断的吗？其形成原因是什么？

二、垄断市场的产量和价格决策

我们已经知道了垄断市场是如何产生的，现在就要进一步考察一个垄断者如何运用手中的垄断力来为自己谋利。

为了考察垄断者利润最大化的产量和价格决策，我们首先来分析企业的收益和成本。

（一）垄断者的收益和收益曲线

企业的收益与产量之间有什么样的联系？我们首先来考察企业面临的需求状况。

1. 垄断者的需求曲线

垄断企业是市场上唯一的生产者，其产量就是市场总供给量，改变产量意味着改变了市场供求关系，会导致价格的变动。因此产量变动对总收益的影响是双方面的

——产量增加会使得总收益增加，但是同时导致价格下降会使得总收益减少。垄断企业的需求曲线如图 5-2 所示。

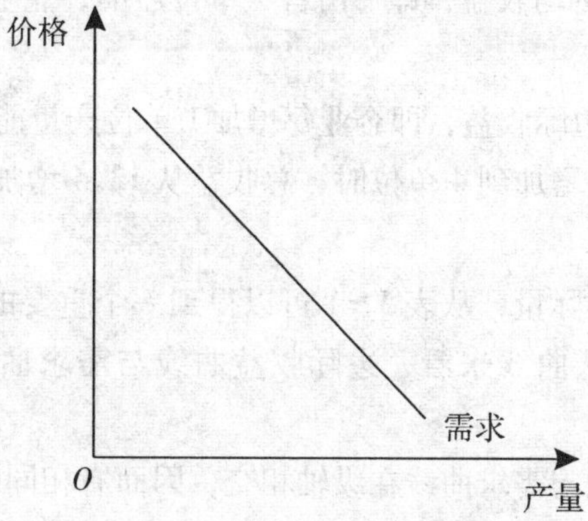

图 5-2 垄断企业面临的需求

正是因为垄断者面临着向右下方倾斜的需求曲线，他才不能任意提高产品的价格——垄断的微软公司把视窗软件的价格定为 1 000 元而不是 10 000 元，就是因为更高的价格会使产量降低。

2. 垄断者的边际收益

假设一个垄断企业的收益满足表 5-1 中的数据。

表 5-1 垄断企业的总收益、平均收益和边际收益

产量	价格	总收益	平均收益	边际收益
Q	P	TR = P × Q	AR = TR/Q	MR
0	6	0		
1	5.5	5.5	5.5	5.5
2	5	10	5	4.5
3	4.5	13.5	4.5	3.5
4	4	16	4	2.5
5	3.5	17.5	3.5	1.5
6	3	18	3	0.5
7	2.5	17.5	2.5	-0.5
8	2	16	2	-1.5
9	1.5	13.5	1.5	-2.5
10	1	10	1	-3.5
11	0.5	5.5	0.5	-4.5
12	0	0	0	-5.5

表 5-1 中前两栏（产量和价格）表示需求关系，随着产量增加，价格降低。也就是说，如果企业想要卖掉更多的产品，就不得不向消费者收取更低的价格。

表5－1第三栏表示企业的总收益，总收益等于价格与数量的乘积。随着产量增加，总收益先增加后减少。

表5－1第四栏表示平均收益，即每出售1单位产品，企业能够获得的收入，平均收益等于价格。

表5－1第五栏表示边际收益，即企业每增加1单位产量能够带来的总收益的增加。比如当企业产量从3单位增加到4单位时，总收益从13.5增加到16，那么边际收益就是2.5。

经济分析总是考虑边际量，从表5－1可以得到一个重要的结论：垄断者的边际收益总是小于其价格的。从曲线来看，边际收益曲线与需求曲线之间存在一个固定的关系。

第一，边际收益曲线与需求曲线在纵轴相交，因而有相同的纵截距；

第二，边际收益曲线的横截距是需求曲线横截距的一半。

（二）垄断者产量的决定

同时考虑垄断者的收益和成本，如图5－3所示，厂商的利润最大化的产量是由边际成本等于边际收益决定的，因此我们主要考虑边际成本曲线和边际收益曲线。

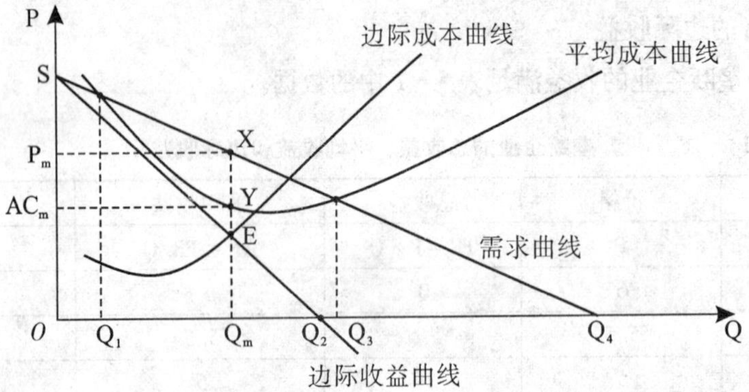

图5－3 垄断企业的产量决定

如图5－3所示，垄断者面临收益和成本的双重约束，当边际成本曲线和边际收益曲线相交于E点时，实现利润最大化，此时企业决定提供Q_m的产量。

在这个生产水平下，市场上产品的供给量也就是Q_m，根据需求曲线，消费者愿意支付的最高价格为P（对应于图5－3中的X点）。因此垄断者将产品价格定为P_m，这是一个垄断价格。

为什么说E点确定的产量水平就是最合适的呢？

我们首先假设在一个较低的水平上进行生产，比如产量为Q_1，此时，边际成本小于边际收益，意味着增加产量能够带来利润增加；反过来，如果是一个较高的产量水平，比如Q_2，此时企业的边际成本大于边际收益，意味着减少产量节省的成本比减少的收益更多，因此应当减少产量。只有在Q_m的产量水平下，边际成本等于边际收益，意味着每单位产品的边际成本恰好得到弥补，因此企业利润最大化的产量仍然是由 MC = MR 决定的。

无论竞争市场还是垄断市场，企业利润最大化的产量都是由 MC = MR 决定的，这一点双方相同。不同的是价格与边际收益和边际成本之间的关系。

（1）在竞争市场上，价格与边际收益、平均收益始终相等，因此在利润最大化的产量水平上，存在：

P = MR = MC

（2）在垄断市场上，边际收益始终是小于价格的，因此在利润最大化的产量水平上，存在：

P > MR = MC

在图 5－3 中，一旦企业根据 MC = MR 确定了产量水平 Q_m，就可以联系需求曲线找到对应的 X 点，然后决定产品的价格 P_m。

我们发现，竞争企业只能按照与边际成本相等的价格出售产品，而垄断企业却可以通过市场势力的运用而得到高于边际成本的价格，这公平吗？接下来我们就要考察垄断企业的利润以及垄断市场的福利水平。

试一试：

分析竞争市场的价格时，总是使用需求和供给两个概念，而垄断市场上我们使用需求曲线和企业的成本曲线来分析价格，完全没有使用供给曲线。为什么垄断者没有供给曲线？

（三）垄断企业的价格决策

完全竞争市场上的企业只能是价格的接受者，这些企业就没有影响价格的能力，不存在价格决策。但垄断企业不同，它有决定价格的能力，为了获得更大利益，企业有两种定价方式。

1. 单一价格

单一价格垄断者是必须按照统一价格向所有顾客出售每一单位产品的企业。这是我们在前面主要讨论的情形。

2. 价格歧视

许多企业实行价格歧视，以不同价格出售不同数量的产品。比如在买水果的时候，小贩告诉你橘子 2 元/千克，但是如果购买 3 千克，就只需要 5 元钱。这就是典型的价格歧视的做法。还有航空公司往往以不同的折扣出售机票，比如成都到北京的机票 7 折，但如果同时购买返程票，则返程票只需要 3 折。

价格歧视表面上是有利于消费者的：买得越多，单价越低。事实上它是以消费者愿意支付的最高价格出售每单位产品，为企业赚取最大可能的利润额，如图 5－4 所示。

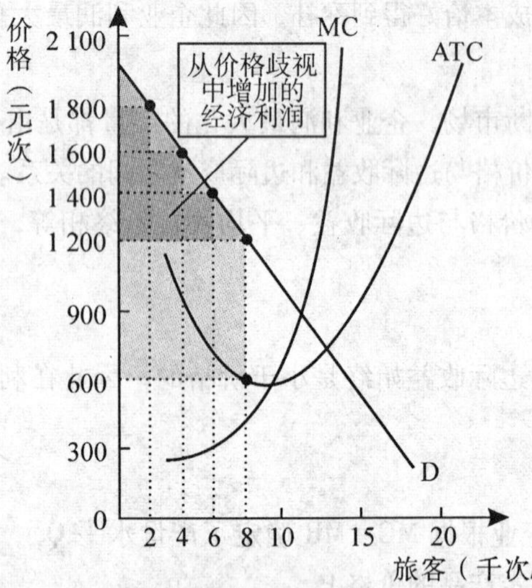

图 5-4　价格歧视的垄断利润

如果实行单一价格，企业获得 480 万元的利润额，如图 5-5 所示。实行价格歧视的垄断者则能够获得图 5-4 中阴影部分面积的利润——实行价格歧视时，垄断者将所有的消费者剩余转化成了自己的利润。

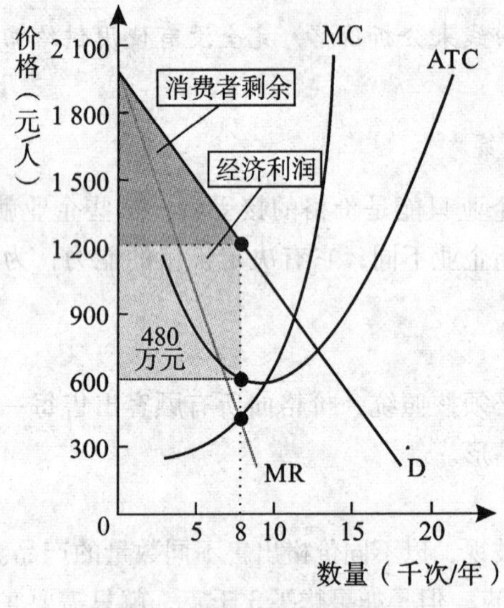

图 5-5　单一价格的垄断利润

很明显，垄断者比竞争企业能够赚到更多的利润，所以大多数企业都争取获得市场势力。垄断者获得高利润是公平的吗？这是一个非常难以回答的问题，我们首先还是用消费者剩余和生产者剩余的概念来分析整个社会的福利水平。

三、垄断市场的效率和福利

竞争市场能够实现资源的有效利用，是有效率的。那么垄断和寡头市场呢？对于资源配置具有相同的影响吗？我们以垄断市场为例来说明。

垄断者依靠市场势力向消费者收取高价，这显然不符合消费者的意愿，但我们并不能说生产者得到更多、消费者得到更少就是不合理的，判断垄断市场的效率要从全社会的福利水平来考虑，如图 5-6 所示。

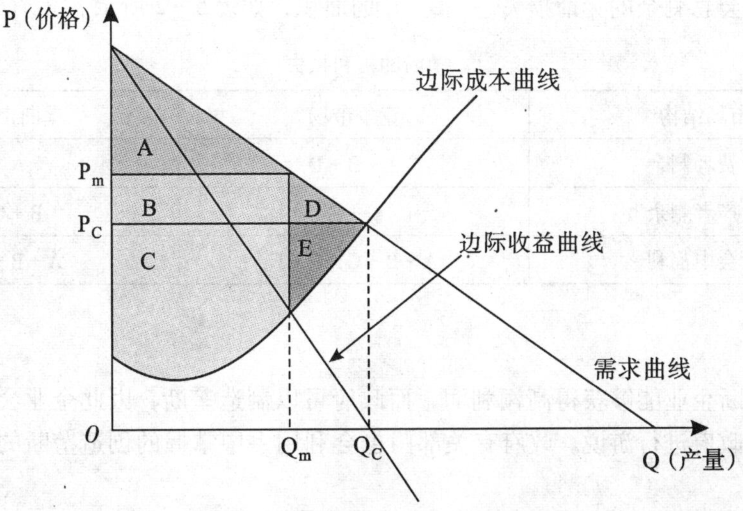

图 5-6 垄断与竞争的福利比较

（一）垄断市场的消费者剩余和生产者剩余

如图 5-6 所示，垄断企业根据边际成本与边际收益相等的点确定产量水平 Q_m，然后根据这个产量水平对应的需求曲线上的点确定价格 P_m，这就是垄断价格的确定。

在价格为 P_m，产量为 Q_m 时，消费者剩余为三角形 A 部分的面积；而生产者剩余为 B+C 部分的面积，二者之和为 A+B+C 的面积。

（二）社会有效率的产量

假如市场上存在某种力量——比如市场管理者——能够使得企业按照 P=MC 的价格出售商品和提供产量，即按照图 5-6 中的 P_C 水平确定产量为 Q_C，这就类似于竞争性定价的结果。

在 Q_m 与 Q_C 之间增加 1 单位产品，消费者愿意支付的价格（需求曲线）比企业承担的成本（边际成本曲线）更高，这部分生产是符合效率的。因此，需求曲线与边际成本曲线相交的点，是符合社会有效率的均衡点。

比较之下很容易发现，$Q_C > Q_m$，因此垄断企业的产量 Q_m 低于社会有效率的产量 Q_C——这是垄断市场无效率的一个表现。

（三）社会福利的净损失

垄断市场无效率的另一个表现是导致了无谓损失——图 5-6 中 D+E 部分的面积。为什么这么说呢？考察在有效率的点上，消费者剩余是 A+B+D 的面积，生产者剩余是 C+E 的面积，二者之和为 A+B+C+D+E 的面积。与前面垄断市场上的社会总剩余（A+B+C 的面积）进行比较，垄断市场的社会总剩余更少一些，缺少的这部分（D+E 的面积）就叫作无谓损失。

因此，垄断的福利损失表现在两个方面：一是产量更少，有一部分消费者愿意购买而企业也能够生产的产量——图 5-6 中（Q_C-Q_m）部分——没有被生产出来；二是造成了社会总剩余的无谓损失——D+E 的面积，如表 5-2 所示。

表 5-2　垄断的福利损失

市场结构	竞争市场	垄断市场
消费者剩余	A+B+D	A
生产者剩余	C+E	B+C
社会中福利	A+B+C+D+E	A+B+C

（四）寻租

由于垄断企业能够获得高额利润，而政府可以制造垄断，因此企业会为了谋取垄断地位而向政府进行游说。政府有关部门也会利用手中掌握的创造垄断的权力去获得好处。

这就是垄断下出现的寻租现象。寻租是为了获取消费者剩余、生产者剩余或经济利润的努力，寻租并不仅限于垄断，但努力获取垄断的经济利润是寻租的主要形式。

寻租现象也会导致福利损失，因为企业寻租的努力导致了成本的产生，却没有相应的产出。同时，企业寻租还会可能导致政府腐败。

试一试：

垄断主要带来什么问题？

四、寡头市场的产量和价格

完全竞争和完全垄断都是极端的市场结构模型，大多数行业都既不是一家垄断，也不是完全竞争，而是既有一些大企业，也有一些小企业。这种市场就是寡头市场。

1994 年之前，只有一家提供个人电脑芯片的公司——英特尔公司，奔腾处理器的价格在 1993 年开始时定为 1 000 美元以上，然而，到了 1996 年春天，奔腾系列处理器的价格降到不足 200 美元。是什么原因导致了芯片价格的迅速下降？因为英特尔公司遇到了高级微型设备公司和 Cyrix 公司这样一些新企业的挑战。

提供个人电脑芯片的企业只有少数几个，这就是典型的寡头市场。在这样的市场上，任何一个卖者的行为对其他企业的利润都有极大的影响，因此寡头之间既相互竞争，又相互依赖。

（一）寡头市场需求与企业的收益

寡头市场的特点就是只有少数几个生产者，并且生产的是相同产品。寡头企业之间互相影响，因此，寡头的关键特征是合作与利己之间的冲突。换句话说，市场利润是一个大蛋糕，现在几个寡头要来分这个蛋糕，如果相互合作，蛋糕更大一些；但由于每个寡头都只关心自己分到多少蛋糕，所以其定价和生产决策可能导致整个蛋糕缩小。

在讨论寡头市场的时候，我们一般假定只有两个企业，即双寡头，比如中石油和中石化，又比如可口可乐和百事可乐。

假设本地汽油市场上只有中石油和中石化两家企业——典型的双寡头。他们面临着共同的市场需求状况，假定其收益满足表5－3中的数据。

表5－3 总需求和总收益

数量	价格	边际成本	总收益	总利润
0.6	12	3	7.2	5.4
1.8	11	3	19.8	14.4
3	10	3	30	21
4.2	9	3	37.8	25.2
5.4	8	3	43.2	27
6.6	7	3	46.2	26.4
7.8	6	3	46.8	23.4
9	5	3	45	18
10.2	4	3	40.8	10.2
11.4	3	3	34.2	0

从表5－3中可以看到，汽油市场上，需求量与价格反方向变动，因此两个企业的总收益和总利润随着数量增加先上升后下降。

从表5－3中已经列出来的数据可以看到，当价格 $P=8$，产量 $Q=5.4$ 时，两个企业的总利润最大。

在这个寡头市场上，中石油和中石化将如何决定自己的产量和价格呢？

（二）寡头市场均衡

在考察寡头企业的行为之前，我们还是先来考虑一下已经讨论过的竞争和垄断市场的结果。

如果是一个竞争市场，那么所有企业都只能按照与边际成本相等的价格出售产品，即表5－3中的 $P=3$，此时企业获得的经济利润为0，而资源得到了最优配置。因此，竞争市场上有效率的价格是3，均衡产量为11.4。

如果是一个垄断者，那么就会在利润最大的水平下确定产量和价格，因此，垄断市场的结果是价格为8，产量为5.4，此时利润水平最高，是27。

那么，在双寡头市场上，最终又会形成一个什么样的市场结果呢？

1. 合作

一种可能是两个企业联合起来，像垄断企业一样行事，并就汽油的价格和产量达成一致。企业之间有关于生产和价格的这种协议被称为“勾结”，这些行动一致的企业集团被称为卡特尔。

一旦寡头企业之间形成了卡特尔，实际上就是一个垄断市场，与我们前面讨论的结果相同。不同的是寡头企业之间还需要就市场份额达成协议——中石油占领多大份额的市场，中石化占有另一部分。

2. 分别决策

虽然寡头企业都希望获得最大利润，但他们毕竟不是真正的垄断者，而且法律也禁止企业之间签订关于价格和产量的协议。同时，卡特尔成员之间为了争夺利润和市场份额也常常发生争斗，最后导致卡特尔解散。因此我们还需要考虑寡头企业分别决策的情况。

利润最大化的产量是5.4，如果中石油和中石化分别生产2.7，那么他们分别能够获得13.5的利润。但这时，中石油可能会考虑：我也可以多生产一些产品，比如增加1.2单位到3.9单位（为了在表5-3中找到现成的数据），市场总产量变为6.6，而价格变为7元，那么中石油的利润就是（7-3）×3.9=15.6。尽管市场总利润减少了，但中石油的利润增加了，并且市场份额增加，是有利的——当然，中石化也一样。

于是，中石油和中石化各增加1.2单位产量，导致市场总产量从5.4增加到7.8，而价格从8元下降到6元，两个寡头分别能够得到11.7的利润。

所以，在两个寡头分别决策的情况下，由于都只是从利己的角度出发考虑问题，使得市场总产量高于垄断市场的水平，而价格较低，企业赚到的总利润也小于垄断利润。

但是，分别决策并不会使寡头市场的生产水平和竞争市场一样。考虑中石油从3.9单位的产量水平上继续增加，他会发现虽然产量增加，但由于市场价格下降会使得自己得到的利润减少。因此，两个企业各生产3.9单位的产量水平看起来很像一个均衡，这就是纳什均衡（纪念经济学家约翰·纳什）。

纳什均衡是相互作用的经济主体，每个人都在另一方所选择的战略为既定时，选择自己的最优战略。每个寡头企业在决定自己的产量时，都首先假定竞争对手的产量水平一定，然后确定自己利润最大化的产量。

当寡头企业个别地选择利润最大化的产量时，它们的产量大于垄断的产量水平，但小于竞争的产量水平。寡头价格小于垄断价格，但大于竞争价格（竞争价格等于边际成本）。

试一试：

世界石油的大部分生产国家形成了一个卡特尔，称为世界石油输出国组织（OPEC，以下简称石油输出国组织）。在1960年最初成立时，石油输出国组织包括伊朗、伊拉克、科威特、沙特阿拉伯和委内瑞拉。到1973年，又有其他8个国家加入：卡塔尔、印度尼西亚、利比亚、阿联酋、阿尔及利亚、尼日利亚、厄瓜多尔和加蓬。这些国家控制了世界石油储藏量的四分之三。正如任何一个卡特尔一样，石油输出国组织力图通过协调减少产量来提高其产品的价格。石油输出国组织努力确定每个成员国的生产水平。

在1973—1985年，石油输出国组织最成功地维持了合作和高价格。原油价格从1972年的每桶2.64美元上升到1974年的11.17美元，然后在1981年又上升到35.10

美元。但在20世纪80年代初石油输出国组织各成员国开始扩大生产水平，石油输出国组织在维持合作方面变得无效率了。到了1986年，原油价格回落到每桶12.52美元。石油输出国组织为什么不能长期维持石油的高价格？

（三）囚徒困境

为什么中石油和中石化不能通过合作形成完全的垄断？为什么卡特尔组织不能长期维持石油的高价呢？

1. 寡头博弈

假设中石油和中石化是石油市场上的两个寡头，考察他们会如何决定产量。

表5－4　　石油寡头的博弈

		中石油的决策	
		增产	维持低产
中石化的决策	增产	分别得到100亿元	中石油80亿元 中石化120亿元
	维持低产	中石油120亿元 中石化80亿元	分别得110亿元

如表5－4所示，对中石油来说，较好的结果是增产——如果中石化维持低产量，那么中石油增产可以得到120亿元，比低产量的110亿元更好；如果中石化增产，那么中石油增产可以得到100亿元，比维持产量的80亿元更好。

这个结论对中石化来说也是适用的。因此市场最终结果就是两个企业都增加产量，于是在一个较低的水平上实现了均衡——获利100亿元。

如果中石油和中石化可以通过协议都在低产量上进行生产，那么双方都能得到110亿元的利润，比各自为政更好一些，然而双方都有违约的冲动——如果对方守约，生产低产量，那么本企业生产高产量就能够获得更多的利润。这也是多数卡特尔组织——比如石油输出国组织经常面临的困境，成员国可能偷偷地生产更多的石油，结果导致市场价格下降，损害整体利润水平。

试一试：

运用囚徒困境的分析方式，考察一下苏联和美国关于军备竞赛的结果。

2. "以牙还牙"——长期合约的影响

假如张文和李武是两个毫不相关的人，那么在审讯中都倾向于坦白以自保，如果这两个囚徒具有紧密联系（比如亲戚关系）呢？或者他们是长期合作者，情况会有所不同吗？

事实上我们知道石油输出国组织在20世纪70年代成功维持了石油的高价，也就是说各成员国遵守了合约，都在一个较低的水平上进行生产。当时这种合作关系为什么能够维持？

仍然用中石油和中石化为例，如果他们只博弈了一次，那么就缺乏遵守合约的激励。结果双方都违约，生产了高产量，使得各自的利润水平由110亿元降低为100

亿元。

但是如果他们并不是只博弈一次，而是每个月都可以调整产量呢？这就是重复博弈，在约定的时候除了规定价格和产量，还可以规定违约的惩罚。

现在中石油和中石化约定，双方都按照80万桶的低产量进行生产，结果是都能得到110亿元的利润。假如中石油违约，将产量从80万桶提高到120万桶，得到120亿元；那么中石化将会报复，在下个周期将产量由80万桶提高到120万桶，结果就是中石油只能在第一次博弈结束后赚到更高利润（120亿元），以后都只能得到一个更低的利润水平（100亿元）。只要博弈周期足够长，那么中石油就不愿意为了一次高额利润而放弃长期的较高利润，结果就是双方都能够守约。

这种一方违约，另一方就报复，并且一直惩罚直到双方重新合作为止的做法就是俗话说的"以牙还牙"或者说"一报还一报"。根据这一逻辑，参与者应该从合作开始，然后上一次另一个参与者怎么做自己也怎么做。因此，市场参与者要一直合作到另一方违约时为止；他违约到另一方重新合作时为止。换句话说，这种战略从友好开始，惩罚不友好的参与者，而且，如果对方改变就给予原谅。其结果就是参与者都倾向于合作。

试一试：

合约自由是市场经济的一个基本规则，你支持寡头签订合约控制市场价格吗？

五、关于垄断的公共政策

垄断不能有效地配置资源。为了克服垄断带来的各种问题，政府往往会制定一些反垄断的公共政策。

（一）*反垄断法*

大多数国家都有反垄断的法案，政府通过立法反对垄断势力的形成，认为垄断势力的存在将会影响市场的效率，导致整个社会福利的减少。由于美国市场经济发展的程度较高，而且一贯主张经济自由主义，我们这里就主要以美国为例。

如果美国最大的汽车公司——通用和福特汽车公司想合并，那么，司法部的律师和经济学家会有力地确认，这两家大汽车公司之间的合并会使美国汽车市场的竞争性大大减弱，从而引起整个国家经济福利减少。如果是这样的话，司法部将在法庭上对合并提出诉讼，而且，如果判决同意，就不允许这两家公司合并。

政府对私人行业行使的这种权力来自反托拉斯法，即目的在于遏制垄断权力的法律集成。第一个，也是最重要的反托拉斯法是《谢尔曼反托拉斯法》，美国国会在1890年通过了这个法案，以减少当时被认为主宰经济的大而强的"托拉斯"的市场势力。1914年通过的《克莱顿法》加强了政府的权力，并使私人民事诉讼合法。正如美国最高法院曾经说过的，反托拉斯法是"最全面的经济自由宪章，其目的在于维护作为贸易规则的自由而不受干预的竞争。"

反托拉斯法给予政府促进竞争的各种方法。它们允许政府阻止合并，例如我们假设的通用汽车公司和福特汽车公司之间的合并。它们也允许政府分解公司。例如，政府1984年把大型通信公司——美国电话电报公司（AT&T）——分为八个较小的公司。最后，反托拉斯法禁止公司以使市场竞争减弱的方法协调它们的活动，即禁止垄断企业运用其市场势力损害消费者和社会整体的权益。

中国政府也有类似的举动，1994年7月，为了打破中国电信对基础电信领域的独家垄断经营，组建了中国联合通信有限公司，使得中国电信史上第一次有了竞争的概念；2002年，为了打破电信对固话市场的垄断，中国电信被南北拆分，原属中国电信的北方10省通信公司加上之前的中国网通、吉通公司等组成了中国网通集团公司，剩余南方21省电信公司成立新的中国电信集团公司；2008年，为了创造电信业的竞争环境，电信业进行了第三次重组，改组之后的新移动、新电信和新联通公司具备了基本相同的运营能力，将要形成全新的竞争格局。

反托拉斯法的应用并不像看起来那么简单，政府必须要准确衡量垄断的影响，因为垄断的形成并不全是负面效应。有时公司合并并没有减弱竞争，而是通过更有效率的联合使生产降低了成本。这些合并的收益有时称为“合并效应”。例如，美国波音和麦道公司的合并使得美国大型民用客机在国际市场上的竞争地位大大提高。垄断还有促进科技进步的作用，因为垄断公司更有可能投入大量的人力和资金在产品的研发上。比如曾经垄断美国电讯业的美国电话电报公司（AT&T）依靠公司雄厚的力量，建立了贝尔实验室，该实验室对第二次世界大战后科技突破起了巨大的推动作用。

反垄断法引起的争论在起诉微软垄断案中得到了集中体现。美国司法部起诉微软公司运用其市场势力侵犯消费者权益——比如将视窗软件和其他软件捆绑销售，并且压制了软件市场的竞争，要把微软一分为三。而大多数经济学家则认为微软垄断地位的获得是市场竞争的结果，打击微软将打击企业的积极性。最后虽然认定了微软公司的垄断，却没有分拆微软公司。

（二）价格管制

垄断的影响直接表现在产品的高价上，所以多数时候政府都通过价格管制来减弱垄断的负面影响。比如限制电力、自来水的最高价格，以及为手机漫游费和长途话费制定最高价格标准。

但价格管制也有一个很大的问题：如何给企业价格制定标准呢？或者说，政府应当要求企业按照什么价格出售产品呢？我们以自然垄断行业为例来说明。自然垄断行业的一个特点就是边际成本很小——比如铺设管道之后，增加1单位自来水的提供就只需要花费很少的成本，如图5－7所示。因此，边际成本曲线低于平均总成本曲线的位置。

如图5－7所示，在没有管制的情况下，垄断企业根据MR＝MC确定产量水平Q_m，这个产量水平对应于需求曲线上的C点，由此确定的价格为P_m。

这时对于垄断企业来说实现了利润最大化。

1. 边际成本定价

很多人认为应该按照企业的边际成本定价，即按照边际成本曲线与需求曲线的交点B来确定产量Q_2和价格水平P_2，这时实现了资源的配置效率，如图5－7所示。

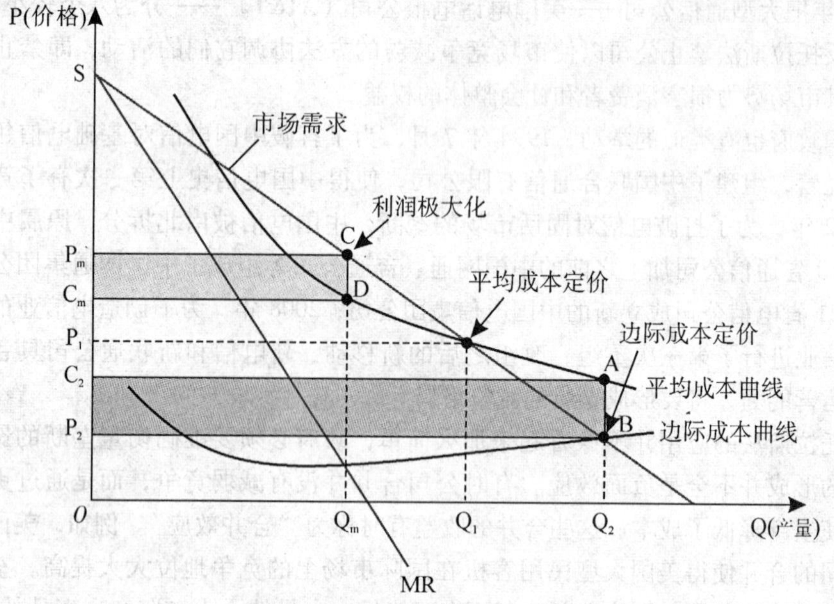

图 5－7　自然垄断厂商的价格管理

但是，边际成本定价制度有两个问题。

（1）企业有亏损。由于自然垄断企业的特点，边际成本曲线低于平均总成本曲线，企业每生产 1 单位产品都会产生亏损。如果要求企业按照平均成本定价，那么企业无法长期经营下去，可能退出该行业。

为了克服这个问题，政府可能采取两个办法来解决，一是对企业实行财政补贴，弥补企业的亏损——这就可以理解为什么政府可能会补贴水电公司；另一个办法就是实行价格歧视，允许企业对不同数量的产品收取不同的单价，以避免亏损。考察一下支付的电话费，你就会发现其中一部分是每月收取的固定收费——这部分可能用于弥补固定成本，另一部分是按照使用量来进行收费——用于弥补边际成本。

（2）打击企业降低成本的努力。边际成本定价导致的第二个问题是：价格管制消除了企业降低成本的积极性。企业降低成本的最大的动力在于获取更高的利润，如果企业知道一旦其成本降低，管制者就会要求企业降低价格，结果就是企业的利润不变。企业不能从降低成本的努力中获益，那么企业就不会努力改进技术和提高管理水平，最终对整个行业的发展带来不利的影响。

2. 平均成本定价

还有一些人提出按照平均成本水平来定价，通过确定平均成本曲线与需求曲线的交点，确定其价格水平 P_1 和产量水平 Q_1，如图 5－7 所示。

平均成本定价意味着企业能够弥补成本，并且获得正常利润，这个结果虽然没能实现资源的配置效率，但是更为常用的一种办法。与没有管制的利润最大化决策相比，平均成本定价使消费者的状况更好一些——能够买到更多的产品，消费者剩余更多；与边际成本定价相比，平均成本定价使得生产者的状况更好一些，企业能够赚到正常利润。

但平均成本定价也不能克服对垄断者积极性的影响。如果企业降低成本，管制者就会要求降低价格，打击了企业降低成本的积极性。

（三）国有化经营

政府解决垄断问题的第三种办法是实行公有制，将自然垄断企业变为国有企业，由政府直接经营管理。

这种做法在欧洲国家是常见的，尤其是第二次世界大战之后，英国等国家经历了国有化浪潮，由政府直接经营并管理电话、供水、电力公司。在中国，邮政、交通等行业也是国有经营。

国有化经营的一个好处就是将私人企业利润最大化的目标转变为服务社会，不再为了高额垄断利润而制定高价。

但国有化经营不能避免的是政府的官僚体制，如果经营者不能很好地管理企业，损失者是纳税人而不是经营者，因此他不一定能够有效地管理经营企业。官僚还有可能成为一个特殊的利益集团，并企图阻止降低成本的改革。“以成本定价”的垄断企业缺乏降低成本的动力，可能会妨碍新技术的应用。比如，国有垄断的电信企业按照自己的成本定价，利润水平比较稳定，没有市场价格对成本形成的约束，那么厂商就倾向于在设备自然淘汰之后再采用新技术；另一方面，政府管制下的垄断使得国有电信企业的地位非常稳固，没有降低成本的动力，掌握了新技术的企业却可能因为没有经营许可而被市场拒之门外。

由此可见，垄断带来了很多问题，而针对垄断在政策也有缺点。因此，一些经济学家认为，政府通常最好不要设法解决垄断定价的无效率。经济学家乔治·斯蒂格勒曾由于产业组织的研究获得诺贝尔奖，下面是他在《财富经济学百科全书》中写的一段论述：

经济学中的一个著名定理认为，竞争性企业经济将从既定资源存量中产生最大可能的收入。没有一个现实经济完全满足这个定理的条件，而且，所有现实经济都与理想经济有差距——这种差距称为“市场失灵”。但是，按我的观点，美国经济“市场失灵”的程度远远小于植根于现实政治制度中经济政策的不完善性所引起的“政治失灵”。

第二节　外部效应和公共物品

一、外部效应的含义

在实现最优效率的完全竞争市场下，我们假定，所有的成本和收益都以市场价格的方式反映，消费者购买产品的成本和收益只影响他自身，生产者也一样。然而，经济生活的现实是：有的成本和收益是无法以市场价格的形式反映的，消费者或生产者的行为也不仅仅影响他们自身，还可能会对第三方造成正面的或者负面的影响。这就是外部效应。萨缪尔森对外部效应这样定义：“外部效应或溢出效应指的是企业或个人向市场之外的其他人所强加的成本或利益。”那么，对于资源配置要求最优的经济学来讲，出现外部效应，说明市场机制相对于交易主体有非效率的一面。

且看我们身边这样一些例子：

（1）一个住着四个学生的寝室里，有个学生爱抽烟。他在寝室抽烟显然使得寝室空气不再新鲜，这损害了其他三个学生的福利，然而，其他三个学生也无法让这个抽烟的学生为消耗了他们的新鲜空气付费。

（2）一条小河的上游有家纸厂，每天纸厂将产生的大量废水排放在河里，使得下游的居民无法用河里的水洗衣服。然而，下游的居民无法要求上游的纸厂就其排污水的行为支付相应的费用，因为河流也不属于下游居民所有。

（3）“春色满园关不住，一枝红杏出墙来”。这出墙的红杏给墙外的路人带来了无限的遐想和愉悦，而路人是不需为得到了愉悦付出任何成本的。

（4）邻居家播放着优美的音乐，这让住在隔壁的我身心舒畅，而我不需要因为这而给邻居支付一定费用。

上面这些问题说明，像清新的空气、干净的河水、愉悦的心情等是无法在市场上找到相应的价格的，而消费清新空气、干净的河水等也无须付出任何代价，给他人带来愉悦的心情也不能收取任何费用。在这些方面，市场无法体现它资源配置的效率。

而上面这几个例子也说明，外部效应可能是正面的，比如给第三人带来愉悦的心情，也可能负面的，比如污染了河水使得下游居民的福利下降。企业或者个人向市场之外的第三方带来收益的外部效应是正外部效应。相反，企业或者个人向市场之外的第三方带来额外成本的外部效应是负外部效应。

二、外部效应的低效率

之所以说外部效应的存在使得市场失灵，是因为负的外部效应使得私人成本低于社会成本，从而导致提供过度，比如在没有管制的情况下，污染会过度；正的外部效应使得私人收益低于社会收益，从而导致提供不足，又比如在没有激励的情况下，绿化环境会提供不足。

具体地讲，在完全竞争条件下，私人成本和私人收益都能够以价格得以体现。然而，如上面例子所述，抽烟的学生污染了清新空气，这不仅仅给他自身带来负面效应，也会给室友带来负面效应，而给室友带来的负面效应就是除私人成本之外的外部成本。优美的音乐不仅仅能给邻居自身带来正面效应，也能给我带来正面效应。在这里，给我带来的收益就是外部收益。社会成本就是私人成本和外部成本的总和。社会收益就是私人收益和外部收益的总和。

（一）负外部性与效率损失

在存在外部性效应的情况下，价格只能反映私人成本和私人收益，而不能反映外部成本和外部收益。从而，不能用价格反映的那部分成本，是私人无须承担的，那么，在负的外部效应条件下，按照 $P = MR = MC$ 确定的私人最优产量 Q_1 要大于社会最优产量 Q_2，如图 5-8 所示。

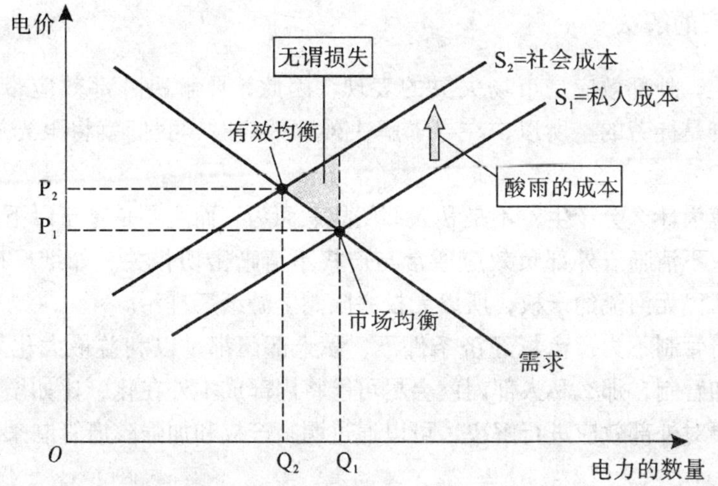

图 5-8　污染对经济效率的影响

这里，私人边际成本小于社会边际成本，因此 Q_1 大于社会最优产量 Q_2，即存在负的外部效应的产品，市场提供会过度。而且，社会要为此承担一定的福利损失。

(二) 正外部性与效率损失

同样的道理，因为不能用价格反映外部收益，私人就无法获取这部分外部收益，从而，在正的外部效应的条件下，按照 $P = MR = MC$ 确定的私人最优产量 Q_1 要小于社会最优产量 Q_2，如图 5-9 所示。

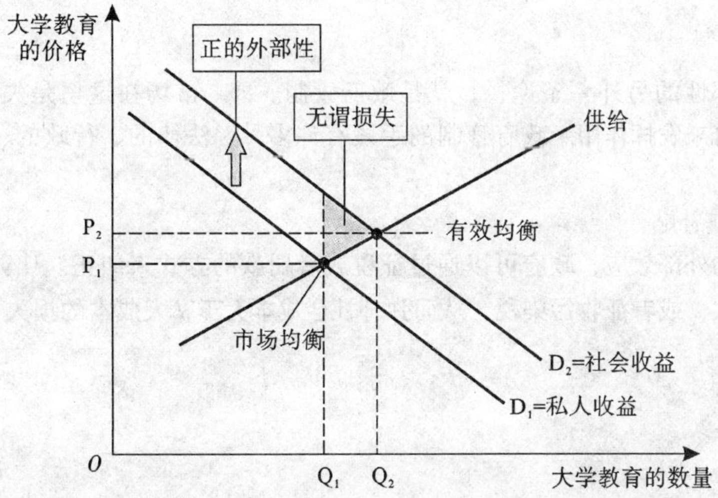

图 5-9　教育对经济效率的影响

在图 5-9 中，私人边际收益小于社会边际收益，因此，最终的供给量 Q_1 小于社会最优的提供量 Q_2，即存在正的外部效应的产品，市场会提供不足。同时，社会也要损失图中阴影部分代表的福利。

三、外部效应的解决

如上所述，外部效应是市场失灵的表现，因此，要解决外部效应带来的低效率，寄希望于市场是徒劳的。所以，在寻求解决外部效应时，我们就将眼光放到了市场之外，即政府。

外部效应为什么会产生？不是私人部门故意而为，而主要是基于以下两个原因：

一是产权不清晰。外部负效应通常与产权不清晰密切相关。如纸厂排污问题，是因为下游的居民无河流的产权，所以无权去限制上游纸厂排污。

二是政府管制不力。市场经济条件下，私人部门都是以利益最大化为目标，如果对其行为不加管制，那么私人部门就会尽可能将内部成本外在化，比如增加污染。

因此，要对外部效应进行解决，可以通过明晰产权和加强政府管制来实现。

（一）明晰产权

从明晰产权的角度来寻求解决外部效应问题归功于科斯定理。

科斯认为，外部性是因为产权界定不明晰造成的。如果将资源的产权界定清楚，那么所有与资源使用有关的个体可以通过市场交易的方式达到平衡。在这样的情况下，就可以将外部成本内部化。比如如果我们能将河流的产权划归下游居民，那么上游的造纸厂想要排污，就必须给下游居民付费。当对干净河水的使用必须付费的时候，即成为造纸厂的成本的一部分的时候，造纸厂在利润最大化的驱使下，会尽可能节约成本，这样会尽可能减少污染。而且，其污染的一部分是有价格的，从而，私人成本就等于社会成本。

（二）政府管制

纠正外部性的另外一条途径，就是政府管制。即，市场在这里是失灵的，那么，我们就用政府来发挥作用。政府管制的手段有许多种，法律的、行政的、经济的都可以利用。

1. 征税或补贴

对于负的外部效应，政府可以通过征税或者罚款的方式来纠正。比如可以对污染行为进行罚款，或者征收污染税，从而弥补社会成本大于私人成本的损失，如图 5 - 10 所示。

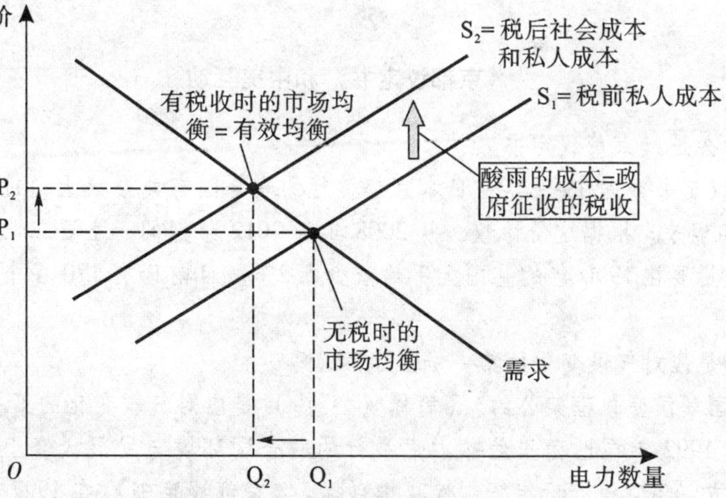

图5－10　当存在负的外部性时，征税可以带来有效的产出水平

对于正的外部效应，政府可以通过对带有正的外部性的物品或服务的消费者，按照该物品或服务的外部边际效益的大小进行财政补贴，以此使得补贴物品或服务的私人收益接近社会收益，如图5－11所示。

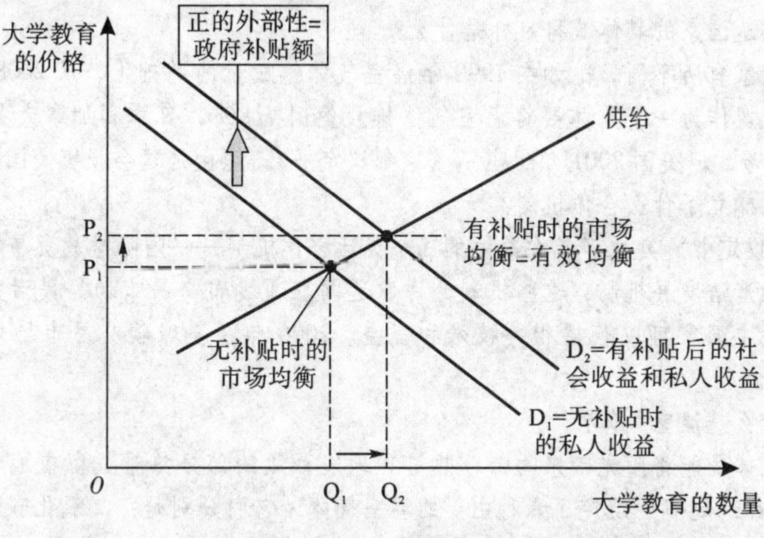

图5－11　当存在正的外部性时，补贴可以产生有效的产出水平

2. 公共管制

对于负的外部效应，政府可以通过强制措施来遏制。比如通过制定排污标准，超过排污标准的予以罚款处罚。

资料链接

《京都议定书》和中美互动

一、什么是《京都议定书》?

《京都议定书》是1997年在日本京都举行的联合国有关会议上通过的一份国际协议，2005年生效。根据这份协议，从2008年到2012年期间，主要工业发达国家的温室气体排放量要在1990年的基础上平均减少5.2%。目前已有170多个国家批准了这份协议。

二、它是应对气候变化的第一份国际协议吗?

《联合国气候变化框架公约》(简称《公约》)是应对气候变化的第一份国际协议，这份协议于1992年在巴西里约热内卢举行的联合国环境与发展大会上通过，目前有191个缔约方，但它没有设定强制性减排目标。《京都议定书》在1997年《公约》第三次缔约方大会上通过，它是设定强制性减排目标的第一份国际协议。

三、它对发展中国家和发达国家的要求一样吗?

《京都议定书》遵循《公约》制定的“共同但有区别的责任 ”原则，要求作为温室气体排放大户的发达国家采取具体措施限制温室气体的排放，而发展中国家不承担有法律约束力的温室气体限控义务。

四、发达国家的具体减排目标是什么?

不同国家有所不同。比如在1990年温室气体排放量的基础上，从2008年到2012年期间，欧盟作为一个整体要将温室气体排放量削减8%，日本和加拿大各削减6%，美国削减7%，但美国2001年退出了《京都议定书》，理由是这会损害美国经济。

五、它建立了什么合作机制?

《京都议定书》建立了旨在减排的三个灵活合作机制——国际排放贸易机制、联合履行机制和清洁发展机制，这些机制允许发达国家通过碳交易市场等灵活完成减排任务，而发展中国家可以获得相关技术和资金。2006年，全球碳交易市场规模已达到300亿美元。

六、什么是温室气体?

温室气体是能将阳光带来的部分热量和地表释放的部分热量截留在地球大气中的气体。《京都议定书》规定了六种主要的温室气体，它们分别是：二氧化碳、甲烷、氧化亚氮、六氟化硫、氢氟碳化物和全氟化碳。

七、节能减排：中国的立场

第一，气候变化是全球性问题，需要各国携手合作，共同保护我们的家园。发达国家应该率先减排，并履行对发展中国家的技术转让和资金支持承诺。第二，气候变化从根本上说是发展问题。应将经济增长、社会发展、环境保护统筹协调起来，建立适应可持续发展要求的生产方式和消费方式。应对气候变化的努力应该促进而不是阻碍各国尤其是发展中国家发展经济、消除贫困。第三，《联合国气候变化框架公约》确立的“共同但有区别的责任”和公平原则，凝聚了国际社会共识。应该以公约及其

《京都议定书》作为国际合作的基本框架，也欢迎将其他开展务实合作的倡议和机制作为有益的补充。第四，技术进步对减缓和适应气候变化具有决定性作用。国际社会要增加资金投入，扩大信息交流，在技术创新、推广和利用方面加强合作，提高共同应对气候变化的能力。第五，适应气候变化是发展中国家最为关心的问题，是应对气候变化挑战的重要组成部分。发达国家应积极帮助发展中国家提高适应能力，增强应对气候灾害的能力。

八、减排：中美互动与分歧

第一，从人均排放来看，中国人口有13亿多，美国人口有3亿多，如果中美排放总量相当的话，中国的人均排放也仅接近于美国的五分之一。世界银行的数据显示，2003年，美国人均二氧化碳排放只有19.8吨，而中国人均排放量为3.2吨。2004年中国人均排放量是发达国家（经济合作与发展组织成员国）人均水平的33%。世界资源研究所等国际机构发表的数据显示，从历史累计排放来看，从工业革命到1950年，发达国家的排放量占全球累计排放量的95%；从1950年到2000年，发达国家排放量占全球的77%；从1904年到2004年间，中国累计排放占全球的8%。第二，从发展阶段来看，中国正处于工业化、城镇化过程当中，这一阶段温室气体排放增长较快难以避免。而最近15年，早已完成工业化、现代化的发达国家的温室气体排放总量，仍在1990年基础上增长了11% 。第三，另外，中国出口产品由发达国家进行消费、由中国买单的温室气体的排放量，大体上占中国排放总量的14.5%～24%。中国的排放总量当中，为别人买单的占了将近20%。

即使这样，中国还是非常重视气候变化减缓工作。中国将在消除贫困、改善民生和发展经济的同时尽最大努力减缓温室气体排放的增长，绝不重复发达国家高污染、高排放的老路。中国政府已成立节能减排和应对气候变化领导小组，原国务院总理温家宝曾担任该小组组长。为推进节能减排，中国在“十一五”规划中确定了两项约束性指标，即到2010年，每万元国内生产总值能耗将在2005年基础上降低20%左右，主要污染物排放总量减少10%。1990—2005年，中国单位国内生产总值能效提高了47%。2007年，中国中央财政在节能、可再生能源、植树造林等领域的资金投入约480亿元人民币。2006—2007年，中国单位国内生产总值能耗分别下降1.79%和3.66%，累计节能1.47亿吨标准煤，相当于少排放3.35亿吨二氧化碳。

资料来源：吴开超，张树民. 微观经济学［M］. 成都：西南财经大学出版社，2007.

3. 一体化

私人部门可通过扩大企业规模，组成一个足够大的经济实体来将外部成本或收益内部化，从而纠正外部效应的效率损失。如果一个企业的行为造成了外部不经济，损害了第三方的利益，可以通过将受损的第三方和该企业进行合并，那么该企业造成的损失就成为它自己的损失，那么它进行决策的时候会将这种成本纳入决策。从而，外部成本不存在，私人成本就等于社会成本。企业在定价的时候就在边际成本等于边际收益处定价，从而实现资源的优化配置。

四、公共物品与公共资源

（一）公共物品及其特征

有个美国评论家写道，现代城市居民出生在公共医院，在公立的学校接受教育，生活中的不少时间用在搭乘公共交通工具上，通过邮局和半公营的电话系统通讯，饮用公营的水，经由公共的污物处理系统消除垃圾，读公立图书馆的书，在公园里野餐，受公安消防和卫生机构的保护，最后死在公立医院，可能还要安葬在公墓里。

公共物品是和私人物品相对应的。私人物品具有绝对的排他性和竞争性。即某个物品一经某人所有，未经所有人允许，任何其他人无权使用和占有这个物品，这是排他性；而竞争性是指某一物品，一个人的使用或占有会影响他人的使用或占有。比如我买了汽车，未经我允许，其他人不得使用和占有，如果某人强行占有，就犯了抢劫罪。又比如我买了一瓶可乐，如果被另一个人喝了，我就无法再喝这瓶可乐。

然而，有的物品是不具有排他性和竞争性的。比如，大学校园里的路灯，A 同学可以借用其灯光看书，如果 B 同学也想利用这灯光看书，A 同学无权驱赶 B 同学。即路灯的使用不具有排他性。一个国家一旦建立了一定规模的国防，100 万人消费国防和 200 万消费国防的成本是一样的，即新增加一个人消费，增加的成本为零。

公共物品是指那些具有非排他性和非竞争性，不能通过市场交易实现资源有效配置的产品。非排他性和非竞争性是公共物品的两个最重要的特征。

1. 非排他性

非排他性是指公共产品具有消费的共享性，要限制一个人对其消费是不可能的或者成本高昂。比如国防一旦建立，要排除任何人消费就不具有可行性。要排除一个人消费路灯也不具有可行性或者要花费很大成本。

2. 非竞争性

非竞争性是指在给定的公共产品产出水平上，新增加一个消费者不会引起产品成本的任何增加，即产品的边际成本为零。例如海上灯塔的数量既定，新增加船只通行不会增加成本；国防支出既定，新增加一个国民消费国防，不会增加国防的成本。

公共物品的特征如表 5－5 所示。

表 5－5　　公共物品的特征

特征	竞争性	非竞争性
排他性	私人物品 （冰淇淋、成衣、拥挤的收费道路）	自然垄断物品 （消防、有线电视、不拥挤的收费道路）
非排他性	公共资源 （公海中的鱼、环境、公共草场、拥挤的不收费道路）	公共物品 （国防、外交、知识、不拥挤的不收费的道路）

（二）公共物品与资源配置

公共物品因其非排他性和非竞争性，如果仅由市场提供，其产量会低于社会最优产量，从而资源配置低效率。

首先，因为公共物品具有非排他性，从而任何人不能阻止其他人对该产品的消费。如果由私人部门来提供这种产品，因为他不能通过收费的方式阻止新的消费者对其产品的消费，或者找到了收费的方式，但是找到这种方式本身要花费很大的成本，从而其提供产品的成本得不到补偿，私人部门就不能有效提供公共产品。因为，在这种情况下，所有人都会希望他人提供这种产品，而自己可以免费获取，因为对方无法阻止我消费这种产品，这种行为称之为“搭便车”。

其次，因为公共产品具有非竞争性，即新增加一个人消费该产品，不会引起成本的增加，即边际成本为零。那么，如果由私人部门提供，按照边际收益等于边际成本定价，那么价格应为零。而价格为零显然无法补偿企业的成本，因此，其提供的数量也会低于社会最优产量。

上述的这些具有完全的非排他性和非竞争性的产品叫纯公共品。除了纯公共品，还存在这样一些产品，它们具有一定程度的非排他性或一定程度的非竞争性，这类产品叫准公共品。比如高速公路在车流量小的时候，新增加一辆车进入高速公路不会影响已有的在高速公路上行驶的车辆，但是，当车辆越来越多，达到拥挤程度的时候，新增加一辆汽车对高速公路的消费的边际成本就不再为零了。这就是具有一定的非竞争性的产品。而高速公路是可以通过在高速路口设收费站的形式使其具有排他性的。

再比如教育资源、球场、旅游景点等都具有类似高速公路的特征。

（三）公共产品的提供方式

1. 政府提供纯公共产品

因为公共产品私人提供无效率或者低效率，即市场在提供公共产品上是失灵的，那么由政府介入是合理的。因为公共产品私人部门提供无法补偿其成本，那么政府因拥有征税的权利，可以通过征税来弥补提供公共产品的成本。

那么，政府提供的公共产品在什么产量上是最优的呢？理论上，政府可以通过边际收益等于边际成本的原则确定公共产品的数量。

这里的边际收益是公共产品使用者整体获取的边际收益，而边际成本是新增加一个公共产品的成本。当然，边际收益的确定在现实中是很难实现的。比如我们无法知道每增加一个单位的国防产量给国防的使用者带来的收益。一是因为国防使用者数量众多，我们无法具体知晓每一个使用者的收益，二是国防给使用者带来的收益通常表现为安全感的增加、能在更和平的环境生产，可是具体数量是无法用市场价格的形式来衡量的。

2. 准公共产品的提供方式

（1）授予经营权。对于准公共品，因其可以通过收费的方式来弥补成本，因此，市场提供是可行的。只是，一般来说，准公共品的初始投入数额很大，而一旦投资建成后，边际成本呈下降趋势。即准公共品一旦提供，在特定的产量范围内，新增加一个使用者，增加的成本很低，甚至为零。因此，准公共产品很容易形成垄断。因此，准公共品可以由政府授予特定企业经营权，但同时为避免垄断造成的价格过高，政府对这些企业应该加强监管。

(2) 财政补贴。如上所述，准公共品的边际成本很低，如果要求其按照边际成本等于价格的规则来定价，那么企业很难弥补初始成本。在这样的情况下，政府可以通过财政补贴的方式，来保证企业对成本的弥补。财政补贴通常出现在这些领域，如教育、医疗卫生、图书馆、博物馆等。

(3) 政府参股。对于某些准公共产品，还可以通过政府参股的形式来混合提供。如许多桥梁、水坝、高速公路、铁路。

试一试：

经济学把公共资源的过度使用称为“公地悲剧”。为什么公共草场会出现过度放牧？为什么公共渔场会出现过度捕捞？为什么我国会把一年中的某段时间规定为休渔期？

第三节　信息不对称的市场

一、信息不对称的含义

什么是信息不对称呢？

在完全竞争市场，我们假定无论在商品市场还是要素市场，市场参与者掌握的与其决策相关的信息都是充分的。然而，现实的情况是，不论在商品市场还是要素市场，不论是商品生产者还是消费者，我们掌握的信息都是不充分的，即信息是不对称的。

信息不对称是指在相互对应的个体之间的信息呈现不均匀、不对称的状态。

比如我们购买牛奶的时候，作为消费者，我们对于该牛奶的销售状况、真实营养价值等知道的信息比厂商自己少得多。在劳动力市场，应聘者对自己的真实能力、勤奋、性格等关键信息比招聘者了解的多得多。因此，参与市场的双方，很多情况下，都是一方比另一方了解的信息多。典型的例子是治病和买保险。在治病时，医生掌握着更多的专业知识，对于病症本身以及药品选择都更为了解，而病人则未必能够准确了解这方面的信息，这就是一种不对称；在保险市场上则正好相反，消费者比保险公司掌握更多的信息。

信息不对称之所以引起我们重视，是因为信息不对称会导致效率损失。主要体现在逆向选择和道德风险两种情况上。

二、逆向选择与信号发送

(一) 逆向选择的效率损失

“逆向选择”是指由于交易双方信息不对称和市场价格下降产生的劣质品驱逐优质品，进而出现市场交易产品平均质量下降的现象。

逆向选择的研究主要源自于美国经济学家阿克洛夫（G. Akerlof）1970 年提出的著名的旧车市场模型。

在旧车市场上，卖者和买者关于旧车的信息是不对称的。卖者清楚地知道旧车的性能、真实质量等信息，而买者顶多能通过试驾、外观等了解一些表面信息。在这样一种情况下，卖者即使是因资金周转不灵，而不得不忍痛割爱，卖掉自己九成新的车，买者也会将高质量的旧车当“旧车”看待，不会对其作出高于市场平均状况的评价。因为，买者会想，你这么新的车，更可能的是存在从外观看不出的质量问题，而不会相信卖主提供的“自己资金周转不灵，不得不忍痛割爱”的信息。在这样的情况下，买主为防止自己上当，只会愿意出比卖主预期低的价格。而卖主因得不到自己预期的价格，而放弃出售质量好的旧车。

比如如果某个旧车市场一个有1 000辆待售旧车，其中50%是高质量的，50%是低质量的。在这个市场上，买者并不能获取每一辆旧车的真实信息，只能估计出高质量和低质量的各占一半。那么，如果高质量的旧车要价20万元，低质量的旧车要价10万元，买主不会相信自己所买旧车就是高质量的，因此不会愿意出价20万元，而是按照平均质量来出价，即将$20\times50\%+10\times50\%=15$万元的价格作为愿意出的价格。这样，高质量的旧车卖主因卖价离自己的预期价格较远而退出市场。从而，只有另外50%的低质量旧车存在于市场上。过了一段时间后，买主会发现，旧车市场上的平均质量下降了，按照前面的一个决策过程，买主所愿意出的最高价格也会下降，那么预期售价高于这个价格的较好质量的旧车又会退出市场。如此循环往复，最后留在市场上的都是最劣质旧车，而买主发现市场上只有很劣质的汽车，就会退出旧车市场。从而，旧车市场就不存在了。

逆向选择不仅存在于上述的旧车市场，还存在于劳动力市场、保险市场等。

比如在劳动力市场上，招聘者不能获取有关应聘者的详细信息，只能了解其学历、所学专业、过去所做工作以及业绩等信息，而对于其性格特征、过去工作的详细情况、工作态度等重要信息无法在短时间内获取。因此，现实情况是，在大部分企业，相同岗位相同学历的人，工资水平都差不多，至少在进入企业时是差不多的。

又比如在保险市场，购买保险者对有关自己健康状况的信息显然比保险公司了解的多得多。比如体质、遗传、生活习惯等。这样，在特定的保费下，健康的人就不会愿意投保，投保的人都是很可能患病的人。一段时间后，保险公司会发现，这项业务损失比较大。为了减少损失，保险公司会提高保费。在更高的保费下，患病可能性一般的投保者退出，留下的是高风险的投保者。如此循环，和旧车市场一样的结果，因投保者和保险公司的信息不对称，保险市场不存在。

（二）逆向选择的解决

逆向选择使得有些市场不存在，然而我们知道，现实中旧车市场、健康保险市场是存在的。这是因为人们会采取措施来缓解逆向选择。

首先，可以通过增加市场信号的方式来缓解逆向选择。比如在旧车市场，高质量的旧车为让买主相信自己的旧车的质量优于市场平均质量，可以通过签订合同，在合同条款中注明，提供两年的免费维修承诺。在劳动力市场，应聘者为证明自己比其他应聘者更能胜任工作，可以提供与工作密切相关的一些证书。比如注册会计师证、优秀教师的奖励证书、精品课程培训证书等。这就可以向招聘者传递更多与工作相关的信息。

其次，信息劣势一方也可以通过信息鉴别来获取更真实的信息。信息鉴别的手段很多，很灵活。比如招聘者可以通过设置一些测试题，来了解员工的耐心、性格、智力水平等信息；也可以设置有利于掌握应聘者信息的工资制度，比如招聘销售人员，仅仅从笔试和面试难以了解详细信息，那么，设置基本工资加提成的工资制度就可以了解更多的信息。因为，应聘者更了解自己的销售能力，销售能力强的就会愿意接受低基本工资加高提成的工资制度，而销售能力弱的更愿意接受高基本工资加低提成的工资制度。

三、道德风险与机制设计

（一）道德风险的效率损失

“道德风险”是指从事经济活动的人，利用自己的信息优势，在追求自身利益最大化的同时，损害了信息劣势方的利益。因此，道德风险跟我们通常情况下所说的道德败坏不是一个含义，它只是作为经济人的一种正常选择。

道德风险通常发生在交易双方签订契约后，信息优势的一方在不违背契约条款的情况下，做出有利于自身而有害于对方的行为。所以叫“道德”风险，而跟法律责任无关。

斯蒂格里茨在研究保险市场时，发现了这样一个典型例子：美国一所大学学生自行车被盗比率约为10%，有几个有经营头脑的学生发起了一个对自行车的保险，保费为保险标的的15%。按道理讲，这几个有经营头脑的学生应获得5%左右的利润。但该保险运作一段时间后，这几个学生发现自行车被盗比率迅速提高到15%以上。为什么会这样？这是因为投保以后，学生对防范自行车被盗的积极性明显下降。

同类型的例子广泛存在于我们的经济生活中。比如一家公司为自己购买了火险。本来，在未购买火险的时候，公司的保安时常巡逻，来确保火灾隐患被扼杀在摇篮中。公司的每个通道也都放有灭火器，房间都安装有喷水系统，公司还时常给员工做消防讲座。当公司购买了火险以后，如果没有强制要求，公司会从节约成本的角度来考虑，通道中的灭火器会减少，并不是每个房间都安装有喷水系统，员工的消防讲座也取消了。这很显然会增加火灾的风险，从而损害保险公司的利益。

公司从债权人那里募集来的资金，会被股东用来投资一些高风险的项目，这些高风险的项目带来的额外收益归股东所有，而一旦发生亏损，债权人要和股东共同来承担。

员工与企业签订了劳动合同后，员工会在不违反公司规章的情况下，追求闲暇的最大化。因为他努力工作和偷懒，工资都是合同签订的数额。比如高校教师的课时费如果是70元/课时，那么他在课堂下努力备课，课堂上认真授课，其课时费是70元，而他在课堂下将更多的精力放在玩乐上，课堂上敷衍了事，课时费仍然是70元。在这样的情况下，授课者更可能的是不认真备课和授课。

医院的医生在医治病人的时候，会开一些不会恶化病人病情，但也对病情的控制毫无帮助的药，这无疑损害了病人的利益。

政府官员为获取选票，在就职时慷慨陈词，如何如何为广大人民谋福利。一旦任职后，却更多的是以权谋私。

……

（二）道德风险的解决

道德风险是因为契约双方一方信息比另一方信息充分，信息充分的一方利用自己的信息优势来损害信息劣势方的利益。那么要解决道德风险就可以从两个方面着手：一方面，增加信息优势方损害劣势方的损害成本；另一方面，想方设法增加信息劣势方的信息，即信息疏通。

1. 增加损害成本

为减少信息优势方的损害，可以使信息优势方与信息劣势方有更多的共同利益。如给予员工期权，这样员工的未来利益和企业紧密相连，员工为了自己未来利益的最大化，会更努力地工作。或者给予员工以较高的工资、更好的工作环境，这样，一旦其偷懒行为被发现而被解雇，他将难以找到同等条件的工作，这样，其偷懒的成本就高了。再比如保险公司可以按比例赔付的方式，使得投保者一旦发生应赔付事件，给投保者自己也造成损失。

2. 信息疏通

解决道德风险的另一方式就是增加信息劣势方的信息。比如可以通过要求上市公司披露信息，来减少债权人的损失。通过政务公开，增加广大人民对政府官员的了解。

随着社会的不断进步，信息量越来越大，信息不对称的问题也就更加广泛的存在着，人们不仅想方设法获取更多的信息，拥有私人信息的一方也可能为传递信息而苦恼。比如在劳动力市场上，应届毕业生为了向可能的雇主传递信息，不得不花费更多的心思来设计简历和包装自己，还要通过各式各样的证书和奖状来显示自己的能力方面的信息。

第四节 收入分配不平等

在曼哈顿地区，53 层楼的顶层房间能一览无余的观察到中央公园、哈德逊河和城市轮廓，它的价格是多少？400 万美元！距离这里不远，在曼哈顿的上方，是华盛顿国民警卫队训练中心的营地，这里有一个 1981 年修筑的足球场大小的棚子，也是将近 1 000 人的永久性住所……为什么一些人开着宝马去打高尔夫球，另一些人尚且为了温饱而苦苦挣扎？

在过去的几十年间，富者越富而穷者越穷，是什么原因导致了这种变化趋势呢？

首先需要考察的是人们的收入是如何取得的，这就需要考察资源市场的供求；然后深入分析产生收入差距的原因；最后，如果市场必然产生收入差距，那么政府能否采取措施来实现公平呢？换句话说，本节要讨论经济学基本问题之一：生产出来的物品和劳务如何分配？

一、劳动市场与收入

为什么大多数青少年都选择进入大学学习？这个过程并不轻松，需要通过大大小小的各种考试，需要学习各种喜欢或者不喜欢的课程……

当父母或老师在鼓励你学习的时候，可能有意无意地透露这样一种信息：大学毕业之后，你可能获得更高的工资水平——注册会计师的工资水平很高，而缺乏专业学习和训练的人不可能得到这份工作。

一些人依靠天赋取得收入，比如科比·布莱恩特，尽管他有优秀的学习成绩，但并不通过大学学习之后成为一名工资收入者，而是放弃上大学成为一名篮球运动员，在第一个四年内赚得大约1 000万美元。为什么他能够获得这么高的收入？

还有一些人通过投资获得收入，经营企业、购买股票或者债券等，又或者是储蓄。这些收入又受到哪些因素的影响呢？2008年的金融危机使比尔·盖茨和“股神”巴菲特的资产大幅缩水，但巴菲特受到的影响明显更大一些。

还有一些人提供土地或者房屋，获取租金收入。但是租金水平往往根据地理位置而差距很大——“黄金地段”的一间铺面，一年的租金或许是几十上百万元，而偏远地区的房屋也许一年只要几百元。

不同的人有不同的收入来源，我们首先将生产要素分为劳动、资本和土地，考察这些要素的价格和人们的收入是如何决定的。

（一）劳动市场的均衡

与其他市场一样，劳动市场的均衡仍然是由供给和需求曲线共同决定。如图5－12所示。

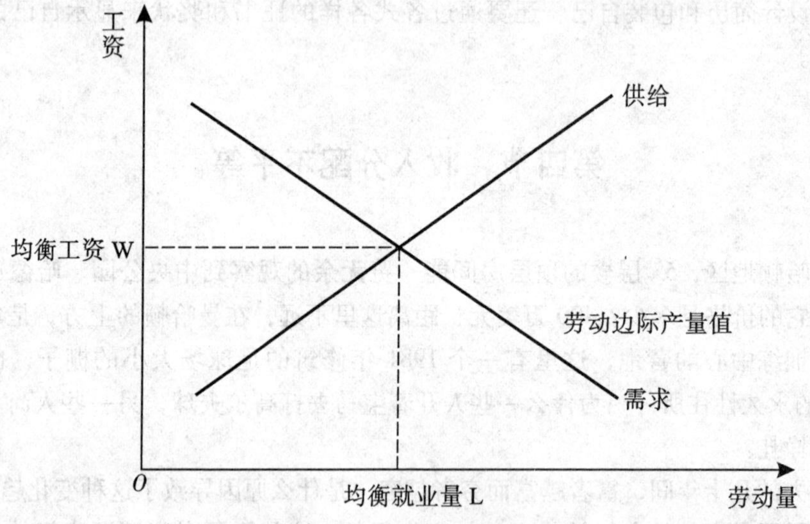

图5－12　劳动市场均衡

如果某些因素（战争、移民政策）的改变导致劳动供给或需求变动，市场均衡工资水平会如何变化？在20世纪80年代的大部分时期，成千上万的巴勒斯坦人从他们的家乡到以色列占领的西岸和加沙地带工作，他们主要在建筑业与农业中就业。但是，1988年，由于这些被占领地区的政治动乱引起以色列政府采取措施，作为副产品，减少了这种工人的供给。以色列当局实施戒严，更严格地检查工作许可证，以及更严格地执行禁止巴勒斯坦人在以色列过夜的规定。这些措施的经济影响完全与理论预期的一样：在以色列有工作的巴勒斯坦人数量减少了一半，而那些继续在以色列工作的人享受的工资增加了50%。2008年，以色列对加沙地带发动地面攻击，战争会产生什么样的经济后果？

试一试：

商品房价格变化，对建筑工人的工资有影响吗？

(二) 工资水平与劳动生产率

如果你是一名技术熟练的牙科医生，你希望在美国工作还是在中国行医？事实上，美国医生的工资水平比中国的高很多，为什么？

同样在中国，扣除通货膨胀的影响，工人的工资水平也是在逐年上升的。是什么因素决定了这样的变动趋势呢？我们先来看一些数据，如表5-6所示。

表5-6　**美国的生产率与工资增长**

时期	生产率增长率	工资增长率
1959—1994年	1.8	1.2
1959—1973年	2.9	2.4
1973—1994年	1	0.3

资料来源：Economic Report of the President 1996，Table B45，p. 332。在这里生产率增长用非农业部门每小时产量年度变动率来衡量。工资增长用非农业部门每小时实际报酬年度变动率来衡量。这些生产率资料衡量平均生产率——产量除以劳动量——而不是边际生产率，但可以认为平均生产率与边际生产率是密切地同时变动的。

可以看到工资增长率与生产率增长率有一个相近的比例，具有同样的变化趋势。事实上，前面假设的竞争市场上，企业根据劳动的边际生产率（边际产量值）来决定对工人的需求，而劳动市场的供求决定了均衡工资水平。

换句话说，工人能够得到的工资与他为企业创造的产值密切相关，因此，工资率与劳动生产率紧密联系。

我们还可以借鉴国际经验来说明这个问题，表5-7列出了不同国家的工资率和生产率的不同数值。

表5-7　**世界各国与地区的生产率与工资增长**

国别（地区）	生产率增长率	工资增长率
韩国	8.5	7.9
中国香港	5.5	4.9

表5-7(续)

国别(地区)	生产率增长率	工资增长率
新加坡	5.3	5.0
印度尼西亚	4.0	4.4
日本	3.6	2.0
印度	3.1	3.4
英国	2.4	2.4
美国	1.7	0.5
巴西	0.4	-2.4
墨西哥	-0.2	-3.0
阿根廷	-0.9	-1.3
伊朗	-1.4	-7.9

资料来源：World Development Report of the 1994，Table 1，pp. 162-163，及 Table 7，pp. 174-175。生产率增长用1980—1992年人均国民生产总值年度变动率衡量。工资增长用1980—1991年制造业人均收入年度变动率衡量。

那么是什么原因导致了不同国家具有不同的生产率增长率呢？这个问题属于经济增长理论的内容，在本书的后面部分将要专门讨论。

二、收入差别

在1994年，美国棒球联盟中的运动员平均赚到120万美元，医生平均赚到17.7万美元，工厂工人平均赚到2.2万美元。这个例子说明在经济中收入的巨大差距非常普遍。这些差距解释了为什么一些人住高级公寓、开豪华轿车、到欧洲度假，而另一些人住小房子、乘公共汽车、只能在自家后院里度假。

为什么会产生这么大的差距呢？一个解释就是我们前面提到的边际产量值的差距，即因为对生产和社会的贡献不同，人们的收入水平存在差距。但是，这只是分析收入现象的起点，我们还需要考察更多的情况。

最明显的持久的收入差别体现在男女之间的收入差别上。在美国，白人男子赚的收入比黑人男子和白人妇女多三分之一，而黑人男子、白人妇女的收入水平又比黑人妇女和拉丁美洲裔的收入高。这是为什么呢？

另外，一般来说，教师的工资低于同等教育水平的律师、医生，这又是为什么？

我们分别来考察几种常见的情况。

(一) 超级巨星的“超级”收入

在福布斯2008内地明星收入排行榜上，姚明以超过3.8亿元人民币高居榜首，章子怡也获得5 500万人民币的高额收入，如表5-8所示。比较同行，姚明和章子怡这样的超级巨星无疑赚到了远远高于平均水平的收入，虽然这主要因为他们是行业内的佼佼者——姚明是全世界最受关注的篮球运动员之一，章子怡也受到许多“粉丝”的喜爱。但一个好的收银员——某某超市之星——能够获得比其他收银员高得多的收入吗？

并不是所有市场上都能产生超级巨星，最好的收银员、最好的水电工就不为大多数人所知。超级巨星市场具有两个特征：

（1）不同产品的差别很大，因此人们都想享受最优生产者提供的产品；

（2）最优生产者有可能向所有人（或绝大多数人）提供产品。

姚明的比赛是如此受关注，以至于球迷不愿意用其他的两场没有姚明的比赛来代替姚明的一场比赛，每个人都期待着他的比赛，并乐意为此支付——这就决定了他的比赛需求非常巨大；虽然体育馆只能容纳有限的人群，但更广泛的传播也是能够实现的——电视转播可以到达全世界的大多数地方，还有网络传播。所以姚明可以把他的比赛提供给所有人——即使远隔重洋，中国观众也可以很方便地欣赏到这位篮球巨星的比赛。

现在我们可以说明，为什么收银、水电工就不太可能成为超级巨星——任何一个收银员、水电工都只能为有限的顾客服务，只能把他们的产品提供给少数的人。如果所有人都等着最好的收银员来服务，那么在那个收银台前就永远存在排队，这时顾客或许会觉得虽然别的收银员服务差一些，但可以节省等待的时间，也愿意到别的收银台付款——最好的收银员的需求也是有限的。

试一试：

你能举出其他的超级明星的例子吗？他们的产品市场具有什么样的特点？

表 5 - 8　　2008 福布斯内地明星收入排行榜

综合排名	姓名	职业	收入（万人民币）	收入排名	曝光率指数	曝光率排名
1	姚明	运动员	38 780	1	1	1
2	刘翔	运动员	16 320	3	3.67	2
3	李连杰	演员	24 000	2	8.67	6
4	易建联	运动员	2 900	9	7.33	5
5	章子怡	演员	5 500	5	10	7
6	范冰冰	演员	1 950	14	5	3
7	赵薇	演员	1 700	17	11.67	9
8	周迅	演员	2 500	11	17.67	12
9	李冰冰	演员	2 050	12	24.33	16
10	赵本山	演员	2 000	13	17	11
11	巩俐	演员	3 400	7	31.67	22
12	徐静蕾	演员	1 420	21	19.33	13
13	郭德纲	演员	1 570	19	20	14

表5-8(续)

综合排名	姓名	职业	收入（万人民币）	收入排名	曝光率指数	曝光率排名
14	张国立	演员	3 110	8	46	40
15	张靓颖	歌手	1 350	23	27.67	19
16	黄晓明	演员	1 200	28	24.33	16
17	葛优	演员	1 300	24	29.67	20
18	林丹	运动员	1 250	25	36.67	26
19	孙俪	演员	1 530	20	44.67	33
20	黄圣依	演员	1 095	34	31.33	21

（二）教育与培训

大学教育的费用逐年上升，但每年都有几百万高中毕业生为了上大学而参加高考。上大学的激励主要体现在什么地方?

许多研究表明，高技能工人和低技能工人的收入差距一直在扩大。根据美国劳工部的数据，1975—1995 年，可用图 5-13 中的曲线上的点来表示高技能工人对低技能工人收入的比例。

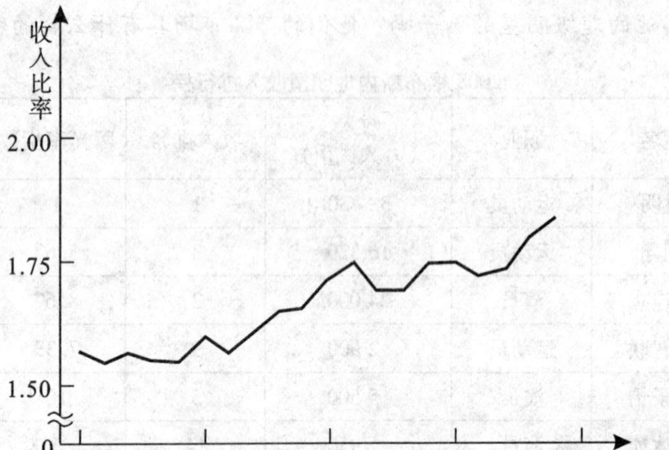

图 5-13　高技能工人与低技能工人收入的比率

从总体趋势上看，这个比例逐年上升，因此鼓励人们成为高技能的工人，并且为此投资，而教育和培训可以显著提高工人的技能水平。

1. 人力资本

随着知识和信息时代的到来，资本的范围不再只是机器、工厂或者原材料这样的物质资本，还包括另一种重要形式的资本——人力资本。

人力资本的形成依靠对人的投资来积累，最重要的投资类型是教育。读大学的人越来越多，就从一个侧面表现出人们对于人力资本的重视。

如果大学毕业比高中毕业的人平均每年多赚1万元，那么工作20年，大学毕业生就能多挣20万元。只要读大学的成本低于20万元，选择读大学就是有利的。

实际上，我国的“大学热”——尤其是更高水平的考研热、考博热——在最近两年有所降温，一个重要的原因就是大学毕业生就业形势严峻，预期收入下降。

2. 信号作用

随着大学扩招，越来越多的大学毕业生成为普通劳动者，而不再是原来的“精英”阶层。如果大学教育不能提高人们的劳动生产率，我们还需要读大学吗?

另一种关于正规教育的观点是强调教育的信号作用，即把教育状况作为区分高技能工人和低技能工人的一种方法。

根据这种观点，企业都希望在市场上雇用到高技能的工人，但怎么区分呢?一个明确而简单的办法就是按照受教育水平来区分——不管怎么说，能够通过考试进入大学，并获得学位，也是能力的一种体现。

换句话说，即使教育没有提高工人的劳动生产率，至少也提供了一种能力证明的信号，因此还是有很多人上大学。

当然，受教育如果仅仅提供一种信号作用、不能提高劳动生产率的话，那么对于企业来说就是一种成本高昂的做法。上大学需要四年时间，不过提供了工人能力的一种信号；如果进行3个月或者6个月的试用工作，还能够得到更准确的关于工人能力的信息。因此，上大学的收益肯定不只是提供信号，也必然在一定程度上提高了劳动者的生产率水平。

（三）天赋与机遇

或许在找工作的过程中，或者在生活中，大家会发现漂亮的人更受欢迎，这会转化为收入差别吗?劳动经济学家丹尼尔·哈莫米斯与杰夫·比德尔在发表于《美国经济评论》1994年12月号上的一项研究中考察了美国和加拿大个人调查的资料。这项调查要求调查者对每个接受调查者的具体外貌评分，然后哈莫米斯和比德尔考察被调查者的工资在多大程度上取决于标准决定因素——教育、工作经验等等——以及在多大程度上取决于他们的具体长相。结果发现，那些肯定更有吸引力的人（比如布拉德·皮特）平均比相貌平常的人收入高5%，那些相貌平常的人比那些被认为比一般人吸力小的人收入高5%~10%。

漂亮的人赚得更多，不是因为更努力，不是因为受教育水平高，仅仅是因为漂亮!你会觉得困惑吗?

人皆有爱美之心，但在追求漂亮的过程中却小心翼翼，似乎认为外表漂亮是比较浅薄的。事实上，漂亮也是天赋的一种，我们可以大大方方地惊叹姚明的身高，赞美刘翔的速度，也佩服张怡宁、王楠球技精湛……当然也可以理直气壮地欣赏“漂亮”。

对所有职业的人，天赋能力都是重要的，甚至是决定性的。由于先天遗传、后天培养和机遇，一些人在某个行业中特别出众，强壮、聪明、长袖善舞……这些因素决定了工人的生产率，因此决定了他们赚得的收入水平。

在工资决定中机遇的作用也不可忽视。比如一个人在大学学习了4年，花费大量时间、精力和金钱考取了注册会计师执照。但是在2009年毕业的时候，因为全球金融危机的影响，四大会计师事务所都决定裁员减薪，结果他只能拿到预期的三分之二的收入水平。这就是机遇对于工资的影响，经济学虽然承认这些影响，但显然是难以量化考察的。

(四) 补偿性工资差别

煤矿工人的工资高于同等能力的其他工人，工厂中夜班工人的工资高于同类白班工人，法定假日加班有权要求得到平时的三倍工资……为什么呢?

工资只是工作差别的货币表现，不同的工作还有劳动强度、工作环境等等其他非货币特征。

一些工作安全、轻松，比如办公室文员；另一些工作更辛苦、枯燥，比如仓库库管员。如果同样的能力要求、同样的工资水平，人们更愿意选择办公室文员的工作——劳动者的供给量大，结果就是均衡价格（工资）更低一些。

经济学家用补偿性工资差别来指不同工作的非货币特征引起的收入差别。换句话说，为了补偿工作环境、工作强度以及工作内容方面的不足，比如煤矿工作的危险、库管员工作的枯燥，市场往往为此支付较高的工资。

(五) 歧视

工资差别的另一个来源是歧视。当市场向那些仅仅是种族、宗教、性别、年龄或其他个人特征不同的相似个人提供了不同机会时，就出现了歧视。歧视反映了某些人对某个社会群体的偏见。虽然歧视是一个经常引起激烈争论的情绪化话题，但经济学家力图客观地研究这个题目，以便把假象与真实分开。

美国白人与黑人不同的收入差别广泛存在，但谁应该对此负责呢？比如1988年发表于《劳动经济学杂志》的一项研究考察了篮球运动员的薪水。它发现黑人运动员的收入比能力相当的白人运动员低20%。应该归咎于球队老板吗？该研究进一步指出一个现象：篮球比赛中，白人运动员占大部分的球队受到更多观众的青睐！因此，很可能不是球队老板，而是球迷的歧视导致了黑人运动员的收入更低。

与此相比，性别差异导致的工资差别并不完全是因为歧视，比如男性比女性工资水平高的一个可能的原因是女性可能承担更多的家庭劳务，以及抚养小孩，结果减少了她们劳动的精力，在工作时不那么集中精力，劳动生产率较低；另一个可能的原因来自于补偿性工资差别——男性更可能从事艰苦繁重的工作，比如野外作业和长期出差的工作，而女性更可能从事比较轻松的文员等工作。

三、效率与平等

阿瑟·奥肯说：对效率的追求不可避免地产生出各种不平等，因此，在平等与效率之间，社会面临着一种选择。

经济中个人和企业需要解决的问题非常明确——如何实现效率。个人在收入约束下追求效用最大化的消费，企业在技术约束下进行利润最大化的生产。市场经济在调节个人和企业的行为的时候是有效率的，使得资源尽可能实现最优配置，但市场经济并不能保证所有人都能够平等地得到产品。

事实上，市场经济的结果是出现了分配的不平等，有些人天赋奇佳，抓住机遇，成为富可敌国的大富豪，比如比尔·盖茨，比如索罗斯；而另一些人因为各种原因只能挣扎在贫困的深渊中。所以，政府作为经济管理者和调节者，还需要解决另一个问题：如何在整个社会实现平等？这就是基本经济问题中的如何分配的问题。

收入分配涉及两个问题：效率和平等，效率是分析如何把蛋糕做大，而平等是讨论如何把蛋糕分得更为平均。

中国传统文化强调“民不患寡，而患不均”，以为大家都分到相同的产品就是公平的，于是在新中国成立之后实行了“大锅饭”的绝对平均分配制度。

事实已经证明，绝对平均主义对于效率的损害是巨大的——无论能力如何、是否努力，所有人都得到相同的产品，那么人们都不愿意更多努力，结果就是总产品减少了。因此有评论说，如果想要把蛋糕分得平均，结果就是蛋糕变小了。

考虑到人们能力高低不同，努力程度也不一样，存在收入差距是合理的。所谓公平，并不是一味要求绝对平均的分配产品，而是提供一个公平竞争的环境，即让所有的市场参与者站在同一起点上。比如“杂交水稻之父”袁隆平，通过实验找到了提高水稻产量的方法，为技术进步作出巨大贡献，他获得国家高额奖励，难道不公平吗？

当然，收入差距过大的负面影响也是显著的，因此所有政府都设法采取收入分配政策来缩小收入差距。下面我们首先考虑如何对社会的不平等现象作出评价。

（一）不平等的衡量

要讨论不平等问题，我们首先要衡量在社会中不平等程度究竟有多大。由于统计方法和统计手段不同，这里主要采用美国的数据来说明。

1. 洛伦兹曲线

衡量收入分配状况常用的一个指标就是洛伦兹曲线。

（1）收入分配表

一个简单的衡量经济不平等的办法是列出收入分配表，考察不同人群的收入在总收入中所占的比例，如表5-9所示。

表5-9　　美国的收入分配：1994年

家庭年收入（美元）	家庭百分比（%）
10 000以下	8.7
10 000~14 999	6.9
15 000~24 999	15
25 000~34 999	14.3
35 000~49 999	18
50 000~74 999	19.9
75 000及以上	17.2

资料来源：U. S. Bureau of the Census.

表 5－9 中列出了美国家庭中不同收入的人所占的比例，有 8.7% 的家庭收入在 10 000 美元以下，对应的高收入家庭（75 000 美元及以上）则占到 17.2%。

另一个更直接的办法是列出相同数量的家庭集团的收入在总收入中所占的比例。把家庭按照收入水平分为五个集团，每个集团的家庭数量占总家庭数的 20%，然后考察每个集团的收入在总收入中所占的比例，如表 5－10 所示。

表 5－10　　美国的收入分配

年份	一 20%	二 20%	三 20%	四 20%	五 20%	最高 5%
1994	4.2	10	15.7	23.3	46.9	20.1
1990	4.6	10.8	16.6	23.8	44.3	17.4
1980	5.2	11.5	17.5	24.3	41.5	15.3
1970	5.5	12.2	17.6	23.8	40.9	15.6
1960	4.8	12.2	17.8	24	41.3	15.9
1950	4.5	12	17.4	23.4	42.7	17.3
1935	4.1	9.2	14.1	20.9	51.7	26.5

注：这个表表示收入分配中每五分之一家庭和收入最高的 5% 家庭得到的税前收入在总收入中的百分比。

资料来源：U. S. Bureau of the Census.

从表 5－10 当中可以看到，如果分配是平等的，每个集团都应该占到收入的 20%，事实上却有着差距：一些集团占的比例高，比如最高的 20% 家庭收入占总收入的 40% 左右；而另一些集团占的比例低，最低的 20% 家庭收入不足总收入的 6%。

表 5－10 最后一栏表示最富有的 5% 家庭的收入，在 1935 年，这些富人的收入占总收入的 26.5%，而 1994 年这个比例降到了 20.1%。

其他国家的收入分配状况如何呢？用同样的办法，考察不同家庭集团的收入比例，如表 5－11 所示。

表 5－11　　世界各国的收入不平等

国别	最低 五分之一	第二个 五分之一	中间 五分之一	第四个 五分之一	最高 五分之一
日本	8.7	13.2	17.5	23.1	37.5
韩国	7.4	12.3	16.3	21.8	42.2
中国	6.4	11	16.4	24.4	41.8
美国	4.7	11	17.4	25	41.9
英国	4.6	10	16.8	24.3	44.3
墨西哥	4.1	7.8	12.3	19.9	55.9
巴西	2.1	4.9	8.9	16.8	67.5

注：表中数据说明每个五分之一家庭在收入分配中得到的税前收入的百分比。

资料来源：World Development Report：1994, pp. 220－221。

根据各个国家的收入分配状况，日本最为平等，而巴西最不平等，美国和英国则非常相似，这两个国家经济的相似度决定了收入分配状况也非常相似。

（2）洛伦兹曲线

如果把收入分配表中的数据转变为图形，用横轴表示家庭所占百分比，纵轴表示收入百分比，那么根据表 5－9 中 1994 年美国的收入分配，可以得到表 5－12 中的数据。

表 5－12　　家庭收入分配

	家庭		收入	
	百分比	累计	百分比	累计
a	20	20	4.2	4.2
b	20	40	10	14.2
c	20	60	15.7	29.8
d	20	80	23.3	53.1
e	20	100	46.9	100

根据表 5－12 中的数据，可以得到洛伦兹曲线，即表示收入分配状况的一条曲线，如图 5－14 所示。

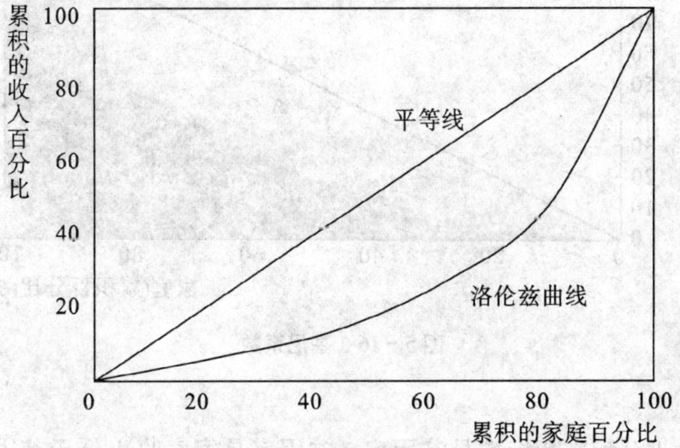

图 5－14　洛伦兹曲线

如果每个家庭得到相同的收入，那么累积的家庭百分比得到的累积的收入百分比将沿着平等线移动。洛伦兹曲线表示实际的收入分配，洛伦兹曲线离平等线越近，分配越平等。如图 5－15 所示，2003 年美国的收入平等状况较 1980 年恶化了。

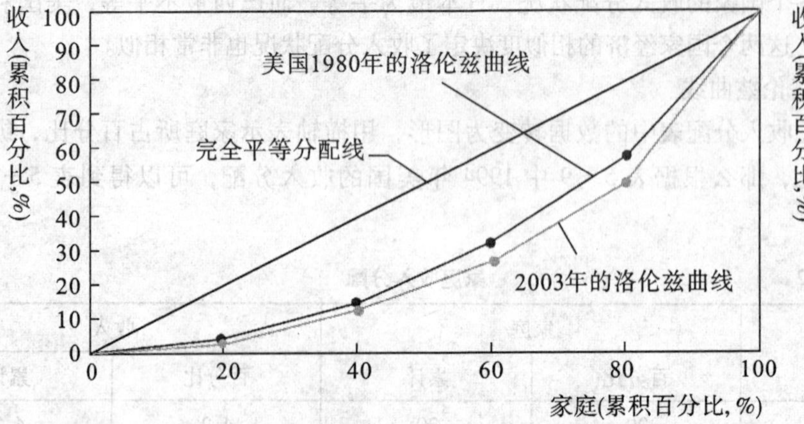

图 5－15　1980 年和 2003 年的洛伦兹曲线

2. 基尼系数

基尼系数等于洛伦兹曲线与对角线之间的面积与对角线下的面积之比，比值越大，表明收入分配不平等的程度越大，其取值范围在 0（收入分配完全平均）到 1（收入全部归一人所有）之间，如图 5－16 所示。

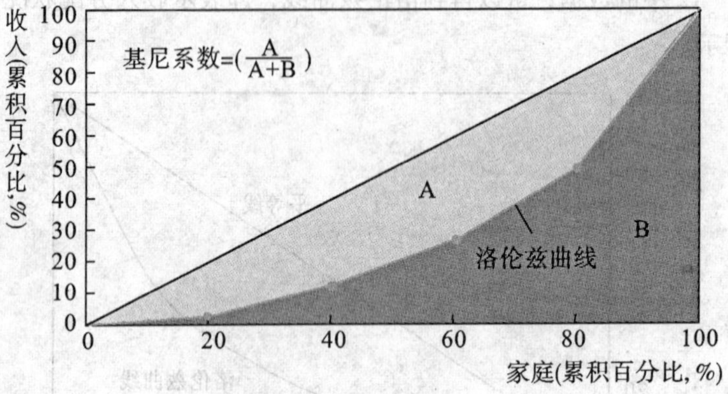

图 5－16　基尼系数

3. 贫困率

最常用的收入分配判断标准是贫困率。贫困率是家庭收入低于贫困线标准的绝对水平的人口百分比。

由于贫困线是绝对标准而不是相对标准，因此随着人们普遍收入水平的提高，贫困线标准也提高了。比较而言，随着时间的推移，贫困率有所下降。

(二) 收入再分配政策

市场经济条件下追求资源的有效配置，不可避免地产生了收入不平等，这时我们应该寻求政府的帮助吗?

这不仅仅是一个经济问题，更多的是一个政治哲学问题。对待不平等的态度并不是统一的。

虽然经济学家对于政府应当对收入分配不平等采取什么样的态度没有一致意见，但现实中各国政府都制定了各种收入再分配政策，试图得到更平等的经济结果。主要的政策手段包括税收、社会保障和各种补贴——这部分内容属于公共财政理论的重点研究范围。

1. 所得税制度

你向政府交税吗？如果每月收入 3 000 元，在现行的所得税制度下，需要向政府缴纳多少个人所得税？如果收入水平是 5 000 元，缴税的比率有什么不同？

大多数国家都实行累进的所得税制度，即收入越高，缴税的比率越高。比如在收入为 2 000 元时，税率为 5%，个人需要缴税 100 元；如果收入水平上升到 5 000 元，税率则变为 10%，那么个人需要缴税 500 元。

除了累进的所得税制度，还有累退和单一的所得税制度。其中累退的所得税是指收入越高，税率越低；单一的所得税制度是不管收入水平如何，都按照统一的比率缴税。

累进的所得税有助于缩小收入差距，但负面影响也是明显的：打击了人们获得高收入的努力。税率越高，人们努力工作的激励越小。因此，有的时候也把税率的调整作为调节经济的重要手段，通过降低税率激励人们工作，或者通过提高税率抑制生产积极性。

2. 社会保障制度

天有不测风云，人有旦夕祸福。所以人们总是需要为将来的不确定性做准备，拿出一部分钱预防不测，对低收入者的保障也是对未来的保障。

主要的社会保障制度包括老年人保障、残疾人保障、丧失劳动能力人的保障以及医疗保障。比如年老的时候，不能依靠工作取得收入，其生活来源就只能依靠养老金，所以工人需要从工资中拿出一部分来缴纳养老保险；由于绝大多数人都面临着失业的风险，所以就业的时候还需要从工资中拿出一部分缴纳失业保险，从而在失业的时候领取津贴；另一个难以避免的可能的支出是医疗费用，所以还需要缴纳医疗保险。

3. 各种补贴

大量的再分配是以补贴的形式产生的，比如政府以低于生产成本的价格提供产品或服务，或者政府对低于成本提供产品的企业进行财政补贴。

一个明显的例子是义务教育。小学、初中九年义务教育期间，学校培养每个学生的成本是多少？在免收学杂费的情况下，这部分资金就只能由政府以财政补贴的形式支付给学校。

即使到了大学，在多数学校也存在财政补贴。如果每年培养一个学生的成本是 10 000 元，收取的学费为 5 000 元，那么差额部分就要由政府来补贴。

政府有的时候还以实物转移支付的形式帮助低收入者或者生活暂时遇到困难的人。在 2008 年 5 月汶川大地震之后，灾区人们的生活遇到困难，这时候政府就从各地调拨帐篷、棉被以及生活必需品到灾区，免费发放给受灾群众。

政府还可能发放购物券改善贫穷家庭的生活。在 2009 年春节，为了帮助家庭困难的人抵抗全球金融危机的影响，各地政府都采取了不同办法进行补贴，其中一种办法就是发放超市购物券。

完成收入再分配之后，整个社会的经济结果将会更平等，如图 5－17 所示。

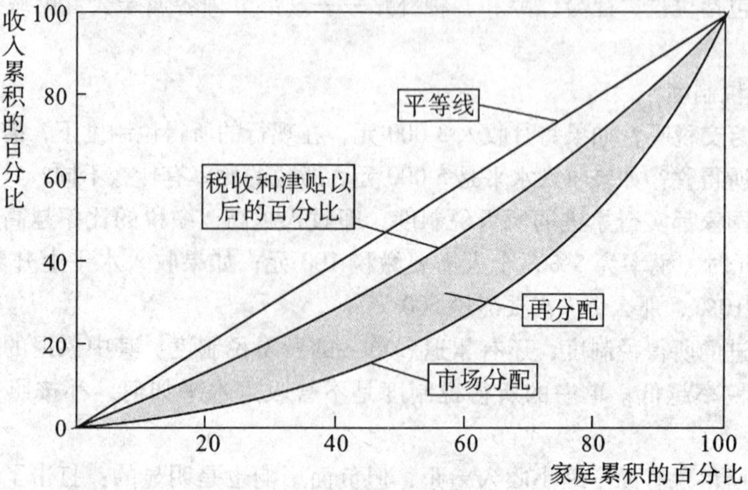

图 5－17　收入再分配后的结果

从图 5－17 可见，税收和收入维持计划减轻了市场引起的不平等程度。在 1997 年，20% 收入最低的家庭得到了净津贴，这使他们在总收入中的份额从 3.6% 提高到 13%。20% 收入最高的家庭纳了税，这使他们在总收入中的份额从 49.4% 下降到 31%。

再分配政策是对遭遇困难的人的善意帮助，但也可能产生不利影响，比如让穷人养成了依赖性。高福利的北欧国家就遇到了这样的问题——许多人宁愿依靠政府救济在一个低水平上进行生活，也不愿意依靠自己的努力去获得收入。其结果就是一方面因为高额的财政补贴产生负担，另一方面是减少了整个社会的产出。

假如一个流浪者有两个选择：一是申请并获得政府救济，每年得到 3 000 元；二是找到一份工作，每年获得 5 000 元收入，但必须放弃政府补贴。如果政府无条件补贴这个人，那么他很可能不工作，而依靠补贴生活。两相比较，政府不仅要向这个人支付 3 000 元，还失去了他工作创造的 5 000 元产出。在一些高福利的欧洲国家，用于社会保障和福利的支出甚至占到 GDP 的 50% 以上。

因此，收入再分配政策引起了平等与效率之间的交替，因为再分配政策在追求平等的过程中，产生了效率损失，而且抑制了人们的生产积极性。

第五节　公共选择与政府失灵

在前面我们细数了市场失灵的领域。比如在垄断行业，生产者因为对价格有决定权或者影响力，其价格会在边际成本之上，产量在最优产量之下；因市场参与者信息的不对称，有些产品任由市场调节，会最终没有供应；外部性的存在，使得有些产品的提供过度，而有些产品的提供又不足；公共物品会因其非排他性和非竞争性，市场参与者都想搭便车，从而市场也无法提供或提供严重不足。市场来决定要素价格和收入分配会出现不平等。

市场这只“看不见的手”在经济效率和经济平等方面会出现失灵，那么就应该由“另一只手”，即政府来干预。

一、政府的经济职能

政府的资源配置职能是指政府作为资源配置的主体来配置社会资源的活动。在强调政府的资源配置职能的时候，我们必须记住，现代市场经济是市场机制和政府机制共同作用的经济。而其中，市场作为资源配置的方式是占主导地位的，政府对资源的配置只是在那些市场进行资源配置无效或无力的领域。

政府的资源配置职能主要在于纠正市场的失灵。比如对垄断行业实行政府管制、国有化、鼓励竞争；对因信息不对称而市场提供不足或者没有提供的，政府可以通过提供权威认证、疏通信息渠道等辅助市场来解决；对于外部性的存在，政府可以通过明晰产权、罚款、征税、补贴或者管制等方式来纠正外部性；对于公共物品，政府可以直接提供，或者通过授权经营、财政补贴、参股等形式来实现资源配置的优化。这些在前面四节中都有详细叙述。

二、政府失灵的表现

在市场经济条件下，政府干预经济是为了弥补市场机制功能的缺陷，然而，政府的干预也不一定就有效，政府干预也会失灵。

政府失灵的现象主要表现在：

（1）因为政府本身机制或者行为能力导致的政府干预偏离最优目标；

（2）政府干预达到了最优目标，但是本身的行政成本高；

（3）政府干预也存在信息不充分，从而在实现一个目标的同时损害了社会集体福利。

那么，政府失灵的原因主要有哪些呢？

三、导致政府失灵的原因

（一）政府决策的无效或低效

公共决策的主要方式是投票，一般可以全民投票或代表投票，或者政府有关机构的官员投票。很多情况下，全民投票不可行。比如决定国防的产量，若采用全民投票，不仅决策成本本身很高，最终也不一定能找到最优的产量。因为大部分公民并不了解到底多少产量才是最优的。而更多的情况是代表投票。

1. 投票规则的缺陷导致政府决策无效率

投票规则有两种，一是一致同意规则，二是多数票规则。常用的投票规则是多数票规则，如五分之三多数票规则、三分之二多数票规则、过半数的多数票规则等。

多数票规则有时候也不一定能得到最优决策。

首先，在政策决策超过两个以上时，会出现循环投票，投票不可能有最终结果。

比如对于有 A、B、C 三方案，由甲、乙、丙三人按多数票规则进行投票决策。其偏好顺序如下：

甲	乙	丙
A	B	C
B	C	A
C	A	B

那么在 A 和 B 方案中进行选择，按照多数票规则，甲和丙都优先选择 A，那么社会偏好顺序是 A；然后在 B 和 C 中进行选择，按多数票规则，甲和乙都优先选择了 B，所以社会偏好是 B；再在 A 和 C 中进行选择，按多数票规则，乙和丙都优选选择 C，所以社会偏好是 C。

所以，最后的结果是 A 优于 B，B 优于 C，C 又优于 A，这样，任何均衡都不能找到，这就是投票悖论。

其次，如果为了消除投票悖论，可以规定特定的投票程序。但是，在这里，谁确定投票程序，最终结果就对他有利，所以，最终的结果也不是合意的结果，而是体现了投票程序决定者的偏好。

2. 政治家的个人利益最大化动机导致的低效率

政府是由政府官员组成的政府。我们没有理由相信，作为经济人的政府官员，到政治市场上就谋求集体利益最大化。因此在进行公共决策时，决策者往往以个人利益最大化作为追逐目标，比如政绩最大化、权力最大化等。当决策者以个人利益最大化为目标的时候，很容易导致决策偏离社会最优目标。

3. 利益集团的存在导致政府决策无效率或者低效率

利益集团是指那些有某种共同的目标并试图对公共政策施加影响的有组织的团体。这种共同目标可以是因为同样的收入来源，比如都是来源于资本或者来源于劳动；可以是因为大约相同的收入规模；也可以是因为就业于相同的产业、相同的地区，或者人口特征或各人特征相同。这些方面的相同都可能形成利益团体来影响公共决策。比如在对于是否对高尔夫球及球具进行征收消费税的公共决策中，如果参与决策的高收入阶层多，那么这项议案很可能被否决，如果低收入阶层多，就很可能被通过。所以，决策的最终结果并不是代表了大众的偏好，而是仅仅代表利益集团的偏好。

例如 1992 年，美国在讨论降低政府开支与财政赤字的过程中，国会却通过了一项议案，批准拨出数百万美元在西弗吉尼亚州的一个闭塞地区修建一条四车道的高速公路，去消除交通拥挤。为什么？一个重要的原因是，西弗吉尼亚是参议员罗伯特·伯德的家乡，而伯德又是参议院拨款委员会主席；对于为许多别的参议员所宠爱的项目来说，他那一票将是至关重要的。

(二) 政府机构的低效率

政府机构本身因缺乏竞争和激励而容易导致低效率。

1. 缺乏竞争

这体现在政府部门对于同类型工作的工作人员往往支付同样的报酬，而不像私人部门那样容易和工作绩效挂钩，从而，干多干少一个样。工作人员更多的是尽量不犯错误，而不是提高工作效率。

2. 缺乏降低成本的激励

作为经济人的我们都有这样的思维，只有花自己口袋的钱才懂得节约，花别人口袋的钱就没有节约的激励。而政府活动的经济来源是税收，每个政府部分只是总体政府的一个分支机构，其支出的过多跟政府官员的个人利益没有冲突，从而，政府部门都有扩大开支的冲动，从而导致浪费。

(三) 政府干预的低效率

在纠正市场失灵方面，我们可以通过发放许可证、特许经营权等方式来实现。在这里，掌握有发放许可证或特许经营权权力的部门或者个人，就可能以权谋私，即利用掌握的这个资源来谋求自身利益的最大化。所以，在纠正市场失灵的时候，产生了额外的负效应。

资料链接

一个关于美国政府信心的调查

只有少数人对政府有信心，这是民意调查显示的结果。这项测验意在调查公众对于政府表现的看法。2000 年 5 月的一项盖洛普民意测验向我们展示了调整结果。

问题：你对我们位于华盛顿的联邦政府有多少信任和信心。

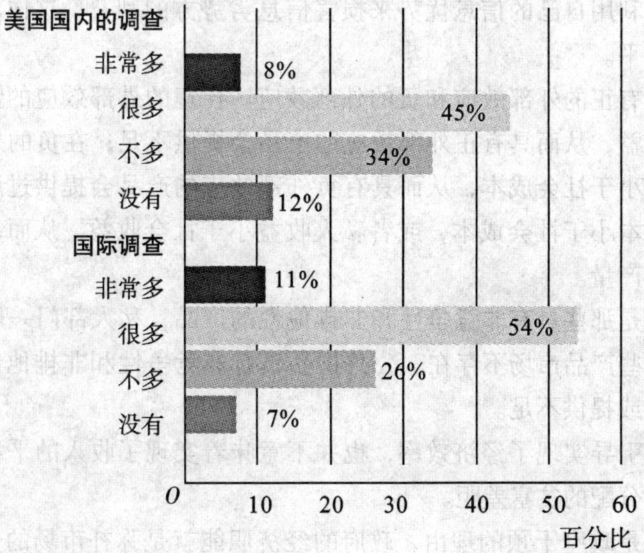

资料来源：Gallup Organization，May 2000.

回顾与总结

本章讨论了市场失灵和微观政策，讨论了有市场势力的企业的行为以及这些企业定价和生产的决策。同时，还研究了政府对垄断的管理。完全竞争市场最后能实现帕累托最优。然而，完全竞争的一些假设条件是不成立的。市场在垄断、信息不对称、外部效应以及公共品等领域是失灵的。

●垄断是一种极端的市场结构，即市场上只有一个卖者，没有其他替代品能够形成竞争。此时企业不再是价格的接受者，而是产品价格的决定者。

●垄断者追求利润最大化，在边际收益等于边际成本的时候确定产量，并根据需求曲线和该产量水平制定价格——这就是垄断高价。由于垄断者生产更少的产品、向消费者收取高价，所以造成了无谓损失，不能实现资源的配置效率。

●为了解决垄断引起的问题，政府可能采取一些公共政策来解决，但这些政策本身也会带来一些其他的问题，所以也有经济学家认为政府应当对垄断无所作为。

●寡头和垄断竞争是更为贴近现实的市场结构模型，寡头更接近垄断的情形，而垄断竞争则名副其实，是垄断和竞争的混合体。

●寡头和垄断竞争理论描述了经济中的一些市场，并且对市场结果作出了一般的推测和分析，我们发现无论是寡头还是垄断竞争，都产生了效率损失。但让人沮丧的是，尽管知道这些市场并不令人满意，经济学家仍然没能提出简单而实用的宏观经济政策。因此这部分理论更多地用来解释和分析现实，在指导实际决策时需要谨慎。

●垄断厂商在利润最大化的驱使下，会在边际收益等于边际成本处定价，产量低于社会最优产量，从而，市场在垄断行业失灵。

●在现实的市场经济中，参与者双方通常所获取的信息是不对称的。这样，信息优势方就很可能利用自己的信息优势来损害信息劣势方的利益。这样，最后达成的均衡就不是最优水平。

●外部效应有正的外部效应和负的外部效应。在正的外部效应的情况下，因私人收益小于社会收益，从而具有正外部效应的产品会提供不足；在负的外部效应的情况下，因私人成本小于社会成本，从而具有负外部效应的产品会提供过度。外部效应的存在使得私人成本小于社会成本，或者私人收益小于社会收益，从而，最终的均衡产量不是社会最优产量。

●公共物品是那些具有非竞争性和非排他性的产品，私人部门一般不愿意提供这些产品，从而这些产品市场不存在。公共物品具有非竞争性和非排他性，因此，私人部门不会有提供或提供不足。

●即使市场引导实现了经济效率，也并不意味着实现了收入的平等。市场决定价格，会导致收入分配的贫富差距。

●市场失灵是政府干预的理由，政府的经济职能就是弥补市场的失灵。然而，政府也不是万能的，政府干预经济中会有失效的地方。

思考与练习

彩电价格战

2000年6月9日召开了“中国彩电企业峰会”，8月11日康佳实施“杀手”，宣布全面降价20%，当日深夜，“老大”长虹积极迎战，“开闸放水”降价35%，最多下降3 000元。至此，近几年来彩电行业最大规模的价格战终于爆发。

彩电业是“最成熟的一个产业”，也是一个充满野心和阴谋的领地。“保价联盟”的构想似乎是要牵引彩电巨头远离价格战的绳套。但在市场上一片“跳水”、“蹦极”的声浪中，“联盟”的宏图壮志似乎已在残酷的现实面前碰得粉碎。

从1988年长虹主动降价开始，至今中国彩电业已经经历了数轮价格战，而且激烈程度一次甚过一次，据说，彩电行业的平均利润水平已经降至3%。有人说彩电企业在销售淡季发动价格战，是想通过炒作减少库存；有人认为彩电“跳水”还大有空间；也有人认为中国彩电业已经面临着生存危机。

2003年6月，盛传已久的国产彩电再次大降价，终于得到证实，由相关厂商在全国15个省会级城市136家家电商场将同时发起“国产彩电夏日风暴”，包括长虹、海信、康佳、创维、TCL等在内的数十个主流品牌将全线降价20%～30%，最大降幅高达50%。

据行家披露，此番“价格雪崩”，是继国内家电市场2000年国产彩电全面“高台跳水”后的最大一次降价，几乎囊括了所有的一线国产品牌，品种包括当前市场热销的超平、纯平、背投乃至有“高端”之称的液晶和等离子彩电，且由大尺寸纯平、逐行扫描、背投等高技术含量的国产彩电新品唱主角，例如最新研制投产的带空气净化功能的43英寸HID436BR逐行扫描背投彩电等。对买方更具诱惑的是一些国产精品新品的“雪崩价”——29英寸纯平类彩电零售价将首次滑至1 600元之下；29英寸逐行扫描彩电之价格将击穿2 400元，基本上与目前市场在销的非逐行普通纯平彩电价格持平；43英寸背投售价将普遍低于6 000元、40英寸等离子彩电下探26 000元、15英寸液晶彩电低于3 000元。

国产彩电何以“不约而同”地选择2003年6月中旬再次全线点燃“价格雪崩”狼烟？业内普遍的看法是一年一度的梅雨季节历来是彩电销售的淡季，利用价格杠杆来化淡为旺，唯“雪崩”才能带来“眼球经济”。但同样毋庸讳言的是，近来国产彩电在外销的主打市场美国频频遭遇反倾销诉讼，出口前景难以乐观，调转“枪口”瞄准国内市场的再开发，也是一大动因。

还有一个原因是“外籍军团”在价格竞争上紧逼不放，东芝、日立等合资彩电均有降价大动作，且都选择中高档彩电“跳水”。因此，国产彩电即便不愿降也不得不降。当然，诸多厂家商家其实还有自己的“如意算盘”，即因非典肆虐，原本应是销售旺季的“五月黄金周”反倒骤然降温成淡季，结婚、装修、搬迁新居的高峰期因之延后，如今病魔渐行渐远，被“压缩”和“滞后”的消费必然释放和反弹，国际市场液晶和等离子彩电关键部件和元器件价格也普遍看跌，今日不“降”，更待何时？

思考：

（1）彩电市场是一个什么结构的市场？

（2）彩电市场上厂商如何制定产量和价格决策？

（3）彩电降价可能产生哪些影响？

现实中的劳动市场

2008年是非常特殊的一年，不仅是我国劳动力市场管制逐渐强化的一年，也是雪灾、地震、奥运会、全球金融危机等一系列重大事件交织发生的一年。这些重大事件或直接或间接地影响了我国社会经济发展的格局，并构成了当前就业面临的基本形势。

（一）大企业削减招聘规模

往年金融、地产、消费类和流通类的知名企业往往是从校园中选拔大量应届毕业生人才的中流砥柱，但是今年却迟迟不见这类企业的身影。“从截止到11月底的排期来看，计划来宣讲的证券公司仅有一家，保险公司方面提供的职位数量也锐减。”

更让人感到心寒的是，一些已经公开公布校园招聘计划的企业竟然宣布取消招聘计划。据了解，最先公开掀起“退招”风波的是家乐福（中国），成都家乐福超市宣布取消原定于11月6日在西南财经大学的2008—2009年度的全国校园招聘宣讲会。对于取消的原因，该公司解释为“由于受到全球经济危机影响，家乐福（中国）总部通知全国范围内的招聘活动取消。”

（二）企业大裁员，就业增加更多压力

中国现代国际关系研究院经济安全研究中心主任江涌在接受记者专访时表示，全球性裁员已经成为金融危机扩大化的又一波浪潮。江涌表示，从公司裁员潮的走向，可以看出此次金融危机仍在扩大，而底层员工受裁员影响更深。“可以说，全球性的裁员潮成为金融危机扩大化、深化的又一种表现，对很多公司和底层员工来说，更艰难的日子还在后面。”这些刚失去工作的员工形成了就业市场上新的力量，这将给没有任何经验的应届毕业生带来不小的就业压力。

（三）大学生就业形势严峻

据统计，2008年的大学毕业生再创历史新高，人数达创纪录的559万，有专家预计，全国普通高校毕业生将达592万多人，同时加上去年没能实现就业的往届毕业生，这个就业竞争的压力是非常大的。“今年大学毕业生的就业形势将更加严峻。”

思考：

（1）经济现实说明劳动力市场上的供求处于什么状况？

（2）就业问题可能产生什么样的影响？

（3）你认为人们可以采取哪些措施来解决就业问题？

第六章　总产量与经济增长

导入：

(1) 根据中华人民共和国国家统计局2009年2月26日所公布的资料，经初步核算，全年国内生产总值300 670亿元，比上年增长9.0%。分产业看，第一产业增加值34 000亿元，增长5.5%；第二产业增加值146 183亿元，增长9.3%；第三产业增加值120 487亿元，增长9.5%。你知道一个国家的国内生产总值是怎么计算出来的吗？

(2) 如果你是一个股民，你多半会对我们国家的经济增长率感兴趣，那么究竟哪些因素决定了一个国家经济增长的快慢，是劳动、资本，还是技术，或者是制度？

(3) 正如穷人梦想变富一样，落后的国家都想赶上甚至超过发达的国家。世界上有些国家就基本做到了，可有些国家与发达国家的差距却越来越大，为什么？我们能够赶上甚至超过美国吗？

(4) 改革开放以来，我国持续30年的高速增长使我们的生活真的变了样，我们还能保持多久的高速增长呢？

在前面对市场有效和市场失灵的分析中，我们主要运用了供求均衡工具。同样的，为了分析一个国家的经济在稳定和增长上面的失灵，我们也要运用供求均衡工具。只不过，说明经济效率和经济平等方面的失灵通常运用市场供求均衡分析，而要说明经济稳定和经济增长方面的失灵，就必须进行总供求均衡分析了。

本章通过研究一个国家的总产量的决定，为解释总供给提供必要的基础。

学习本章之后，你将能够：

(1) 懂得国内生产总值及其计算方法；

(2) 了解国内生产总值与其他收入总量的关系；

(3) 掌握决定了经济生产物品与劳务的能力的因素；

(4) 解释潜在国内生产总值的决定；

(5) 懂得充分就业的经济含义；

(6) 了解现代经济增长的思想。

第一节　国民经济总量

一、国内生产总值

如果要判断一个人是否成功，首先就要看他的收入或者财富，讨论一个国家的经济状况也是如此——首先衡量这个国家的总产量。最常用的一个指标就是国内生产总值（Gross Domestic Product，GDP），如表 7－1 所示。

表 7－1　　2006 世界各国（地区）国内生产总值（GDP）排名

名次	国家（地区）	国内生产总值（GDP）（亿美元）
1	美国	132 217
2	日本	49 114
3	德国	28 582
4	中国	26 140
5	英国	23 575
6	法国	22 273
7	意大利	18 410
8	加拿大	12 731
9	西班牙	12 167
10	俄罗斯	9 753
20	中国台湾	3 539

国内生产总值（GDP）是在某一既定时期内，一个国家或地区生产的所有最终物品与劳务的市场价值。

这个定义看起来比较简单，真正理解起来却不是那么容易的事情。

（一）国内生产总值（GDP）考察国土范围内的经济总量

只要是一国范围之内，不管是本国企业、合资企业还是外资企业，其产值都要计入该国的国内生产总值（GDP）中。可口可乐在中国的分公司取得的产出不是美国国内生产总值（GDP）的一部分，而是中国国内生产总值（GDP）的一部分。

与此相对的一个概念是国民生产总值（Gross National Product，GNP），它是一国永久居民生产的价值。当一个日本居民在中国工作时，他的产出计入中国的国内生产总值（GDP），同时也可计入日本的国民生产总值（GNP）。

在国际经济交往越来越密切的现在，大多数国家都使用国内生产总值（GDP）的概念来衡量本国产出。当然，由于大多数国家都主要是由国内居民从事大部分国内生产，因此国内生产总值（GDP）和国民生产总值（GNP）的数值非常接近。

试一试：

如果是中国人在美国工作创造的产出，计入哪个国家的国内生产总值（GDP）呢？也计入这个国家的国民生产总值（GNP）吗？

（二）国内生产总值（GDP）是市场价格的总和

国内生产总值（GDP）衡量的是一个国家或地区生产出来的各种各样的产品，比如大米、服装、汽车和医疗、旅游等等，为了把这些不同的产品的价值加总起来得到一个总量，就要使用它们的市场价格。

因此进行国内生产总值（GDP）核算的时候不是说生产了100辆汽车和50万件服装，而是说生产了价值1 000万元的汽车和500万元的服装，两者总和为1 500万元。

（三）国内生产总值（GDP）计算最终物品

如果周林生产5万元的小麦，张文用这些小麦生产7万元的面粉，然后李武用这些面粉做出10万元的面包。这些产品以多大的价值计入国内生产总值（GDP）呢？

在这个从小麦到面包的生产过程中，小麦和面粉是中间物品，而面包是最终物品。国内生产总值（GDP）只计算最终物品的价值，因为面粉已经包括了作为原料的小麦的价值，而面包又包括了作为原料的面粉的价值，如果把小麦、面粉和面包的价值相加，就会重复计算小麦和面粉的价值。因此，国内生产总值（GDP）核算的时候，这些产品只计算面包的价值，也就是10万元。

如果难以区分最终产品和中间产品，就使用增加值法计算，即用产出减去投入得到的增加值来计算。小麦的5万元都是增加值；面粉的增加值就是7－5＝2万元；面包的增加值是10－7＝3万元，那么总产出就是5＋2＋3＝10万元。

（四）国内生产总值（GDP）反映当期产出

如果1999年共建房屋价值1 000亿元，其中600亿元的房屋在1999年售出，其余400亿元房屋在2000年售出，那么国内生产总值（GDP）核算时应该怎么处理这部分价值？

我们注意到，国内生产总值（GDP）反映当期产出，那么这1 000亿元房屋都是1999年生产的，所以计入1999年的国内生产总值（GDP）。其中有400亿元房屋在1999年没有卖出去，那么就称为存货（是投资的一部分），而2000年把这400亿元房屋卖出去的时候，就是存货减少，而与2000年的国内生产总值（GDP）无关。

二、名义国内生产总值（GDP）与实际国内生产总值（GDP）

假定经济中只生产两种产品：面包和牛奶，其价格如表7－2所示，那么各年的国内生产总值（GDP）如何计算呢？

表7－2　不同年份的产出水平

年份	面包		牛奶	
	价格	产量	价格	产量
2005	1	100	2	50
2006	2	150	3	100
2007	3	200	4	150

1. 名义国内生产总值（GDP）

如果用产品当年的价格乘以当年的产量计算得到国内生产总值（GDP），就得到名义国内生产总值（GDP）。

① 2005 年的名义国内生产总值（GDP）$=1\times100+2\times50=200$

② 2006 年的名义国内生产总值（GDP）$=2\times150+3\times100=600$

③ 2007 年的名义国内生产总值（GDP）$=3\times200+4\times150=1\ 200$

从 2005 年到 2007 年，名义国内生产总值（GDP）的值从 200 增加到 1 200，其中一个原因是产量增加（面包增加了 100 单位，牛奶增加了 100 单位），另一个原因是价格上升（面包价格变为原来的三倍，牛奶价格变为原来的两倍）。

为了剔除价格变化对国内生产总值（GDP）的影响，我们可以用某一个固定年份的价格来核算国内生产总值（GDP），这个作为比较基础的年份就叫作基年。用基年价格计算出来的国内生产总值（GDP）就是实际国内生产总值（GDP）。

2. 实际国内生产总值（GDP）

我们选定 2006 年作为基年，那么在核算国内生产总值（GDP）的时候，面包和牛奶的价格都以 2006 年的价格为标准——面包价格为 2，牛奶价格为 3。

① 2005 年的实际国内生产总值（GDP）$=2\times100+3\times50=350$

② 2006 年的实际国内生产总值（GDP）$=2\times150+3\times100=600$

③ 2007 年的实际国内生产总值（GDP）$=2\times200+3\times150=850$

剔除价格影响之后，实际国内生产总值（GDP）能够更为准确地表示出产出水平的变化。比如从 2005 年到 2006 年，实际国内生产总值（GDP）从 350 增加到 600，增长了大约 71%；如果考察的是名义国内生产总值（GDP），从 200 增加到 600，增长了 200%，并不完全是产出增加的影响，还有价格的影响。

试一试：

2000 年拍卖出齐白石的一幅画，价值 100 万元，拍卖手续费 5%，这部分产出如何计入 2000 年的国内生产总值（GDP）？

三、国内生产总值（GDP）与经济总福利

国内生产总值（GDP）或者国民生产总值（GNP）是衡量一国或地区经济总量最重要的指标，但并不是一个完美的指标。罗伯特·肯尼迪[①]说："GDP 衡量一切，但并不包括使我们生活有意义的一些东西。"他虽然不是经济学家，但这句话被认为是对国内生产总值（GDP）的一个中肯的评价。

（一）国内生产总值（GDP）只衡量市场经济活动

国内生产总值（GDP）衡量所有的市场活动，所以未经市场交易的家务劳动，以及走私等非法经济活动就不包括在内。而这些活动对于人们的生活显然是有影响的。

---

① 罗伯特·肯尼迪（1925—1968），美国总统约翰·肯尼迪的弟弟，1968 年竞选总统时被暗杀，引用的这句话就是他在竞选演讲时对国内生产总值（GDP）这个指标的评价。

（二）国内生产总值（GDP）并不能准确地反映福利状况

一些生产行为对提高人们的生活水平没有好处，比如军火，它的产出也是国内生产总值（GDP）的一部分；还有一些生产行为的成本没有得到准确衡量，比如造纸带来500万元的收益，同时造成的污染可能需要1 000万元去治理，但是核算国内生产总值（GDP）时只是计算这500万元的收益，却没有衡量这1 000万元的成本。

另一方面，对人们有益的闲暇、安全等却没法反映出来。同样是国内生产总值（GDP）产出1万亿元，如果工作时间从平均10小时减少到8小时，那么人们的生活质量明显提高，却没有反映出来。

近年来，有人提出了“绿色GDP”的概念，即用环境质量等福利指标来对国内生产总值（GDP）进行修正，以期更为准确地描述一国的经济总量。

（三）不同国家的国内生产总值（GDP）难以比较

同样是10千克小麦，在中国价值15元人民币，在美国可能价值2美元（按目前汇率不等于15元人民币），其价格并不相同，那么同样的实物产出在各国国内生产总值（GDP）中表现出来的数值也就有所不同。

比如，1992年，美国的人均国内生产总值（GDP）是24 451美元，而国际货币基金组织（IMF）发表的中国官方统计结果认为，当年中国的人均国内生产总值（GDP）是2 402元人民币，按照当时的汇率（1美元值5.762元人民币），中国的人均国内生产总值（GDP）就是417美元——美国的人均国内生产总值（GDP）是中国的59倍。但美国的国内生产总值（GDP）是用美国现行的价格衡量的，中国的国内生产总值（GDP）用中国的物价水平来衡量——两者差距巨大。宾州大学国际比较中心的经济学家罗伯特·萨默斯和艾伦·赫斯顿用购买力平价标准构建了100多个国家的实际国内生产总值（GDP）数据（PWT），根据这些数据，用1985年美元进行衡量，1992年美国的人均国内生产总值（GDP）是中国的12倍，而不是官方公布数据的59倍。

尽管如此，由于目前并没有更好的替代，国内生产总值（GDP）仍然是衡量一国经济总量最常用的指标。

第二节 经济增长的源泉

从1960年到1998年，美国的人均实际国内生产总值（GDP）增长了两倍还多，这个速度快吗？同样的时间段内，亚洲一些国家和地区经历了经济奇迹：中国香港、中国台湾和韩国的实际国内生产总值（GDP）翻了三番（是原来的8倍）！为什么这些地区的经济增长如此迅速？

一、潜在国内生产总值（GDP）与经济增长

（一）潜在国内生产总值（GDP）

在既定的技术状况和人口规模条件下，一国能够达到而不至于发生通货膨胀的产

出水平是确定的，这就潜在国内生产总值（GDP），也叫作充分就业的实际国内生产总值（GDP）。也就是说，在最低的可持续的失业率下的产出水平。

为了生产出更多的产品，我们必须使用更多的投入要素，可以通过雇用更多的劳动、增加资本量，或者开发出提高劳动生产率的技术来实现实际国内生产总值（GDP）的增长。

短期分析中，资本量和技术水平都是确定不变的，此时实际国内生产总值（GDP）就取决于所雇用的劳动量。

我们已经知道，当劳动需求曲线与劳动供给曲线相交时，劳动市场实现了均衡，如图 7－1 所示，表示在实际工资率为 3 000 元/月时，实现了充分就业，整个市场上的劳动总量为 200 万小时。此时既不存在过剩（更多的失业），也不存在短缺。

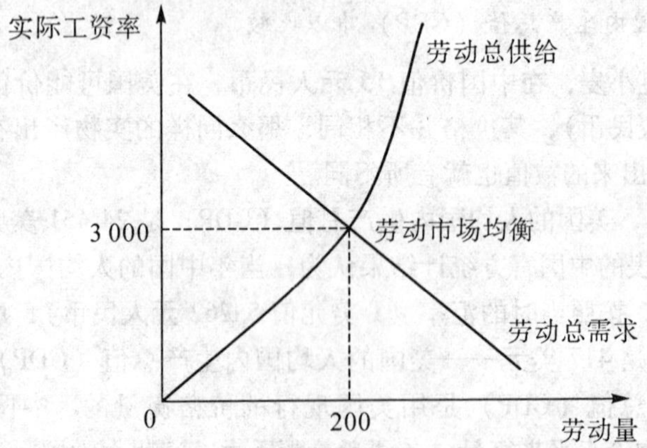

图 7－1　劳动市场均衡

由于产出水平取决于劳动数量，用生产函数可以表示在一定的劳动投入下，可以生产出来的最大的产量，如图 7－2 所示。

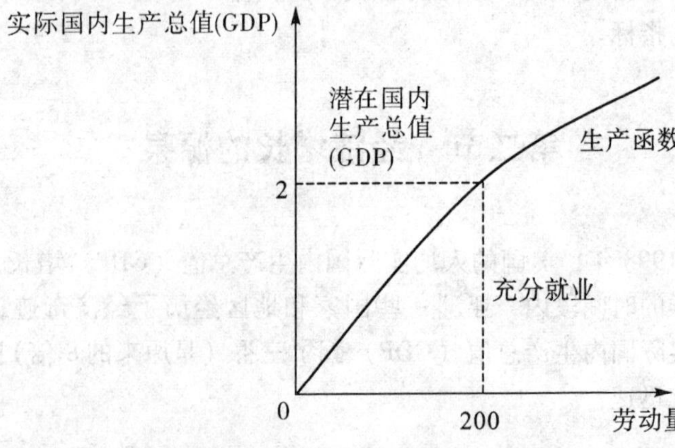

图 7－2　潜在国内生产总值（GDP）

在充分就业的水平下，对应的实际国内生产总值（GDP）是 2 亿元，这个实际国内生产总值（GDP）就是潜在国内生产总值（GDP）。

(二) 经济增长

经济学通常把经济增长规定为产量的增加，通常用国民收入量或人均国民收入量来衡量。库兹涅茨概括了经济增长的标志、源泉和条件："一国的经济增长可定义为，向人们提供各种经济物品的能力的长期增长，这一能力的不断增长以技术进步以及所要求的制度和意识形态调整为基础。"

库兹涅茨根据英、法、美等14个国家近百年的经济增长统计分析总结出了现代经济增长的六大特征：

(1) 人均国民生产总值和人口呈加速增长的趋势，但人均产值的增长率要高于人口增长率。

(2) 由于技术进步的推动，生产率不断提高。

(3) 经济增长过程中，经济结构的转变率很高。经济增长不断改变着产业结构、产品结构、消费结构、收入分配结构和就业结构等，它使农业过剩人口转向城市和工业，小业主转向大企业，从而促成了农业向非农业、工业向服务业的转变。经济结构的转变反过来又推动经济更快地增长。

(4) 经济增长伴随着社会结构与意识形态的迅速改变。经济增长使过去僵化的社会结构变得比较灵活，使传统的思想观念转变为工业化、城市化、国际化等新意识。

(5) 经济增长不是一国的独特现象，而是在世界范围内迅速扩大，成为各国追求的目标。

(6) 经济增长在世界范围内是不平衡的，因而世界经济增长受到限制。

(三) 经济增长率

1. 经济增长率的计算

用 Y_t 表示t时期的总产量，Y_{t-1}表示 (t-1) 时期的总产量，则总产量意义下的经济增长率为：

$$G_t = \frac{Y_t - Y_{t-1}}{Y_{t-1}}$$

用 y_t 表示t时期的人均产量，y_{t-1}表示 (t-1) 时期的人均产量，则人均产量意义下的增长率为：

$$g_t = \frac{y_t - y_{t-1}}{y_{t-1}}$$

2. 经济增长率为什么重要

为什么所有人都关心增长率？增长率十分重要，因为经济体增长太慢会不利于生活水平的提高。在非洲和亚洲的很多国家，过去50年很少有经济增长发生，很多人依然非常贫穷。在高收入国家，1 000个人中仅有4个会在一岁前死亡，在那些贫穷的国家中，1 000个婴儿中有100个在一岁前死亡，每年上百万的小孩因为疾病死亡，而这些疾病只需要干净的水和几美元就能治愈。

尽管他们的问题并不是具有戏剧性的，但那些国家缓慢的经济增长错过了提高其国民生活水平的机会。例如阿根廷并没有像其他那些在1950年拥有同样国内生产总值

(GDP）水平的国家那样高速增长，这使得很多人还生活在贫穷中。阿根廷人民的平均寿命比美国和其他高收入国家低好几年，一岁前婴儿的死亡率则是美国和其他高收入国家的三倍。

看起来，1.3%和2.3%之间的差别可能很微小，但是经过较长时间，增长率的微小差别会造成很大的影响。例如假设你在储蓄账户上有100美元，利率是1.3%，意味着你可以得到1.3美元的利息收入；如果利率是2.3%，你可以得到2.3美元的利息收入。这1美元的差距似乎微不足道，但是如果你下一年也把利息和本金100美元放在账户里，差别就变大了，因为现在更高的利率被用于高额（102.30）上了，而低利率用于低额（101.30）上，这一过程被称为“复利”，在长时期内会扩大微小的利率差别。经过50年，你的100美元按2.3%的利率将增长到312美元，而按1.3%的利率仅得到191美元。

发生在利率上的变化也同样适用于增长率。例如1950年阿根廷人均实际国内生产总值（GDP）是6 430美元（以1996年的货币衡量），而法国人均实际国内生产总值（GDP）是5 429美元。50年以后，法国经济增长率平均为每年2.9%，而阿根廷仅仅为每年1.1%。尽管在增长率上的差别很小，但法国2000年人均实际国内生产总值（GDP）上升到22 358美元，而阿根廷人均实际国内生产总值（GDP）仅为11 006美元。换言之，因为两个经济体在增长率的微小差别，使得法国人均生活水平要明显高于阿根廷。重要的是记住这一点：从长期来看，经济增长率上的微小差别会导致生活水平的巨大不同。

资料链接

长期增长的70法则

美国经济学家曼昆用70法则来说明长期增长率差异的影响。根据70法则，如果某个变量年增长率为X%，则在将近70/X年以后该变量翻一番。如果法国经济增长率平均为每年2.9%，而阿根廷仅仅为每年1.1%，则法国收入翻一番的时间为24年，而阿根廷收入翻一番的时间为64年。

资料来源：曼昆．宏观经济学［M］．梁小民，译．北京：中国人民大学出版社，2000.

二、长期增长的源泉

库兹涅茨对于经济增长的定义被认为是经典，经济增长不仅依赖于资本、劳动和技术，还需要具备一些制度前提。

（一）增长的前提

经济增长最基本的前提就是适当的激励制度。在我国改革开放前的计划经济时代：所有生产要素都是全民所有，政府或集体直接经营所有企业，产品平均分配。在这样的制度下，生产积极性很低，经济也陷入低谷。

有三种制度对创造激励是至关重要的，包括市场、产权和自由交易。

1. 市场

市场将所有的买者和卖者集中在一起，人们可以更方便地搜集和传递信息，然后进行交易。买者和卖者的行为决定的需求和供给相互作用，形成均衡价格，而价格作为市场信号，能够起到引导人们决策以及实现资源优化配置的作用。

市场可以方便人们买到自己需要的商品、卖出自己提供的产品，所以每个人都专注于自己擅长的领域，促进了专业化的发展。

市场决定了人们能够得到自己想要的产品，但是只能通过出价购买而不是强取豪夺。这就产生一个问题：市场上所有人都守规矩吗？或者更进一步说，谁来制定规则、维护规则呢？

所以维持市场运行需要另外两个制度相辅相成，这就是产权制度和自由交易制度。

2. 产权

产权是决定资源和产品被人占有、使用和处置的社会安排，包括物质财产、金融财产和知识财产的权利。

比如土地归谁所有？在中国，土地由国家所有，但是农民拥有租用土地并取得收益的权利，最近的土地改革进一步明确了农民对土地的收益权，并且允许特定条件下的土地自由流转，即土地使用权可以转让。

产权还决定了拥有债权的人有权向债务人索取利息，拥有股票的人可以获得股利分红。

如果一个人通过自己的努力发明新产品，他的权利也将得到保护，可以凭借专利获取收益，并且排除他人无偿使用的可能。比如可口可乐的配方，只有可口可乐公司知道，其他人不能使用这个配方。

建立并且明确实施的产权可以划分个体的权利范围，明确人们可以做什么，不可以做什么。比如拥有土地的人可以种粮食或出租或荒废，但是不能种大麻；政府可以依据法律收税，但是不能无故没收他人财产。

中国国有企业存在的一个长期问题就是产权不明晰，国有企业理论上来说是全民所有，但不可能每个人都参与经营。于是由政府代表所有个人来实施对国有资产的占有和管理，这时，政府的利益就一定代表社会全体的利益吗？另一方面，政府委派的管理者也有自己的利益，他付出企业家才能经营企业，却并不对收益或亏损负完全责任，如何能够确保他会努力经营，争取所有者的利益最大呢？所以也有“全民所有，就是全民都没有”的说法，正是因为国有资产没有一个明确的产权主体，所以导致了一系列管理和效率问题。

3. 自由交易

第三个重要的激励制度就是自由交易。在产品分配时，由谁占有稀缺资源呢？物品和劳务、产权，都需要在自由交易的前提下有序的从一个人转移到另一个人。

如果限定产品只能卖给谁，只能向谁买，那么就可能扭曲价格，只有在自由交易的前提下，每个产品才能得到最高的评价。

比如你有一张周杰伦的签名光盘，准备转让出去，而市场上有 A、B、C、D 四个人，他们愿意为这张光盘支付的价格分别是 100 元，80 元，60 元，10 元——显然，D

也许并不是周杰伦的歌迷。如果在自由交易的市场上，当然最终由 A 得到这张光盘，因为他的评价最高；如果规定只能卖给 C 或者 D，那么你就只能得到 60 元；如果规定只能卖给 D，就只能得到 10 元。非自由的市场不仅扭曲了价格，让产品得不到最高评价，也因此打击了生产者的积极性——如果光盘卖到 100 元，你或许会努力去取得另一张签名光盘；如果只能卖到 10 元，你可能干脆就不卖了，至少不会再去努力地争取另一张签名光盘。

因此，为了给经济增长创造条件，需要建立起以法治基本原则为基础的自由民主的政治制度，它为产权的建立和实施提供了一个坚实的基础。

当适当的激励制度存在时，人们开始专门从事自己擅长的活动，然后从专业化和相互交易中获益，整个社会的生产和消费增长了，人均实际国内生产总值（GDP）也就增长了。

（二）增长源泉

仅有前提是不够的，要使经济增长持续下去，人们还必须按照激励从事相应的活动，这是过去 200 年间世界各国生产率大量提高的主要源泉。

1. 储蓄和新资本投资

储蓄和投资有什么关系？如果你要投资装修一个蛋糕店，可能需要 5 万元，这 5 万元钱可能来自于你的积蓄，可能向父母亲朋借，或者向银行申请短期贷款——不管哪一种，事实上都来自于人们的储蓄。

所以，储蓄是进行投资的前提。储蓄和新资本投资增加了每个工人的资本量，并增加了每小时劳动的实际国内生产总值（GDP）——劳动生产率。

纺织厂、铁矿和钢铁厂、建筑工地、化工厂、银行以及航运业等所有企业的资本积累为提高劳动生产率创造了条件，稳定地提高了人均国内生产总值（GDP）。在看古装电视剧的时候，仔细观察一下背景中出现的少量资本，努力设想一下在这样的环境中你能生产出什么，有多高的劳动生产率。

2. 人力资本投资

二十年前，上大学还是少数人能够实现的梦想，今天，越来越多的人把上大学作为必要的受教育程度。

人力资本的积累是经济增长最基本的源泉，它是提高劳动生产率和技术进步的源泉。以文字记录和传播技术为例，如果所有文字只能存在于记忆中，要从事任何一种商业活动是多么困难。或者假设没有印刷术，所有书本只能手抄流传，那么你从小到大能够读多少书？比现在多还是少？

有时候人力资本积累只是通过分工来实现的，数百万人学习及反复从事简单的生产任务，熟能生巧，于是提高了这些任务的生产率。

第二次世界大战期间，1941—1944 年，美国造船厂生产了一些按照标准化设计的 2 500 吨位的货船，这些船被称为“自由之舰”。在 1941 年，生产一艘船需要 120 万个人工小时，到 1942 年，需要 60 万个人工小时，到了 1943 年，只需要 50 万个人工小时。这些年所用的资本并没有发生多少变化，但数千名工人和管理者从经验中学习，并积累了人力资本，这使得生产率在两年中提高了两倍多。

3. 发现新技术

科学技术是第一生产力，这句话虽然简单，却明确指出发现并运用新技术和新物品的技术进步对经济作出的贡献非常大。

只能使用马车运输货物的时代，地区之间的贸易往来非常少，很难想象大多数北京人能够便宜地买到海南生产的椰子和香蕉。蒸汽机、内燃机带来了火车，提高了运输业的劳动生产率；随着发动机和运输设备的改进，运输业也不断发展，提高了整个社会的生产能力。

技术进步对经济增长的另一个贡献是突破了自然资源的限制。

4. 自然资源

自然资源是自然界提供的投入，包括土地、河流、矿藏等，分为可再生的自然资源和不可再生的。河流是可再生的，而石油是不可再生的自然资源。

自然资源的差别引起了世界各国生活水平之间的一些差别。美国拥有大量适于耕种的土地，农业机械化程度很高；中国很多土地是山坡和丘陵，很难推广机械化生产，劳动生产率较低。中东多数国家之所以富有，只是因为他们正好位于世界石油储藏丰富的地方。

自然资源是影响增长的重要因素，但并不是决定性的。众所周知，日本是一个资源贫乏的国家，进口许多重要资源，例如石油，但它们通过对进口原料进行技术加工，并把制成品出口到其他国家。事实上日本是世界上最富有的国家之一，突破了自然资源的限制。在东京，对空间的压力是如此巨大，以至于在一些居民区，一个停车位每个月要 1 700 美元。为了经济的利用这种昂贵的地段，本田、尼桑和丰田这三家汽车公司开发出了停车机——它可以使两辆汽车占用一个停车位的空间。

石油、煤炭等不可再生资源在经济中起着重要作用，你担心它们有一天会被消耗殆尽吗？1980 年，经济学家朱利安·西蒙与生态学家保罗·埃尔里奇打赌，埃尔里奇认为人口增长会对不可再生的自然资源形成压力，导致这些资源价格上升；而西蒙认为更多的人口并不会形成对自然资源的巨大压力，因为人总会找到更有效地利用自然资源的方法，因此提出五种金属——铜、铬、镍、锡和钨——的价格在 20 世纪 80 年代会下降。结果是西蒙赢了！

与 50 年前相比，今天的汽车油耗更低，而且采油技术的进步也减少了石油在采集过程中的浪费。另外，人们不断开发风能、核能、太阳能等能源，新技术生产出更多的替代能源，减少了石油的需求。

我国把新能源放在“十一五”规划中重要的位置，制定了一系列的政策，鼓励生产消费可再生能源，使其在一次能源生产总量中的比例由 2006 年末的 7%，提高到 2010 年的 10%，进而到 2020 年的 16%，14 年内提高 9 个百分点。

2008 年，中国海洋石油总公司、中国水电及荷兰可再生能源公司 Econcern 三家公司宣布将要合作投资 8.63 亿欧元在中国建造四座高达 72 万千瓦的大型风力发电场。

总之，维持长期经济增长并不容易，需要建立适当的激励制度，并且要求人们在激励下进行相应的经济活动，从根本上提高劳动生产率和人均实际国内生产总值

（GDP）水平。

（三）经济增长的核算

经济增长核算的目的是考察各个因素对经济增长的贡献大小。计算实际国内生产总值（GDP）增长有多少来自于资本增长，多少来自于劳动增加，多少来自于技术进步。

1. 宏观生产函数

生产函数是有用的衡量经济增长的工具，用Y表示实际国内生产总值（GDP），L表示劳动量，K表示资本量，A表示技术，N代表自然资源，这样可以写出：

$$Y = Af(L, K, N)$$

需要注意的是，劳动量的增加不一定是因为劳动者数量的增加，还有可能是因为人力资本的积累。由于土地及各种自然资源基本上是一个固定量，所以考虑要素投入量时，通常只包括劳动和资本。所以，上式可为：

$$Y = Af(L, K)$$

实际国内生产总值（GDP）在长期内持续增长的源泉是什么呢？经济学家认为，经济增长的因素或源泉很多，但一般可归结为两大项，即生产要素的投入量以及全部要素生产率或广义的技术进步，即由于技术进步所引起的投入生产要素生产率的提高。

（1）要素投入量。劳动投入量和资本投放量对总产量（或收入）的影响可用新古典增长模型进行分析。

在不存在技术进步条件下的产量增长率公式如下：

$$\frac{\Delta Y}{Y} = \alpha \times \frac{\Delta K}{K} + \beta \times \frac{\Delta L}{L}$$

式中α表示资本的收入在总收入中的比例，也表示资本每增长1%可以带来的产量的增长率。例如若α=0.25，则表示资本所有者的收入占总收入的25%；也表示资本每增长1%，可以带来产量0.25%的增长。β则表示劳动的收入在总收入中的比例，其意义和α相似。

以上是就劳动和资本投入量对经济增长影响的总体而言的。在实际经济分析中还可以用不同的分类法将两者进一步细分为不同的因素。例如劳动投入量可以细分为就业人数、工时、劳动力质量及构成等因素，这些因素都是相互制约、相互影响的，最终表现为劳动投入量的增减，从而影响整体的经济增长。

（2）全部要素生产率。部分要素生产率是指产量与某一特定投入量如资本要素投入量或劳动要素投入量之比。它反映的是投入要素数量增加所产生的经济增长率。但由于投入要素结构变化也会影响生产效率，所以部分要素生产率还不能表示生产效率的全部变化。所谓全部要素生产率是指产量与全部要素投入量之比，它反映的是全部要素投入量效率增加所带来的经济增长率，在统计资料核算中用单位劳动时间的产量及其货币表现的产值来表示，实际上它指的就是全部劳动生产率。

全部要素生产率同样可以细分为若干因素，如包括资源重新配置、规模经济、知识进步等。虽然全部要素生产率的变化体现了技术进步的作用，但这种作用或贡献是无法直接计算的，仅可以将其作为“剩余”来估算，即从国民收入增长率中减去与劳动和资本相应的增长率，所得剩余或余值就代表技术进步这一增长因素所做的贡献。

在存在技术进步条件下，如果技术进步率用$\frac{\Delta A}{A}$表示，那么产量增长率公式如下：

$$\frac{\Delta Y}{Y}=\frac{\Delta A}{A}+\alpha\times\frac{\Delta K}{K}+\beta\times\frac{\Delta L}{L}$$

因此，全要素生产率就可以表示为：

$$\frac{\Delta A}{A}=\frac{\Delta Y}{Y}-\alpha\times\frac{\Delta K}{K}-\beta\times\frac{\Delta L}{L}$$

例如，统计资料显示：国民收入增长率为5%，资本增长率为5%，劳动增长率为2%，$\alpha=0.25$。将其代入存在技术进步条件下的新古典模型：

上式表明，由于资本增长5%，其对产出增长所做贡献为1.25%；劳动增长2%，其对产出增长所做贡献为1.5%。劳动和资本投入量的增长总共使产出（或收入）增长2.75%。这样，国民收入增长率减去要素投入量的增长率的余值就是技术进步因素所做的贡献，即5% -2.75% =2.25%。

2. 经济增长因素的贡献

从20世纪50年代中期以来，一些西方经济学家不断对经济增长因素及其贡献进行理论和实证分析，有的还运用上述基本方法具体地对促进国民收入增长的多种因素所做的贡献进行了分析测算。

索洛用美国的数据估算了生产函数。他发现，平均而言，在没有技术变革时（A是一个常量），每小时劳动的资本增加百分之一，使得劳动生产率（每小时劳动生产的实际国内生产总值）提高百分之一的三分之一，这就是“三一规律”。用这个规律，可以计算每小时劳动的资本增加和技术变革对实际国内生产总值的贡献。假如每小时劳动的资本一年增加了3%，每小时劳动的实际国内生产总值（劳动生产率）提高了2.5%，那么我们可以计算出技术变革对劳动生产率的贡献。由“三一规律”可以知道，每小时劳动的资本一年增加3%，那么它引起劳动生产率提高1%，而实际国内生产总值增加了2.5%，说明其中有1.5%是因为技术变革引起的。

库兹涅茨认为，经济增长不是短期而是长期的生产产品的能力的提高，因此，先进的及相应的制度和思想意识的调整是至关重要的。他认为促进经济技术增长的因素包括：知识存量的增长、资本的增加、对劳动力的训练、企业家才能及勇气以及制度和思想意识的改变。其中，他认为知识存量是第一位的要素，知识存量的增加和扩大具有加速度的特点，因此，一旦社会进入经济增长轨道，经济发展又会影响、刺激新知识的产生，从而进一步促进经济的增长。

索洛则依据前述基本理论和方法具体测算了美国1909—1949年间的统计数据。结果表明，在这40年间，技术进步率每年平均为3.1%。其间人均国民生产总值增长3～4倍，其中技术进步的贡献占87.5%，而人均资本投入量的增长所做的贡献仅为12.5%。其他美国经济学家对1940—1960年间劳动和资本投入量的增加以及全部要素生产率的提高对国民收入增长所做贡献的测算表明，在这20年间，在人均收入年增长率1%中，要素生产率提高所做的贡献为70.34%，资本积累（即人均资本的增加）所做的贡献为29.66%。可见，技术进步对经济增长具有十分重要的意义。

丹尼森根据美国的历史统计资料测算了各个增长因素对国民收入增长所做的贡献。丹尼森首先把引起经济增长的因素分为七类，其中属于生产要素投入量的增加的包括：①就业人数和年龄、性别构成；②包括非全日工作的工人在内的工时数；③就业人员的教育年限；④资本存量的大小。属于全部要素生产率的提高的包括：①资源配置的改进；②规模经济；③知识进展。按丹尼森的测算，美国1929—1969年国民收入的年平均增长率为3.41%。其中，生产要素投入增长率为年平均2.82%，对国民收入增长的贡献为53.4%；而全部要素生产率的提高带来的年平均增长率为1.59%，对国民收入增长的贡献为46.6%，即技术进步所做的贡献占将近一半。

第三节 长期增长规律

一、经济增长规律

各国在人均收入上存在巨大差距，其主要原因在于劳动生产率不同。

（一）直观的数据

表7-3　世界各国的收入水平　货币单位：美元

国家	人均国内生产总值（GDP）	单位劳动国内生产总值（GDP）	劳动力参与率	年平均增长率	翻番年限
	1990年			1960—1990	
富裕国家					
美国	18 073	36 810	0.49	1.4	51
西德	14 331	29 488	0.49	2.5	28
日本	14 317	22 602	0.63	5.0	14
法国	13 896	30 340	0.46	2.7	26
英国	13 223	26 767	0.49	2.0	35
贫穷国家					
中国	1 324	2 189	0.6	2.4	29
印度	1 262	3 230	0.39	2.0	35
津巴布韦	1 181	2 435	0.49	0.2	281
乌干达	554	1 142	0.49	-0.2	-281
“增长奇迹”的国家和地区					
中国香港	14 854	22 835	0.65	5.7	12
新加坡	11 698	24 344	0.48	5.3	13
中国台湾	8 067	18 418	0.44	5.7	12

表7－3(续)

国家	人均国内生产总值（GDP）	单位劳动国内生产总值（GDP）	劳动力参与率	年平均增长率	翻番年限
	1990 年			1960—1990	
韩国	6 665	16 003	0.42	6.0	12
“增长灾难”的国家和地区					
委内瑞拉	6 070	17 469	0.35	－0.5	－136
马达加斯加	675	1 561	0.43	－1.3	－52
马里	530	1 105	0.48	－1.0	－70
乍得	400	1 151	0.35	－1.7	－42

经济增长有规律可循吗？

（1）观察表7－3中的数据，我们发现世界各国各地区的长期增长率差别很大——从1960—1990年的30年间，韩国的人均国内生产总值（GDP）平均每年增长6.0%，而最低的是乍得，人均国内生产总值（GDP）平均每年下降1.7%。

（2）不同的经济增长率意味着什么？韩国的人均国内生产总值（GDP）大概12年就翻一番，而津巴布韦需要281年。所以韩国、新加坡、中国香港和中国台湾在几十年间迅速从贫穷变得富裕，而津巴布韦、乌干达等非洲国家则长期挣扎在贫困深渊中。

（3）一个国家在世界人均收入分布中的相对位置并不固定，可能由“穷”变“富”，也可能反向变动——苏联解体前后的一段时间内，东欧多数国家都经历了由“富”变“穷”的过程。

（二）总结

1960—1998年期间，世界各国人均实际国内生产总值（GDP）经历了不同的发展轨迹。

1. 发达国家

美国仍然是最富有的国家，加拿大与之接近，而日本处于第三位。

在20世纪90年代期间，美国经历了一个经济发展的“黄金时代”——高增长、低通胀，技术进步使得经济欣欣向荣。在20世纪90年代之前，日本、加拿大、欧洲四大国（法国、德国、意大利和英国）的经济增长略快于美国，但差距很小，所以虽然这些国家正在追赶美国，但仍然保持差距。

2. 转型的中欧国家

经历了短期的迅速发展之后，中欧的一些国家的人均实际国内生产总值（GDP）日益落在美国之后，而且，到了1998年，这些国家几乎仍然和它们30年前没有太大的区别。

3. 非洲和中南美洲

非洲和中南美洲经历了缓慢的增长，甚至有所倒退。中南美洲的人均实际国内生产总值（GDP）在1980年为美国人均实际国内生产总值（GDP）的30%，1998年却下降到了23%；非洲国家人均国内生产总值（GDP）在1960年是美国水平的8%，到了1998年就只有6%了。

4. 亚洲奇迹

1998年，中国香港、中国台湾、韩国和新加坡因为东南亚金融危机而受到冲击，但在此之前的30多年里，它们取得了辉煌的长期增长成绩。

1960年，这些国家和地区的人均实际国内生产总值（GDP）的水平是美国的十分之一到四分之一之间，到1998年，中国香港和新加坡的人均实际国内生产总值（GDP）已经赶上了美国。

当然我们更关注中国，自20世纪90年代以来中国的经济增长也是令人惊叹的。虽然1960年时，中国人均国内生产总值（GDP）只有美国的二十分之一，但到1998年已经是美国的八分之一了。这样的进步甚至只花了20年就实现了（1978年前中国经济处于困难时期）。

如果中国保持8%的经济增长，世界经济将变得完全不同，毕竟，中国相当于200多个香港特区的规模，而中国香港目前已经是世界上最富裕的地区之一。

（三）经济增长的问题

经济增长问题的提出源于第二次世界大战之后，大多数国家都面临着恢复经济、实现迅速增长的问题。此时，主要资本主义国家都出现了经济发展停滞的问题，失业严重，经济危机频频出现；而以苏联为代表的主要社会主义国家都获得了快速的经济增长。因此，殖民地、附属国及刚刚获得独立的国家都面临这一个问题：向谁学习？各个国家有哪些经验是值得借鉴、能够借鉴的？

二、美国为什么有更快的增长

为什么美国生产率增长要比其他国家快呢？很多经济学家认为美国劳动力市场的灵活性是主要原因。美国的劳动力市场比其他国家更具灵活性有几个原因。

（一）美国劳动力市场的规制较少

在欧洲国家，政府规制使得企业解雇工人很困难，这些规制让企业不愿意雇用工人，结果很多年轻的工人没办法找到工作，或者一旦找到工作，他们就倾向于一直待在那里，即使工人的技能和偏好不能吻合工作特征。相比而言，美国政府就没那么多限制，工人可以更容易地找到工作，也经常变换合适的工作。例如一个典型的美国年轻工人在劳动力市场上的前10年会调换7次不同的工作。工作的高流动性确保工人的技能和偏好能与工作的特征相吻合，从而提高了生产率。高生产率带来高工资，年轻工人中三分之一的工资上涨是因为工作变换。工人们通过经历不同的工作来提升技能。美国工人通过工作流动性、工作学习和培训能获得其一半的工作技能。

（二）美国鼓励企业运用新技术

很多欧洲国家有限制性工作条款，限制了企业灵活运用新技术。一些这样的条款是政府规定的，其他则由工会签署。因为这些规定限制了工人从事的工作内容和一天工作的时间，降低了企业利用新技术的能力，而这些新技术可能需要工人学习新技能，从事新任务，在晚上或一早工作。在生产新产品或重新购置设备前，企业必须经常和工人签订合同。在大部分欧洲国家，零售商店开门的时间也被限定。这些管制降低了企业从采用新技术所获得的收入，因此降低了企业采用新技术的激励。

(三) 美国工人经历更短时期的失业

美国工人倾向于早点进入劳动力市场，晚点退休，比欧洲工人经历更短时期的失业。这些美国和欧洲工人在劳动力市场上的区别，包括美国十几岁的青少年和大学生倾向于在课余时间打工，可能有多种方式来解释，然而，一个关键的不同是政府提供的失业保险体制。美国失业工人通常能够领取六个月的失业保险金，相当于他们之前工资的一半，之后再找工作的机会成本就会上升。在很多高收入国家，比如加拿大和很多西欧国家，工人能够接受一年甚至更长时间的失业保险金，相当于他们之前工资的70% ~80%，因此这些国家失业的机会成本低，失业率较高，且失业一年以上的劳动力比例也很高。研究表明，长期雇用的员工拥有更高的技能、更高的生产率和更高的工资。很多经济学家认为，美国失业保险金项目有利于美国劳动力市场具有更好的灵活性。

三、趋同效应与赶超效应

(一) 趋同与赶超的状况

1. 工业化国家之间的赶超

如果我们仅仅观察工业化国家，会发现经济增长中的赶超。那些在 20 世纪 60 年代的低收入工业化国家，如爱尔兰和日本，在 1960—2000 年间增长迅速；而在 20 世纪 60 年代的高收入国家，如瑞士和美国则增长缓慢。

2. 发展中国家是否已经赶超了工业化国家

如果我们把分析扩展到包括了所有统计上可得的国家，就很难发现经济增长的赶超效应了。实际资料没有表明 1960 年的实际国内生产总值（GDP）和 1960—2000 年的增长之间的稳定关系。一些国家，如尼日尔或中非，在 1960 年人均实际国内生产总值（GDP）很低，事实上经历了负增长，它们在 2000 年的人均实际国内生产总值（GDP）比 1960 年更低。其他国家，比如马来西亚和韩国，开始的人均实际国内生产总值（GDP）很低，后来增长迅速。1960 年的一些中等收入国家，比如阿根廷，在 1960—2000 年间，几乎没有增长，而其他国家，比如以色列增长显著。

(二) 影响趋同和赶超的因素

为什么很多低收入国家增长缓慢，其中没有一个共同的答案，但是很多经济学家指出有四个关键因素：

1. 法治的失败

法治是指政府有能力去执行国家法律，特别是保护私人财产和履行合同。

从 1960 年起，越来越多的发展中国家放弃了中央计划经济，转向更为市场化导向的经济。市场经济企业家要取得成功，政府必须保护私有财产和保证合同的履行。除非企业家对其财产感到安全，否则他们不会冒险去建立企业。在市场经济中，成功进行商业运作是很困难的，除非能利用独立司法体系保证合同履行。

很多发展中国家没有有效独立的司法系统，即使司法系统存在，一件诉讼案可能很多年都不会被审理。在一些国家，司法中对法官的贿赂和政治偏袒非常普遍。如果企业不能通过司法系统履行合同，它们只能坚持采用面对面的现金交易方式。在20世纪90年代，20个强法律国家人均实际国内生产总值（GDP）增长比那些弱法律的国家要快6倍。

2. 战争

很多1960年就很贫困的国家从那时起就经历了长时期的战争或者暴动。战争使得这些国家，比如阿富汗、安哥拉、埃塞俄比亚、中非和刚果，不可能积累资本或者采用新技术。事实上，进行任何商业活动都是很困难的。结束战争带来的效果在莫桑比克可以看到，该国遭受了几乎二十多年的内战，人均实际国内生产总值（GDP）下降，但随着内战的结束，1990—2002年莫桑比克开始经历人均国内生产总值（GDP）每年4.5%的强增长。

3. 糟糕的公共教育和医疗卫生

我们知道人力资本是劳动生产率的一个决定因素，很多低收入国家公共教育体系薄弱，很多工人不能阅读和写作，很少工人能获得利用最新技术的必需技能。

很多低收入国家遭受着高收入国家已经不存在或很容易对付的疾病。例如在发达国家很少人因为痢疾受苦，但是在非洲每年有100万人因此死亡，在美国和欧洲艾滋病的治疗已经减少了因这种疾病带来的死亡，但是在低收入国家仍有上百万人因为艾滋病而死亡。低收入国家缺乏资源，其政府经常在提供日常医疗保健（如儿童牛痘接种）上非常无效。

生病的人工作量会减少，工作时也会没有生产率。儿童时期的不良营养和被暴露在某些疾病下会一直处于虚弱中，成人后也会影响其智力。发展中国家的人们健康不佳会对其人力资本造成严重的负面影响。

4. 储蓄和投资率低下

为了投资工厂、机器和计算机，企业需要资金，一些资金可以从企业所有者、他们的朋友或家庭那里取得，但是高收入国家的企业通常都是从银行借贷或者是在金融市场出售股票和债券来融资的。在大部分发展中国家，股票和债券市场不存在，银行体系也很脆弱。在高收入国家，银行借给企业的资金来自居民储蓄，很多居民都能把其收入的大部分作为储蓄。在发展中国家，很多居民靠收入勉强为生，因此也没有储蓄。

发展中国家低储蓄率造成了贫困的恶性循环。因为居民收入很低，他们几乎没有储蓄；因为居民储蓄少，企业很难借到资金；缺乏资金企业就不能投资建厂、购买机器和经济增长所需的设备；因为经济不能增长，居民收入仍然很低，储蓄也是，这样就陷入了恶性循环。

5. 自我封闭

一种使发展中国家摆脱低储蓄、投资和增长恶性循环的方式就是通过国外投资。当企业在国外建立或购买设备时，外国直接投资就产生了；当个人或企业购买另一个国家的股票或债券时，外国证券投资就产生了。外国直接投资和外国证券投资能为低收入国家提供原本没办法获得的资金和技术。但直到现在，很多发展中国家都不愿意利用这一机会。

很多发展中国家对进口施加了高额关税，不鼓励甚至禁止外国投资，这使得它们很难打破贫穷的恶性循环。高关税壁垒和避免外国投资不能带来增长，所以到了20世纪80年代，很多发展中国家开始改变政策，结果导致了全球化。

如果我们利用一国国内生产总值（GDP）中的出口部分来衡量全球化，我们发现全球化与经济增长呈高度正相关。数据显示，20世纪90年代全球化程度高的国家比全球化程度低的发展中国家增长更快。全球化通过更容易地获得投资资金和技术给发展中国家带来好处。

四、技术进步与经济持续增长

技术变革有助于经济摆脱资本边际回报递减。

技术变革上移了每个工人的生产函数，在同样资本下能够生产更多的实际国内生产总值（GDP）。例如如果现在的技术水平作用于生产函数，每份资本50 000美元，实际国内生产总值（GDP）为575美元。技术变革使得在同样的资本下可以生产675美元的产品和服务。技术进一步发展使得经济拥有更高的生产函数，提高劳动的实际国内生产总值（GDP）。因为资本边际回报递减，只有技术变革才能保证每小时劳动的实际国内生产总值（GDP）得以提高。一国只有实际国内生产总值（GDP）增长才能提高生活水平，因此，我们可以得出下面重要结论：在长期看来，一个国家只有经历持续的技术变革，其生活水平才能不断提高。

罗默认为知识资本的积累是经济增长的关键决定因素。当企业进行研发或其他技术变革时，对经济贡献了知识资本。我们看到有形资本的积累受制于回报递减：每小时劳动的资本增加导致实际国内生产总值（GDP）的增加，但是却是以递减的速度。罗默指出，在企业层面上，知识资本同样如此。随着企业增加知识资本的积累，其产出会提高，但是以递减的速度。

然而，从整个经济层面看，罗默认为知识资本是回报递增的。因为知识一旦被发现就可以为所有人使用。而有形资本，如计算机或设备的利用是具有竞争性的，因为如果一家企业利用了，则别的企业就不能使用。然而，知识资本的使用，如能治疗癌症的药物配方是非竞争的，因为一家企业使用这种技术并不能阻止其他企业使用。

因为知识资本具有非竞争性和非排他性，企业在研发上可以搭其他企业的便车。例如晶体管技术最先由西部电气贝尔实验室在20世纪40年代研制，并作为信息革命的基础技术。然而，贝尔实验室最终仅仅收到了从所有利用该技术的企业取得的巨大利润中的极小部分。罗默指出企业不愿意对研发进行投资是因为研发的边际成本不等于边际回报，边际回报大部分被其他企业获得，因此，存在一些没有效率的小规模研发，使得知识资本的积累和经济增长减缓。

很多经济学家对于从20世纪90年代开始的高增长持续保持乐观。计算机的运用和信息技术不断发展，价格却不停下降。到2005年，配置很好的笔记本电脑能够以低于300美元的价格买到。更多的信息和通信技术上的革新可能对强生产率增长继续做贡献。

然而，一些经济学家对经济能够持续保持高生产率增长的能力表示怀疑。这些经济学家认为，在20世纪90年代，信息和通信技术的革新，如互联网和计算机控制系统，通过对经济运行产生显著影响从而提高了劳动生产率。这些经济学家认为，21世纪，信息和通信技术的革新对消费者产品，如手机的影响，大于对那些可以提高生产率的企业内部运作。

第四节　经济增长理论

经济增长是经济学家最关注的问题之一。亚当·斯密在《国富论》中探讨国民财富是什么，以及如何增加国民财富，这就是研究经济增长的问题。

我们已经探讨了影响经济增长的因素：劳动、资本、技术和自然资源。但哪些因素是引起增长的原因呢？或者更普遍地说，如何让一个国家由穷变富，由富变得更富呢？

这里介绍三种主要的增长理论。

一、古典增长理论

古典增长理论由亚当·斯密、马尔萨斯和李嘉图等古典经济学家的思想综合而来，有时被称为马尔萨斯主义理论。

（一）基本思想

古典增长理论认为，当人均实际国内生产总值（GDP）增加到高于维持生存的水平时，人口爆炸最终使人均实际国内生产总值（GDP）回到维持生存的水平。因此有经济学家提出，如果全球人口从60亿增加到110亿（估计在2200年达到），我们就将耗尽资源并回到原始生活水平。

为什么会产生这样的结果呢？

我们曾经推导过，经济中技术进步引起新资本投资，新投资使劳动生产率提高；企业雇用生产率更高的劳动；对劳动需求的增加提高了实际工资率水平；实际工资率水平提高增加了就业和潜在国内生产总值（GDP）。

在这个阶段，经济增长了，每个人都从中获益。但是古典经济学家认为这个过程不能维持下去，因为它将引起人口爆炸。经济学家引入维持生存的实际工资率（W_0）的概念来说明这个问题。

如果实际工资率低于W_0的水平，一些人就无法生存，人口减少；如果实际工资率

高于 W_0 这个水平，人口增长——家庭能够抚养的小孩更多了，而人口增长增加了劳动量，由于劳动的边际产量递减，因此，劳动生产率最终下降。

这种悲观的含义使得经济学被称为“忧郁的科学”，因为他们认为无论发生多少技术变革，实际工资率总是要被推回到维持生存的水平 W_0。

（二）经验基础

当古典经济学家提出人口爆炸理论时，现实有着相同的趋势。

在英国和其他西欧国家，营养和卫生条件的改善降低了死亡率，而出生率仍然高。在几个世纪的相对稳定之后，英国在1750—1800年期间人口增加了40%，而在1800—1830年间又增加了50%。

同时，估计共有100万人（1750年总人口大约500万）在1800年离开英国到美国和澳大利亚，而且，在整个19世纪外流的移民一直保持类似规模。

（三）含义

古典增长理论集中于劳动市场和人口增长，认为技术变革和资本积累是经济增长的发动机，但最终却因为人口增长而使人均国内生产总值（GDP）回落。

二、新古典增长理论

与古典增长理论不同，新古典增长理论降低了劳动市场的地位，把资本、投资、储蓄和利率放在中心地位，它揭示了这些资本市场变量与实际国内生产总值（GDP）水平和增长率之间的相互作用。

（一）基本观点

新古典增长理论提出人均实际国内生产总值（GDP）的增长是由于技术变革引起储蓄和投资水平变化，然后增加人均资本，从而促进经济增长。

（二）经验背景

20世纪50年代中期，美国经历了第二次世界大战之后的繁荣，美国人口增长为每年1%左右，人们把20%左右的收入用于储蓄和投资，但人均收入增长并不快。

这一时期技术进步很快：半导体使新兴的电子行业发生了革命性变化，喷气式飞机开始代替螺旋桨发动机飞机，并促进了运输业发展。

这样的技术进步引起新的利润机会，企业增加投资扩大生产，经济享受着繁荣和增长的新水平。新古典增长理论认为，繁荣可以持续下去——也就是人们可以持续获得高收入，但是除非出现了新的进步，否则增长不能持续。

事实上，美国20世纪60年代经历了最高的经济增长，人均实际国内生产总值（GDP）水平也保持高水平，但之后并没有维持这样6%以上的高增长。

（三）关于人口增长的观点

欧洲18世纪的人口爆炸最终结束了，出生率下降，人口的增长速度也下降了。

现代观点认为，尽管人口增长率与经济因素相关，但它主要是影响到妇女时间的机会成本。随着妇女工资率上升、就业机会增加，抚养小孩的机会成本增加了，于是家庭选择少要孩子，出生率下降。

另一方面，技术进步不仅引起生产率提高和收入增加，而且会降低死亡率，医疗服务水平提高能够延长平均寿命——与出生率降低产生相反的作用，几乎互相抵消。

因此，新古典经济学家认为，经济状况的变化几乎不会改变人口增长率。

（四）含义

新古典增长理论意味着，资本将在全球自由流动以寻求可以得到的最高实际利率，结果就是世界各国的经济增长率和人均收入水平趋同。

这一点在富有国家（美国、日本、欧洲）能够得到证实，但是趋同的过程非常缓慢。而在不同发展水平的国家，这一趋势并不明显。

三、新增长理论

新增长理论试图解释技术进步率是如何决定的。

（一）基本观点

新增长理论认为人均实际国内生产总值（GDP）增长是因为人们在追求利润中所做出的选择，而且，增长可以无限地持续下去。

斯坦福大学的保罗·罗默在20世纪80年代提出了新增长理论，但其源头要追溯到20世纪30、40年代约瑟夫·熊彼特[①]的经济思想。

1. 发现与选择

当人们发现一种新产品或新技术时，他们是幸运的，但技术进步的速度并不由机遇决定，它取决于激励——激励可以促使更多人寻求新技术并为此努力。机遇不可捉摸，但是是否为寻找新技术而努力是可以选择的。

2. 利润与竞争

技术进步引起了利润，但随之而来的竞争将消灭利润。因此，为了增加利润，人们一直在寻找低成本的生产方法，这种努力将引发下一次的技术进步。

3. 增长的持续

新古典理论中，资本收益递减，因此随着资本积累增加，实际收益率下降，增长将会停止。但是，在新增长理论中，只要企业追逐利润的行为不停止，技术进步就一定会发生，因此经济增长会一直持续下去。

新增长理论把经济作为一种永动机制。人的欲望永无止境，这种欲望驱使人们从事寻找创新的努力，结果就能够发现新的更好的生产和管理方式，提供更新更好的产品。

① 熊彼特（1883—1950），是发展经济学的早期先驱。他提出了创新理论，主要贡献在于把经济学家的注意力吸引到长期经济增长的问题上来。他的代表作是《经济发展理论》，着重研究了资本主义经济发展的根本原因及其动态发展的过程，强调创新、企业家等非经济因素对资本主义健康、繁荣和发展的重要性。

（二）增长率的决定

新增长理论认为，经济增长的速度取决于两个因素：企业的创新能力和资本的实际收益率。

比如对基因的深入了解引起发展中的生物技术行业的利润，各种转基因产品从实验室走向生产线走向市场，引起企业利润增加。

上面三种理论，哪一种理论正确呢？也许没有任何一种理论是完美的。但我们可以从已有的研究中得到启示。

古典理论提醒我们，资源总量是有限的，如果没有技术进步，人口增长可能使我们的生活水平永远不能提高。根据这个结论，我们一方面要控制人口增长的速度，另一方面要不断寻找不可再生资源的替代品。

新古典理论得出了基本相同的结论，但原因不在于人口增长，而是因为长期资本收益递减，仅仅只是通过资本积累并不一定能够使增长持续下去。

新增长理论强调了创新——技术进步——对经济增长的决定性作用，如果能够不断创新，经济增长就能够长期维持下去；如果不能创新，经济就可能陷入停滞或低谷。

总结与回顾

我们通过对竞争性市场的研究，得出了市场能够有效配置资源，实现最大的经济福利；我们通过对垄断、外部性、公共品和不对称信息的研究，说明了市场不能实现效率和福利。同时，我们还说明了市场会导致收入分配不平等。

如前所述，市场不仅在经济效率和经济平等方面会出现失灵，在经济稳定和经济增长方面也会出现失灵。接下来，我们就要研究这些失灵，并想法来克服这些问题。

● 实际国内生产总值（GDP）取决于所雇用的劳动量，而劳动量是由劳动市场的供给和需求共同决定的。

● 劳动供给量与实际工资率同方向变动；而劳动需求量与实际工资率反向变动。当劳动市场上供求相等时就实现了均衡。当经济实现充分就业时，对应的实际国内生产总值（GDP）就等于潜在国内生产总值（GDP）。

● 总供给曲线表示其他条件不变时，物价水平与实际国内生产总值（GDP）之间的关系。长期总供给曲线是一条垂线，由潜在国内生产总值（GDP）决定，与物价水平无关。短期总供给曲线是一条向右上方倾斜的直线，表示物价水平与总供给量同方向变动。

● 短期总供给减少可能导致滞胀，政府能够通过需求管理政策影响这个结果，但不能同时消除通货膨胀和产量下降。

● 由于各种原因，不同国家经历了不同的经济增长轨迹。

● 为了实现长期经济增长，需要建立适当的激励制度，主要包括市场、产权和自由交易制度。

● 长期经济增长的主要源泉包括人力资本积累、技术进步和自然资源的广泛替代。

● 随着经济的发展，增长理论也经历了发展，主要有古典增长理论、新古典增长理论和新增长理论，从不同角度解释增长现实，分析增长的原因。

思考与练习

技术进步与经济：网络经济的增长

20世纪90年代，互联网增长是美国和全球经济增长的一个方面。

1993—1999年，电脑主机的数量从130万台增加到4 320万台，每月增长率为5%。与此对应，用于互联网的消费支出在1990—1998年间增加了10倍。

互联网启动之前，1987—1992年，美国的实际国内生产总值（GDP）增长率是每年2.06%；互联网启动之后，1993—1998年间，增长率是每年3.26%。

1999年4月，道·琼斯工业平均指数接近于第二次超过一万点。最大的收益集中于技术和网络股，例如微软、英特尔、美国在线等，金融服务的提供者也从中获益。

当雅虎公司宣布计划发展便携式电脑和以电视为基础的网络服务时，它的价格上升到最大——从39.38美元上升到219.13美元。

思考：

根据材料及你掌握的信息思考，高科技从哪些方面对经济产生了影响？

第七章　总支出与产品市场和金融市场

导入：

(1) 根据2008年国民经济统计公报，经初步核算，全年全社会固定资产投资172 291亿元，比上年增长25.5%；全年社会消费品零售总额108 488亿元，比上年增长21.6%；全年货物进出口总额25 616亿美元，比上年增长17.8%。其中，货物出口14 285亿美元，增长17.2%；货物进口11 331亿美元，增长18.5%。进出口差额（出口减进口）2 955亿美元，比上年增加328亿美元。你知道这里所说的消费、投资和净出口是什么意思吗？

(2) 你的消费量主要受什么因素影响？是你自己的收入，还是利息率？当利息率提高，为什么有些人多存钱，而另外的人却多借款？

(3) 你把钱放在小猪猪罐里没有利息，即使是存在银行里的活期存款利息率也低得可怜，但是如果你去买债券或者股票，多半就有更高的收益，那么，为什么人们还是要留一些钱在手中呢？

(4) 我最初学经济学时，我的老师说银行能够创造货币，我知道就是银行能够印钱嘛。我的老师说除了中央银行印钱外，其他银行不能够印钱，但是可以创造货币，你相信吗？你想得出来是为什么吗？

(5) 你到银行办事，通常都能够看到电子屏上显示的人民币与各种主要外币的汇率。你知道汇率是什么？你知道汇率是如何来决定的吗？为什么一美元要值六七元人民币？一元人民币要值多少日元呢？

(6) 汇率究竟会对一个国家的净出口产生什么影响？

在开放经济中，一个国家的总支出包括总消费、总投资、政府购买和净出口四个部分。其中，政府购买是国家宏观财政政策的重要手段，我们将在后面给予说明，这里主要就消费、投资和净出口进行分析。很多场合，可能你都会听到说支撑一个国家的市场的“三驾马车”，实际上，消费、投资和出口就是这三驾马车。

本章通过研究一个国家的支出的决定，为解释总需求提供必要的基础。

学习本章之后，你将能够：

(1) 了解消费与可支配收入的关系；

(2) 了解货币需求及其决定；

(3) 了解投资与利率的关系；

(4) 了解名义汇率与实际汇率；

(5) 了解汇率与利率的关系；

(6) 描述国际贸易的不同形式和收益;
(7) 分析贸易限制产生的影响;
(8) 认识国际金融的各个组成部分;
(9) 描述经济全球化趋势;
(10) 了解三大国际经济组织的宗旨和职能。

第一节　总支出的组成部分

一个国家生产出来的最终产品和服务是要用来满足人们的需要的，人们要去购买，要购买就会发生支出，这就是一个国家的总支出。

一、总支出的四个组成部分

总支出包括个人总消费、私人总投资、政府购买和净出口四个部分。

(一) 个人总消费

消费（consumption）是家庭除购买新住房之外用于物品和劳务的支出。“物品”包括家庭购买的汽车与家电等耐用品，以及食品和衣服等非耐用品。“劳务”包括理发和医疗这类无形的东西。家庭用于教育的支出也包括在劳务消费中（虽然有人会认为教育更适合于下一个组成部分）。

(二) 私人总投资

投资（investment）是对用于未来生产更多物品和劳务的物品的购买。它是资本设备、存货和建筑物购买的总和。建筑物投资包括新住房支出。按习惯，新住房购买是划入投资而不划入消费的一种家庭支出形式。

初学宏观经济学的人有时弄不懂宏观经济学家如何以一些新而特殊的方式运用相似的词。一个例子是“投资”这个词。混淆的产生是因为对个人看来像投资的东西对整个经济来说并不是投资。一般规则是经济的投资并不包括仅仅在不同个人之间重新配置资产的购买。当宏观经济学家用投资这个词时，投资是创造新资本。

我们来考虑一些事例。假设我们观察到这两个事件：斯密为自己购买了一所有100年历史的维多利亚式房子；琼斯为自己建造了一所全新的现代房子。这里什么是总投资？是两所房子，一所房子，还是没有？在一个宏观经济学家看来，这两个交易中只有琼斯的房子算作投资。斯密的交易并没有给经济创造出新房子，它仅仅是对已有房子的重新配置。斯密的购买对斯密是投资，对出售房子的人是负投资。与此相比，琼斯为经济增加了新房子，她的新房子算是投资。

同样，考虑这两个事件：盖茨在纽约股票交易所购买了巴菲特500万美元的IBM股票；通用汽车公司向公众出售了1 000万美元的股票，并用收入建立了一个新汽车厂。这里，投资是1 000万美元。在第一个交易中，盖茨投资于IBM股票，而巴菲特是负投资，所以经济中没有投资。与此相比，通用汽车公司用经济中一部分物品和劳务产出来增加自己的资本存量，因此它的新工厂算作投资。

（三）政府购买

政府购买（government purchase）包括各级政府用于物品与劳务的支出，实际上就是政府消费支出和总投资，它包括政府员工的薪水和用于公务的支出。

要对“政府购买”的含义进行一个说明。当政府为一位陆军将军或中小学教师支付薪水时，这份薪水是政府购买的一部分。但是，当政府向一个老年人支付社会保障补助或者向刚刚被解雇的工人支付失业保险补助时，事情就完全不同了。这些政府支出称为转移支付，因为它们并不用于交换现期生产的物品与劳务。转移支付改变了家庭收入，从宏观经济的角度看，转移支付像负的税收，所以转移支付不计入政府购买。

（四）净出口

净出口（net export）等于外国对国内生产的物品的购买（出口）减国内对外国物品的购买（进口）。一家国内企业把产品卖给别国的买者，比如华为向美国公司销售一批产品，就增加了净出口。

净出口中的“净”指从出口中减去进口这一事实。之所以要减去进口，是因为消费、投资和政府购买中包括进口的物品与劳务。例如假设一个家庭向瑞典汽车制造商沃尔沃公司购买了一辆价值 3 万美元的汽车。这个交易增加了 3 万美元的消费，因为购买汽车是消费支出的一部分。它还减少了净出口 3 万美元，因为汽车是进口的。换句话说，净出口包括国外生产的物品与劳务（符号为负），因为这些物品和劳务包括在消费、投资和政府购买中（符号为正）。因此，当国内的家庭、企业或政府购买了国外的物品与劳务时，这种购买就减少了净出口。

二、总支出的构成

表 7 - 1 说明了 2005 年美国总支出的构成。消费 8.75 万亿美元，占总支出的 70%；投资 2.10 万亿美元，占总支出的 16.9%；政府购买 2.36 万亿美元，占总支出 18.9%；净出口 -0.73 万亿美元，这个数字是负的，因为美国人从出售给外国人的物品中所赚到的收入小于他们用于购买外国物品的支出。

表 7 - 1　　2005 年美国总支出构成

	总量（万亿美元）	占总量的百分比
总支出	12.49	100
个人消费	8.75	70
私人投资	2.10	16.9
政府购买	2.36	18.9
净出口	-0.73	-5.8

表7－2为2005年中国总支出构成。消费7.09万亿人民币元，占总支出的37%；投资7.54万亿人民币元，占总支出的40%；政府购买3.02万亿人民币元，占总支出16%；净出口1.02万亿人民币元，占总支出的7%

表7－2　　　　2005年中国总支出构成

	总量（万亿人民币元）	占总量的百分比
总支出	18.67	100
个人消费	7.09	37
私人投资	7.54	40
政府购买	3.02	16
净出口	1.02	7

显然，中国和美国之间的总支出结构有较大差异。

差异之一，就是消费支出在美国占有70%的比重，而中国占37%，是美国同类比例的一半强一点。

差异之二，就是投资所占比重，美国为17%，中国可占有40%，比美国同类比重的2倍还大。

差异之三，在于净出口在美国是负值，中国可占有7%的比例。这表明，中国的总支出是一种投资和出口拉动型的，而美国主要是依赖于消费的。

第二节　总消费与可支配收入

总消费是一个国家的所有家庭的购买支出。它包括除新住宅购置以外的为消费者的使用而购买的最终产品和劳务。消费者的购买通常分为耐用品、非耐用品和服务三大类。一般说来，耐用品的需求变动较大，而服务的需求正逐年地超过对耐用品和非耐用品需求的增加速度。总消费的大小受很多因素影响，比如消费者的可支配收入水平、利率水平、价格水平、收入分配、消费者的资产、消费信贷、人口的统计特征以及制度、风俗习惯等。其中，可支配收入被认为是最重要的因素。

一、可支配收入与国内生产总值（GDP）

（一）国内生产总值（GDP）衡量的总收入

国内生产总值（GDP）作为一个国家的总产值，自然就构成一个国家的总收入。从收入的角度出发，把生产要素在生产中得到的收入相加，可以计算国民生产总值。主要包括以下项目：

（1）工资、利息和租金等生产要素报酬；

（2）非公司企业主收入，即不受雇用的独立生产者的收入；

（3）公司税前利润；

（4）间接税；

（5）资本折旧。

即国内生产总值（GDP）＝工资＋利息＋利润＋租金＋间接税＋折旧

（二）其他的总收入

除了国内生产总值（GDP）之外，还有国民生产总值（GNP）等多个总收入。常用的总收入主要包括国内生产净值、国民收入、个人收入和个人可支配收入等。

1. 国内生产净值（Net Domestic Product，NDP）

国内生产净值（NDP）表示一个国家一年内新增加的产值。

NDP＝GDP－固定资产折旧

固定资产在使用过程中可能发生磨损，比如卡车生锈，这就是折旧，在考察新增产值的时候需要扣除。

2. 国民收入（National Income，NI）

广义的国民收入泛指各种衡量国民经济的指标，也可以指国民生产总值，但狭义的国民收入（NI）表示一个国家一年内所有用于生产的要素取得的全部收入，即工资、利润、利息和地租的总和。

NI＝工资＋利润＋利息＋地租

NI＝NDP－间接税

3. 个人收入（Personal Income，PI）

个人收入（PI）表示个人和非公司企业得到的所有收入，不包括企业保留收入，但是包括个人获得的政府转移支付。国民收入中有部分不会成为个人收入，因而必须减去。同时，个人收入中，有部分不属于国民收入。因此：

PI＝NI－社会保险税－公司所得税－公司保留利润＋政府转移支付

4. 个人可支配收入（Disposable Personal Income，DPI）

个人可支配收入（DPI）表示从个人收入中扣除税收后的收入。这部分收入是完全归个人支配的，一方面用于个人消费，另一方面用于个人储蓄。

DPI＝PI－个人所得税

DPI＝个人消费＋个人储蓄

（三）几个重要关系

在分析个人的消费和储蓄等行为时，最有意义的就是个人可支配收入，根据上面的分析，我们可以得到：

（1）GDP＝DPI＋（折旧＋公司保留利润）＋（间接税＋社会保险税＋公司所得税＋个人所得税－政府转移支付）。由于折旧＋公司保留利润＝企业可支配收入，而间接税＋社会保险税＋公司所得税＋个人所得税＝税收总额，从而有：GDP＝DPI＋企业可支配收入＋政府总税额－政府转移支付。

（2）DPI＝GDP－（折旧＋公司保留利润）－（间接税＋社会保险税＋公司所得税

+个人所得税－政府转移支付）。同理就有：DPI＝GDP－企业可支配收入－政府总税额＋政府转移支付。

如果忽略折旧和公司保留利润，那么有：DPI＝ GDP－政府总税额＋政府转移支付。

二、总消费与可支配收入

（一）消费与储蓄的选择

由于DPI＝总消费＋总储蓄，因而总消费＝可支配收入－总储蓄。通常情况下，人们总是把一部分收入用来消费，一部分收入用于储蓄。在可支配收入一定时，总消费的多少，是人们在消费和储蓄之间选择的结果。

人们选择现在把收入进行消费，是因为消费能够给他带来一定的效用。人们进行储蓄是为了未来的消费，把一定的收入储蓄起来可以得到一定的利息，利息就构成消费的机会成本。因而，消费和储蓄的选择取决于人们对消费效用和储蓄利息的得失权衡。从这个意义上讲，随着利率提高，消费的机会成本就愈大，人们就会把更少的收入用于消费，剩下更多的收入用于储蓄。因此，如果储蓄是为了获得更多的利息，就是我们常说的"逐利储蓄"，在可支配收入一定时，储蓄与利率同向变化，消费与利率反向变化。

实际上，人们进行储蓄除了获得利率外，还可以实现人们一定的支出目标，比如买房、买车、出国、读书、保障等。

如果利率水平由5%提高到10%（实际利率），你是不是一定会增加储蓄？如果反过来，利率下降，你是不是就会减少储蓄？1998年，为了刺激人们的消费，中国人民银行数次降低银行利率，希望人们减少储蓄，把钱用于各种消费，拉动经济增长。结果却收效甚微。为什么呢？

事实上，人们很少是仅仅为了获得利息而储蓄，对于大多数中国家庭而言，常常是为了某种大宗消费而储蓄——比如子女上学、购房、养老或预防疾病支出等。比如为了子女上学准备4.4万元，在利率为10%的时候，需要存4万元；如果利率降低到5%，家庭不仅不会减少储蓄，反而会增加储蓄额。因此，如果储蓄是为了实现特定的目标，就是我们常说的"目标储蓄"，在可支配收入一定时，储蓄与利率反向变化，消费与利率同向变化。

基于以上两个事实，利率对储蓄和消费的影响不稳定，而且净影响较小。

（二）总消费与可支配收入

通常情况下，如果人们在某个时期的可支配收入为零，人们还是会进行一定水平的消费，这种消费就是自发消费。人们为了进行自发消费，一方面是动用过去的储蓄，另一方面是通过借债，无论是动用过去的储蓄还是借债，都意味着人们在这个时期是负储蓄。

由于总消费＝可支配收入－总储蓄，因而在储蓄一定时，一定时期的总消费就取决于一定时期的可支配收入。在经济学中，随着可支配收入变化而变化的消费为引致消费。一般而言，随着可支配收入的增加，人们的引致消费和总消费会增加，但是人们会把增加的收入中愈来愈少的部分用来增加消费，而把愈来愈多的部分用来储蓄。在经济学中，增加的收入中用来增加消费所占的比例就是边际消费倾向，相应的，把增加的收入中用来增加储蓄所占的比例就是边际储蓄倾向。从表 7－3 可以看出，关于边际消费倾向和边际储蓄倾向有一些结论：

（1）通常情况下，人们会把增加的收入同时用来增加消费和储蓄，因而边际消费倾向和边际储蓄倾向的值都是小于 1 大于 0 的。

（2）边际消费倾向＋边际储蓄倾向＝1，因而边际储蓄倾向＝1－ 边际消费倾向。

（3）随着可支配收入的增加，边际消费倾向会递减，而边际储蓄倾向会递增。

表 7－3　　　　边际消费倾向和边际储蓄倾向

(1) 可支配收入 （税后） （$）	(2) 消费开支 （$）	(3) 边际消费倾向 （MPC）	(4) 净储蓄 （$） (4)＝(1)－(2)	(5) 边际储蓄倾向 （MPS）
24 000	24 110		－110	
		$\frac{890}{1\,000}=0.89$		$\frac{110}{1\,000}=0.11$
25 000	25 000		0	
		$\frac{850}{1\,000}=0.85$		$\frac{150}{1\,000}=0.15$
26 000	25 850		＋150	
		$\frac{750}{1\,000}=0.75$		$\frac{250}{1\,000}=0.25$
27 000	26 600		＋400	
		$\frac{640}{1\,000}=0.64$		$\frac{360}{1\,000}=0.36$
28 000	27 240		＋760	
		$\frac{590}{1\,000}=0.59$		$\frac{410}{1\,000}=0.41$
29 000	27 830		＋1 170	
		$\frac{530}{1\,000}=0.53$		$\frac{470}{1\,000}=0.47$
30 000	28 360		＋1 640	

值得注意的是，由于可支配收入＝ 国内生产总值－政府总税额＋政府转移支付，因而有总消费＝ 国内总产值－政府总税额＋政府转移支付－总储蓄。因而，政府可以通过改变税收和转移支付来影响总消费。事实上，我们在后面关于财政政策对总需求的影响之一就是通过税收和转移支付对消费的影响来影响总需求的。

资料链接

三种收入假定

凯恩斯宏观消费函数的主要观点是：消费支出取决于收入的绝对水平；边际消费倾向 MPC 大于 0 但小于 1；平均消费倾向 APC 随收入的增加而递减。凯恩斯以后的经济学家对其消费函数的结论进行了经验验证，结果表明：在短期，随着收入的增加，APC 递减，但在各个不同短期，MPC 在渐次增大从而使短期消费曲线上移，所以 $C=C_a+b\cdot Y_d$ 只能视为短期消费函数；在长期，APC 具有稳定趋势，所以，$C=b\cdot Y_d$ 可视为长期消费函数。为此，经济学家力图从理论上来解释上述经验结论。具有代表性的是三大收入假定。

一、绝对收入假定

詹姆斯·托宾等进一步发展了凯恩斯的绝对收入假定。他们坚持个别消费者的支出水平取决于他的现期收入的绝对水平，认为消费者收入的增加，其总收入中用于消费的部分会下降，APC 会越来越小。他们再利用非收入因素的变动导致自主消费增加来解释消费曲线的上移从而长期 APC 稳定。

这些非收入因素主要有：①随着生产的长期增长，人们积累的财富越来越多，居民户的越来越富有会提高人们的消费倾向。②随着经济的发展，人口的城市化将提高消费倾向。③由于人均寿命的延长，老年人口增加，其消费支出的减少幅度慢于其收入的下降幅度，从而推动了社会的消费倾向上移。④生活必需品范围的扩大使自主性消费支出的水平增加，导致消费曲线上移。

二、相对收入假定

詹姆斯·杜森伯里认为人们的消费行为具有强烈的模仿和追求更高生活水平的倾向。他在 1949 年提出相对收入假说，认为居民户的消费支出，取决于其相对收入水平，依存于居民户在收入分配中的地位。个人消费相互影响的示范效应使个别居民户的消费支出水平要保持在相关居民户如同事、邻居等的消费水平上。彼此推动的结果，使消费水平达到每个收入集团可能达到的最高标准。在经济萧条时期，每个集团的绝对收入水平下降，但不会立即牺牲已经习惯的最高消费标准，虽然收入减少，对消费支出的压缩却很少，结果使 APC 提高。反之，在每个集团收入水平提高如经济复苏时期，消费支出的增加却较少，平均消费倾向就会下降。上述现象解释了短期 APC 的下降趋势。从长期看，每个集团的收入水平会随收入增长而提高，虽然同等收入集团的地位不变，但由于示范效应，会引起新的最高消费标准，结果收入增加使最高消费标准呈比例增加，长期 APC 呈稳定趋势。

三、持久收入假定

米尔顿·弗里德曼在 1957 年发表的《消费函数理论》中提出持久收入假定，认为消费与收入的基本关系是持久消费取决于持久收入 Y_p，两者之间有着恒定的比例关系，即 $C=b\cdot Y_p$。其基本观点是：

(1) 居民户的消费水平不取决于现期收入而是由持久收入水平决定的，居民户消费往往根据长期的稳定性收入来计划安排，故 $C=b\cdot Y_p$ 或 $b=CY_p$，其中 C 为现期消费，Y_p 为持久性收入，b 是持久性的边际消费倾向 MPC 或平均消费倾向 APC。它表明了持久的边际消费倾向是 C 和 Y_p 之间的固定比率。

(2) 尽管对一定时期的收入属于永久性或暂时性的判别是困难的，但是人们总可以确认哪一部分收入具有稳定性，相对于该部分收入而言其他收入就具有暂时性，暂时性收入则变为储蓄。区别一笔收入是否具有持久性的简单而又实际的办法是将现期收入与过去收入比较，过去得到的收入在现期也得到了，可视为具有稳定性，但现期增加的收入是否具有稳定性要根据个人的估计而定。

(3) 持久性消费是依存于持久性收入的消费。它是由持久性收入所决定的平均消费支出水平。$b = CY_p$ 称为持久性消费倾向。这个比值的大小取决于非收入因素，如利息率及非人力财富与总财富（人力的和非人力的财富之和）之比、消费者偏好等多种因素，这些因素往往比较稳定，不会随持久收入而变动，从而使消费倾向有长期不变的特征。

（4）由于长期 APC 不变，短期因暂时性收入变为储蓄而使 APC 递减，从而必然出现消费滞后，因此必然使现期总供给大于总需求，导致宏观经济失衡。解决途径有两种：一种是增加投资，另一种是通过超前的持久性减税以增加持久性收入，以推动持久性消费增加，扩大总需求，弥补消费滞后的总需求缺口。

资料来源：杨伯华，缪一德. 西方经济学原理［M］. 成都：西南财经大学出版社，1996.

第三节　总投资与利率

一、货币创造和货币供给

人们常说“金钱不是万能，但没有金钱是万万不能”，对于一个经济整体而言也是如此。金钱并不是只有纸币或者硬币这样的形式，北美的印第安人用念珠（贝壳做的珠子），斐济人用鲸鱼的牙齿，早期美洲殖民者用烟草，而埃塞俄比亚人还使用盐作为货币。随着电脑和网络技术的发展，我们有时候直接使用储蓄卡或者信用卡。这些也都是货币吗？

（一）什么是货币

念珠、鲸鱼的牙齿、烟草、盐和纸币、硬币都是货币，它们有什么共同之处呢？马克思对货币有一个本质性的描述：货币就是固定充当一般等价物的特殊商品。

作为货币流通的物品必然是被普遍接受的支付手段，也就是说可以用来结清债务。不仅如此，货币还有三种职能：交换媒介、计价单位和价值贮藏手段。

1. 交换媒介

作为一个小麦生产者，你如果想要购买一双球鞋，那么怎样实现这个愿望呢？

很难想象你直接用自己拥有的小麦去换一双球鞋，因为球鞋销售者小方很可能不需要小麦。因此，在你和小方之间需要一个媒介以达成交易，于是你卖掉小麦，取得货币；然后用货币去购买球鞋。

2. 计价单位

一台电脑值多少？通常我们不会说它价值 2 500 千克小麦或者 250 千克猪肉。为了衡量不同商品的价格，我们需要确定一个统一的标准，这就是货币单位。

一台电脑 5 000 元，1 千克小麦 2 元，而 1 千克猪肉 20 元……在超市里看看琳琅满目的商品架，不同的物品都是用货币量来表示价格。

3. 价值贮藏手段

任何一种可以保存并在以后交换产品的商品或者符号都可以成为价值贮藏手段，

货币能够在一定程度上起到价值贮藏的作用。

但是在金本位制被废除后的现在，当存在通货膨胀时，货币的价值一直在下降，因此作为价值贮藏的作用逐渐被削弱。

人们拥有的资产可以分为两大类：一类是实际资产（real assets）或物质资产（physical assets），包括房地产、各种机器设备、半成品、原材料、各种生活用品等一切有实际使用价值的物品；另一类是金融资产（financial assets），包括各种以价值形式存在的财产，如货币、银行存款、各种债券、股票和其他有价证券等。从这个意义上说，货币是一种金融资产。但金融资产却不一定都是货币，只有具备以上三种职能的金融资产才是货币。因此货币是指各国法定的货币，如人民币、美元、日元等。

（二）货币的种类

现在大多数国家，货币分为现金和银行及其他金融机构的存款。

其中现金包括纸币和硬币，是以政府名义和国家强制力保证发行的货币，可以用于结清债务。

在银行这类金融机构的存款也是货币，因为它们可以很方便地变为现金，然后用于结清债务。

各国对于货币的范围有不同的规定，主要分为M_1，M_2，M_3。

1. M_1

M_1 = 现金 + 支票账户存款

M_1主要包括个人与企业拥有的现金和可以开支票提取现金或转账的活期存款，这种活期存款可以不必通过提取现金，而以开支票或刷卡转账的方式来直接作为商品交换媒介，与现金起着完全相同的作用，因此被看作是与现金等同的货币。

2. M_2

M_2 = M_1 + 活期储蓄 + 小额定期存款 + 短期定期储蓄 + 货币市场互助基金

小额定期存款是指零星存入的定期存款，短期定期储蓄包括一年以下的所有定期存款，货币市场互助基金是指商业银行之间的准备金贷款。前两项是由于流动性较强（即变现能力较强）而被包括在较宽的货币M_2中，最后一项则是由于对银行的“货币创造”有重大影响而被包括在M_2中。它们没有被包括在M_1中是因为它们不能直接起交换媒介的作用。

3. M_3

M_3 = M_2 + 大额定期储蓄等流动性较差的金融资产

在上述三种货币形式中，M_1是经济学家和政府经常使用的货币计量形式，各国对M_1的内涵定义也都大致相同。至于M_2和M_3的内涵，不同国家则不尽相同。本书所使用的货币概念仅指M_1。支票和信用卡是货币吗？都不是。支票使货币发生转移，但本身并不是货币；信用卡的使用更像是短期贷款行为，帮助完成支付行为，但信用卡本身不是支付手段，也不是货币。

（三）商业银行

你对商业银行应该不陌生，无论是交学费，还是每个月从父母那里取得生活费，都可能与商业银行打交道——父母把钱存进商业银行，而你把钱取出来花掉。

从家庭或企业吸收存款并向其他家庭和企业提供贷款的企业称为金融中介机构，三种类型的金融中介机构的存款组成一国的货币，包括商业银行、储蓄机构和货币市场共同基金。其中储蓄机构主要指储蓄银行、信用社；货币市场共同基金指通过出售股份得到资金，并且投资于政府债券这类流动性资产的金融中介机构。这里我们主要以商业银行作为研究对象，考察金融中介机构的经济职能。

1. 商业银行的资产负债

商业银行的资产负债表列出了它的资产、负债和净值，其中资产是银行所拥有的，负债是银行所欠的，净值等于资产减去负债，是银行对股东的价值。

资产 = 负债 + 净值

如果银行吸收 1 000 元存款，那么这就增加了银行的负债——只要储户决定从银行取出存款，银行就必须偿还。

（1）风险与盈利。商业银行的经营总是在风险与盈利之间寻求一个平衡。为了实现盈利，银行的贷款利率必须高于存款利率，但是贷款是有风险的——贷款者可能破产，还不了贷款。越是把存款用于高风险、高利率的贷款，它不能偿还其储户的可能性越大；而如果储户感到银行可能偿还不了，就更加急于提出自己的资金，并引起银行危机。

2007 年，美国就发生了“次贷危机”，然后引起连锁反应，引发了全球性金融危机。次贷就是次级贷款的意思，美国的金融机构按照贷款者的信用等级将贷款分为不同级别，次级贷款就是还款能力较低、风险较高的贷款。一些低收入者本来并不具有贷款还款的能力，但金融机构在扩张业务的过程中，鼓励这些人贷款买房——如果房产价格上升，那么贷款者就可以从中获利赚取差价，然后还贷。如果房产一直涨价，那么这个结果是美好的，但当房屋价格不变或者下降时，这些低收入者不能还贷，宣布破产，而商业银行也收不回贷款，陷入危机。

（2）准备金。如果商业银行吸收了 1 000 元存款，它能够把这 1 000 元完全贷出吗？答案是不能。银行需要把这 1 000 元存款分为两部分，一部分交给中央银行，满足储户随时提款的需要；另一部分作为贷款贷出去。

为了降低银行存款的风险，中央银行要求商业银行按照一定比例缴纳准备金，这个比例叫作法定准备金率。当然，商业银行可以根据自己的经营状况和风险判断多缴纳一些准备金，这多出来的部分就叫作超额准备金。

如果央行规定的法定准备金率为 20%，那么商业银行至少需要存 200 元在央行，最多能贷出 800 元。如果商业银行决定多存一些，比如 300 元，那么它就只能贷出 700 元——风险降低，盈利也随之减少。

试一试：

商业银行会把所有存款都作为准备金吗？

（3）银行的资产。如果商业银行把所有存款都作为准备金，那么就赚不到钱，还会亏损。事实上，每个商业银行都只会把一小部分资金作为准备金，并把其他资金贷出去。商业银行的资产有三种：

①流动性资产。所谓流动性资产，就是很容易转变为现金的资产，比如短期债券，尤其是短期政府债券。一旦商业银行需要现金，那么就可以没有什么损失地卖出这些债券，兑换为现金。

流动性资产变现容易，风险低，而风险和盈利是成正比的，这些资产利率（收益率）也非常低。

②投资有价证券。有一些债券可以迅速出售并换为现金，但价格有波动，因此风险性大于流动性资产，收益率当然也较高。比如政府长期债券和一些其他商业债券。

③贷款。贷款是银行风险最大的资产，当然利率也是最高的。大多数银行的贷款提供给企业购买设备和投资，或者为家庭购买汽车这类耐用消费品，信用卡账户上未清偿的余额也是银行贷款。

贷款风险主要在于到还款期之前都不能变为现金，而且一些贷款人可能拖欠或者因为经营失败而丧失还款能力。

试一试：

商业银行能够直接投资股票等高风险、高收益的金融产品吗？

2. 金融中介机构的经济职能

所有金融中介机构都从存款、贷款之间的利率差别中获取利润，为什么人们愿意接受金融机构的低存款利率，同时支付高贷款利率呢？

金融中介机构在四个方面起作用：

（1）创造流动性。人们存钱的时候可能有着随时提款的需要，存款是短期的；而企业贷款的时候往往是半年或者更长期限。金融中介机构通过吸收短期存款和提供长期贷款，创造了流动性，满足存贷双方的需要。

（2）降低借款成本。除了银行，你还可能向谁借到20万元购买商品房？

如果没有银行，借款将是成本高昂的业务，尤其是对于有着大量资金需要的企业来说。比如企业需要借到100万投资一条新的生产线，如果从各个有钱人手里借钱，可能需要找好几个甚至几十个债主，并且分别签订借款合同。而金融中介机构向大量的人借款（吸收存款），把资金集中起来，然后贷给有需要的企业或家庭，降低了借款者的成本。

（3）降低监督债务人的成本。贷款是一项有风险的业务，如果有剩余资金的家庭或者企业直接贷款给别的家庭或企业，就需要监督这个家庭或企业的财务状况——这是一项专业要求很高的工作。

如果无法监督，那么有钱的家庭和企业也许宁愿将资金闲置起来也不借给别人，结果就是丧失了获得利息的能力。金融机构利用专业化资源进行监督，就大大降低了监督成本。

（4）分摊风险。借款是一种有风险的行为——债务人可能拖欠，也可能丧失还款能力。如果是家庭和企业一对一的债权债务关系，那么一旦发生风险，其影响就是100%。

有了金融中介机构之后，同样是100万元的资金，可能是来自于100个储户（每个1万元），贷给了10个家庭或企业（每个10万元）。其中一个债务人不能还款的时候，其损失是10万元，由100个储户承担，则每个储户损失1 000元，只是所提供资金的10%。这就降低了储户提供贷款的风险。

3. 金融管制、金融创新和金融风险

美国金融市场高度发达，我们这里主要以它为例来简单讨论一下金融市场的发展。

（1）金融管制。为了控制商业银行的风险，政府从两个方面进行管制：金融保险和资产负债表规定。

政府要求商业银行等金融中介机构为自己吸收的存款购买强制性保险，那么如果金融机构破产，储户的资产可以得到保护。但是，这也形成了反向激励——商业银行知道自己的资产有保险，就更倾向于进行高风险的投资业务。对于银行而言，高风险的贷款意味着高收益率，如果贷款得到偿还，它赚到更多利润；如果贷款不能偿还，导致银行破产，那么它的债务（对储户的义务）由保险公司承担。

政府对商业银行资产负债表的规定就主要体现在对于银行的法定资本、法定准备金率和提供不同类型贷款比例的规定。比如1980年以前，美国只有商业银行可以进行商业贷款，而储蓄银行主要提供住房抵押贷款。

然而随着经济发展，强调自由市场的美联储主张取消管制，国会立法允许更多的银行进行同样的业务，形成竞争，使得银行业结构发生重大变化，出现了大量银行合并案件。美国出现了一些重要的国际银行，比如花旗银行，使得美国银行业更有效率。

（2）金融创新。新的借款贷款方式不断出现，新的金融产品也不断被开发出来，这就是金融创新。

金融创新的目的是降低存款的成本或增加贷款的收益——最终目的是增加金融中介机构的利润。

比如20世纪60年代，苏联想要安全而方便地以美元持有资金，却又不愿意把钱放在美国的银行里，于是主要在欧洲国家持有美元账户，产生了“欧洲美元”。随着信用卡使用范围的扩大和国际金融市场的发展，欧洲美元的重要性加强了。

除了技术和经济发展的影响，管制也是促使金融创新的一个力量。比如为了逃避Q条例中不允许银行对支票存款支付利息的管制，金融中介机构设计了可以开支票和支付利息的新存款类型，从而摆脱了管制。

金融衍生产品主要的积极作用是“对冲”投资损失，或者说规避风险，但并不是消除风险，只不过把一部分人的风险转移到另一部分人头上。比如商业银行为居民提供住房贷款，就面临着居民违约的风险；为了转移风险，商业银行将这些贷款合同卖给房地美、房利美和投资银行等机构；投资银行当然不能成为最终的风险承担者，它一方面将贷款处理成债务抵押债券（Collateralized Debt Obligation，CDO），卖给包括商业银行、保险公司、养老金、对冲基金等在内的全球投资者，让债券持有者来分担房贷的风险；另一方面，投资银行创造出“信用违约保险”（Credit Default Swap，CDS），让保险公司如美国国际集团（AIG）等为这种次级贷款债券提供担保。

（3）金融风险。取消管制促进了美国金融市场的发展，涌现了大量金融创新的产品，然而在促进效率的同时扩大了金融风险。

2008年9月集中爆发了被称为“华尔街风暴”的金融危机，其影响之大、范围之广，使得人们将之与1929—1933年资本主义经济大萧条相提并论。

2008年9月7日，曾占据美国房贷市场半壁江山的“房利美”和“房地美”被美国政府接管；9月15日，美国第四大投资银行雷曼兄弟银行申请破产保护，第三大投资银行美林银行被美国银行收购；9月21日，美国第一大投资银行高盛和第二大投资银行摩根士丹利转型为银行控股公司，加上2008年3月第五大投资银行贝尔斯登被摩根大通收购，至此，美国前五大投资银行已“全军覆没”。其他的金融巨头也未能幸免：9月16日，世界最大保险公司——美国国际集团（AIG）告急；9月25日，美国最大储蓄银行华盛顿互惠银行被美国联邦监管机构接管；9月29日，美联银行被花旗银行收购……金融机构纷纷倒闭不仅意味着“华尔街模式”的覆灭，而且引发了人们对于金融市场的深刻反思。

“把钱借给能还钱的人”是人类第一间银行的大门柱上刻的唯一的一句话。可是在高利润的引诱下，世界顶尖的银行家们竟然集体把钱借给低收入者（次级贷款），投资银行把这样的贷款做成债券（金融创新）并且给予很高的等级，保险公司甚至为这种债券担保，结果就像一条食物链，发生还贷风险之后就波及整个金融市场。

（四）货币创造

如果中国人民银行发行50亿元人民币，那么经济中的货币供给总量就是50亿元吗？

经济中主要的货币是存款而不是通货，经过商业银行之后，货币总量超过其发行量，这就是商业银行的货币创造职能。

1. 货币创造过程

（1）假如张文存了1 000元到银行，那么银行得到1 000元存款，然后拿出一部分作为准备金，另一部分成为贷款。假设法定存款准备金率为10%，而银行并不进行超额储备，于是银行贷出900元。此时的货币量是多少？存款和通货一样都是货币，所以张文的1 000元存款和企业提供的900元贷款都是货币，此时的货币量为1 900元。

（2）如果得到贷款的李武也把钱存入银行（当然，现实中没有人贷款来存，这只是为了简化而进行的假设），那么银行还能够提供900×（1－10%）=810元贷款，货币量增加810元。

（3）这个过程一直进行下去，一笔1 000元的存款就能够创造出若干倍的货币供给，如表7－4所示。

表7－4　　存款货币的创造

客户	银行	增加的存款	增加的贷款	增加的储备
张文	工商银行	1 000	900	100
李武	建设银行	900	810	90
王五	农业银行	810	729	81
赵六	中国银行	729	656.1	72.9

表7-4(续)

客户	银行	增加的存款	增加的贷款	增加的储备
……	……	……	……	……
准备率10%	合计	10 000	9 000	1 000

$$货币总量=1\,000+1\,000\times(1-10\%)+1\,000\times(1-10\%)^2+\cdots+1\,000\times(1-10\%)^n+\cdots$$

$$=1\,000\times\frac{1}{1-0.9}$$

$$=10\,000\ (元)$$

2. 货币乘数

如果银行只按照法定存款准备金率进行储备，而把其他所有资金用于贷款，我们把最终增加的货币供给量与最初银行存款增加量的比例叫作货币乘数。

$$货币乘数=\frac{1}{法定准备金率}$$

当然，必须满足的一个条件是所有的贷款都转化为银行存款，而没有变为通货流出银行体系。如果存贷款过程中有现金流出，则乘数将缩小。

试一试：

个人手中现金越多，货币供给量越多吗?

二、流动性偏好与货币需求

我们希望得到的货币量是越多越好，比如工资，这是一种流量；但我们钱包里或者银行账户上持有的货币量（一种存量）是有限制的，也许拿出一部分购买债券或股票，也许投资于住房。

人们选择持有的货币量取决于四个主要因素。

（一）物价水平

用货币衡量的货币量称为名义货币量，在其他条件不变的情况下，名义货币需求量与物价水平是成比例的。

按照马歇尔等人提出的剑桥方程式：$M=kPy$。

其中，M表示人们持有的货币量，k为货币量与国民收入或国民生产总值之比，取决于人们的收入和财富，是一个比较固定的比例；P为最终产品和劳务价格的指数，y为按固定价格计算的国民收入或国民生产总值。

如果k为0.25，实际国内生产总值（GDP）即y为400万元，那么当物价指数P为1时，货币需求量为100万元；如果物价指数上涨10%变为1.1，那么货币需求量就是110万元。

（二）利率

以货币形式持有资产，你失去了什么?

如果不是以货币而是以债券形式持有100万资产，那么在利率10%的情况下，债券可以带来 10 万利息，这就是持有货币的机会成本。

现金能够带来的利率为零，而活期存款利率也非常低，因此，持有货币的机会成本是债券或者国库券这些资产能够带来的利息。如果债券利率上升，那么持有货币的机会成本就上升，人们会更多地持有债券，而不是货币。

(三) 实际国内生产总值 (GDP)

人们持有货币最根本的原因还是在于满足支出的需要，包括个人的消费支出和企业的投资支出，因此整个经济的货币需求量取决于总支出——实际国内生产总值(GDP)。

根据剑桥方程式：$M = kPy$。

如果 k 为 0.25，物价指数 P 为 1，实际国内生产总值（GDP）即 y 为 400 万元时，货币需求量为 100 万元；如果实际国内生产总值（GDP）变为 500 万元，那么货币需求量就增加为 125 万元。

(四) 金融制度

如果可以使用信用卡完成所有必要的支付，你会持有多少现金？相反，如果在偏远而缺少自动提款机的地区，你一个月持有多少现金？

显然，金融制度越发达，转账和支付越方便，人们为了满足交易需要而持有的货币需求就越小。在剑桥方程式中，金融制度影响了货币与收入（或财富）的比例 k。

随着存款种类增加，自动提款机越来越普及，信用卡支付方式也逐渐深入人心，人们的货币需求在不断下降。

三、利率的决定与变动

(一) 利率的决定

利率是债券或者股票这类金融资产收益与价格的百分比，在其他条件不变的情况下，一种金融资产的价格越高，利率就越低。

假如政府出售债券，并承诺每年支付 10 元利息，如果债券的价格是 100 元，那么利率就是 10%；如果债券的价格是 50 元，利率是 20%。

利率由货币的供求决定，而货币供给量是由银行体系和央行行为共同决定的。在任何一天（极端时期），货币供给是一个固定的量，而除利率以外的影响货币需求的因素都是不变的，利率越低，实际货币需求量（货币需求量与物价水平之比）越大。

(二) 利率的变动

当实际货币供给量等于实际货币需求量时，货币市场均衡（如图 7－1 中 A 点）。而均衡是通过利率变动实现的。

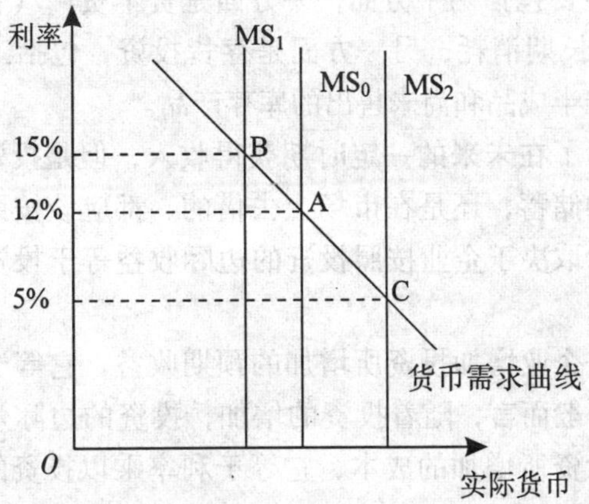

图 7-1　利率的变动

如果利率较高（如图 7-1 中 B 点），表示人们对货币的需求小于供给量（MS_0），这时人们发现持有货币量太多，于是他们努力通过购买债券来抛出货币。如果很多人都抛出债券，那么债券价格会上升，而利率将下降回到均衡点（A 点）。

相反，如果利率太低（如图 7-1 中 C 点），表示人们对货币的需求大于供给量（MS_0），持有货币太少。同时利率低时债券价格较高，于是人们卖出债券持有更多货币，结果就是债券价格下降，利率将上升回到均衡点（A 点）。

如图 7-2 所示，在一个确定的物价水平下的货币需求曲线 MD 比较固定，当货币供给量从 MS_1 增加到 MS_2 时，利率水平从 R_1 降低到 R_2。

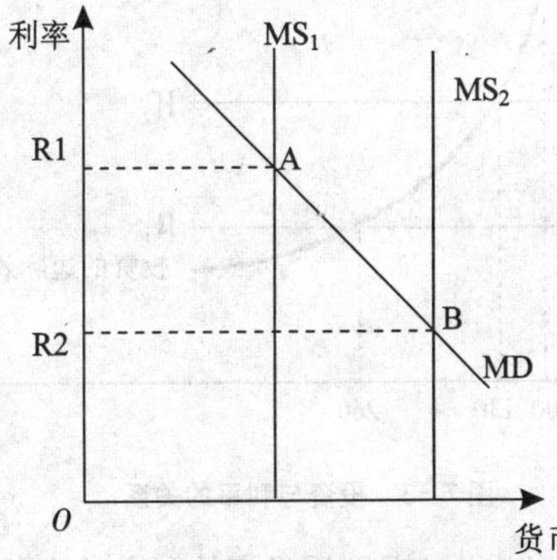

图 7-2　货币供给量增加

试一试：

如果预期利率将要上升，人们买进还是卖出债券？

如果央行在公开市场上买进债券，增加货币供给量，那么货币市场上的利率将会发生什么样的变动？

四、投资与利率

企业增加或更换资本资产（包括厂房、住宅、机械设备、存货）的支出就是投资

(用I来表示)，投资主要包括两个方面，一方面是资本资产（包括厂房、住宅、机械设备等)，一次购买，长期消耗；另一方面是存货投资，包括工厂使用的原材料、燃料、零部件、在产品、半成品和尚未售出的库存产品。

企业进行投资是为了在未来的一定时期获得收入，但是投资又是有成本的。无论用于投资的钱是自己的储蓄，还是在市场上去借的，都应该按照一定的利率来计算机会成本。投资量的多少取决于企业按照投资的边际收益等于投资的边际成本所进行的理性决策。

投资的边际收益是企业增加投资所增加的预期收益，它等于投资的边际效率与投资的增加量的乘积。一般而言，随着投资的增加，投资的边际效率会递减。而投资的边际成本是企业增加投资所增加的成本，它等于利率乘以投资的增加量。显然，企业投资的利润极大化原则就是：投资的边际效率=利率。

在投资的边际效率一定时，投资就主要取决于利率了。如图7-3所示，利率越高，投资的边际成本就愈大，全社会具有投资价值的项目就会越少，从而总投资就会越少。反之，利率越低，投资的边际成本就愈小，全社会具有投资价值的项目就会越多，从而总投资就会越多。因此，投资随着利率的变化而反向变化。

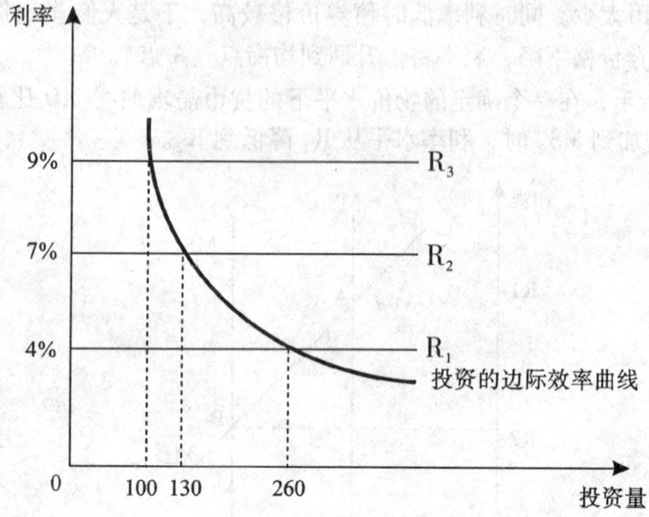

图7-3 投资与利率的关系

当然，利率对投资影响的大小，是要受投资的利率弹性影响的。投资要对利率变化作出一定的反应，这种反应敏感度就是投资的利率弹性。投资的利率弹性大，利率的变化就会对投资产生明显的影响。投资利率弹性的大小，除了本身与利率水平的高低有关外，还与一定的经济体制和企业制度相关。比如就投资的利率弹性而言，我国国有企业小于民营企业，内地企业小于沿海企业。

值得注意的是，在后面我们要介绍的货币政策对总需求的影响，其中一个很重要的机制就是中央银行通过调节货币供给量来影响利率，从而影响投资。

第四节　净出口与汇率

与荒岛漂流的鲁滨逊不同，现实中的人们生活在不同国家和地区，彼此之间通过贸易互通有无。从古至今，人类总是在技术允许的范围内尽可能扩大交往的范围——早在13世纪，欧洲和中国就通过丝绸之路联系在一起。今天，美国和其他国家的人消费越来越多的“Made in China”的产品，同时中国人在沃尔玛购物、吃着肯德基的快餐、用着微软的操作系统……不仅如此，我们还关注人民币对美元、欧元、日元等主要货币的汇率，美国等国家也不断提出人民币升值的要求。

国家之间的经济交往是必要的吗？它有什么样的表现形式？将会向着什么趋势发展呢？如果货币之间的汇率不稳定，对一国经济会产生什么样的影响？这就是国际贸易和国际金融理论的基本知识。

一、国际金融与汇率决定

（一）国际金融的构成

国际金融（international finance）是指国家和地区之间由于经济、政治、文化等联系而产生的货币资金的周转和运动。

国际金融由国际收支、国际汇兑、国际结算、国际信用、国际投资和国际货币体系构成，它们之间相互影响，相互制约——国际收支必然产生国际汇兑和国际结算；国际汇兑中的货币汇率对国际收支有着重大影响；国际收支的许多重要项目同国际信用和国际投资直接相关等。

1. 国际收支

按照国际货币基金组织的定义，国际收支即一国和其他国家之间的商品、债务和收益的交易以及债权债务的变化。

一国的国际收支不但反映它的国际经济关系，而且反映它的经济结构和经济发展水平。

长期以来，国际收支的主要问题是：许多国家国际收支不平衡。

一国国际收支不平衡是经常现象，要做到收支相抵、完全平衡十分困难。但是，无论是逆差还是顺差，如果数额巨大且又长期持续存在，都会引起一系列不良后果。因此，各国政府大都会采取各种干预措施，力求改善国际收支不平衡状况。然而，一国采取措施往往会引起其他相关国家相应采取对抗和报复行动，从而减弱或抵消该国调节措施的作用。而且，有时调节国际收支的办法又同发展国内经济的要求背道而驰。比如提高利率，负面影响是提高了国内融资成本，降低投资积极性，可能还会影响国际贸易的增长。

2. 国际汇兑

国际汇兑是指因办理国际支付而产生的外汇汇率、外汇市场、外汇管制等安排和活动的总和。

外汇一般指充当国际支付手段、国际流通手段和购买手段的外国货币以及外币支付凭证。金银成为货币后，作为国际支付的主要手段是贵金属。票据出现后，作为信用工具也可用来办理国际支付。

汇率是以一国货币表示的另一国货币的价格。实行金本位制时，各国货币汇率波动不大，处于相对稳定状态。

1929—1933年世界经济危机后，金本位制彻底崩溃，从此开始了不能兑换黄金的纸币制度。由于通货膨胀长期存在，纸币不断贬值，各国汇率不稳定的状态日趋严重。第二次世界大战后，主要资本主义国家建立了以美元为中心的国际货币体系，美元与黄金挂钩，各国货币与美元挂钩，据以定出各国货币的固定汇率。固定汇率制对战后世界经济的发展起到了一定的积极作用。

1973年，以美元为中心的固定汇率制完全解体，各国纷纷实行浮动汇率制。此后，由于不再有固定汇率制的限制，汇率波动频繁，对各国的对外贸易影响极大。为此，世界各国均对本国汇率的动态实行某种程度的控制或干预。

外汇管制是一个国家为维护本国经济权益和改善国际收支，对本国与外国的国际汇兑、国际结算等实施的限制和管理。当代几乎所有国家都不同程度地实行有利于本国的外汇制度，只是方式、方法和具体内容有所不同而已。

3. 国际结算

国际结算是指国际间办理货币收支调拨，以结清不同国家中两个当事人之间的交易活动的行为。它主要包括支付方式、支付条件和结算方法等。

国际结算所采用的方式方法是在各国经济交往中自发产生的，汇款、托收、信用证等主要国际结算方式都是历史的产物。20世纪60年代以后，由于电子计算机的广泛采用，现代化手段不断出现，结算的技术水平大大提高。

国际结算是一项技术性很强的国际金融业务，且涉及许多复杂的社会、经济问题。为了采取对本国最为有利的结算方式，各国之间还经常发生各种矛盾和冲突。

4. 国际信用

国际信用是国际货币资金的借贷行为。

最早的票据结算就是国际上货币资金借贷行为的开始，经过几个世纪的发展，现代国际金融领域内的各种活动几乎都同国际信用有着紧密联系。没有国际借贷资金不息的周转运动，国际经济、贸易往来就无法顺利进行。

国际信用主要有：国际贸易信用、政府信贷、国际金融机构贷款、银行信用、发行债券、补偿贸易、租赁信贷等。

国际信用同国际金融市场关系密切。国际金融市场是国际信用赖以发展的重要条件，国际信用的扩大反过来又推动国际金融市场的发展。

国际金融市场按资金借贷时间长短可分为两个市场，一个是货币市场，即国际短期资金借贷市场；另一个是资本市场，即国际中长期资金借贷市场。国际金融市场中规模最大的是欧洲货币市场，这个市场上的借贷资本是不受各国法令条例管理的欧洲货币。在欧洲货币市场中占主要地位的是欧洲美元，此外还有亚洲美元市场。欧洲货币市场是巨额国际资金的供求集散中心，它和由其延伸出来的其他众多国际金融市场及离岸金融市场，将世界各地的金融活动都纳入庞大的金融网络，使借贷资金的国际化有了更深入的发展。

5. 国际投资

各国政府和私人对外国进行的投资都属于国际投资的范畴。

国际投资是货币资本从一国转移到另一国，以获取更多利润为目的的活动。第二次世界大战前，国际投资几乎全都是资本主义国家的资本输出。第二次世界大战后，苏联、东欧国家开始对发展中国家进行投资。与此同时，一些发展中国家也开始参加对外投资活动，其中主要是石油输出国。到20世纪80年代初，对外投资较多的发展中国家已有40余个。中国也抓住一切机会向非洲和南美等国家进行投资。

6. 国际货币体系

国际货币体系是自发或协商形成的有关国际交往中所使用的货币以及各国货币之间汇率安排的国际制度。这是国际金融领域的重要组成部分。

最初的国际货币制度是金本位制。第二次世界大战后，资本主义世界建立了以美元为中心的国际货币体系。这个体系一方面通过固定汇率制促进了资本主义国家战后经济和世界贸易的恢复和发展，一方面使美元取得了等同于黄金的地位，美元的优越地位使它成为各国普遍接受的国际支付手段、国际流通手段和购买手段，并成为许多国家外汇储备的重要组成部分。后来，随着其他资本主义国家经济的恢复和发展，这些国家的货币也相继开始发挥与美元不相上下的作用。1973年美元再度贬值以后，布雷顿森林会议建立的国际货币体系崩溃，浮动汇率制取代了固定汇率制。

20世纪60年代以来，国际社会多次讨论国际货币体系的改革问题，并于1969年和1978年两次修改国际货币基金协定。但由于各国间的矛盾和冲突，国际货币制度存在的困难和缺陷始终未能得到解决。

（二）汇率及其决定

当我们在欧洲旅游时，需要用欧元去购买商品和服务，我们必须先用一些人民币交换欧元，交换的比率就叫作汇率，是由外汇市场决定的。

汇率就是一种通货与另一种通货进行交换的价格。例如2009年的某一天，美元对人民币的汇率为1美元兑换6.9元人民币，表示1美元的价格是6.9元人民币。

当用人民币表示的美元价格由8元人民币下降到7元人民币，那么就出现了通货贬值，美元对人民币贬值了12.5%。反过来，如果用人民币表示的美元价值上升了，就出现了美元对人民币的通货升值。

作为被普遍接受的国际货币，美元在大萧条之后出现了第一次大幅贬值，在1973年石油危机之后出现了第二次贬值，而2008年金融危机之后预期将有可能再次大幅度贬值。

什么原因决定了人民币对美元的汇率呢？这个交换比例受到哪些因素的影响？

1. 汇率的决定

经济学家建立了许多模型来解释汇率的决定，这里我们介绍最简单的一种：购买力平价。

根据购买力平价理论，一定数量的通货应该在所有国家买到等量的物品，这一观点主要应用于理解长期中汇率的决定。

如果1千克大米在中国的价格是3.5元钱，而在美国价值0.5美元，那么，名义汇率就是3.5元人民币=0.5美元，即1美元兑换7元人民币。

假设中国物价水平是P_1，那么1元人民币的购买力就是$1/P_1$；而美国物价水平是P_2，那么1美元的购买力是$1/P_2$。为了保持货币购买力不变，假设1元人民币等于e美元，其购买力在中国为$1/P_1$，在美国是$e\times 1/P_2$，则$1/P_1=e\times 1/P_2$，即$e=P_2/P_1$。

因此，名义汇率（用外国通货表示的本国通货的价格）等于外国物价水平（用外国通货表示）与本国物价水平（用本国通货表示）之比。

从这一点，我们可以得到的启示是：如果一国物价水平上升（存在通货膨胀现象），那么该国通货的名义汇率将下降，即出现通货贬值。因此，如果一国中央银行大量发行货币，引起了通货膨胀，无论是从货币能够买到的物品来看，还是从它能够换到的外国通货来看，它的价值都下降了。

购买力平价理论为我们理解汇率的长期变动趋势是有帮助的，但并不总能成立。

一个原因是不同国家生产的同类物品并不能完全互相替代，即使不同国家存在价格差，也很难通过国际贸易来形成一致的价格。比如地道的中国菜在美国比在中国更贵，虽然国际旅游者可以尽量减少在美国消费中国菜，或者中国厨师可以更多地在美国去开店，但这种流动毕竟是有限的，难以完全消除价格差。

因此，虽然有购买力平价的力量，但汇率仍然会因为各种原因产生波动。

2. 汇率的变动

（1）物价水平。根据购买力平价理论，如果本国或者外国的物价水平发生了变动，那么汇率也将相应的发生变动。如果中国的物价相对于美国物价上升得更快，那么汇率就会下降；如果中国的物价相对于美国的物价上升得更慢，那么汇率就将上升。

（2）利率。除了作为流通手段和支付手段，货币还是一种重要的资产，可以用来投资。因此，货币价值与它能够赚到的东西相符，即汇率与利率水平相关。

假如把美元存入美国的银行，每年得到4%的利率，而把人民币存到中国的银行，每年可以得到6%的利率，那么是什么原因阻止一些人把美元换成人民币存到中国的银行呢？因为汇率预期，假如人民币每年贬值2%，那么在中国存钱的实际利率就要从6%中扣除通货膨胀的影响，实际利率是4%。换句话说，无论把钱存在美国的银行还是中国的银行，其收益都是相同的，这就是利率平价。

根据风险调整之后，利率平价总是存在的，因为资本总是尽可能流向收益最高的地方。如果在中国的收益率（实际利率）更高，人们就会向中国注资，人民币的需求增加，汇率（以外币表示的人民币的价格）也就上升，直到各国预期利率相等为止。

（3）外汇市场的干预。汇率与利率相关，一国通货的利率是由货币供求决定的，而中央银行可以通过货币政策调整供求，因此汇率最终与一国的货币政策相关。

当中国货币的实际利率相对于其他国家的利率水平上升更快时，对人民币的需求增加，而供给减少，于是汇率上升。

由于汇率上升不利于出口，中国人民银行可以通过买卖人民币，直接干预外汇市场，从而平稳汇率的波动。如果人们抛售美元资产，转而以人民币形式持有货币，那么人民币需求增加，结果就是人民币相对于美元的汇率上升。此时，中国人民银行可以在外汇市场上卖出人民币，增加供给，从而保持原来的汇率。

当然，中国人民银行卖出人民币的时候，就增加了持有美元的数量，如果美元贬值，就有可能承担更多的风险。

二、国际贸易与净出口

在日益开放的现在，经济学当然要走出一国的界限，研究各种国际经济问题，而各国经济的联系是通过商品市场、劳务市场和资本市场的相互交往来实现的，我们首先就来讨论商品和劳务市场，即国际贸易的问题。

（一）国际贸易的形式

1. 物品和劳务的进出口

当我们购买韩国的手机或者法国的红酒时，就是在消费外国产品，它们来自于我国的进口——当然，对于韩国和法国来说，这是它们的出口。

也许人们不太容易理解如何进口或出口“劳务”。当你在法国旅游时，乘坐法航的飞机，住法国的酒店，为法国大厨的厨艺付钱……这一系列行为都是在购买法国的劳务，产生了劳务的进口。反过来，当法国人在北京奥运会期间来参观会场、到名胜古迹去游玩时，他需要为此支付，由此产生了中国对法国的劳务出口。

中国向其他国家的人购买的物品与劳务称为进口，我们卖到其他国家的物品与劳务称为出口，而净出口就是出口减去进口。如果净出口为正数，表示出口额比进口额更大，意味着我们在国际市场上更多的是一个卖者——中国是典型的卖者，所以净出口又叫作贸易余额；如果净出口为负数，则表示出口额小于进口额，这意味着一国在国际市场上更多的是一个卖者，这时可以说它有贸易赤字——美国在与中国的贸易交往中长期处于赤字状态；如果净出口为零，表示出口额与进口额完全相等，可以说这个国家有平衡的贸易。

2. 资本流动

英特尔公司一方面通过出口把芯片卖到世界各地去，另一方面也在各处建立自己的分公司和生产基地，以直接投资的方式来追逐利润。前一种方式代表物品流动，后一种方式代表资本流动。

本国居民购买的外国资产减去外国人购买的国内资产，就得到国外净投资。与净出口一样，国外净投资可能为正，也可能为负，或者等于零。比如中国企业购买美国国债，就增加了国外净投资；如果麦当劳在中国新开一些快餐店，就减少了中国的国外净投资。

随着经济发展，中国不再只是单方面吸收外资的资本流入国，开始向其他国家和地区输出资本，比如购买美国债券，截至2008年年底，中国政府和企业购买的美元债券估计达到了1.2万亿美元之多。

目前，以中国、俄罗斯、巴西和印度为代表的新兴经济体，受到了国际资本的青睐，吸引到大量外国资本。哪些因素会影响到一国的国外净投资呢？主要的因素包括：

(1) 国外资产支付的实际利率与国内资产支付的实际利率比较。比如1996年，俄罗斯政府发行政府债券的时候，由于利率高达9.25%，而同时期美国政府债券支付的利率不到6%，结果当然是大量美国投资者选择购买俄罗斯的债券（购买了当时俄罗斯政府发行债券的41%）。

(2) 政治与经济风险。当人们考虑购买哪种债券的时候，由于债券事实上是发行者的借据，与收益率同样重要的问题是发行者的信用以及偿债能力。如果在政局不稳的国家，投资者抱有政权能否持久的疑虑，显然会对购买债券保持更加谨慎的态度。

另一种风险是经济上的，当2009年深受金融危机的美国政府向其他国家推销自己的政府债券时，由于存在大幅度贬值的风险，投资者都不得不小心翼翼地加以权衡。

(二) 国际贸易的收益

国际贸易对交易双方有什么影响呢？能够带来什么好处？

如表7-5所示，美国和中国都能够生产汽车和衬衣这两种物品，美国生产1 000件衬衣的机会成本是0.5辆汽车，如果他能够以中国的价格买到衬衣——每1 000件衬衣的价格是0.4辆汽车，他就能够从这样的交易中获得好处，因此美国有进口衬衣的需求。

与此同时，中国生产1辆汽车的机会成本是2 500件衬衣，如果能够以美国的价格买到汽车——每辆汽车2 000件衬衣，那么就能从交易中得到好处，因此中国有进口汽车的需求。

表7-5　　比较优势

	汽车	衬衣
美国	3	6 000
中国	2	5 000

那么，美国和中国会按照什么样的价格进行国际贸易呢？

1. 贸易条件

以汽车为例，中国向美国进口1辆汽车必须支付的衬衣数量就是中国的贸易条件，这个条件不会高于中国自己生产汽车的成本——2 500件衬衣。当然，中国能够进口到汽车的前提是美国有出口汽车的供给，那么美国供给的条件是什么呢？最后达成的交易价格是多少呢？

和一般商品的价格相同，国际贸易中商品的价格也取决于供求，如图7-4所示。

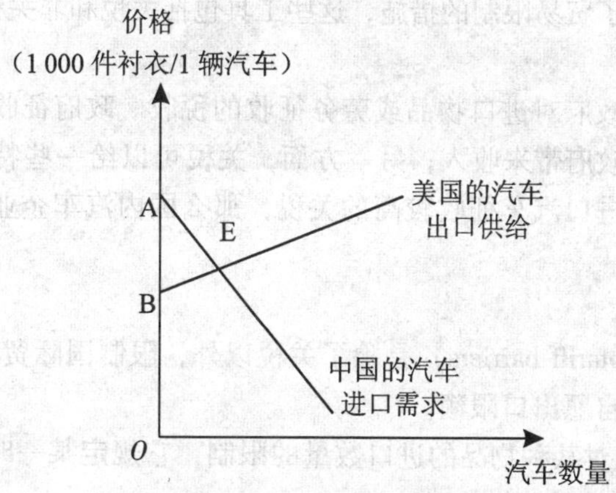

图 7－4　国际贸易条件

在无贸易时，中国的汽车价格为 2 500 件衬衣/1 辆汽车（即图 7－4 中的 A 点），如果国际市场上汽车价格低于这个水平，中国就存在进口汽车的需求；无贸易时，美国的汽车价格为 2 000 件衬衣/1 辆汽车（图 7－4 中的 B 点），如果国际市场上汽车的交易价格高于这个水平，美国就愿意出口汽车，并且价格越高，供给量越大。

当国际市场上汽车供求实现均衡时（图 7－4 中的 E 点），就决定了国际贸易中汽车的价格，假定为 2 300 件衬衣/1 辆汽车，此时汽车贸易量为 1 辆。

很容易发现，贸易条件——为每一辆汽车支付 2 300 件衬衣——低于中国的最初水平，但高于美国的最初水平。

2. 贸易结果

在没有贸易的情况下，中国生产 2 辆汽车，或者 5 000 件衬衣，或者 1 辆汽车和 2 500 件衬衣；美国生产 3 辆汽车，或者 6 000 件衬衣，或者 1 辆汽车和 4 000 件衬衣，或者 2 辆汽车和 2 000 件衬衣。

按照比较优势理论，中国生产 5 000 件衬衣而美国生产 3 辆汽车。在国际贸易过程中，中国用 2 300 件衬衣与美国的 1 辆汽车进行交换，结果就是中国可以消费 1 辆汽车和 2 700 件衬衣（比自己生产的所有可能都更高），而美国可以消费 2 辆汽车和 2 300 件衬衣（比自己生产的更多）。

3. 贸易的收益

从中国和美国的消费变动来看，中国和美国能够消费的产品都更多，都从国际贸易中获益了：中国能够多消费 200 件衬衣，而美国可以多消费 300 件衬衣（与自己生产相比）。

所以，在国际贸易中，没有赢家和输家的区别，可以说是实现了“双赢”。

试一试：

为什么国际贸易可以实现“双赢”？

（三）国际贸易的限制

虽然从理论上来说自由化的国际贸易可以实现最大可能的收益，但世界各国的政府都或多或少的采取了贸易限制的措施，这些工具包括关税和非关税壁垒。

1. 关税

关税（tariff）是政府对进口物品或劳务征收的税收。政府征收关税的诱惑是巨大的，一方面，关税给政府带来收入；另一方面，关税可以给一些特定集团带来减少竞争的好处。比如，对进口汽车征收较高的关税，那么国内汽车企业面临的竞争压力减小，需求增加。

2. 非关税壁垒

非关税壁垒（nontariff barriers）是除了关税以外，限制国际贸易的任何一种行为，典型的例子是配额和自愿出口限额。

配额（quota）是对某种物品的进口数量的限制，它规定某一时期内可以进口的这种物品的最大数量。

自愿出口限额（voluntary export restraint，VER）是两国政府之间的协定，根据这个协定出口国自愿限制自己的出口数量。

配额是强制性减少进口产品的数量，结果就是供不应求，市场价格远远高于供给价格，因此取得进口权的企业可以从中获利——以较低的价格买到美国的汽车，然后以高得多的价格在中国市场上出售。

因此，自愿出口限额、配额与关税的影响类似，差别在于由谁得到需求与供给之间的价格差额。在征收关税时，进口国政府得到这部分价值；存在配额限制时，取得进口权的企业或集团得到这部分价值；而存在自愿出口限额的情况下，出口者占有这部分价值，因此出口国政府需要在众多的出口者之间制定相应的程序进行分配。

3. 贸易限制的理由

即使限制贸易的消极影响非常明显，但人们仍然常常提出各种限制贸易的政策，主要的理由包括国家安全论、幼稚产业论和反倾销。

（1）国家安全论。考虑到国家安全，许多人提出应当保护具有战略意义的产业，比如国防工业依赖的原料和技术以及农业等。

当然，关系到国家安全的产业数量较少，而且可以改用财政补贴的方式来支持发展，所以这并不是设立关税或者非关税壁垒的有力支撑。

（2）幼稚产业论。所谓幼稚产业论，指的是必须保护新兴行业，以使它能成长为一个可以参与激烈的国际竞争的成熟行业。这种观点主要根据动态比较优势理论而形成。

比如中国的金融产业起步远远落后于美欧等发达国家，金融机构的管理水平也比较低，如果直接与经验丰富的国际金融寡头竞争，就像小孩与大人比拳击，结果可能是不堪一击。因此，我国政府的态度是逐渐放开金融市场，而不是全面开放——正是因为这样的政策，中国的金融机构才幸运地避过了2008年国际金融危机的直接冲击。

当然，保护幼稚产业只是暂时的，最终仍然不可避免地要参与国际竞争，因此关键在于如何让幼稚产业发展壮大，而不是一味的为它遮风挡雨。

（3）反倾销。当外国企业以低于生产成本的价格在本国市场上出售产品时，就出现了倾销，这是一种不正当的竞争手段。

为了获得垄断地位，企业有时候会以低于成本的价格出售产品，依靠雄厚的实力将本国企业赶出市场，然后就依据垄断地位收取高价。

反倾销常常被用来证明暂时征收关税的正确性，但也存在问题——倾销的判断非常困难。中国企业在国际市场上经常遭到反倾销投诉，并且败多胜少，难道真的有那么多中国企业企图谋取垄断地位而以低于成本的价格出售产品吗？其实不然。事实上企业的生产成本是难以核算的，于是欧美国家往往以中国产品在不同市场上的价格不同为理由，或者根据自己对于产品成本的“估计”来判断是否倾销。但我们知道，企业在需求弹性较大的市场上收取低价、在需求弹性比较小的市场上收取高价是合理的，而且中国劳动成本、销售环境与欧美国家不同，产品成本怎么能够直接比较呢？

所以，反倾销常常并不是贸易限制的好理由，因为倾销本身难以判断，而且采用贸易限制的手段更容易导致国家之间的贸易摩擦，甚至引发关税报复。

（4）其他理由。还有一些支持贸易保护的理由，比如减少失业、保护本国文化、防止被发达国家剥削等。

贸易保护并不能实现这些目标，相反，贸易保护可能会引起报复并引发贸易战。典型的例子发生在20世纪30年代大萧条时期，美国通过了哈里关税法案，作为反应，欧洲、日本等主要国家都先后提高关税进行报复，在短期中，世界贸易几乎消失了，所有国家都丧失了国际贸易和参与国际分工可能带来的收益。

三、净出口与汇率

净出口（NX）表示本国向外国出售的物品和劳务的价值，等于进口减去出口，净出口的值可能为正，可能为负，也可能为零。净出口为正，意味着一个国家是贸易顺差，净出口为负，那自然就意味着一个国家是贸易逆差。

影响净出口的因素很多，直接的主要因素还是汇率。一般来说，如果汇率上升，不利于出口，有利于进口，从而净出口减少；如果汇率下降，有利于出口，不利于进口，从而净出口增加。可见，净出口随着汇率的变化而反向变化。

值得指出的是，由于利率会引起汇率同向变化，因而净出口也随着利率的变化而反向变化，即利率提高，就会导致汇率上升，从而净出口减少；如果利率下降，就会导致汇率下降，从而净出口增加。基于此，中央银行可以通过货币政策来影响净出口。

资料链接

国际经济组织及其与中国的关系

（一）国际货币基金组织（International Monetary Fund，IMF）

国际货币基金组织官方网站：http：//www. imf. org/

1. 国际货币基金组织（IMF）组织及其宗旨

国际货币基金组织根据1944年7月44个国家在布雷顿森林达成的《国际货币基金协定》，于1946年3月正式成立。1980年4月17日，国际货币基金组织正式决定恢复中国的合法席位。到2007年1月18日为止，国际货币基金组织成员国已达185个国家。

国际货币基金组织的宗旨是促进成员国在国际货币问题上的磋商与协作；促进汇率的稳定和有秩序的汇率安排，从而避免竞争性的汇率贬值；为经常项目收支建立一个多边支付和汇兑制度，消除外汇管制；提供资金融通，缓解国际收支不平衡；促进国际贸易的发展，实现就业和实际收入水平的提高及生产能力的扩大。

国际货币基金组织的最高决策机构是理事会，日常行政工作由执行董事会负责。国际货币基金组织的份额由特别提款权（SDR）表示，份额的多少同时决定了在国际货币基金组织的投票权。

2. 国际货币基金组织的功能

（1）外汇资金的融通。会员国家在国际收支困难时，可以向国际货币基金组织申请贷给外汇资金。但其用途限于短期性经常收支的不均衡。在2008年国际金融危机发生后，国际货币基金组织先后为多个东欧国家提供了资金融通。

（2）规定各会员国外汇管制措施。会员国的国际收支，除非发生基本不均衡，否则不得任意调整其本国货币的平价。

对于资金移动，国际货币基金组织则规定：各会员国不得以国际货币基金组织的资金，用于巨额或持续的资本流出的支付。

（3）对会员国提供资料和建议。

（4）国际货币基金组织的平价。国际货币基金组织对于外汇汇率采取平价制度，规定各会员国均须设定本国货币的平价。

但如果会员国的国际收支发生基本不均衡时，即可向基金提出调整平价的要求。若调整幅度在平价的10%以内时，会员国自行调整后，由国际货币基金组织予以追认。若超过10%以上时，则须先经国际货币基金组织同意才能调整。此种平价制度就是“可调整的盯住汇率”。

（二）世界银行

世界银行（国际复兴开发银行，International Bank for Reconstruction and Development，IBRD，World Bank）

世界银行官方网站：http：//www. worldbank. org/

1. 世界银行组织及其宗旨

1944年7月在美国布雷顿森林举行的联合国货币金融会议上通过了《国际复兴开发银行协定》，1945年12月27日，28个国家政府的代表签署了这一协定，并宣布国际复兴开发银行正式成立。1946年6月25日世界银行开始营业，1947年11月5日起世界银行成为联合国专门机构之一，是世界上最大的政府间金融机构之一。总部设在美国华盛顿，并在巴黎、纽约、伦敦、东京、日内瓦等地设有办事处，此外还在20多个发展中成员国设立了办事处。

世界银行成立初期的宗旨是致力于战后欧洲复兴。法国是第一个从世界银行得到贷款的国家。1948年以后世界银行转向世界性的经济援助，通过向生产性项目提供贷款和对改革计划提供指导，帮助欠发达成员国实现经济发展。

1994年7月，世界银行在一份题为“学习过去，拥抱未来”的报告中为世界银行未来的发展确定了下述6项原则：提高向发展项目提供贷款的选择性；加强与各类发展机构的伙伴关系；认真适应借款国的需求，促进它们参与世界银行相关项目的设计和执行；扩大贷款项目对经济发展的总体影响；消除官僚主义，讲究实效；完善世界银行自身的财务管理。

2. 世界银行的三个限制条件

（1）只有参加国际货币基金组织的国家，才允许申请成为世界银行的成员，贷款是长期的，一般为15~20年不等，宽限期为5年左右，利率为6.3%左右。

（2）只有成员国才能申请贷款，私人生产性企业申请贷款要由政府担保。

（3）成员国申请贷款一定要有工程项目计划，贷款专款专用，世界银行每隔两年要对其贷款项目进行一次大检查。

3. 世界银行主要机构

世界银行主要下设机构有：最高权力机构理事会，由成员国的财政部长、中央银行行长或级别相当的官员担任理事。

截至2007年1月，世界银行拥有185个成员、雇员6 400人、顾问1 100人，年度预算14亿美元。世界银行总资金额达1 882.2亿美元。

1980年5月，中国恢复了在世界银行的合法席位。1981年起中国开始借用该行资金。

（三）世界贸易组织

世界贸易组织（世贸组织，World Trade Organization，WTO）

世界贸易组织官方网站：http：//www.wto.org/

1. 世界贸易组织简介

世界贸易组织是负责监督成员经济体之间各种贸易协议得到执行的一个国际组织，前身是1948年开始实施的关税及贸易总协定的秘书处。

世界贸易组织是一个独立于联合国的永久性国际组织，具有法人地位，在调解成员争端方面具有更高的权威性。世界贸易组织与世界银行、国际货币基金组织一起，并称为当今世界经济体制的“三大支柱”。目前，世界贸易组织的贸易量已占世界贸易的95%以上。

1995年7月11日，世界贸易组织总理事会会议决定接纳中国为该组织的观察员。中国于2001年12月正式加入该组织。

世界贸易组织成员分四类：发达成员、发展中成员、转轨经济体成员和最不发达成员。2007年1月，越南成为世界贸易组织第150个正式成员。

世界贸易组织被认为是多边贸易体制的代表，其核心是世界贸易组织的各项协定。这些协定是由世界上绝大多数国家和地区通过谈判达成并签署的，已经各成员立法机构的批准。这些协定包含了国际贸易通行的法律规则，一方面保证各成员的重要贸易权利，另一方面对各成员政府起到约束作用，使它们的贸易政策保持在各方议定且符合各方利益的限度之内，这样做是为了向产品制造者和服务提供者提供帮助，并便利进出口业务的开展。

世界贸易组织的首要目标是帮助开展平稳、自由、公平的贸易。实现这些目标的途径包括：管理世贸组织协定、处理贸易争端、监督各国贸易政策、为发展中国家提供技术援助和培训、与其他国际组织开展合作等。

2. 世界贸易组织的宗旨

世界贸易组织的宗旨包括：

(1) 在提高生活水平和保证充分就业的前提下，扩大货物和服务的生产与贸易，按照可持续发展的原则实现全球资源的最佳配置；

(2) 努力确保发展中国家，尤其是最不发达国家在国际贸易增长中的份额与其经济需要相称；

(3) 保护和维护环境。

3. 世界贸易组织的基本原则

为了实现其目标，世界贸易组织规定了一系列的基本原则，比如非歧视贸易原则，包括最惠国待遇和国民待遇条款；市场准入程度，主要是对关税的规定；促进公平竞争的“自由贸易”环境和规则；鼓励发展与经济改革。

4. 世界贸易组织的决策机制

虽然大多数国际组织依照一个成员国一票或加权投票的方法来做出决定，但世界贸易组织的很多决定是通过达成共识的方法来作出的。投票只是在不得已或某些特殊情况下使用。

与其他国际组织不同，世界贸易组织有很大的权限来执行其所做出的决定。通过世界贸易组织的争端解决机制，世界贸易组织可以授权对不遵守贸易协议的成员国施行贸易制裁。

2008 年 12 月 15 日，世界贸易组织上诉机构公布了关于中国与美国、欧盟和加拿大三方汽车零部件争端的裁决报告，报告维持了世界贸易组织专家组 7 月份的裁决结果，认为中国涉案措施违反了国民待遇。但是上诉机构报告推翻了专家组认为中国对成套散件和半成套散件按整车征税的做法违反入世承诺的裁决。

（四）世界银行总裁决定任命林毅夫为首席经济学家

《华尔街日报》2008 年 1 月 20 日报道，世界银行总裁左里克考虑到开发中国及新兴经济的发展，决定任命北京大学中国经济研究所主任林毅夫为世界银行的首席经济学家。

报道指出，林毅夫出任世界银行首席经济学家将更进一步转变世界银行与中国的关系。多年来，中国一直是世界银行捐助的主要国家之一。而今中国的外汇存底高达 1.5 万亿美元，已不太需要世界银行的捐助；不过，世界银行在中国还是有一些提供贷款的环保计划。2007 年中国还首度认捐，提供援助贫穷国家的基金。

世界银行的首席经济学家在拟定研究计划及发展方向上扮演相当重要的决策角色。林毅夫将是第一位非美国或是欧洲人士出任此职。

报道指出，第二次大战后成立的世界银行致力于援助贫穷国家。然而，不只是受援助的国家对于资源的分配有意见，提供捐助的主要国家之间也各有立场。2007 年 7 月才接任世界银行总裁的左里克一直希望能透过沟通，让各方能有共识。

报道提到林毅夫复杂的背景。出生在台湾、曾在军中服役，并获得企业管理硕士学位的林毅夫，于 1979 年到中国大陆，后来还进入北京大学就读。

林毅夫在20世纪80年代到美国深造，于1986年获得芝加哥大学经济学博士学位，成为中国开始进行经济改革初期少数在国外获得博士学位的留学生。

林毅夫教授简介：

第7、8、9、10届全国政协委员，全国政协经济委员会副主任，中华全国工商业联合会副主席，北京大学中国经济研究中心主任、教授、博士生导师，第三世界科学院院士。

1986毕业于美国芝加哥大学经济系获博士学位，曾担任国务院农村发展研究中心发展研究所副所长、国务院发展研究中心农村部副部长，1994年创立北京大学中国经济研究中心，并担任主任至今。

林毅夫教授是国际知名的华人经济学家，长期关注中国的经济改革与发展，在制度经济学领域（农业技术创新机制和农业科研资源有效配置）作出了突破性贡献，有关中国农村改革与发展的研究成果享誉海内外。

林毅夫教授在国内外有众多学术兼职，担任世界银行首席经济学家顾问组成员以及亚洲开发银行行长的“名人顾问会”成员。为国家人事部中青年有突出贡献专家，1993年起享受国务院有特殊贡献专家津贴，2005年被评为全国劳动模范先进工作者。

资料来源：佟家栋．国际经济学［M］．北京：中国财政经济出版社，2006.

总结与回顾

自20世纪80年代回到国际市场舞台上来，中国逐渐成为主要的制成品出口国，与其他国家的经济交往越来越紧密。

一个共识是自由化的国际贸易让双方都获益，然而人们仍然提出了诸多限制贸易的政策。原因在于贸易限制虽然造成了许多人的少量损失，但是因为分散并不会造成太大的抵抗，而保护带来的少量利益集中在少数人手中，因此总能找到支持者。

国际金融市场越来越活跃，了解一些汇率的基本知识是必要的，理解汇率长期变动趋势的简单理论是购买力平价理论。由于金融危机的影响，人们对外汇市场投入了前所未有的关注，很容易理解汇率并不只是通货之间的交换比例，还受到很多其他因素的影响。政府的政策将对汇率产生明显的作用，各国都采取各种手段或多或少地干预外汇市场和汇率的波动。

经济全球化是世界经济发展的重大趋势，我们应当了解经济全球化的表现和带来的影响，在全球化浪潮中抓住机遇，争取实现追赶式发展。

- 国家之间发生着大量贸易流动。当各国生产的机会成本不同时，比较优势使得各国都从国际贸易中获益。
- 通过专注于自己有比较优势的物品的生产，然后用增加的一部分产品与其他国家进行交易，人们可以实现更多物品和劳务的消费。
- 各国用征收关税和配额、自愿出口限额等方式来限制国际贸易。贸易限制提高了进口产品的价格，减少了进口数量，并且会减少本国出口产品的生产。
- 支持贸易限制的人提出了国家安全理论、幼稚产业论和反倾销理论。

● 贸易受到限制主要是因为关税增加了政府收入，以及因为保护给大量人带来微不足道的损失和给少数人带来极大的收益。

● 汇率由外汇市场上的供求决定，受到购买力平价和利率平价的约束。政府可以通过干预外汇市场来稳定汇率。

● 经济全球化是顺应生产力发展和技术进步的一大趋势，对各国来说都是一把双刃剑，既带来了机遇，又提出了挑战。

思考与练习

金融危机引发新一轮贸易保护

2009年，国际金融危机不仅让人们意识到金融风险规制的必要性，而且引发了新一轮的贸易保护高潮：

(1)“意大利人吃意大利食品”运动已从小城卢卡蔓延到了米兰等大城市；

(2) 俄罗斯自2008年11月至2009年2月上旬已推出近30项保护主义性质措施，从提高汽车等多种商品进口关税到补贴本国出口，不一而足；

(3) 继提高部分种类豆油进口关税之后，印度又于近期没有任何理由地宣布限制进口中国玩具；

(4) 美国各地政府机构销售的“中国制造”纪念品和国旗已被指为“不爱美国”之举，美国众议院通过的《2009美国复苏与再投资议案》设立“购买美国货”(Buy American) 条款，要求这项议案计划的900亿美元基建投资受益项目不得使用美国之外生产的钢铁材料。

思考：

(1) 根据你的理解，贸易保护政策可能带来什么影响？

(2) 作为世界贸易中的出口大国，中国应该如何应对？

第八章　总供求均衡与经济稳定

导入：

（1）经济活动每年都有波动，一些年份扩张，一些年份收缩，如图 8－1 所示，是什么原因导致了美国季度国内生产总值（GDP）这样的波动呢？

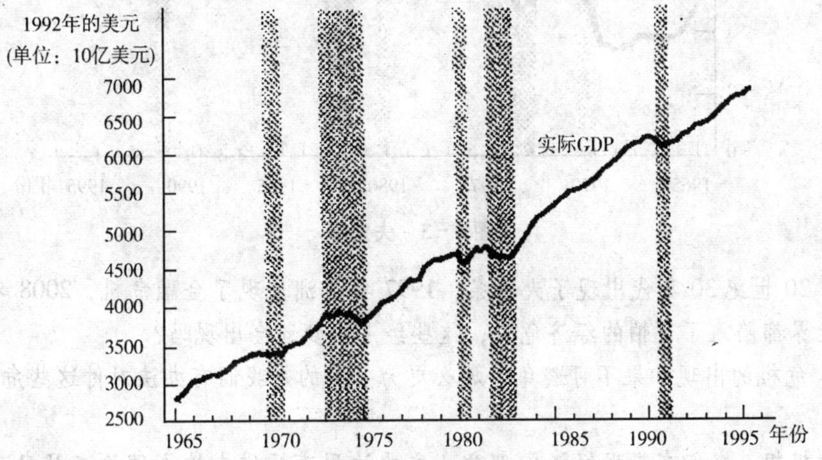

图 8－1　实际国内生产总值（GDP）

（2）不仅国内生产总值（GDP）是波动的，就是总投资也是波动的，如图 8－2 所示。究竟什么导致了总投资的波动？投资的波动与国内生产总值（GDP）的波动有什么联系吗？

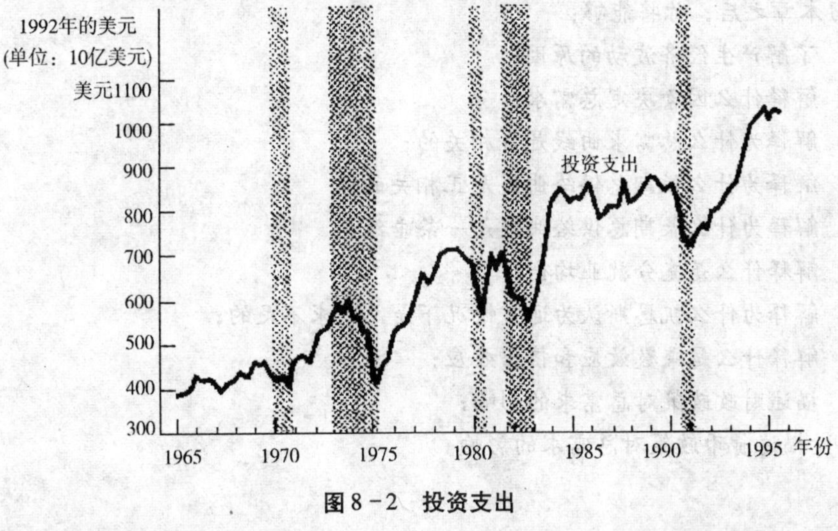

图 8－2　投资支出

(3) 虽然经济波动没有什么规律，但突出的特点是：多数宏观经济数量同时波动——投资和产量具有类似的趋势，而失业率具有相反的变动趋势，如图 8－3 所示，为什么？

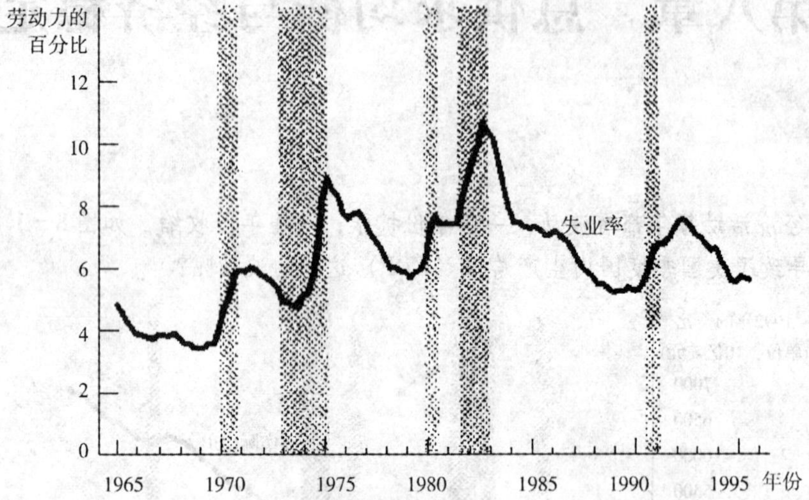

图 8－3　失业率

(4) 20 世纪 30 年代出现了大萧条，1997 年亚洲出现了金融危机，2008 年至今几乎整个世界都陷入了可怕的经济危机，这些经济噩梦还会出现吗？

(5) 危机的出现如果不可避免，那么更为关键的是我们有办法对付这些危机吗？

仔细想想，我们在微观经济学部分，主要运用市场供求均衡理论工具来分析市场价格和交易量的决定和变化，面对宏观经济问题，我们主要运用总供求均衡理论工具。前面的章节为总供给和总需求的分析打下了基础，本章就在此基础上运用这个工具，分析现实中的总供求均衡和失衡，尤其是分析政府通常采用的宏观财政政策和宏观货币政策。

学习本章之后，你将能够：

(1) 了解产生经济波动的原因；

(2) 解释什么因素决定总需求；

(3) 解释为什么总需求曲线是负相关的；

(4) 解释为什么短期总供给曲线是正相关的；

(5) 解释为什么长期总供给曲线是一条垂线；

(6) 解释什么是充分就业均衡；

(7) 解释为什么凯恩斯认为通常情况下是总需求不足的；

(8) 解释什么是乘数效应和挤出效应；

(9) 描述财政政策对总需求的影响；

(10) 描述货币政策对总需求的影响。

第一节　价格总水平和物价指数

物价水平作为一个总量指标，是用所谓价格指数来衡量的。宏观经济学中常涉及的价格指数主要有国内生产总值（GDP）折算指数、消费价格指数（Consumer Price Index，CPI）和生产者价格指数（Producer Price Index，PPI）。

一、消费价格指数（CPI）

消费价格指数告诉人们，对普通家庭的支出来说，购买具有代表性的一组商品，在不同时期的花费具有多少差别。这一指数的基本意思是人们有选择地选取一组（相对固定）商品和劳务，然后比较按当期价格购买他们的花费和按基期价格购买他们的花费。用公式表示，就是：

$$CPI=\frac{\text{一组固定商品按当期价格计算的市场价值}}{\text{一组固定商品按基期价格计算的市场价值}}\times 100$$

例如以 1998 年为基年，美国一个普通家庭在 1998 年每月购买一组相同数量的商品的费用为 800 美元，2008 年购买同样一组商品的费用是 1 200 美元，那么美国 2008 年消费价格指数就是：

$$CPI_{2008}=\frac{1\ 200}{800}\times 100=150$$

如果上个月需要花 100 元购买的物品，在这个月需要花 105 元去购买，我们就说物价水平上升了 5%，即消费价格指数（CPI）等于 105。虽然考察对象并没有囊括所有的物品和劳务，我们仍然常常直接用消费价格指数（CPI）来表示通货膨胀率。

统计局通常会定期发布消费价格指数（CPI）的信息，这个指标可以用在员工与雇主的工资谈判上，因为雇员通常要求名义收入（工资）的增长幅度能等于或高于消费价格指数（CPI）。有时双方签订的合同中会包含按生活指数调整的条款，表示名义工资会随消费价格指数（CPI）的升高自动调整，当然，这个调整通常都是在通货膨胀发生之后进行，调整幅度也会比实际通货膨胀率更低一些。

消费价格指数（CPI）并不是一个准确的衡量通货膨胀的指标，但是便于统计，因此消费价格指数（CPI）是关于通货膨胀率的重要的政策参考指标。

消费价格指数（CPI）考察哪些物品和劳务的价格变动呢？如图 8－4、图 8－5 所示。

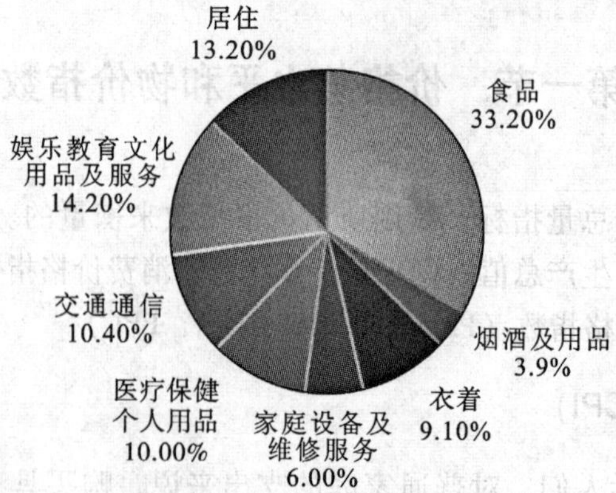

图 8-4 中国 2006 年消费价格指数（CPI）权数构成

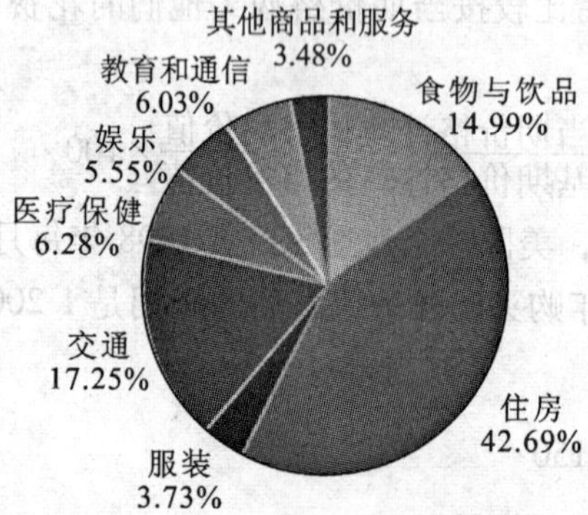

图 8-5 美国 2007 年消费价格指数（CPI）权数构成

试一试：

波音公司决定对其生产的飞机提价 20%，会影响美国的消费价格指数（CPI）吗？

二、生产者价格指数（PPI）

另一个受到关注的指标是生产者价格指数（PPI），它测量生产者购买原料或中间产品的价格变化，导致企业成本发生变化。一般来说，如果生产者价格指数（PPI）上升，那么迟早会反映在企业产品的价格上，最终影响消费价格指数（CPI）。

作为衡量生产原料和中间投入品等价格平均水平的价格指数是生产者价格指数，这是对给定一组商品的成本的度量。它与消费价格指数（CPI）的不同之处在于，它包括原料和中间产品。生产者价格指数（PPI）旨在对商品处在生产阶段的价格水平进行度量。这使得生产者价格指数（PPI）成为表示一组价格水平变化的一个信号，被当作经济周期的早期指示性指标之一，因而受到政策制定者的密切关注。

生产者价格指数（PPI）的变动通常领先于消费价格指数（CPI），所以，人们常常把生产者价格指数（PPI）看作是物价变动的一个风向标。

三、GDP 缩减指数（GDP Deflator）

考虑到实际国内生产总值（GDP）和名义国内生产总值（GDP），我们引入 GDP

缩减指数这个概念来衡量相对于基年物价水平的现期物价水平，即名义国内生产总值（GDP）的变化在多大程度上是因为受到物价的影响。

$$\text{GDP 缩减指数}=\frac{\text{名义 GDP}}{\text{实际 GDP}}\times 100$$

比如 2007 年 GDP 缩减指数 $=\frac{\text{名义 GDP}}{\text{实际 GDP}}\times 100=\frac{1\ 200}{850}\times 100=141$，表示从 2006 年到 2007 年，GDP 缩减指数从 100 上升到 141，我们可以说物价水平上升了 41%。

衡量通货膨胀率最全面的指标是 GDP 缩减指数，表示相对于基年的物价，当年物价变动对国内生产总值（GDP）数值产生的影响。如果名义国内生产总值（GDP）是 1.09 亿元，实际国内生产总值（GDP）是 1 亿元，那么：

$$\text{GDP 缩减指数}=\frac{\text{名义 GDP}}{\text{实际 GDP}}\times 100=\frac{1.09}{1}\times 100=109$$

由此可以得到与基年相比，当年的通货膨胀率是 9%。

GDP 缩减指数的优点是能够衡量出总体物价水平的变动，贴近通货膨胀率的本意，但缺点是必须依赖于对实际国内生产总值（GDP）的准确计算，每年统计一次，难以用于短期政策指导。

多数时候，消费价格指数（CPI）和 GDP 缩减指数具有类似的变化趋势，但也可能并不完全相同。GDP 缩减指数包括了经济中所有物品和劳务的价格变动，不同产品比例不同；而消费价格指数（CPI）考察的是选定的一些产品——主要是普通消费者消费的产品，并且按照固定比例计算。

例：假如一个经济体 2005 年和 2006 年生产的物品只有面包和牛奶，产量和价格如表 8-1 所示。

表 8-1　　不同年份的产量和价格

年份	面包		牛奶	
	产量	价格	产量	价格
2005	5	1	3	2
2006	6	1.5	4	2.5

（1）计算消费价格指数（CPI）

首先要确定消费者购买的产品以及不同产品的数量，假如消费者购买 2 个面包和 1 单位牛奶——这是一个确定的消费组合，我们把它叫作消费的一篮子物品。同时以 2005 年作为基年，它的物价指数为 100。

2005 年，购买一篮子物品需要支付 $2\times1+1\times2=4$

2006 年，购买一篮子物品需要支付 $2\times1.5+1\times2.5=5.5$

2005 年物价指数为 100，则 2006 年物价指数 $=\frac{5.5}{4}\times100=137.5$

$$\text{CPI}=\frac{137.5}{100}\times100=137.5$$

(2) 计算国内生产总值（GDP）缩减指数

2005 年名义 GDP = 5 × 1 + 3 × 2 = 11

2006 年名义 GDP = 6 × 1.5 + 4 × 2.5 = 19

以 2005 年为基年，那么

2005 年实际 GDP = 5 × 1 + 3 × 2 = 11，GDP 缩减指数 $=\frac{11}{11}\times100=100$

2006 年实际 GDP = 6 × 1 + 4 × 2 = 14，GDP 缩减指数 $=\frac{19}{14}\times100=135.7$

据此，2006 年物价水平上升了 35.7%。

比较之下可以发现，由于考察物品的数量比例不同（CPI 考察的固定比例，GDP 缩减指数考察的是实际比例），对物价上升程度的判断也不同——消费价格指数（CPI）得到的结果是物价上升了 37.5%，而根据国内生产总值（GDP）缩减指数得到的结果是 35.7%。

很难说哪一个指标更好，政府在制定政策的时候通常只能综合考虑多种指标来对物价水平的变动进行评判。

第二节　总需求曲线

一、总需求及其构成

哪些因素决定了总需求的大小?

实际国内生产总值（GDP）的需求量由消费（C）、投资（I）、政府购买（G）和净出口（NX）组成，即

GDP = C + I + G + NX

由此可知，总需求是个人、企业、政府和外国人对本国最终产品的需求决定的。那么人们的需求取决于什么因素?

人们的购买计划受到许多因素的影响，其中一些主要的因素是：物价水平、对未来的预期、政府的政策影响、世界经济形势。

二、总需求与物价水平

如图 8 -6 所示，总需求曲线（AD）向右下方倾斜，意味着其他因素不变的情况下，物价水平上升会使得人们的总需求减少。为什么会存在这样的变化趋势?

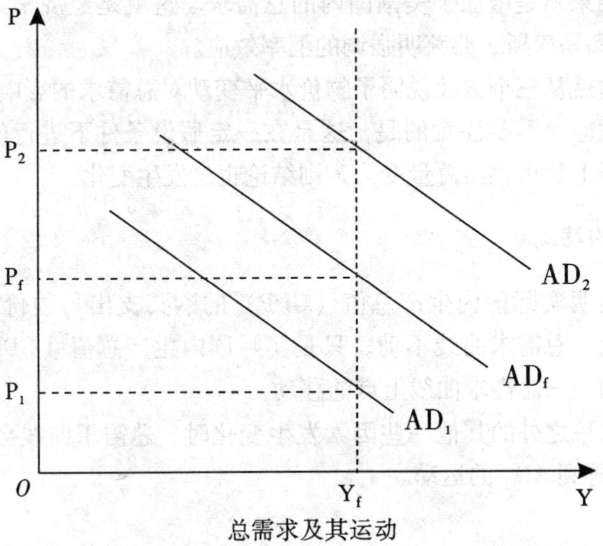

图8-6　总需求及其运动

（一）财富效应

如果物价水平下降，你会购买更多的产品吗？阿瑟·庇古认为人们的消费不是由名义收入决定的，而是由实际收入和实际财富水平决定的。当物价水平下降时，同样的100块钱就更值钱了——能够买到更多的产品。

因此，物价水平下降使消费者感到自己更富裕了，这就鼓励他们花钱，于是支出增加。消费支出增加意味着整个社会对总需求的物品与劳务增加。这就是庇古强调的财富效应。

（二）利率效应

当物价水平下降时，家庭可能减少货币持有量，把超额货币用于购买债券或者储蓄，然后由银行将这些资金用于贷款。这时，市场上货币供给量增加，使得利率下降。考虑到企业融资的成本，较低的利率又鼓励企业进行投资。

也就是说，物价水平下降会降低利率，进而鼓励企业进行投资，从而增加了物品与劳务的需求量，使总需求增加。凯恩斯强调这种利率效应，所以有时候也把它称为凯恩斯效应。

（三）汇率效应

正如我们刚刚讨论过的，较低的物价水平会降低利率，于是一些国内投资者就转而投资于外国以获得更高的收益率。

比如美国政府债券利率下降时，投资者就会卖出美国政府债券，以购买他国债券，比如中国债券。当投资者转向外国资产时，就增加了外汇市场上的美元供给，使得美元相对于其他货币（比如人民币）贬值。这时，中国出口的产品（以人民币计价）相对于美国货（以美元计价）更昂贵了，于是美国出口增加而进口减少，净出口增加。

于是，美国较低的物价水平引起美国利率下降，进而引起美元汇率贬值，刺激美国的出口增加，结果就是增加了美国国内的总需求。这就是经济学家罗伯特·蒙代尔（“欧元之父”）和马库斯·弗莱明强调的汇率效应。

总结起来，这就从三个方面说明了物价水平变动对总需求的影响，包括财富效应、利率效应和汇率效应。需要注意的是，这是在一定假设条件下进行的讨论：货币供给量不变。如果市场上货币供给总量变化，则结论也会发生变化。

三、总需求曲线的移动

总需求曲线表明实际国内生产总值（GDP）的购买支出与物价水平之间的关系，如果物价水平变化，总需求曲线不动，只是实际国内生产总值（GDP）的量与物价水平发生反方向变动——总需求曲线上点的移动。

然而当物价水平之外的其他一些因素发生变化时，总需求曲线会移动。如图 8 -6 中从 AD_1 到 AD_f 再到 AD_2 的运动。

比如：

（1）大学教育的费用上升，使更多的人为此进行储蓄，因而减少了现期消费；

（2）电脑的应用越来越广泛，企业决定投资购买更多的电脑；

（3）政府决定，为了支持地震灾区的重建工作，增加对节能建筑产品的购买；

（4）政府增加了困难群众的生活补助标准以及养老补贴的水平，于是这些人决定购买更多产品。

在这些例子中，在同样的物价水平下，扩大了总需求的数量，使得需求曲线向右移动。

不同的是，第一个例子是因为消费者改变了购买计划，第二个是企业改变了投资计划，第三和第四个是政府改变了政策决定。所以，总需求曲线的移动有时产生于私人行为（个人和企业），有时候产生于公共政策。

概括起来，导致需求曲线移动的因素就是除了物价以外影响总需求的因素：对未来的预期、公共政策和世界经济。

1. 对未来的预期

对未来收入、通货膨胀和利润的预期都会影响当期的购买计划。

如果预期明年会因为政府征地得到 20 万元安置补贴，那么今年可能决定按揭购买一辆小轿车——增加了总需求。

如果预期明年通货膨胀率会上升到 20%，也就是预期物价水平会普遍上升 20%，那么家庭可能在现在较低的物价水平下购买新的电脑——增加了总需求。

如果预期未来新能源产业利润会上升，那么企业现在可能增加投资——增加了总需求。

2. 公共政策

总需求的构成包括了政府购买，如果政府投资修建铁路，或者修建抗震住房，都会直接增加总需求。

另一方面，如果政府增加政府转移支付或者减少税收，就能够增加个人可支配收入，从而增加消费，并最终导致社会总需求增加。比如原来收入 3 000 元，需要缴税 500 元，那么他的可支配收入就是 2 500 元，在边际消费倾向为 0. 8 时，他将消费 2 000 元；如果税收减少为 300 元，那么他的可支配收入增加为 2 700 元，消费额也增加到 2 160 元。

政府还能够通过中央银行的政策影响利率，如果利率降低，那么企业投资成本降低，其他条件不变的情况下，投资总额增加，社会总需求也增加了。

3. 世界经济

在经济全球化趋势下，国家之间的经济往来越来越多，影响一国需求的因素主要是国外收入和汇率。

假设1美元换7元人民币，IBM电脑（美国产）价值1 100美元，相同的联想电脑（中国产）价值7 200元人民币——按美元，联想电脑价值大约是1 029美元。所以人们都购买便宜的联想电脑。现在假如汇率变为1美元换6元人民币，那么按美元，联想电脑价格变为1 200美元——比IBM更贵，于是人们转而购买便宜的IBM电脑。于是美国的出口增加而中国的出口减少，美国的总需求增加而中国的总需求减少。

如果美国人收入增加，那么他们可能购买更多的中国产品，从而增加中国的需求。事实上，2008年金融危机正好提供了一个反例：美国人收入减少，于是大幅度削减开支，结果导致中国的出口减少，总需求也减少了。

试一试：

哪些因素导致总需求减少，哪些因素导致总需求增加？

第三节　总供给曲线

一、总供给曲线的形状

总供给表示其他条件不变时，实际国内生产总值（GDP）供给量（总产出）与物价水平之间的关系。

为了简化现实，我们假设货币工资率也不变。此时，总供给曲线表示实际国内生产总值（GDP）总供给量和物价水平之间的关系，它是一条向右上方倾斜的直线，如图8－7所示。

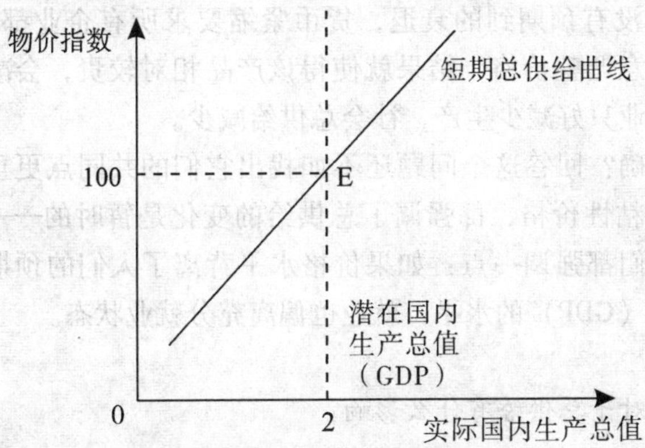

图8－7　总供给曲线

为什么总供给与物价水平同向变动？经济学家提出了三种解释。

1. 错觉

一种关于短期总供给曲线的理论是以经济学家米尔顿·弗里德曼和罗伯特·卢卡斯的著作为基础的错觉理论。根据这种理论，物价总水平的变动会在短期内误导企业对市场价格的判断，作出调整生产的反应。

比如假设一个经济中有面包和小麦两种产品，现在面包和小麦价格同比例下降。但是，面包生产者在认识到小麦价格下降之前，首先了解到的是他的产品——面包的价格下降了，因此会认为生产面包的成本不变（事实上小麦降价降低了成本），而销售价格降低，于是判断生产面包不那么有利可图，于是减少面包的生产。

同样，小麦的生产者首先注意到他的产品降价了，于是减少小麦的供给。

这就是说，低物价水平（物价总水平）引起生产者的错觉，然后根据他们错误的判断做出减少产出的反应，于是总供给量减少了。

2. 粘性工资理论

对短期总供给曲线的另一种解释是凯恩斯及其追随者提出的粘性工资理论。根据这种看法，短期总供给曲线向右上方倾斜是因为名义工资的调整缓慢，在短期内是“粘性”的。这主要是因为工会的力量和劳动合同总是有一定期限的，不能随时调整。

此时，由于名义工资不变，物价水平下降意味着实际工资率上升，于是企业对劳动的需求量减少，结果就是产出减少，总供给量减少。换句话说，由于名义工资不能根据物价水平迅速调整，较低的物价水平就降低了企业的生产积极性，结果使得总供给量减少。

3. 粘性价格理论

近年来，一些经济学家提出了第三种解释：粘性价格理论。根据这种理论，一些物品与劳务的价格对经济状况变动的调整也是缓慢的，在短期内是“粘性”的。

比如我们看到餐馆的菜单上，各种菜品后面都标明价格，如果面粉、蔬菜的价格发生变化，餐馆会随时更改菜品的价格吗？不会，因为更改价格会产生印刷和分发目录的成本，传递价格信息需要一段时间。所以我们也把更改价格产生的成本叫作菜单成本。

如果经济中发生了没有预期到的衰退，货币紧缩要求所有企业都降低产品价格，但仍然有一些企业不愿意调整价格，结果就使得该产品相对较贵，会减少该产品的需求量，销售减少——企业只好减少生产，社会总供给减少。

这三种解释哪种正确？回答这个问题还不如找出它们的共同点更重要，无论是因为错觉、粘性工资还是粘性价格，都强调了总供给的变化是暂时的——短期行为。另一点需要注意的是，它们都强调一点：如果价格水平背离了人们的预期，产出水平就偏离潜在国内生产总值（GDP）的水平，就业也偏离充分就业状态。

试一试：

最低工资法的实施对于总供给有什么影响？

二、总供给曲线的运动

在价格总水平不变的条件下，能够改变总供给量的影响因素的变化都会导致总供给曲线的移动。由于总供给量体现的是社会生产的最终产品和劳动量，因此，生产技术水平、生产成本、经济增长效率等因素都会改变总供给。比如石油价格上升就会左移总供给曲线，减少总供给。

第四节　总供求均衡与失衡

一、总供求均衡

经济波动表现为总产出、价格总水平和总就业量的循环变化。为了分析整个经济的波动，我们使用总需求与总供给模型。其中，总需求曲线表示在任何一种物价水平时，家庭、企业和政府想要购买的物品与劳务量；总供给曲线表示在任何一种物价水平时，企业选择生产并销售的物品与劳务量。

总供求模型就是用来解释总产出、价格总水平和总就业量的循环变化的经济模型。如图 8－8 所示，总供求均衡决定了均衡的价格总水平，同时决定了均衡的总产量。由于一定的总产量对应着一定的就业量，因而总供求均衡也决定了均衡的就业量。

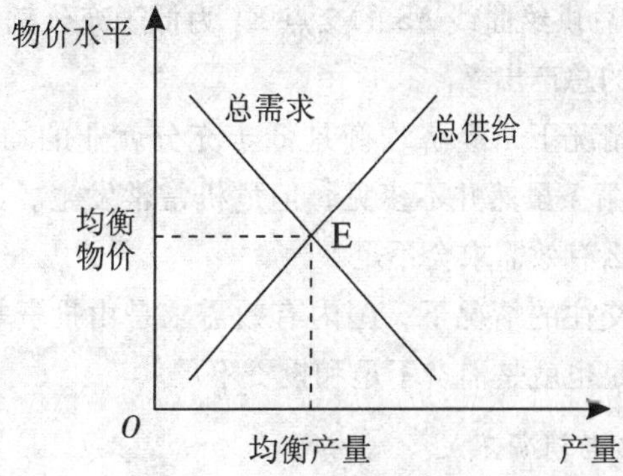

图 8－8　总供求模型

总供求模型与前面章节讲的供求理论中的市场均衡模型非常相似，但它们具有不同的含义。微观市场上，价格是人们配置资源的信号，引导人们将某种资源使用在特定用途上。价格变动就会改变这种激励，从而改变资源的配置。比如面包价格上升，生产面包更有利可图，于是供给量增加；而价格上升促使人们将收入花在其他用途上——价格产生了替代效应。

二、充分就业和有效需求不足

如图 8－9 所示，有 E_1、E_2 和 E_f 三种总供求均衡。总需求曲线 AD_f 与总供给曲线 AS 的交点 E_f 为充分就业均衡，因为此时的均衡产出为充分就业的总产出 Y_f，而均衡价格为长期稳定的价格水平 P_f。

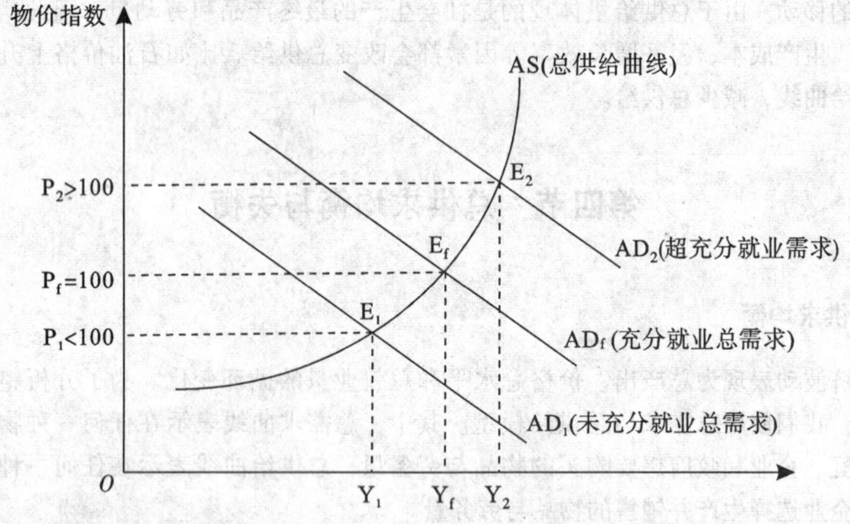

图 8-9　总供求均衡与失衡

总需求曲线 AD_2 与总供给曲线 AS 的交点 E_2 为超充分就业均衡，因为此时的均衡产出为大于充分就业的总产出 Y_2，而均衡价格为高于长期稳定的价格水平 P_f 的 P_2。

总需求曲线 AD_1 与总供给曲线 AS 的交点 E_1 为低于充分就业均衡，因为此时的均衡产出为小于充分就业的总产出 Y_1。

凯恩斯认为，通常情况下，经济均衡是低于充分就业的均衡。翻看世界经济史，1929—1933 年这样的大萧条虽然并不多见，但危机常常发生。为什么自由经济会如此频繁的发生危机？为什么有效需求会不足？

在不考虑国际经济交往的情况下，国内有效需求是由投资需求和消费需求共同组成的，因此有效需求不足也就是消费不足和投资不足。

（一）边际消费倾向递减与消费不足

如果你的每个月取得 1 000 元收入，会拿出多少钱来消费？也许是把 1 000 元全部花掉，也就是消费占支出的 100%。如果你的收入增加到 3 000 元，是不是还会全部花掉？

凯恩斯提出，由于心理因素的作用，随着收入的增加，消费支出在收入中所占的比例越来越小——这就是消费倾向递减。也就是说，收入 3 000 元的时候，也许你会考虑储蓄，那么消费占收入的比例就会下降，比如降为 80%。

消费倾向递减对总需求有什么影响？由于人们消费倾向递减，收入水平越高，消费所占的比例就越小，也就是说富人比穷人的消费倾向小一些。因此，在分配不均的资本主义社会，富人钱越来越多，消费却越来越少，于是总需求减少，不能自动实现供求均衡。

（二）流动性陷阱与投资不足

只有当投资的边际收益率 MEC 大于利率 R 时，企业才会进行投资。但是，随着投资的增加，MEC 是逐渐下降的：一方面，投资增加使得资本品价格上升；另一方面，投资增加制造出更多的产品，产品价格下降，导致收益减少。

MEC 下降要求利率 R 也同时下降，但是由于存在流动性陷阱，所以利率下降是有限的，对于投资的鼓励作用也非常有限。结果就是最终会出现 MEC < R，企业不再投资生产，总需求减少。

回想：什么是流动性陷阱？

当利率降低到一定程度时，货币需求就会变得无限大，即人们只愿意持有货币而不愿意持有债券。即使增加货币供给量，也全部被人们以现金或活期存款的形式持有，不会用于投资债券改变利率，结果就是无论货币供给量增加多少，都不会使利率继续降低。人们的“流动性偏好”得到最充分的体现，它能最大限度地吸收流通中增加的货币量。这种现象称为“流动性陷阱”。

于是，在消费倾向递减和投资不足的双重作用下，自由的市场经济就会因为有效需求不足而最终陷入生产过剩、失业增加的危机，因此需要政府干预。

资料链接

萧条中的“大扫除”和“停车加油”

经济萧条无疑是一种消极的经济现象，但也存在好的一面。因为在萧条时期，经济社会有更好的机会来改组和整顿，即进行经济大扫除。这可从两个方面来理解：一方面，繁荣倾向于保护落后、过时的企业继续经营，而萧条是清除过时企业、发展现代化企业的大好时机；另一方面，萧条是企业在进行生产过程中处于激励较少的时期，因此企业重组的机会成本和阻力都较小。

按照大扫除的观点，那些过时、落后的企业会一直等到经济萧条时才去关闭。萧条时的总需求水平低，对低水平的总需求的反应既可以是降低开设新企业的速度，也可以是关闭旧企业。但关闭旧企业似乎更明显。这种情况与下列现象是吻合的：萧条阶段的就业减少更多地来自旧的工作岗位的减少，而不是新的工作岗位创造的减少。

除了大扫除观点外，还有一种停车加油观点。在汽车比赛中，当黄灯由于事故而亮起时，要求汽车减速。车手常常利用黄灯时期停车加油、更换轮胎。但绿灯亮时，车手能开多快就开多快。相比之下，黄灯亮时停车加油的机会成本较低。衰退就相当于黄灯时期，这时生产和销售的利润较少，适宜于企业进行重组和生产经营上的重大调整，解雇那些不称职的劳动者，招募称职的劳动者，为经济的复苏和繁荣做好准备。

资料来源：霍尔，约翰·泰勒．宏观经济学（第五版）．中国人民大学出版社，2000 年版。

三、总供求均衡的运动

2008 年春，一场突如其来的大雪袭击了中国南方，不仅造成了交通阻断、旅客滞留及供电设备损坏等问题，而且直接导致了当年油菜产量下降。这会对经济产生什么影响？

当美国与伊拉克战争爆发时，中东一些原油运输中断，生产石油产品的成本上升，这又会产生什么样的影响呢？

当成本上升时，在任何一个价格水平下，企业愿意提供的产品数量更少了，因此，短期总供给曲线向左从 AS_1 移动到 AS_2，如图 8－10 所示。

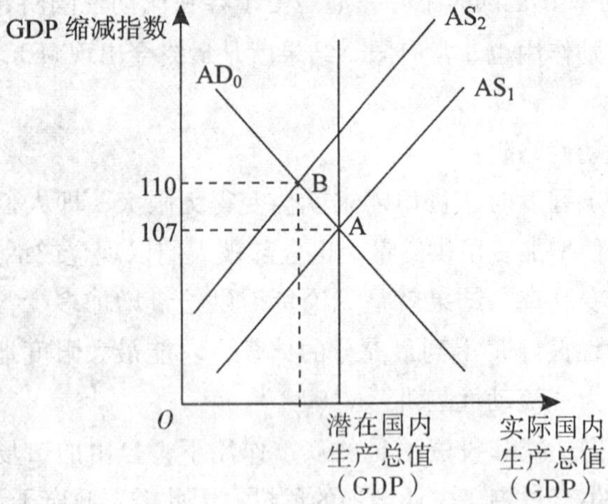

图 8－10　总供给曲线的移动

由于总供给曲线向左移动，于是物价水平上升，均衡产出水平减少（从 A 移动到 B）。这就是人们常说的“滞胀”——经济停滞（产量下降），同时伴随着通货膨胀。

当总供给曲线从 AS_1 移动到 AS_2 时，经济出现了滞胀。政府可能采取政策抵消这种不利影响，常见的做法是扩大总需求，使总需求曲线从 AD_1 向右移动到 AD_2，那么均衡产出水平直接从 A 点移动到 C 点，这样保持产量在充分就业的潜在国内生产总值（GDP）水平上，但物价上升更多，从 P_1 上升到 P_3，如图 8－11 所示。

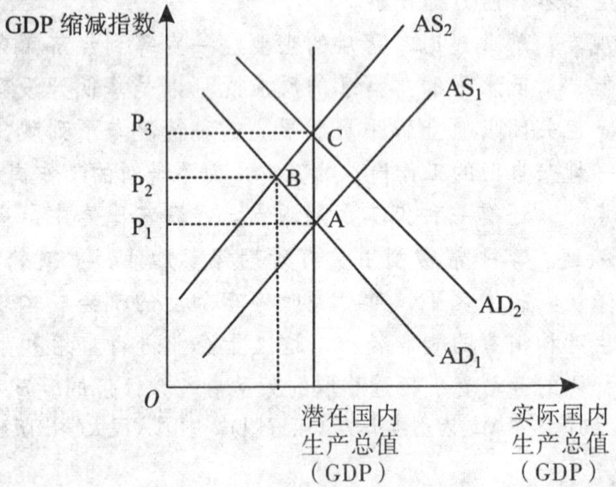

图 8－11　抵消总供给移动的影响

因此，总供给曲线向左移动可能引起滞胀。政府可以采取一些措施抵消总供给曲线移动的影响，但无法同时消除这两种不利的影响。

第五节　经济周期与经济稳定

经济活动每年都有波动。在大多数年份，物品与劳务的生产是增长的。由于劳动力增加、资本存量增加以及技术知识进步，能生产的东西就会越来越多。这种增长使每一个人都享有更高的生活水平。

但是，在一些年份，经济经历了紧缩而不是增长。企业无法把它们提供的所有物品与劳务都卖出去，因此它们削减生产，结果工人被解雇，失业增加，而且工厂被闲置。随着经济生产的物品与劳务的减少，实际国内生产总值（GDP）和收入下降了。如果这种收入减少和失业增加较为缓和，这一期就被称为衰退，如果较为严重，就被称为萧条。

一、经济周期的关键特征

经济周期是指总体经济活动的一种波动，即国内生产总值（GDP）增长呈现周而复始变化的状况。一个周期是由许多经济活动同时经过繁荣、衰退、萧条与复苏四个阶段所构成。尽管各国的经济周期不同，同一个国家在不同时期的经济周期也不同，但是具有一些关键事实。

（一）经济波动是无规律的且不可预测的

正如经济周期这个术语所表明的，经济波动与经济状况的变动是相对应的。当实际国内生产总值（GDP）增长迅速时，经济状况就比较好。在这种经济扩张时期，大多数企业会发现，顾客很多且利润在增长。当在衰退时期实际国内生产总值（GDP）减少时，经济就出现了问题。在这种经济紧缩时期，大多数企业经历了销售和利润的减少。

经济周期这个术语有时也会引起误解，因为它表明经济波动遵循一种有规律的、可预测的形式。实际上，经济波动根本没有规律，而且几乎不可能较为准确地预测。图 8－1 显示了 1965 年以来美国经济实际国内生产总值（GDP）。阴影面积表示衰退的时期。正如该图所表明的，衰退并不是有规律地间隔发生。有时衰退相隔非常近，例如 1980 年和 1982 年的衰退；有时经济许多年都没有经历衰退，美国历史上最长的没有经历衰退的时期是从 1991—2001 年的经济扩张时期。

（二）大多数宏观经济变量同时波动

实际国内生产总值（GDP）是最普遍地用于监测经济中短期变动的一个变量，因为它是经济活动的一个最全面的衡量指标。实际国内生产总值（GDP）既衡量了某一既定时期内生产的最终物品与劳务的价值，也衡量了经济中所有人的总收入。

然而，事实证明，对于监测短期波动而言，用哪一种衡量指标来观察经济活动实际上无关紧要。大多数衡量某种收入、支出或生产波动的宏观经济变量几乎是同时变动的。当实际国内生产总值（GDP）在经济衰退中减少时，个人收入、公司利润、消费者支出、投资支出、工业生产、零售额、住房销售额、汽车销售额等也都减少。虽然许多宏观经济变量同时变动，但它们波动的幅度并不相阳同。特别是，正如图9－2所示，在经济周期中投资支出的变动最大。尽管平均而言投资只占国内生产总值（GDP）的七分之一左右，但在衰退期间国内生产总值（GDP）减少的三分之二左右是由投资减少导致的。

（三）失业随着产量减少而增加

经济中物品与劳务产量的变动与经济中劳动力利用的变动是密切相关的。换句话说，当实际国内生产总值（GDP）减少时，失业率上升，这个事实没有什么奇怪的。当企业选择缩减其产品和劳务生产数最时，它们就会解雇工人，从而使失业大军扩大。

图8－3显示了1965年以来美国经济中的失业率。图中仍然是用阴影面积表示经济衰退时期。该图清楚地表明了经济衰退对失业的影响。在每一次经济衰退时，失业率都大幅度上升，当经济衰退结束而且实际国内生产总值（GDP）开始增加时，失业率才逐渐减少。失业率从未达到零，反而是围绕5%或6%左右波动的。

二、长周期、中周期和短周期

根据经济周期的时间长短，可划分为三种不同类型，即短周期、中周期和长周期。

（一）康德拉捷夫周期

分析工业体系历史的实际运行结果，呈现出为时54～60年的“长波”。俄国经济学家康德拉捷夫于1926年对此作了详细的描述和分析，所以称为“康德拉捷夫周期”。该理论认为：资本主义的第一个长波大约是从1783年到1842年，即一次产业革命；第二个长波大约从1842年到1897年，即蒸汽机钢铁时代或者称之为世界铁路化时代；并预测未大约从1897年开始，电气、化学和车将使历史进入到第三个长周期。

（二）尤格拉周期

熊彼特在分析了两个完整的康德拉捷夫周期后发现，每一个这样的长周期都包含着六个期限为9年或10年的中波。在他之前，法国经济学家尤格拉于1360年首先提出中周期理论。尤格拉认为：危机或恐慌不是一种独立的现象，而是经济社会不断面临的三个连续阶段中的一个。这三个阶段反复出现形成周期现象，平均每一周期为9～10年。

（三）基钦周期

熊彼特认为：每一个“尤格拉周期”又易于划分为三个周期，而每一个周期大约为40个月的时间。美国经济学家基钦于1923年首次提出经济周期实际上有大周期与小周期两种。小周期的平均发展为40个月，而大周期则是小周期的总和。基钦把这种平均长度40个月的周期叫短周期，又称为“基钦周期”。

三、经济稳定与经济增长

实际上，经济周期现象就是宏观经济的均衡和失衡的反复出现。其中，宏观经济均衡表现为经济增长和经济稳定。宏观经济均衡也是最理想的经济状态。

（一）经济增长

所有政府都努力使经济能够长期稳定的增长，因为经济增长是提高生活水平的基本前提。虽然国内生产总值并不是用来衡量经济增长的准确指标，但限于目前的统计水平，仍然将实际国内生产总值的变动百分比作为衡量经济增长的常用指标。

比如实际国内生产总值从100亿元增加到105亿元，那么经济增长速度为5%。

思考一下：

比较中国和美国的实际国内生产总值水平，如果中国经济每年增长8%，而美国增长2%，经过多少年后中美两国实际国内生产总值相等？

（二）经济稳定

经济稳定包括充分就业、物价稳定和国际收支平衡。

1. 充分就业

由于失业会对个人和整个经济带来巨大损害，所以几乎所有政府都把增加就业、实现充分就业作为宏观调控目标。

2. 物价稳定

2007年，食品、钢铁等产品价格上涨非常快，比如猪肉价格从每千克14元上升到24元（各个地区略有不同），这样的状况受到人们的欢迎还是抵触？

物价上涨意味着人们的生活费用提高，在收入不能同比例增加的情况下，人们的收入水平就会下降。但反过来，如果物价持续下降，那么企业的盈利空间下降，可能会降低其积极性。

所以大多数政府都把保持温和的物价上涨作为宏观调控目标，普遍认为2%左右的通货膨胀率是可以接受的温和的物价水平上涨。

3. 国际收支平衡

为了拉动经济增长，鼓励出口是一个好办法，中国就通过出口退税等办法扩大出口，获得高额的贸易顺差。

但我们也说过，高额贸易顺差意味着中国经济对国际市场依赖性非常高，当国际市场需求萎缩的时候，就严重影响到国内的生产。

因此，比较稳健的做法是追求国际收支平衡，即保持出口额和进口额的一致。

四、摩擦性失业和结构性失业

在图8-12中，当工资为 W_f 时，劳动力市场达到均衡时的就业量就是充分就业量。但是，此时的实际就业量为 L_f，它小于社会劳动力总量 L_t，而这两者之差为自然失业。其中自然失业包括摩擦性失业和结构性失业。

（一）摩擦性失业

有一些人为了寻找更好的工作机会而辞职，但是因为信息等原因，找到新工作是需要时间的，在这段时间内的失业叫作摩擦性失业。在我国目前的劳动力市场上，一方面有大量企业急需营销人才，另一方面有很多大学毕业的营销专业学生没有找到工作，即同时存在职位空缺和失业的人。当然，这种摩擦性失业不会持续太久，等信息传递比较充分之后，就能够使供需双方达成一致。

（二）结构性失业

结构性失业是指由于经济结构、体制、增长方式等的变动，使劳动力在包括技能、经验、工种、知识、年龄、性别、主观意愿、地区等方面的供给结构与需求结构不一致而导致的失业。

结构性失业也是一种摩擦性失业，但并不是出于劳动者的自愿。与前面提到的情况不同，结构性失业虽然也是空缺职位与失业者并存，但空缺职位所要求的技能与失业人员具有的技能并不相同。比如企业需要的是高级技术人才，失业人员却只具备初级技术水平。

为什么会产生结构性失业呢？原因可能比较多，这里我们列举常见的几种。

1. 经济结构调整

随着城市化进程的发展，国家产业结构也迅速调整，第一产业、传统产业的劳动力需求逐渐减少，而第三产业、新兴产业对劳动者的需求增加。但是不同产业对于劳动者本身的能力素质有不同要求，比如一个长期从事农业劳动的人就很难在短期内成为电脑技术人才。

我国现在结构性失业问题就比较突出，一方面大量大学毕业生和农民工就业困难，另一方面许多城市包括北京、上海、青岛、福州、深圳等都出现技术工人短缺状况。根据上海市劳动保障部门对外发布的2007年全日制工资指导价位来看，企业对于技能人才的需求直接体现在工资倾斜上，多个职位高技能人才年薪过10万元，而具有高级技师水平的钳工，年薪达到了13.58万元。另外，据报道，深圳每年急需中、高级技能人才3万余人，而每年的培训能力尚不足1万，缺口很大。

2. 技术进步

技术进步是好事还是坏事？对于整个社会而言是进步，但对于个人的影响就很难说了。技术进步可能导致劳动者的需求结构发生变化，如果供给结构不能相应调整，就会出现结构性失业。

英国《焦点》月刊2004年提出对未来就业趋势的展望，文章认为："在今后的15~20年中，将出现一股巨大的科技浪潮，它将像工业革命给我们的祖先造成的影响那样对我们的工作方式产生深远的影响。就像农业工人在工业革命时期曾经从事制造业一样，那些先前曾经在制造业工作的人员现在正投身到新的服务经济和科技信息世界中。""未来经济将由理念、信息和技术组成，到2015年，据估计大约有多达95%的工作将要求就业者掌握信息技术。"如果不能适应科技革命，无法跟上技术进步，就无法胜任新的工作岗位，这些劳动者必然会被抛入结构性失业队伍。

举例来说，随着自动投币机以及公交磁卡的普及，公交售票员的主要任务不再是售票，而是为乘客提供必要的服务，如果他们不能迅速改变自身素质和工作态度，就有可能成为失业大军中的一员。

3. 地区供求不对称

根据调查分析，上海、北京和广东是应届毕业生最愿意工作的地区（地区按省、直辖市、自治区分），其次为浙江省和江苏省。虽然这些地区经济发达，劳动力需求较多，但远远比不上供给量——不仅有众多的国内各大高校毕业生，还有一些海外留学生和外国毕业生都到这些地区寻找机会。而广阔的中西部地区高素质人才极为缺乏，因为供给量小。

这种劳动力的供给与需求在地区上有差异而造成的失业，也是结构性失业。其根本原因在于地区间经济发展水平的差距。

在我国，东部地区经济发达，西部地区较为落后。因此，一方面高素质人才向东部地区流动，造成西部地区人才短缺；另一方面，西部地区劳动力素质相对较低，而低素质人才更容易在经济发展过程中被淘汰，于是这些地区失业率偏高。

根据对1996年失业状况的调查，高失业率地区均为西部地区，也是城镇从业人口中不识字率最高的地区。高失业率地区为青海、贵州、甘肃、宁夏、陕西，城镇登记失业率分别为7.2%、6.2%、5.5%、5.2%、5.2%，不识字率高达41.6%、28.7%、30.5%、22.5%、16.3%，均高于全国平均水平。

另一个引起结构性失业的原因是人口流动的限制，比如户籍政策限制着劳动者的自由流动。

五、自然失业率和充分就业

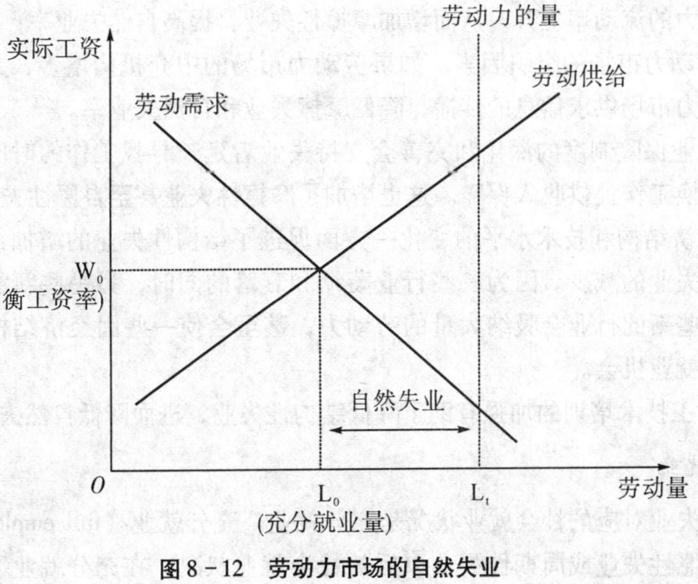

图8-12　劳动力市场的自然失业

（一）自然失业率

摩擦性失业和结构性失业的存在，从产生原因来看，劳动力流动中信息不足、自然的季节转换和经济结构的转换等都是时常存在的；从客观事实看，摩擦性失业和结构性失业虽然对于特定的失业者而言是短期的失业，但是对于全社会而言却是长期存在的，因而似乎是不以人们的意志为转移的“自然”的现象，所以经济学把摩擦性失业、季节性失业和结构性失业统称为自然失业。

自然失业还可以看成是劳动力均衡时的失业。如果一个劳动力市场没有周期性失业，就实现了市场均衡，达到了充分就业。显然，自然失业的存在与一个社会的充分就业是不矛盾的，即使存在自然失业，社会也可能是充分就业的。

自然失业量与全体劳动力量的比例就是自然失业率，也称为充分就业失业率。自然失业率由于与周期性失业、经济运行周期及总需求水平的变动无关，因而是相对稳定的。但自然失业率也会变动。在美国，20 世纪 60 年代的自然失业率约为 4%，20 世纪 70 年代自然失业率估计值上升到 4.9%，20 世纪 80 年代初期自然失业率上升到 6%，20 世纪 90 年代初期自然失业率略有下降约为 5.5%。

对自然失业率的估算和衡量并没有统一的方程式。一个简单的方法是计算一个长时期里的平均失业率，这一方法被认为纠正了实际失业率在自然失业率上下的偏差，因而又有人将自然失业率理解为长期的平均失业率。另一个简单的计算办法是挑选一特定年份，该年份被认为已不存在周期性失业或非自愿性失业。在美国，1989 年被认为属于这样的年份，该年的失业率为 5.3%，这同许多经济学家估计的这一时期的自然失业率大体吻合。自然失业率的意义在于它能够为宏观经济政策的制定提供参考价值。

自然失业率的变动是一系列因素综合作用的结果。

（1）劳动力结构的变化。在全部劳动力中，如果流动性较大的青年的比重提高，则会使劳动力的流动率上升，从而增加摩擦性失业，提高自然失业率；反之亦然。

（2）劳动力市场的组织因素。如果劳动力市场的中介机构增多，并更有效率，则会改进劳动力市场供求信息的传播，降低摩擦失业和自然失业率。

（3）失业保险制度的深化和完善会支持失业者延长寻找工作的时间，并为一些人更频繁地变换工作提供收入保障。这也增加了摩擦性失业甚至自愿性失业。

（4）经济结构和技术水平的变化一方面促进了结构性失业的增加，另一方面也促进了结构性失业的减少。因为一些行业萎缩和衰落的同时，另一些新的行业总在崛起和发展。这些新的行业会吸纳大量的劳动力，甚至会使一些因经济结构调整而失业的人重新得到就业机会。

（5）员工技术培训的加强有助于降低结构性失业，进而降低自然失业率。

（二）充分就业

与自然失业对应的社会就业状况是充分就业。充分就业（full employment）指的是消除了非自愿性失业或周期性失业以后的社会就业状况。在充分就业下，仍存在摩擦性失业、结构性失业和自愿性失业。可以说，充分就业时的失业率就是自然失业率。充分就业不仅意味着一个国家劳动力资源的充分利用，而且意味着一个国家所有经济资源的充分利用。因为在一定的技术条件下，每一个劳动者占用或利用的经济资源是既定的，劳动力资源的充分利用当然也就意味着所有经济资源的充分利用。所以，充分就业时的产出量是一国能够长期持续存在的潜在的最大产出量。之前讲到的长期总供给曲线代表的产出量便是充分就业条件下的潜在的最大产出量。

当实际失业率等于自然失业率时，经济处于长期均衡状态，所有经济资源都得到了充分利用，经济处于平稳运行中。如果实际失业率高于自然失业率，则失业显得过多，将可能引发严重的经济问题和社会问题；如果实际失业率低于自然失业率，则意味着社会经济资源被超负荷地利用，经济处于通货膨胀状态中。工人加班加点，生产设备过度使用，一些自愿失业者也在高工资引诱下和高物价、高生活费用的逼迫下参与工作，一些摩擦性失业和结构性失业也被非正常地压缩。当然，这种状态不可能长久持续。

资料链接

中国的经济运行与调控

一个完整的经济周期可分为繁荣、衰退、萧条和扩张四个阶段，繁荣是经济活动达到高峰的状态，萧条是经济活动达到低点的状态，经济活动从高峰转向持续下降直到最低点的阶段就是衰退，经济活动从低点转向持续上升的阶段就是扩张。在通过一系列统计检验确认国内生产总值增长率序列存在周期性波动之后，可以采用峰—峰划分法或者谷—谷划分法来确定每一个周期。每一个周期的特点可以通过计算波长（两个波峰之间的距离）、波幅（国内生产总值增长率的波动幅度），以及扩张期和收缩期的长度比等来描述。

按照峰—峰划分法，我国改革开放后的经济运行可以划分为三个经济周期，其中1978—1984年为第一个周期，1984—1992年为第二个周期，1992—2006年为第三个周期。就波长而言，第一个周期为7年，第二个周期为9年，第三个周期为15年，如图8-13所示。

就波幅而言，第一个周期国内生产总值增长率波动幅度为10个百分点，第二个周期国内生产总值增长率波动幅度为11.4个百分点，第三个周期国内生产总值增长率波动幅度为6.6个百分点。

就经济收缩期和经济扩张期的长度比而言，第一个周期收缩期为3年，扩张期为4年，经济收缩期和经济扩张期的长度比为3∶4；第二个周期收缩期为6年，扩张期为2年，经济收缩期和经济扩张期的长度比为3∶1；第三个周期收缩期为7年，扩张期为7年，经济收缩期和经济扩张期的长度比为1∶1。

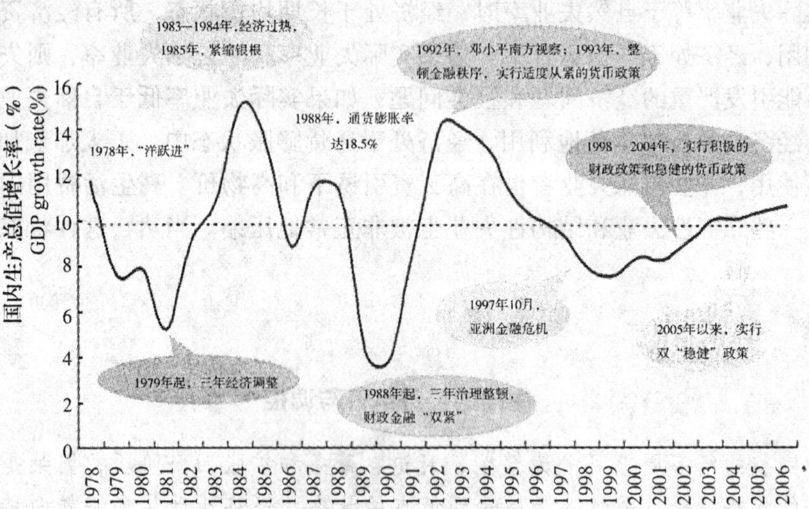

图 8-13　中国转型期的经济运行政策

相应地，政府也采取了一定的宏观经济调控政策，这种调控出现了松紧循环——从 1978 年的“洋跃进”到始于 1979 年的三年经济调整，从 1983—1984 年的经济过热到 1985 年的银根紧缩，从 1988 年的高通货膨胀到之后的三年治理整顿和财政金融“双紧”政策的实施，从 1992 年邓小平南方视察涌起的春潮到 1993—1996 年的执行适度从紧的货币政策的“软着陆”，从 1997 年的亚洲金融危机后凸显的买方市场到 1998—2004 年实行积极的财政政策和稳健的货币政策，从 2005—2006 年的财政—货币“双稳健”政策到 2007 年开始的稳健的财政政策和紧缩的货币政策，直到应对目前因“次贷危机”引发的全球金融危机而采取的宽松的财政政策和宽松的货币政策。

资料来源：刘崇仪．经济周期论［M］．人民出版社，2006.

总结与回顾

市场经济是配置资源、组织生产的有效率的方式，但无法解决收入分配差距、失业这类问题，于是短期内经济总表现出时而扩张时而收缩的波动，1929—1933 年的经济大萧条更是促使人们重视生产过剩和失业率上升的经济危机问题。

我们使用总供求模型来分析短期经济波动。根据国内生产总值的核算，实际国内生产总值的需求量由消费（C）、投资（I）、政府购买（G）和净出口（NX）组成，即总需求是由个人、企业、政府和外国人对本国最终产品的需求决定的。而人们的需求受到许多因素的影响，其中一些主要的因素是：物价水平、对未来的预期、政府的政策影响、世界经济形势。总需求曲线用来描述物价水平和实际国内生产总值之间的关系。

本章主要讨论总供求均衡与经济稳定。

货币政策影响货币市场上货币的供求量和利率水平，从而间接影响总需求；而财政政策是较为直接的需求管理方式，主要包括税收、政府购买、转移支付和公债，直接影响总需求或者人们的收入水平。但政策的效果受到多方面的影响，所以宏观经济调控是长期困扰政府的难题。

● 为了分析整个经济的波动，我们使用总需求与总供给模型。其中，总需求曲线表示在任何一种物价水平时，家庭、企业和政府想要购买的物品与劳务量。

● 总需求是由个人、企业、政府和外国人对本国最终产品的需求决定的。而人们的支出计划受到许多因素的影响，其中一些主要的因素是：物价水平、对未来的预期、政府的政策影响、世界经济形势。物价水平上升时，由于财富效应、利率效应和汇率效应，总需求减少。

● 货币是固定充当一般等价物的特殊商品，具有充当支付手段、交换媒介、计价单位和价值贮藏手段的职能。中央银行发行的货币经过商业银行的货币创造，决定了市场上货币的供给量。

● 短期内，货币量增加导致总需求曲线向右移动，物价水平和实际国内生产总值都增加。但是在长期，货币量增加只会导致物价水平上升，而实际国内生产总值不变。所以货币数量论提出，长期中货币量增加使得物价水平同比例上升。

● 货币需求量主要受到物价水平、利率、实际国内生产总值和金融制度四个因素的影响。

● 中央银行使用法定存款准备金率、再贴现率和公开市场业务三大工具来调节市场上的货币量，从而影响利率水平，间接影响总需求。货币政策具有较长的时滞效应，对于衰退中的经济难以发挥效用，政策效果受到货币流通速度影响而会打折扣。

● 为了影响总需求，政府还会运用税收、公债、政府购买和转移支付等财政政策工具来干预经济。财政政策具有自动稳定器的作用，通过累进的所得税、转移支付和维持农产品价格制度来缓和经济波动，维持经济稳定发展。不过财政政策也有时滞效应，并且如何确定政策幅度也是一个难题。

思考与练习

金融危机冲击实体经济　中美制订刺激经济计划

（一）美国参众两院达成经济刺激计划最终文本①

美国国会参众两院经过协商，就经济刺激计划最终文本达成一致意见，确定该项计划的总额为7 890亿美元。

此前，众议院和参议院各自批准了不同数额的刺激经济计划。共和民主两党对有关条款存在极大分歧。共和党主张救助经济的主要措施应该是减税。但执政的民主党则坚持增加在基建方面的投资，刺激经济复苏。

参众两院议员从昨晚便开始磋商，经过激烈的讨价还价，现在两党在基建投资和

① 摘自光明网2009年2月13日，http：//www. gmw. cn/content/2009 - 02/13/content _ 887667. htm

减税等方面达成妥协，保留了参众两院不同版本中的主要内容，确定最终文本的资金总额为7 890亿美元，低于参众两院曾经各自批准的资金数额。

根据达成的协议，在7 890亿美元开支中，35%用于减税，65%用于增加政府投资。据此，每个美国纳税人将可望拿到400美元的退税。按照相关程序，最终文本还将递交给参众两院表决、通过后送奥巴马总统签字才能成为法律。参议院多数党民主党领袖里德说，这个法案生效后，将创造350万个就业机会。

美国股市当日对此做出了积极反应，金融类股引领股市反弹，华尔街三大股指收盘各自上扬约1%。分析师指出，股票市场已感到这项法案将会推动未来的经济增长，有助于缓解美国经济的衰退。

（二）中国出台扩大内需十项措施确定4万亿元投资计划①

国务院总理温家宝主持召开国务院常务会议，研究部署进一步扩大内需促进经济平稳较快增长的措施。

会议认为，近两个月来，世界经济金融危机日趋严峻，为抵御国际经济环境对我国的不利影响，必须采取灵活审慎的宏观经济政策，以应对复杂多变的形势。当前要实行积极的财政政策和适度宽松的货币政策，出台更加有力的扩大国内需求的措施，加快民生工程、基础设施、生态环境建设和灾后重建，提高城乡居民特别是低收入群体的收入水平，促进经济平稳较快增长。

会议确定了当前进一步扩大内需、促进经济增长的十项措施：

一是加快建设保障性安居工程。加大对廉租住房建设的支持力度，加快棚户区改造，实施游牧民定居工程，扩大农村危房改造试点。

二是加快农村基础设施建设。加大农村沼气、饮水安全工程和农村公路建设力度，完善农村电网，加快南水北调等重大水利工程建设和病险水库除险加固，加强大型灌区节水改造。加大扶贫开发力度。

三是加快铁路、公路和机场等重大基础设施建设。重点建设一批客运专线、煤运通道项目和西部干线铁路，完善高速公路网，安排中西部干线机场和支线机场建设，加快城市电网改造。

四是加快医疗卫生、文化教育事业发展。加强基层医疗卫生服务体系建设，加快中西部农村初中校舍改造，推进中西部地区特殊教育学校和乡镇综合文化站建设。

五是加强生态环境建设。加快城镇污水、垃圾处理设施建设和重点流域水污染防治，加强重点防护林和天然林资源保护工程建设，支持重点节能减排工程建设。

六是加快自主创新和结构调整。支持高新技术产业化建设和产业技术进步，支持服务业发展。

七是加快地震灾区灾后重建各项工作。

八是提高城乡居民收入。提高明年粮食最低收购价格，提高农资综合直补、良种补贴、农机具补贴等标准，增加农民收入。提高低收入群体等社保对象待遇水平，增加城市和农村低保补助，继续提高企业退休人员基本养老金水平和优抚对象生活补助

① 引自新浪网，新浪财经，http：//finance. sina. com. cn/g/20081109/19215484791. shtml

标准。

九是在全国所有地区、所有行业全面实施增值税转型改革，鼓励企业技术改造，减轻企业负担1 200亿元。

十是加大金融对经济增长的支持力度。取消对商业银行的信贷规模限制，合理扩大信贷规模，加大对重点工程、“三农”、中小企业和技术改造、兼并重组的信贷支持，有针对性地培育和巩固消费信贷增长点。

初步匡算，实施上述工程建设，到2010年年底约需投资40 000亿元。为加快建设进度，会议决定，2008年四季度先增加安排中央投资1 000亿元，2009年灾后重建基金提前安排200亿元，带动地方和社会投资，总规模达到4 000亿元。

思考：

(1) 如何确定经济处于上升或下降？

(2) 政府通常采用哪些措施来影响总需求？

(3) 列出几项你认为重要的措施，分析它们对经济产生的长期和短期影响。

第九章　经济波动与宏观政策

引入：

（1）2009年2月15日，据埃及媒体报道，因经济不景气，失业率增加，埃及青年因没有工作而自杀的人数在逐年增加。埃及《接班人报》引用协商议会议员祖哈兰的话说，“2005年，埃及有1 160人自杀，2006年这一数字增加到2 355人，到2007年，自杀人数达到了3 700人，去年的自杀人数猛增加到1.2万人，而自杀者中绝大多数是年轻人，自杀原因都是没有工作。”祖哈兰还强调，过去政府公布的失业率是不真实的，一些政府机构发布的报告都说埃及失业率没有超过9%，而中央统计局发布的数字说是12%，国际货币基金组织发表的有关报告显示，埃及的失业率是18%，世界银行公布的数字是22%，阿拉伯劳工组织发表的报告说埃及的失业率是23%，但祖哈兰坚持认为是30%。

（2）提起以前的“民工潮”，春节前后的火车站的人满为患，相信不少人还记忆犹新。2008年年初，自2003年初现端倪的“民工荒”还在延续，沿海企业尚在慨叹“招工难”，新实施的《中华人民共和国劳动合同法》更导致用工成本攀升。意想不到的是，一场肇始于大洋彼岸的金融危机，在短短几个月内，使中国延续几年的“民工荒”，转眼之间变为“失业潮”。

（3）津巴布韦通货膨胀。图片中的男子抱着一大摞钱，如果不看说明，你也许会以为他刚刚中了彩票特等奖！不幸的是，他手中的钱的票面价值或许还不如制造这些货币的纸的价值。看看图中右边的图形，钞票的面额是多少？10万，20万……这就是津巴布韦2004年以来的通货膨胀的写照。

物价越来越高，钱却是越来越薄，通货膨胀让许多人大喊吃不消，一张面额1 000万津巴布韦币的纸钞，只能换到美金1.5元，而在津巴布韦买一只鸡要1 300万津巴布韦币，游民至少要捡两个月的垃圾，加上不吃不喝才能买到一只鸡。2008年8月，津巴布韦中央银行宣布去掉钞票后的10个零，但由于恶性通货膨胀又涨了回来。

2009年1月16日，津巴布韦发行了一套世界上最大面额的新钞，这套面额在万亿以上的新钞包括10万亿、20万亿、50万亿和100万亿津元四种。而100万亿元甚至不够买一个面包！2009年2月2日，津巴布韦央行决定，从其发行的巨额钞票上去掉12个零，这样一来，原来的一万亿津巴布韦钞票现在相当于1元。现阶段，津巴布韦通货膨胀率已经达到百分之十亿，而1美元可兑换250万亿津巴布韦元。该国央行行长迪恩·戈诺（Gideon Gono）正要求印刷厂生产7套面额不同的新津元，面值自1至500津元不等。外界广泛认为，津巴布韦央行行长迪恩·戈诺是目前最倒霉的中央银行行长。

（4）失业，我们所不想要的；通货膨胀，也是我们所不喜欢的。当失业和通货膨胀必选其一时，我们如何选择呢？

失业和通货膨胀是困扰大多数政府的两个问题，也是直接关系到国计民生的问题。当物价水平普遍上涨的时候，人们生活很难安定；当失业率很高的时候，整个经济都会陷入困境。各国政府都努力实现低通胀、低失业的目标，但却很难如愿。

学习本章之后，你将能够：

（1）理解劳动力的失业和就业；

（2）理解摩擦性失业和结构性失业；

（3）理解周期性失业和充分就业；

（4）理解失业的经济成本——奥肯定律；

（5）理解消费物价指数；

（6）理解通货膨胀的基本含义；

（7）理解通货膨胀的主要形成原因；

（8）认识到失业和通货膨胀的交替关系。

第一节　周期性失业与奥肯定理

即使你并不关心宏观经济形势，也不太可能漠视失业率。每当相关统计结果表明失业率较高的时候，总会引起或多或少的忧虑：就业者担心工资会下降，正在找工作的人或即将找工作的人担心自己将面临更加激烈的竞争。

一、失业和失业率

（一）失业的定义

哪些人处于失业状态？主要包括未被雇用而正在主动寻找工作的人，或者正在等待重返工作岗位的人——也许是主动离职换工作，也许是被辞退，也许是初次进入劳动市场。

你现在正在大学学习，没有工作，可并不是失业人口中的一员，因为你并没有打算进入劳动市场，不具有寻找工作的意愿。但是，如果大学毕业后经过一段时间，仍然未能就业，你就会成为失业人口中的一员。

所以，失业一般考虑三个因素：年龄，劳动能力，劳动意愿。

国际劳工组织对失业的定义是：16 岁以上，有劳动愿望，在调查时点前两周工作时间少于一小时的人员。

美国对失业的定义是：年龄在 16 ~ 65 岁，第一次找工作及重新加入劳动力队伍找工作达四周以上的人、被暂时辞退在等待重返工作岗位而连续 7 天未得到工资的人、被企业解雇而且无法回到原工作岗位的人、为寻找其他工作而离职在找工作期间作为失业者登记注册的人。

（二）失业率

我们用失业率来衡量劳动市场的就业状况。

$$失业率 = \frac{失业人口}{总劳动人口}$$

失业率越高，表示就业状况越差，通常认为失业率为 4% 是比较能够接受的水平。

目前为止，中国尚且没有经济意义上的失业率统计，政府主要从劳动保障的角度出发，统计城镇登记失业人口，因为这部分人口主要依靠政府发放的最低生活保障而生活。所谓城镇登记失业人口，顾名思义，应该是非农业人口、16 ~ 50（45）岁、有劳动能力、无业而要求工作、在当地就业服务机构登记求职的人。根据统计局的数据，我国城镇登记失业率长期保持在 4% 左右。

很明显，城镇登记失业率并不能准确的反映我国实际的就业状况，因为农村人口占总人口的大部分，而且随着城市化进程，失地农民以及外出打工的人口急剧增加，这部分未就业人口不应该被忽视。

为了弥补城镇登记失业率的不足，2005 年年底我国开始统计“城镇调查失业率”，统计对象包括 16 岁以上城镇常住人口（半年以上）、有劳动能力和劳动愿望、没有工作、调查时点前 3 个月内找过工作、有工作即可上班的人员。

资料链接

不同的失业率统计

中国社会科学院 2008 年 12 月 15 日发布《社会蓝皮书》称中国城镇调查失业率为 9.6%，几乎是中国人力资源和社会保障部公布的城镇 4% 登记失业率 2.5 倍左右。另据国家统计局“调查失业率”专家组成员、中国人民大学劳动人事学院院长曾湘泉教授透露，3年来统计局的“调查失业率”均超过20%，2008年第四季度更高达24%。按中央领导的话说就是就业形势“十分严峻”。为什么会出现这样的差距呢？

曾湘泉院长解释，之所以出现这么大的不同，是因为统计方法和口径的不同。城镇失业登记要求城镇户口，还必须在户籍所在地进行登记，并且将大量的新增就业人口排除在外。调查失业人口的范围要宽广得多，那些想就业而没有实际就业的人都应该被包括在内。

国家统计局的失业率调查活动开始于2005年年底。国务院这项决策的决心来自于2005年年初的一项失业调查结果。当时，国务院委托联合国劳工组织和劳动保障科学研究所合作做了一个大中城市的青年失业情况调查。结果显示29岁以下青年的失业率为25.2%，80%以上的学生毕业即失业，而这年的城镇登记失业率为4.2%。这个结果让国务院有关领导明白了城镇登记失业率已经远远不能真实反映中国就业形势。

国家统计局自2006年以来，每个季度都有报告出来。这些数据原本计划定期公布，但由于种种原因一直未能付诸实施。

对于国家统计局的“调查失业率”与中国社会科学院《社会蓝皮书》的“中国城镇调查失业率”又相差了2.5倍的现象，曾湘泉院长表示，一个是全国的失业率（包括农村），一个是城镇失业率。而且中国社会科学院课题组的抽样范围和调查力度都不及国家统计局，中国社会科学院课题组所采用的调查方法和口径比国家统计局的更具有中国特色。中国社会科学院的《社会蓝皮书》是给人家看的，统计局的数据是供决策参考的。曾院长进一步透露，如果国家统计局的“失业调查”完全和国际接轨的话，城乡失业率将有可能超过27%。

曾湘泉院长表示，调整宏观政策，需要一些可靠的经济指标。而失业率是国际公认的主要指标之一。例如美国和欧元区，会依据失业率的变化来调整利率和货币。在中国，虽然中央决策高层也会参考失业数据，但是，一不能放开手脚，二不能形成全社会的共识。而且，由于没有权威的失业数据，这就难以及时对失业人员合理地进行统计分析和研究，比如失业人群是哪些人、要提供什么样的政策、具体要提出什么针对性的解决办法等。所以，政府除了在宏观经济政策方面作出调整之外，应该在信息披露上取得更大进步，比如尽快公布调查失业率的数据。

资料来源：http：//hi. baidu. com/ddtddt911911/blog/item/3a44cec26bd04dlc0/c0ff477c2. html.

二、周期性失业

周期性失业又称为总需求不足的失业，是由于有效需求不足而引起的短期失业，它一般出现在经济周期的萧条阶段。

这种失业与整体经济水平的周期性波动是一致的——在复苏和繁荣阶段，各企业都努力扩大生产，就业人数普遍增加；在衰退和萧条阶段，由于社会有效需求不足，前景暗淡，各企业纷纷压缩生产，大量裁减雇员，使得失业人口增加。

周期性失业是可以避免的，也是人们不愿意看到的一种失业。由于就业水平取决于国内生产总值，而国内生产总值短期内取决于由投资、消费和出口形成的总需求。当总需求不足时，经济不能达到充分就业水平，因此对劳动力需求不足，导致失业，如图9－1所示。

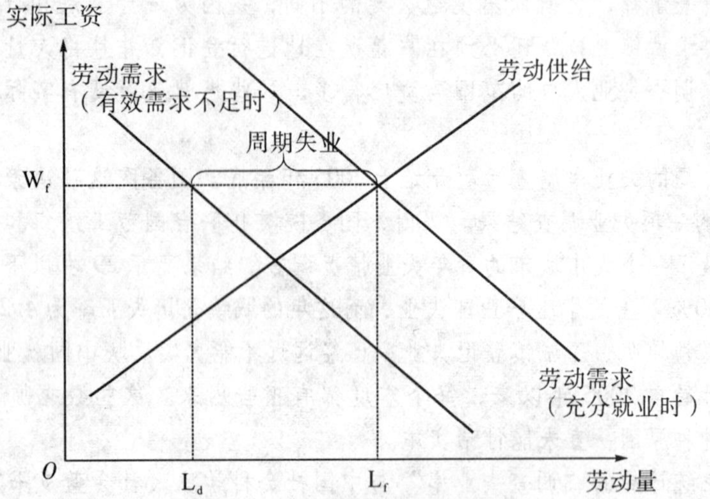

图9－1　劳动力市场的周期性失业

在图9－1中，如果社会总供求平衡，劳动需求就为充分就业时的状态。它与劳动供给的交点对应的工资率为 W_f，就业量为 L_f，刚好等于充分就业量。如果社会的有效需求不足，劳动需求就为有效需求不足的状态。因为工资水平在多种原因的作用下，并不随劳动需求的减少而下降，而是保持在 W_f 的水平上，此时，就业量 L_d 小于充分就业量 L_f，这就形成了周期性失业。

2008年全球性金融危机爆发的时候，世界各国普遍出现了失业率上升的现象，最根本的原因就在于金融危机使实体经济走向衰退和萧条，人们的消费减少，企业的投资也下降，于是总需求不足。尤其是汽车行业，据中国日报环球在线消息，美国通用汽车公司2009年2月向美国财政部提交了重组报告，这个在全球拥有24.4万员工的汽车公司将在年底之前裁员4.7万人，其中美国国内共裁员2万人；此外，福特公司也在2008年8月就开始执行减产、裁员的计划；日产北美公司2008年6月宣布，其在密西西比州的坎顿工厂将转产艾尔蒂玛轿车，并将减少皮卡产量，皮卡和运动型多用途汽车（SUV）生产线的工人将减少二分之一。

资料链接

从“民工荒”到“失业潮”

无论是数以万计的沿海出口企业，还是数以亿计离家谋生的农民工，抑或是政府官员或者专家学者，2008年显然是一个令人难忘的转折点。

一场肇始于大洋彼岸的金融危机，在短短几个月内，使中国延续几年的“民工荒”，转眼之间变为“失业潮”。美国次贷危机先是变成全球金融危机，再变成全球性的经济萧条威胁，袭入中国。“长三角”、“珠三角”等地大批出口导向型企业订单骤减。从《财经》记者的调研结果看，最早大约自2008年8月起，企业的用工需求便开始减少；之后，沿海省份的机械制造、服装纺织、电子电器等行业陆续出现大规模裁员。部分地区企业主逃逸、欠薪事件屡有发生。

随着企业开工不足的蔓延，沿海各地就业市场容量一再收紧。其中，除因企业倒闭或裁员而失业，也有不少工人因工资及福利待遇走低自动辞职。还有不少人被企业以提前放假等方式遣散。年关将至，相当数量失去工作的农民工，很难再找到合适的工作，只得提前返乡。

在中国第一劳务输出大省河南省，记者从河南省劳动保障厅了解到，截至2008年12月20日，河南省回流农民工已达377万，其中受经济危机影响回流人数占总数的60%。预计到2009年春节前，河南省将总计有800万农民工回流，比2007年同期的560万，增加了200多万人。

随着时间推移，提前返乡农民工数量不断刷新。《财经》记者获得了人力资源和社会保障部（以下简称人保部）2008年12月初完成的一份《金融危机对就业影响最新数据调查报告》。该报告显示，截至2008年11月底，10省市返乡农民工总计485万名，占2008年9月底外出务工人员的5.4%。这10个省市是四川、重庆、河北、安徽、江西、河南、湖北、湖南、广西、甘肃等劳动力输出大省（市）。

农业部政策法规司司长张红宇对《财经》记者透露，这一轮农民工回流的现象明显比往年要提前两三个月。往年农民工是春出冬回，2008年则从10月起就开始回流。他说，就农业部门所掌握的情况看，2008年12月底前提前返乡的农民工，大概占外出农民工总数的10%。农业部农村经济研究中心课题组根据2008年发布的全国农业普查数据推算，截至2008年，全国共有外出农民工约1.37亿人。据此，10%接近1 400万人。

由于缺乏一份完整的全国性统计，《财经》记者只能逐省采访、调查。通过对14个省、区、市劳动保障部门提供的数据及媒体的公开报道的汇总整理，《财经》记者得出判断：截至2008年12月底，返乡农民工数量已超过1 000万人。

根据《财经》记者在各地调研所见，尚有大批农民工失业后并不返乡。由此，农民工失业人数应远高于返乡人数。

事实上，自20世纪70年代末以来，随着农村联产承包制的实行，加之农业生产资金以及技术投入增加，农村大量“富余”劳动力的存在已是不容忽视的事实。农业部曾经估算，农业生产率每提高1%，就将有近300万农村劳动力涌入失业大军。

只不过，借助国际市场而发展起来的外向型工业化提供了大量的岗位，这一规模庞大的“富余”劳动力隐形于城乡之间不断地迁徙当中。此番经济突然失速，终于使他们以失业者的形象出现在公众眼前。

资料来源：http：//finance. qq. com/a/20090121/00362 _ 3. htm.

三、失业的影响和奥肯定律

失业的影响表现在很多方面，一般分为社会影响和经济影响。

（一）社会影响

失业的社会影响虽然难以准确估计，但容易理解和接受。

1. 家庭不稳定

当户主失去收入或者收入减少时，家庭的消费需要就得不到满足，家庭关系就会受到损害。

据调查，未成年犯罪嫌疑人中30%的父母是无业，33%的父母下岗在家待业，34%的父母在企业工作，只有3%的父母在国家机关或公司工作。其中60%以上的父母没有固定的职业和稳定的收入，为了家庭的生活及孩子的成长，父母承担着工作和生活的双重压力，在压力下往往忽视了对孩子的思想教育。

2. 丧失信心

哪些人容易失业？一是青年，二是45岁以上的低学历者和长期失业者，还有就是没有什么专业技能的妇女。这些人承担着失业的损失，而他们本身又是市场上的弱者，失业之后很容易被边缘化。

心理研究表明，解雇造成的创伤不亚于亲友的去世或学业上的失败，失业者因为失去收入或者收入降低，很容易丧失社会影响力，地位上被边缘化，最终情感上遭受巨大打击，对生活失去信心。

英国《每日电讯报》2008年10月17日报道，日本是发达国家中自杀率最高的国家之一，每年大约有3万人自杀。随着对全球经济衰退以及失业率将上升的担心，自杀率还将继续攀升。据日本警察厅的统计，1998年金融危机期间，日本自杀率相比前一年增加了34%。

根据最新的研究，1997年亚洲金融危机时，日本、韩国和香港男性自杀率上升了40%，女性自杀率则上升了20%。

3. 影响社会稳定

在我国经济体制改革过程中，大量国有企业职工下岗，由于年龄、知识技能等原因成为就业困难群体；随着城市化进程的推进，大量农民工出现在城市，从事最基础的工作，却也是最容易失业的人群。尤其是大量青年失业，引发了多种社会问题。

根据有关部门的调查研究，进入20世纪90年代以后，社会群体与政府之间冲突的数量逐年增加，其中绝大部分是下岗职工的聚众上访和影响公共秩序的事件。1993年这类事件为8 700多起，1994年为10 000多起，1997年则上升到15 000多起，1998年飙升至25 000多起，1999年有32 000多起。还需要注意的是，在1999年发生的冲突中，冲击党政机关的冲突比1998年上升了57%，占全年群体性事件总数的1.6%。

（二）经济影响

失业的经济影响可以用机会成本的概念来理解。当失业率上升时，原本可以由失业工人生产出来的产品和劳务就消失了。衰退期间的损失，就好像是将众多的商品——汽车、房屋、衣物和其他物品都销毁掉了。从产出核算的角度看，失业者的收入总损失等于生产的损失，因此，丧失的产量是计量周期性失业损失的主要尺度。

失业的损失 = 潜在国内生产总值 - 实际国内生产总值

20世纪60年代，美国经济学家阿瑟·奥肯根据美国的数据，提出了经济周期中失业变动与产出变动的经验关系，被称为奥肯定律。

奥肯定律的内容是：失业率每高于自然失业率一个百分点，实际国内生产总值将低于潜在国内生产总值两个百分点。换一种方式说，相对于潜在国内生产总值，实际国内生产总值每下降两个百分点，实际失业率就会比自然失业率上升一个百分点。

奥肯定律揭示了产品市场与劳动市场之间极为重要的关系，它描述了实际国内生产总值的短期变动与失业率变动的联系。根据这个定律，可以通过失业率的变动推测或估计国内生产总值的变动，也可以通过国内生产总值的变动预测失业率的变动。

例如，实际失业率为10%，高于6%的自然失业率4个百分点，则实际国内生产总值就将比潜在国内生产总值低8%左右；如果实际国内生产总值比潜在国内生产总值低2%，那么失业率就会比自然失业率高1%。当然，确定自然失业率、潜在国内生产总值水平本身就是难题，所以这个定律通常是用来估计，表示一种变动趋势。

（三）扩大就业的措施

1. 建立信息交流平台

摩擦性失业主要是由于信息传递不充分所导致的，如果能够在劳动者和企业双方建立起信息交流平台，就能够帮助供需双方达成一致。

近年来，政府、高校还有中介机构开办了各种招聘会，为劳动者和企业提供了大量有用信息。随着电脑和网络技术的广泛应用，教育部每月召开两场网络招聘会，不仅能够有效传递信息，而且节省了时间和差旅费用。

2. 加强劳动者技能培训

针对供需双方技能不对口引起的结构性失业，可以通过对劳动者的技能培训来减少失业。

比如针对沿海地区加工型企业急需的机修和钳工，政府和社会开办了专门的就业培训机构，通过提高劳动者的劳动技能，适应企业的需要。

3. 逐步消除流动限制

2009年1月，为促进就业，国务院总理温家宝宣布了七大支持就业的措施，其中一条就是取消四个直辖市以外城市的落户限制，原本要求本科或专科以上学历才能落户，现在则取消了这一限制。

这种取消落户限制的政策主要针对地区供求不对称引起的结构性失业，没有流动限制的情况下，劳动者可以在更广泛的地区范围内寻找工作，企业也可以招收更广泛区域内的劳动者。

资料链接

近年来出现的大学生就业难

我国高校从1999年开始大幅度扩招，同时，高校扩招面临的一个严峻的问题就是近几年来，大学毕业生一次性就业率越来越低。高校扩招后，大学毕业生人数逐年增加，大学毕业生的就业形势日趋严峻。当前，我国大学毕业生就业难的问题已引起了学校及社会各界的广泛关注。

从1978年以来，我国普通高等教育的规模发生了质的扩张，但是，其增长趋势并不是平稳的。高校多年扩大规模后，大学生供求的关系也在发生微妙的变化。近年来，越来越多的大学毕业生迟迟落实不了就业单位。高校毕业生就业难的问题不仅是一个社会问题，而且也是一个重大的经济问题和政治问题，需要我们正视和寻求解决的办法。

一、近年来大学生毕业与就业的变动情况

1999年6月上旬，在国务院总理办公会议上，国务院决定大幅度扩大高等学校的招生规模，并在同年6月中旬中共中央、国务院召开的全国教育工作会议上正式宣布了这一决定。大学生扩招主要出于以下四个原因：第一，我国经济持续快速发展需要更多的高素质人才；第二，广大群众普遍渴望子女都能受到高等教育，政府有责任满足这种愿望；第三，大学生扩招可以推迟学生就业，增加教育消费，是拉动内需、带动相关产业发展的重要举措；第四，由于过去招生比例低、考大学难，迫使基础教育集中力量应付高难度的考试，影响了素质教育的全面推行。

我国普通高校研究生和本专科生招生人数1999年达到168.9万，比1998年增加了53.29万，增长了46.09%。2000年在1999年大幅度扩招的基础上，继续扩招38.22%。从2001年开始，我国普通高校研究生和本专科生招生人数增长率稳定在20%左右。

从毕业人数来分析，2002年，随着第一届扩招的研究生和大专生毕业，毕业人数有了大幅度提高，当年毕业人数达到近142万人，2003年，由于扩招的本科生毕业，毕业人数增长率创下历史之最，当年，研究生和本专科生毕业人数达到近200万人，比上年提高了40.23%，2004年后，毕业生人数仍然保持大幅度增加。

从高校毕业生就业来分析，1996—2004年经历了三个阶段：第一个阶段是1998年以前，高校毕业生由于毕业人数较少，并已从1992年我国经济快速增长以来，高校毕业生保持了极高的就业率。有关资料表明，1996年和1997年的高校毕业生平均就业率分别达到93.7%和97.1%。第二个阶段是1998—2002年，由于受亚洲金融危机和国内其他因素的影响，我国经济出现通货紧缩的趋势，受此影响，高校毕业生就业率出现大幅度下滑，据统计，这五年的平均就业率为81.6%。第三个阶段是2003年以后，由于高校毕业生人数大幅度增加，而我国经济增长的就业弹性却在不断下降，导致高校毕业生就业率降低。2003年和2004年的高校毕业生平均就业率分别只有70%和73%，比上一个阶段的就业率下降了近10个百分点。高校毕业生的就业压力有增无减，就业工作的任务相当繁重。

二、近年来大学生就业难的特点

近两年来，大学生就业难已经成为一个不争的事实。我国大学生就业难是全国就业难的一个组成部分，也是就业难的一个缩影。在经济学分析中，一般用就业弹性来分析就业的难易程度，就业弹性是指就业增长率与国内生产总值增长率的比值，它反映了经济增长变化时劳动力市场的相应变化。

根据相关统计数据，我们可以计算1978—2004年我国各年的就业弹性，尽管

1978—2004年，我国就业弹性存在一定的波动性，但从整体来看，其变化轨迹仍然呈现出相应的规律性：20世纪80年代，我国就业弹性在0.3左右；自20世纪90年代以来，我国就业弹性明显下降。1996年之后，我国就业弹性在0.15左右徘徊，2000年后，我国的就业弹性还在继续走低，经济增长吸纳就业的能力在变弱。20世纪80年代，我国就业弹性与其他国家的就业弹性比较，处于相对偏低的水平。20世纪90年代以来，我国经济增长的就业弹性更低。不但低于一般的发达国家，而且低于许多发展中国家。由于经济增长吸纳就业的能力不断降低，加上我国大学毕业生的大幅度增加，大学生就业难是不可避免的。另外，我国大学生就业难还体现出如下一些结构性特点：

1. 不同学历的毕业生就业率具有显著的差异

根据北京大学“高等教育与劳动力市场”课题组的调查，2003年的样本调查中，专科毕业生就业落实率为34.7%，本科毕业生就业落实率为77.9%，硕士毕业生和博士毕业生的就业落实率分别为90.4%和80.5%。该调查在2003年上半年对北京、广东、广西、湖南、陕西、云南和山东等7个省市的47所高校展开了多项数据调查，收到有效问卷18 722份，具有较大的可靠性。

2. 不同专业的毕业生就业率也不同

采用教育部直属高校和中央其他部门所属院校毕业生的数据作对比分析，从中可以看出，2001年毕业生就业率较高的几个学科是工学、理学、历史学和医学，2002年毕业生就业率较高的几个学科是医学、教育学、工学和理学，2003年毕业生就业率较高的几个学科是医学、工学和理学，2004年毕业生就业率较高的几个学科是工学、农学、历史学和理学。可以看出工学类专业和理学类专业一直是就业率较高的专业，法学类、哲学类、文学类等专业毕业生的就业率较低。

3. 毕业生流向呈现地域性差异

我国区域经济发展不平衡，东部沿海地区和中心城市如上海、北京、广东、江苏、浙江等省市，经济发展水平高，对人才的需求旺盛，能吸引大量的大学毕业生。但是，由于毕业生在选择就业区域时，过度集中在这些热点地区，造成这些地区的就业压力明显增加。中、西部不少省区虽然有较大的用人需求，但因工作条件和生活条件艰苦，往往招不到合格的人才，出现了“有地方没人去，有人没地方去”的现象。东部发达地区是毕业生就业的热点，其中，北京、上海、广东、江苏等地和沿海地区在吸纳毕业生方面占有明显优势。2004年教育部直属高校和中央其他部门所属院校到东部11个沿海省市就业的毕业生占毕业生总数的44%。这说明不论是从其本身的吸纳能力还是从毕业生的价值取向来看，东部沿海特别是北京、上海、广州等中心城市都是毕业生就业最活跃的地方，这无疑增加了上述地区的大学生就业的难度。而到重庆、陕西、贵州、内蒙古等西部12省区就业的毕业生只占2004年教育部直属高校和其他部门所属院校毕业生的11.3%。

三、近年来大学毕业生就业难的原因与启示

我国大学毕业生就业难是特定时期的历史产物，受到体制、技术进步和城市化程度等方面的制约。第一，体制性因素的影响。20世纪90年代末以来，由于国有企业和集体企业实行现代企业制度改造，下岗和失业现象大量增加，国有部门的就业需求减少。第二，技术进步与投资效率不断提高。20世纪90年代以来，我国明确了建立市场经济体制的改革目标，企业的自主约束能力增强，投资效率不断提高，资源配置方式由粗放型不断向集约型改变，同时投资获得了更多的产出，但吸纳了较少的就业。第三，我国城镇化程度还比较低。目前，我国仍处于工业化和城镇化的上升时期。尽管城镇就业的比例在不断提高，但和世界其他发达国家和发展中国家相比，我国的城镇就业比例还较低，一些发展中国家的非农就业比例明显高于中国的水平。城镇化程度相对偏低导致第三产业发展不足，就业吸纳能力低。

目前，高校毕业生就业难从总体上来讲并不是供给过多造成的人才过剩，而是就业结构性矛盾突出的表现，而造成这样一种结构性矛盾的重要原因是高等教育本身的问题。高校毕业生就业已经市场化。但是，大学的教育体制改革较缓慢：专业设置调整滞后，毕业生所学习的专业结构与市场供求出现错位；许多大学盲目追逐热门专业，致使专业趋同现象十分严重，使专业人才的产出与岗位需求不成比例，个别专业的供给远远大于需求。另外，我国高等教育重知识灌输、轻能力培养，高校毕业生缺乏工作经验和实际操作能力，不能适应用人单位的需要。因此，高校进行扩招，既造就了更多的高素质人才，也推迟了就业，对全国的总体就业是有利的，目前的关键是要改善劳动力市场和教育体制之间的联系。

目前，大学毕业生就业市场极不完善，还存在许多制度障碍，比如非国有单位使用高校毕业生仍然有进人指标的限制。有些大城市的非公有制单位亟须大量专业技术人员，但由于没有申请用人指标的途径，解决不了大学生的派遣、落户及档案等问题，使得一些大学生望而却步。

另外，高校毕业生的跨省市流动仍然受到一定程度的限制。个别城市仍然限制非本地生源专科生就业，行业间也存在着壁垒，采取了地方保护主义和行业保护主义，限制了大学毕业生就业。在市场经济条件下，人才的配置通过市场来调剂。我国高校毕业生的就业方式也由过去的政府“统包”、“统分”的计划模式向用人单位与学生之间“供需见面”、“双向选拔”、“自主择业”的市场模式转变。但大学毕业生就业市场还不够完善、不够成熟，暴露出了许多问题。就业信息、网络服务、保障体系尚未建立，地域歧视和学校歧视依然存在。

2004年，我国高等教育的毛入学率已达19%，我国高等教育已由精英时代转为大众化时代，处于高等教育大众化时代的大学生应该适应就业形势的发展。但是，传统观念给大学生大众化就业带来了较大的冲击。首先，我国大学生仍然用过去“精英教育”时代的就业思想看待就业，习惯于计划经济体制下的就业观念。“当国家干部”、“当白领”、“端铁饭碗”的旧观念在广大毕业生中仍占有相当大的比重。其次，大学生对薪水的期望值偏高。受过去大学生就业预期的影响，现在还有许多大学生对就业待遇抱有不切实际的幻想。再次，大学生对就业单位的选择欠客观和科学。大多数大学生在选择就业单位时，偏重大型国有企业和高新技术企业，忽视中小企业。许多大学生不愿意去中西部地区、制造业部门、农业部门、中小企业和民营企业工作，是造成大学生“无业可就与有业不就”矛盾现象并存的主要原因。

资料来源：李晓西．宏观经济学案例集［M］．北京：中国人民大学出版社，2006.

第二节　通货膨胀和菲利普斯曲线

与失业类似，通货膨胀也是让政府感到为难的宏观经济问题之一。那么，什么是通货膨胀呢？它可能会产生哪些影响？

一、通货膨胀和通货膨胀率

（一）通货膨胀

通货膨胀（Inflation）一般指一段时间内物价持续而普遍地上涨的现象。其实质是过多的货币追求少量商品，因此一般归结为一个货币现象。

通货膨胀只有在纸币流通的条件下才会出现，如果是在足值的金银货币流通的条件下，就不会出现这种现象。因为金银货币本身具有价值，作为贮藏手段的职能，可以自发地调节流通中的货币量，使它同商品流通所需要的货币量相适应。而在纸币流通的条件下，因为纸币本身不具有价值，它只是代表金银货币的符号，不能作为贮藏手段，因此，纸币的发行量如果超过了商品流通所需要的数量，就会贬值。

例如商品流通中所需要的金银货币量不变，为500万，而纸币发行量超过了金银货币量的一倍，是1 000万。单位纸币就只能代表单位金银货币价值量的二分之一，在这种情况下，如果用纸币来计量物价，物价就变成原来的两倍，这就是通常所说的货币贬值。此时，流通中的纸币量比流通中所需要的金银货币量增加了一倍，这就是通货膨胀。

通货膨胀是指经济运行中出现的全面、持续的物价上涨的现象。纸币发行量超过流通中实际需要的货币量，是导致通货膨胀的主要原因之一。在宏观经济学中，通货膨胀主要表现为价格和工资的普遍上涨。

需要注意的是，通货膨胀并不一定意味着生活水平的下降，如果收入和物价成比例增加，那么物价上涨就不会对人们的生活造成太大的影响。

（二）通货膨胀率

人们通过观察经济中大量的物品和劳务的价格变化来衡量通货膨胀。这些数据通常是基于统计部门调查搜集的信息，一些研究机构也会做类似的调查。常用的衡量通货膨胀的指标是通货膨胀率。通货膨胀率通常用来衡量相对于上一期以来的物价指数的变化率。

尽管对通货膨胀的定义并不统一，但是在通货膨胀的度量问题上，经济学家有一致的看法：用价格水平去度量通货膨胀。通货膨胀率被定义为从一个时期到另一个时期价格水平变动的百分比。

设当期的物价水平为 P_t，上期价格为 P_{t-1}，当期的通货膨胀率为 π_t，则

$$\pi_t = \frac{P_t - P_{t-1}}{P_{t-1}}$$

所以，物价水平是度量通货膨胀率的基础。

（三）通货膨胀的类型

根据不同标准，我们可以将通货膨胀分为不同种类。

1. 按照严重程度

我们可以根据通货膨胀率的严重程度的不同，把通货膨胀分为三类。

（1）温和的通货膨胀。通常是指低于每年10%的通货膨胀，货币流通速度大致稳定，整个货币体系尚能正常运行。特别是在通货膨胀率低于每年4%的水平上时，人们一般并不太关注物价上涨。

（2）奔腾式的通货膨胀。通常是指两位数的通货膨胀，货币流通速度明显加快，货币体系已经被扭曲。

人们在签订契约的时候，通常会根据通货膨胀进行矫正，比如工资与通货膨胀率挂钩、产品价格与通货膨胀率挂钩，结果就导致整个经济形成通货膨胀惯性，更加难以停止。

（3）超级通货膨胀。货币流通速度极快，相对价格极不稳定，通常是通货膨胀率超过三位数。比如我们开头提到的津巴布韦的通货膨胀。

超级通货膨胀通常与政治斗争、战乱等联系在一起，经济难以正常运转，低收入者生活更加困难。

2. 按照人们的预料程度

如果经济长期处于一个相对稳定的通货膨胀水平，人们可能预期到通货膨胀率，因此叫作预期的通货膨胀；如果是没有预料到的，就叫作未预期的通货膨胀。

3. 按对价格的影响

有时候所有商品的价格都按照差不多的比例上升，这就是平衡的通货膨胀；如果不同产品价格变化的幅度差距较大，就是非平衡的通货膨胀。

4. 按照表现形式

在价格机制能够充分发挥作用的经济中，物价上升，这是公开的通货膨胀；在价格传导存在某种障碍的时候，可能就不会完全以官方物价指数上涨，是隐蔽的通货膨胀；在有政府干预的时候，虽然有通货膨胀压力，但是因为价格管制，物价没有上升，这就叫作抑制的通货膨胀。

在中国，由于受到政府干预的价格还比较多，比如电力、土地等，因此通货膨胀不一定是以公开的官方数据表现出来。

二、通货膨胀的原因

通货膨胀是物价水平普遍而持续的上升。那么为什么会出现通货膨胀呢？

（一）需求拉动的通货膨胀

需求拉动的通货膨胀是指总需求过度增长所引起的通货膨胀，即“太多的货币追逐太少的货物”。按照凯恩斯的解释，如果总需求上升到大于总供给的地步，此时，由于劳动和设备已经充分利用，因而要使产量再增加已经不可能，过度的需求只会引起物价水平的普遍上升，而不会引起产出的增加。

如图9－2所示，原来的均衡在总需求曲线AD_1与总供给曲线的交点A点，此时物价水平为P_1，而实际国内生产总值（GDP）等于潜在国内生产总值（GDP），生产要素——机器和劳动力——都已经得到充分利用。当总需求由AD_1增加到AD_2水平时，由于生产能力不能扩大，总供给量不变，仍然是潜在国内生产总值（GDP）水平，所以新的均衡在B点实现，此时物价水平上升为P_2。

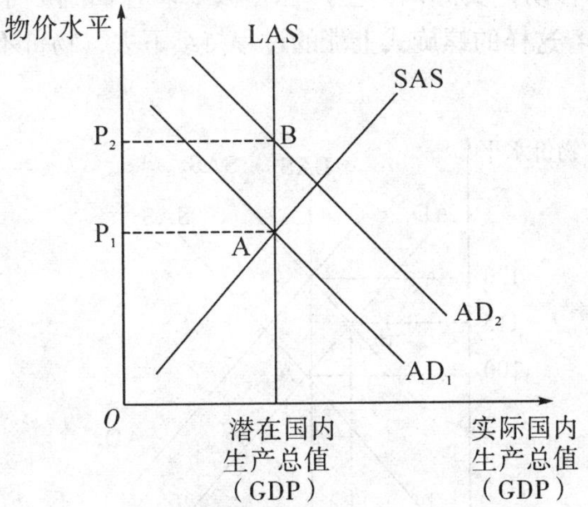

图9－2 需求拉上型通货膨胀

因此，当需求增加时，由于生产能力有限，流通中货币量过多的结果就是一般物价水平上升，即出现需求拉动型通货膨胀。

（二）成本推进的通货膨胀

成本或其他供给方面的因素变动也可能形成通货膨胀，这就是成木推进的通货膨胀，又称为供给型通货膨胀。这种通货膨胀主要是由企业生产成本增加而引起的一般物价水平的上涨，造成成本向上移动的原因包括：工资过度上涨；利润过度增加；进口原材料价格上涨。

1. 工资推进的通货膨胀

工资推动通货膨胀是因为工资过度上涨引起成本增加，进而推动价格总水平上涨，因为大多数企业的工资都是生产成本的主要部分。工资上涨使得生产成本增长，在既定的价格水平下，厂商愿意并且能够供给的数量减少，从而使得总供给曲线向左上方移动。

在完全竞争的劳动市场上，工资率完全由劳动的供求均衡所决定，但是在现实经济中，劳动市场往往是不完全的，存在各部门互相攀比的现象。

当个别企业（比如高科技产业）因为劳动生产率提高而工资上涨的时候，其他行业也会要求提高工资待遇，但并没有相应的提高劳动生产率。因此，从社会整体来说，工资增加（全面上升）超过了劳动生产率的提高（部分行业），提高工资就会导致成本增加，从而导致一般价格总水平上涨。

而且这种通货膨胀一旦开始，还会引起“工资—物价螺旋式上升”，工资物价互相推动，形成严重的通货膨胀。

如图 9-3 所示，原来的均衡点 A 处，物价指数为 100，实际国内生产总值（GDP）等于潜在国内生产总值（GDP）——20。现在因为工资上升导致企业成本增加，短期总供给曲线向左上方移动，从 SAS_1 移动到 SAS_2，物价上升到 115，而实际国内生产总值（GDP）减少到 16——滞胀出现了。为了刺激经济，中央银行可能增加货币供给量，结果总需求曲线向右移动，实际国内生产总值（GDP）回到原来的水平，但是物价继续上升到了 120。随着这样的螺旋式上涨的过程持续下去，物价不断上升，最终导致严重的通货膨胀。

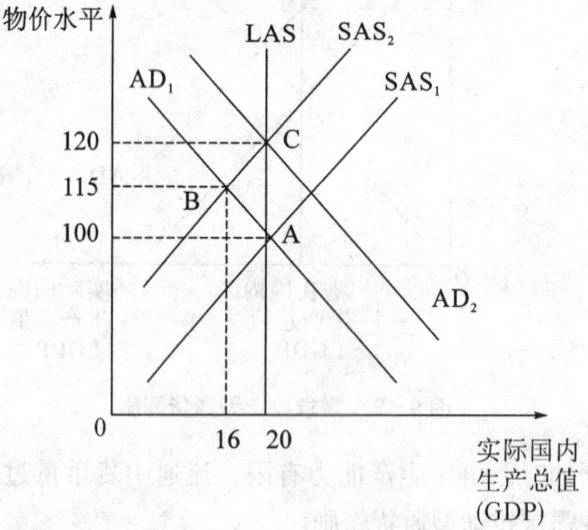

图 9-3 工资推进螺旋式通货膨胀

2. 利润推进的通货膨胀

利润推进的通货膨胀是指企业为谋求更大的利润导致的一般价格总水平的上涨，一般而言，只有垄断企业或者具有市场势力的企业才有可能按照自己的利润要求来定价，最终通过价格传导机制导致物价总水平上升。

通常认为，利润推进的通货膨胀比工资推进的通货膨胀要弱。原因在于企业由于面临着市场需求的制约，提高价格会受到自身要求最大利润的限制，而工会推进货币工资上涨则是越多越好。

3. 进口成本推进的通货膨胀

造成成本推进的通货膨胀的另一个重要原因是进口商品的价格上升，如果一个国家生产所需要的原材料主要依赖于进口，那么，进口商品的价格上升就会造成成本推进的通货膨胀，其形成的过程与工资推进的通货膨胀是一样的。

典型的例子是 20 世纪 70 年代的石油危机，由于石油输出国组织的成立和影响，石油价格急剧上涨，以进口石油为原料的大量企业的生产成本也大幅度上升，从而引起严重的通货膨胀。

（三）需求和成本混合推进的通货膨胀

在实际中，造成通货膨胀的原因并不是单一的，因各种原因同时推进的价格水平上涨，就是供求混合推进的通货膨胀。

情形类似于我们前面讲到的工资推动的螺旋式通货膨胀——首先是工资上升导致总供给曲线移动，然后政策干预，总需求对此作出反应，结果就是物价不断上升。

（四）预期和通货膨胀惯性

在实际中，一旦形成通货膨胀，便会持续一般时期，这种现象被称之为通货膨胀惯性，对通货膨胀惯性的一种解释是人们会对通货膨胀作出的相应预期。

预期是人们对未来经济变量进行估计，人们往往会根据过去的通货膨胀的经验和对未来经济形势的判断，作出对未来通货膨胀走势的判断和估计，从而形成对通货膨胀的预期。

预期对人们的经济行为有重要的影响，人们对通货膨胀的预期会导致通货膨胀具有惯性，如人们预期的通货膨胀率为10%，在订立有关合同时，厂商会要求价格上涨10%，而工人与厂商签订合同也会要求增加10%的工资，这样，在其他条件不变的情况下，每单位产品的成本会增加10%，从而通货膨胀率按10%持续下去，必然形成通货膨胀惯性。

通货膨胀就是物价全面持续上涨，这是一件好事还是坏事呢？多数时候，政府不会欢迎它，那么对于不同的个人呢？

三、通货膨胀的影响

1932年大萧条期间，美国总统胡佛的工资是年薪7万美元，带领美国经济实现20世纪90年代长期增长的克林顿总统年薪20万美元，而小布什总统的工资上涨到40万美元。是不是意味着美国总统的工资一直在增加呢？

要比较收入的多少，最根本的衡量标准是购买力。而考虑到货币购买力，1932年的7万美元相当于现在的100多万美元！所以美国总统的工资不是增加，而是减少了。

在比较不同时期的货币时，我们要用物价指数来校正通货膨胀对实际购买力的影响，这种做法被称为指数化。比如企业和员工签订关于工资的合约时，会考虑到通货膨胀的影响而自动调整工资额。比如约定每个月将工资的50%按照消费价格指数（CPI）调整，如果7月份工资为2 000元，消费价格指数（CPI）为4%（物价水平上升4%）；那么到了8月份，工资总额也增加2 000×50%×4%=40元。

（一）通货膨胀的经济效应

温和的通货膨胀影响不大，超级通货膨胀则必然产生巨大的破坏，因为急剧变化的物价水平会扭曲资源配置——企业不知道该不该投资生产，因为不知道将来的产品价格。

预期的通货膨胀不会影响分配，因为个人和企业都会根据通货膨胀率作出调整，比如约定工资随着通货膨胀率自动调整；未预期到的通货膨胀则必然要影响分配格局，一些人受损，另一些人受益。未预期到的通货膨胀会产生哪些影响呢？

1. 财富再分配效应

第一，在债权人和债务人之间，如果是按照货币量约定债务，那么通货膨胀有利于债务人而不利于债权人。因为同样数量的货币购买力因为通货膨胀下降了，也就是没那么值钱了。因此在通货膨胀率较高的时候，储蓄者（债权人）可能得到负利率，存款的实际收益小于零。

第二，在雇主与工人之间，有利于雇主而不利于工人。因为通货膨胀首先表现为价格上升，只有当雇主出售产品的收入增加、利润增加之后，才可能考虑扩大生产、调整工资，而工人已经因为购买生活物品价格上升而受到了损害。

第三，在政府与公众之间，有利于政府而不利于公众。因为在通货膨胀时，人们名义收入增加，税收也就增加；而另一方面，按照固定数额领取养老金、抚恤金的人则受到损害。

总的来说，未预期到的通货膨胀不利于固定货币收入者、债权人和货币资产持有者。

2. 产出（就业）效应

需求拉动的通货膨胀使产出（实际国内生产总值）水平上升，就业增加；成本推动的通货膨胀则可能导致滞胀——产出下降，失业增加；超级通货膨胀则可能导致经济崩溃。

试一试：

你认为通货膨胀还有哪些影响？对你来说是有利的还是不利的？

（二）对于通货膨胀的评价

不同类型的通货膨胀所造成的影响是不同的，关于通货膨胀对于经济整体是有利还是不利的争论并没有停止。

1. 有利论

由于通货膨胀通常是有利于雇主不利于工人，因此会增加利润，刺激投资，最终推动整个经济的发展。

通货膨胀可以增加税收，增加政府支出，从而刺激经济发展。

即使通货膨胀可能加剧收入分配不平等，但是因为富人比穷人的储蓄倾向高（消费倾向低），更有可能进行投资，因此对于资金缺乏的发展中国家，利用适度的通货膨胀来发展经济是比较有利的做法。

2. 不利论

无论是不是预料到的通货膨胀，随着通货膨胀率的上升，其负面作用都不断扩大。

（1）菜单成本。企业并不会随时改变产品的价格，因为改变价格是有成本的，就是菜单成本。

在餐馆里，菜单上列出所有菜品对应的价格，如果他想要改变其中几种产品的价格，就需要重新列印菜单——这就是菜单成本最基本的含义。

菜单成本不仅包括印刷新菜单的成本、讨论决定新价格的成本、传递新价格信息的成本，还包括广告宣传以及处理顾客怨言的成本，甚至还有可能因此失去一部分顾客。

试一试：

当面粉涨价的时候，餐馆的老板会立即改变拉面的价格吗？为什么？他可能如何抵消这种价格上升的影响？

（2）皮鞋成本。通货膨胀不利于货币持有者，因此人们拿到货币的时候首先就会想办法把它换成更稳定的价值——美元或者黄金，为此需要更频繁地去银行或者交易所。这种为了减少货币持有量而产生的成本就被称为通货膨胀的皮鞋成本。

一般情况下，通货膨胀的皮鞋成本基本上可以被忽略不计，但是在超速通货膨胀期间则非常明显。

比如在物价稳定时，你每月去一次超市购买日用品。而如果通货膨胀率达到每周100%，那么你每次取得的收入都会首先去根据最新的物价购买物品，然后立刻把所有的货币换成黄金，不仅如此，你可能还会经常奔波于各种商店，只为了获取最新的价格信息，结果产生大量皮鞋成本。

（3）税收扭曲。税收会改变人们的行为，并且产生福利损失，通货膨胀会强化这种扭曲。

在通货膨胀为零时，如果你在银行存了10万元。在名义利率10%的情况下，实际利率也是10%，你每年得到1万元利息，按照20%的税率缴税之后，你实际得到8 000元利息，即税后实际利率变为8%。

如果通货膨胀率为5%，那么为了弥补通货膨胀的影响，银行的名义利率变为15%（实际利率10%加上通货膨胀率5%），你得到的利息为15 000元，同样按照20%的税率缴税，最后实际得到12 000元，那么税后名义利率为12%，税后实际利率为7%。

比较之下，我们可以看到，通货膨胀使得储蓄的收益下降，因为税收针对的是名义收入。与此类似的还有股票和债券投资，比如经过5年，微软公司的股票上升了20美元，当你出售股票时就取得了20美元的收益——这是征税对象；但事实上，考虑到不同年份的物价指数，可能实际价格只上升了15美元，这才是你的实际收益以及应当缴税的基础。所以，通货膨胀扩大了投资的收益规模，增加了税收负担，结果就可能抑制投资。

为了抵抗通货膨胀抑制投资积极性的影响，美国财政部1997年初就第一次发行了收益水平根据物价指数调整的债券，以保证债券的利息和本金都能够保证未来的实际购买力。

当然，超速通货膨胀还可能导致经济混乱，最终破坏一国的经济基础。比如在亚洲金融危机期间，由于物价迅速上涨，金融体系遭到破坏，许多亚洲国家几十年的经济努力都付诸东流。

既然通货膨胀可能产生这些不利影响，那么政府有没有什么政策能够抑制通货膨胀呢？

四、菲利普斯曲线

菲利普斯曲线由英国经济学家 W. 菲利普斯于 1958 年在《1861—1957 年英国失业和货币工资变动率之间的关系》一文中最先提出。此后，经济学家对此进行了大量的理论解释，尤其是萨缪尔森和索洛将原来表示失业率与货币工资率之间交替关系的菲利普斯曲线发展成为用来表示失业率与通货膨胀率之间交替关系的曲线。

1958 年，菲利普斯根据英国 1861—1957 年间的经验统计资料发现，失业率和货币工资变动率之间存在交替关系：当失业率较低时，货币工资增长率较高；反之，当失业率较高时，货币工资增长率较低，甚至是负数。

根据成本推动的通货膨胀理论，货币工资可以表示通货膨胀率。因此，这条曲线就可以表示失业率与通货膨胀率之间的交替关系。即失业率高表明经济处于萧条阶段，这时工资与物价水都较低，从而通货膨胀率也就低；反之失业率低，表明经济处于繁荣阶段，这时工资与物价水平都较高，从而通货膨胀率也就高。失业率和通货膨胀率之间存在着反方向变动的关系，如图 9 -4 所示。

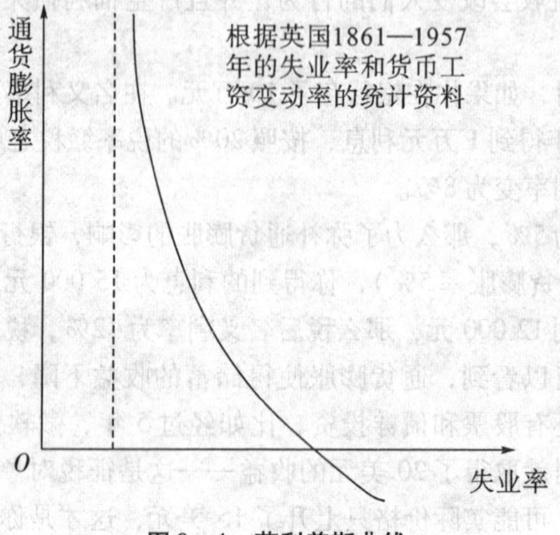

图 9 -4　菲利普斯曲线

菲利普斯曲线提出了如下几个重要的观点：

第一，通货膨胀是由工资成本推动所引起的，这就是成本推动通货膨胀理论。正是根据这一理论，把货币工资增长率同通货膨胀率联系了起来。

第二，失业率和通货膨胀存在着交替的关系，它们是可能并存的，提出政府宏观调控可能产生的后果。

第三，当失业率为自然失业率（u）时通货膨胀率为零。因此可以把自然失业率定义为通货膨胀为零时的失业率。

第四，由于失业率和通货膨胀率之间存在着交替关系，因此可以运用扩张性的宏观经济政策，用较高的通货膨胀率来换取较低的失业率，也可以运用紧缩性的宏观经济政策，以较高的失业率来换取较低的通货膨胀率。这就为宏观经济政策的选择提供了理论依据。

资料链接

认识通货膨胀现象和货币主义者

当通货膨胀特别迅速，比如像1923年德国的情况那样，货币就几乎丧失了价值。在当时的德国，银行券作为货币还不如作为烧火用的火柴值钱！事实上，烧德国马克的人不在少数。为了减少货币持有量，企业每天发两次工资，人们每天花两次钱购买日用品——晚餐在吃饭的过程中也许会涨价，晚一会儿点咖啡或者就必须支付更高的价格了。银行支付存款利息的时候，为了弥补通货膨胀率的影响，利率达到了每个月100%以上！

1994年，巴西一个月的通货膨胀率接近50%，银行在几乎每一个街角都安装了自动取款机，并且每小时就几次补充货币——这是多大的皮鞋成本呀！巴西人努力避免持有现金，并尽可能使用信用卡——当然，他会迅速偿还，否则也许要支付每个月50%的利息。而银行本身为了获得储蓄，不得不按照每个月40%的利率支付利息！

历史给我们的经验是，超速通货膨胀往往产生于战争或者政治动荡时期，这是正常的财政收入减少，而各种支出却很高，于是用印发新币来弥补差额是常见的做法。德国20世纪20年代的经历就是由于战争所致，而巴西20世纪90年代和越南、津巴布韦近年的严重通货膨胀则是由于政治动荡导致的。

一般情况下，经济增长也容易产生通货膨胀，亚洲（除日本外）经济增长2007年达到20年来的高位8.7%，自1990年来亚洲已经将其贫困人口比例从当时的33%缩减至2007年的19%。但是，经济增长也使亚洲国家普遍面临通货膨胀压力：越南遭受打击最重，其通货膨胀率甚至超过25%，新加坡、泰国、印度、菲律宾和印度尼西亚通货膨胀率预计在7.5%~11%之间。全亚洲的平均通货膨胀率更是普遍超过5.1%（据亚洲开发银行估计）。

为了避免通货膨胀，必须控制货币供给量，但政府面临着经济衰退和失业率上升的压力，这是两难抉择。因此，如果中央银行独立决定货币供给量——比如德国和日本，就更能保持低通货膨胀率；而如果中央银行接受政府关于利率和货币供给量的直接命令——比如英国和意大利，那么就更可能经历高通货膨胀率。

在面对失业与通货膨胀并存的现象时，一些经济学家提出了现代货币数量论的观点，被称为货币主义者，其创始人和代表人物是米尔顿·弗里德曼。

弗里德曼1912年出生于美国纽约的布鲁塞尔区，1942—1986年作为“芝加哥学派”的主要成员广为人知，1977年获得诺贝尔经济学奖。他在经济方法论上赞同和宣扬实证经济学，提出了“持久收入假说”和现代货币数量论，为了解释失业和通货膨胀并存的问题，他还提出了自然失业率假说，对西方经济学的发展产生了深远影响。弗里德曼的名字总是和强调货币在通货膨胀中的作用以及重新认识货币政策的作用联系在一起的。1976年瑞典皇家学院公告中评价：对弗里德曼学说的广泛辩论导致了重新评论中央银行所采用的货币政策的有效性，像弗里德曼这样直接或间接地对科学研究方向及实际政策的制定有如此大的影响的经济学家是很少见的。

资料来源：哈伯德，等. 宏观经济学［M］. 北京：机械工业出版社，2008.

第三节　财政政策与需求管理

一、财政政策工具

政府可以通过哪些手段来影响总需求？总需求（GDP）=消费（C）+投资（I）+政府购买（G）+净出口（NX），一方面，政府购买就直接构成了总需求的一部分，因此可以通过增加或减少政府购买来影响总需求；另一方面，政府还可以通过税收或转移支付手段影响家庭和企业的收入，从而影响他们的支出，最后作用于总需求。因此财政政策主要是调整政府的收入和支出，直接或间接的影响总需求。

财政政策工具主要包括税收、公债、政府购买、转移支付和其他收入政策。

（一）税收

政府收入从何而来？税收是政府最主要的收入来源，也是主要的财政政策工具。

英国2001—2002税收年，政府共征收到3 950亿英镑。其中个人所得税1 080亿英镑；国民保险分担额650亿英镑；增值税610亿英镑；公司税340亿英镑。其他数目较大的还有燃油税220亿英镑；酒精烟草税145亿英镑；营业税175亿英镑；市政税150亿英镑。

对照一下，你可能交了哪些税？哪些税是可以避免的？

税收包括财产税、所得税、货物税等种类，有时候也分为直接税、间接税。税收来自于家庭和企业的收入，税收增加意味着个人和企业的可支配收入减少；反之，减税则会增加家庭和企业的可支配收入。

比如2009年年初，为了鼓励人们购买轿车，政府降低了轿车购置税——1.6L以下排量的轿车由原来的统一的10%税率降为5%。如购买一辆价格6万元的1.6L的轿车，原来需要缴税6 000元，现在只需要3 000元，购车总成本降低了3 000元，当然就可能导致轿车消费增加，从而增加总需求。

再比如鉴于国际经济形势并不乐观，政府提高了一些产品的出口退税比例，意味着出口货物收益增加，可能使得出口型企业扩大生产，增加总需求。

（二）公债

当政府支出大于收入时，就产生了预算赤字，预算赤字相当于政府借贷。在中国的传统观念里，借贷消费似乎并不是一种美德，那么政府借贷呢？

公债对经济的影响首先表现在它挤占了私人借贷资金。经济整体可借贷资金是有限的，主要来自于储蓄，如果政府借贷太多，那么私人就没有那么多钱可以借。从这个意义上来说，公债对于经济长期发展可能有不利影响。

但另一种观点提出“公债无害论”。因为公债的债权人是公众，债务人是政府，可以说是自己欠着自己的钱，只要作为债务人的政府长期存在，就能确保债务兑现——于是英国发行了“永久公债”，即不还本，但保证每年付息的公债。

事实上，公债产生的影响主要在于它的用途。如果政府花钱是为了刺激经济增长，产生了很高的收益，那么公债就是安全和值得的；如果政府把钱用于战争或者浪费，付出了成本（公债利息、挤占私人投资等）却没有取得收益，公债就是不值得的。

试一试：

搜集中美等国的统计数据，看看各国政府财政收支是赤字还是盈余。

（三）政府购买

除了收入，政府还可以通过调整支出方式和支出额来影响总需求。政府支出有两种方式，一种是政府购买，另一种是转移支付。

交通警察维护了车辆行人安全，你也因此获益，那么你会为此付钱，支付他们的工资吗？军队、法律的存在对你来说也是大有必要的，你会为此支付军备和法官的工资吗？

事实上你不会也无力支付所有的这些开支，它们主要被政府购买，用于整个社会。政府购买是政府直接支出，购买某种物品或劳务，主要包括军需品、警察装备、机关办公品和公务员薪金等。

政府购买直接构成总需求的一部分，当政府购买增加时，就增加了总需求。比如随着办公自动化的发展，政府需要增加对电脑和网络设备的购买，于是增加了这些产品的总需求。或者政府决定雇用更多高素质人才，每年公务员选拔都意味着更多人成为公务员，这部分支出也增加了对于高素质或者高技能人才的需求。

（四）政府转移支付

2009 年，农民将获得总额 867 亿元的农资补贴，这些钱由谁支付？家庭生活困难的低收入者有可能获得最低生活补贴，这些钱又是从何而来？

政府支出的另一个形式就是政府转移支付，主要包括社会保障和社会福利支出、政府对农业的补贴、公债利息、中央政府对地方政府的拨款。

政府转移支付与政府购买有什么不同呢？政府购买是政府对物品和劳务的直接购买，主要为了提供公共产品；而转移支付是对于企业或家庭的补贴，增加他们的收入，并没有直接购买产品，主要是为了提供必要的社会保障。

比如我国政府补贴农业，主要就是通过提高农民的收入来实现，通过提高农民的消费能力，可以间接增加对电视机、洗衣机等产品的需求。

二、乘数效应和挤出效应

（一）乘数效应

如果政府购买增加 1 000 万元，社会总需求会增加多少呢？我们来看一个简单的例子。

（1）国防部门决定向飞机制造商购买价值 1 000 万元的飞机，这笔订货首先增加了对飞机的需求 1 000 万元；

（2）产品需求量增加，于是企业决定雇用更多的工人（或者雇用更多的劳动时间)，并购买更多的原材料进行生产；

(3) 工人收入增加，于是增加消费——虽然消费倾向递减意味着消费在支出中所占的比例下降，但消费支出总额却是增加的。这就增加了对于其他产品（轿车、旅游等）的需求；

(4) 1 000 万元的订单使得企业利润增加，于是可能购买更多更新的机器设备，形成了对这些产品的需求。

因此，我们看到一笔 1 000 万元的政府购买，对于总需求的影响可能是成倍的，这就是政府购买的乘数效应，如图 9 -5 所示。

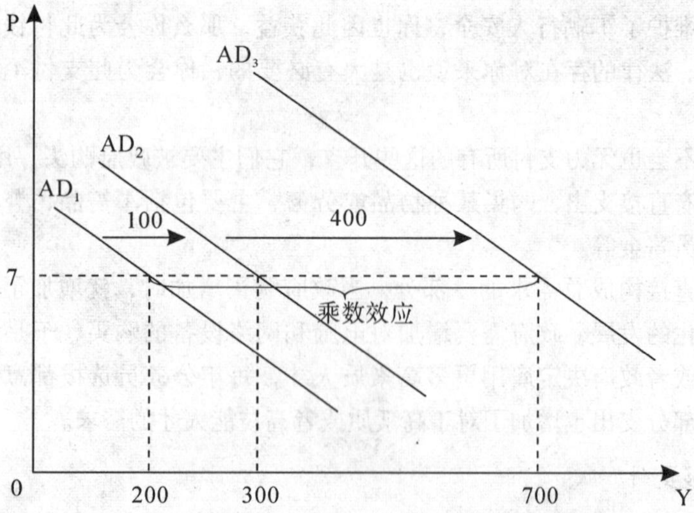

图 9 -5　扩张财政政策的乘数效应

(二) 挤出效应

政府增加了 1 000 万元的政府购买，使得企业和工人的收入增加，消费需求增加，因此对货币的需求也上升。

由于短期内货币供给量是相对固定的，因此在供给不变、需求增加的情况下，市场均衡利率上升。

利率上升意味着家庭和企业的借款成本上升，于是家庭会减少对商品房等投资品的需求，企业也会尽量减少贷款投资的计划，结果就是整个社会的私人投资都在减少。

因此，政府购买支出增加导致私人投资减少，这就是政府购买的挤出效应，如图 9 -6 所示。

正是因为政府购买有着挤出效应，所以经济学家一致认为政府应该谨慎的使用财政政策工具。

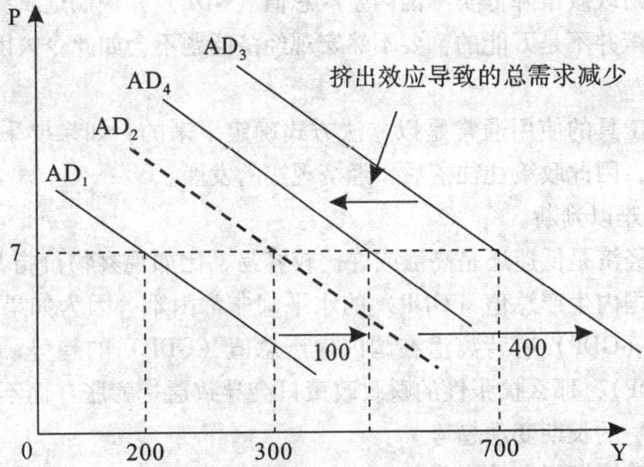

图9-6　扩张财政政策的挤出效应

三、财政政策的作用

(一) 自动稳定器

自动稳定器，也叫作内在稳定器，即财政制度本身会自动的产生缓和经济波动、维持经济稳定发展的作用。

自动稳定器制度主要包括三个方面：累进所得税制度、政府转移支付制度、农产品价格维持制度。

在经济萧条期间，总产出水平较低，实际国内生产总值（GDP）较低，失业使人们收入减少。那么根据财政转移支付制度，为了维持人们的生活水平，政府转移支付增加；取得政府的转移支付之后，家庭的可支配收入增加，提高了消费能力，于是总消费支出增加；消费支出增加的同时也就增加了社会总需求，于是实际国内生产总值（GDP）将上升——经济由萧条走向复苏。

在经济高涨期间，产出和国内生产总值（GDP）较高，家庭和企业的名义收入都增加。此时，根据累进的所得税制度，税收增长率超过国内生产总值（GDP）增长速度，于是人们要交更多的税；由于消费取决于缴税之后的可支配收入，所以税收增加导致消费量减少；消费支出减少意味着总需求下降，于是实际国内生产总值（GDP）水平将下降——遏制经济高涨。

另一个大多数政府都采用的政策是维持农产品价格，在萧条期间，所有产品价格都趋于下降，这时候维持农产品的价格就可以增加农民的可支配收入以及农业投资，从而扩大总需求；在经济高涨期间，所有产品的价格都趋于上升，维持农产品的价格稳定可以帮助降低企业成本（农产品是重要的原料），从而遏制经济膨胀。

(二) 财政政策的局限

在衰退时，政府采用减税、增加转移支付等扩张性的财政政策增加实际国内生产总值（GDP），并且降低失业率；如果经济过热，政府就可以通过增加税收、减少转移支付等紧缩性的财政政策降低实际国内生产总值（GDP）并遏制通货膨胀。

但是财政政策并不是万能的，要不然宏观经济问题不会如此令人困扰。

1. 政策时滞

税收等政策工具的使用通常是以立法方式确定下来的，如果要采取财政政策，立法过程是缓慢的，因此政策往往落后于经济现实的发展。

2. 经济形势难以判断

我们要判断经济是低迷还是高涨或许比较容易，比如观察物价指数，观察失业率。但是要确定潜在国内生产总值（GDP）的水平却非常困难，因为如果总需求变动使实际国内生产总值（GDP）有背离潜在国内生产总值（GDP）的趋势，比如高于潜在国内生产总值（GDP），那么扩张性的财政政策只会导致通货膨胀，而不会影响实际国内生产总值（GDP）的长期变动趋势。

因此要确定政策幅度也是困难的。比如经济衰退时可以通过增加政府购买来扩大总需求，刺激经济。但是应该增加多少政府购买呢？应该投资于哪些行业哪些地区呢？这些都是实际运用中难以回避的困难。

第四节　货币政策与需求管理

当个人取得收入的时候，可能拿出一部分存入银行，另外以现金形式持有一部分。一个国家也是这样，中央银行所做的一件事就是管理整个国家的货币，一部分是银行存款，还有一部分是流动现金。国家的货币总量十分巨大，是什么决定了现在的现金量和银行存款量呢？

2008 年爆发了全球性金融危机，投资银行和各种金融机构破产，现金紧缩，美联储和其他国家的央行如何采取措施来影响经济呢？

一、货币政策的工具

中国的中央银行是中国人民银行。美国的中央银行是联邦储备体系，简称美联储。也许你并不知道，多数西方发达国家的中央银行都是私人所有的——比如美联储，比如英国的英格兰银行。美联储由私人银行拥有股份，而董事由总统任命。

中央银行被称为“银行的银行”，起着监管一国金融机构与市场的作用。作为公共权力机构，中央银行向商业银行及其他金融中介机构提供银行服务，比如融资，但并不面向一般市民提供一般性的银行服务。

中央银行制定并执行各种货币政策，调节流通当中的货币量。

中央银行的目标是维持经济平稳发展，控制通货膨胀，追求充分就业，平稳经济周期和实现经济长期增长。

追求这些目标的完全成功是不可能的，中央银行更适当的目标是改善经济状况，当然，经济学家对于中央银行有没有产生这样的作用仍有异议。

中央银行有许多责任，我们这里只考察它最重要的任务：调节波动的货币量。中央银行如何调整货币量？主要通过三大政策工具来实现。

（一）法定准备金率

中央银行要求所有存款机构都要把存款的一部分作为准备金，这个比例就叫作法定准备金率。法定准备金率对货币量的影响是双方面的。

（1）当中央银行提高法定准备金率时，一方面商业银行必须持有更多的准备金，而另一方面可用于贷款的资金就减少了，于是货币量减少。当中央银行降低法定准备金率时，商业银行可以减少持有的准备金，可用于贷款的资金增加，于是整个社会的货币量增加。

（2）法定准备金率的变动改变了货币乘数，从而影响货币供给量。

（二）再贴现率

再贴现率是商业银行向中央银行取得准备金贷款时必须支付的利率。

如果中央银行提高再贴现率，意味着商业银行向中央银行贷款时必须支付更高的价格，银行会尽量少向中央银行借钱。为此，商业银行需要减少贷款，结果就是市场上货币供给量减少。

如果中央银行降低再贴现率，商业银行可以以较低的价格取得借款，银行愿意借更多的钱，也有能力提供更多的贷款，于是，货币供给量增加。

（三）公开市场业务

公开市场业务是指中央银行在公开市场上买卖政府有价证券，即国债。当中央银行进行公开市场业务时，它与商业银行或者其他企业进行交易，但并不与政府进行交易。

当中央银行在公开市场上购买有价证券时，如果向商业银行购买，比如100万元的国债，那么商业银行增加了100万元资金。不仅如此，商业银行获得资金后可以进行货币创造，如果此时货币乘数为4，那么整个市场上的货币供给量会增加400万元。

如果中央银行向私人购买价值100万元的国债，而私人将这100万元全部存入商业银行，那么仍然可以进行货币创造，成倍增加货币供给量；如果私人完全以现金形式持有这100万元，那么货币供给量增加100万元，没有货币创造。

（四）道义劝告

有时候，中央银行也会利用自己比较特殊的地位，对商业银行的信贷规模、信贷方式和风险控制等方面进行权威指导。虽然不具有强制性，但是可以算是专业指导。

试一试：

搜集最近一年中央银行行使货币政策工具的相关内容，分析这些政策的目标是什么。如果可能，探讨一下政策效果如何。

二、货币政策的效果

（一）货币政策对总需求的影响

较低的利率意味着企业投资成本下降、家庭储蓄收益减少，于是企业会增加计划投资，而私人减少储蓄、增加消费支出，于是在既定的价格水平下，社会产出水平增加。

如图9－7所示，价格水平固定为P，由于利率下降使得总需求从 Y_1 增加到 Y_2 的水平，总需求曲线向右移动（AD_0 到 AD_1）。

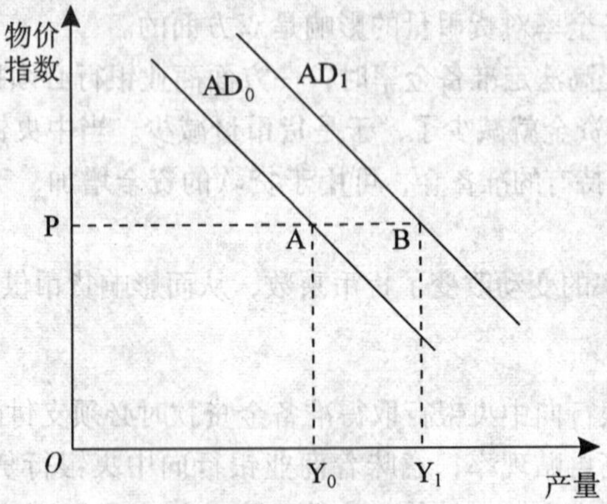

图9－7　总需求曲线

如果中央银行增加货币供给量，对于实体经济有什么影响？这就要同时考虑货币市场和商品市场的均衡。

（二）货币量变动的短期效应

为了解释货币在短期中如何影响实际国内生产总值和物价水平，我们可以使用总供求模型来分析这个问题，如图9－8所示。

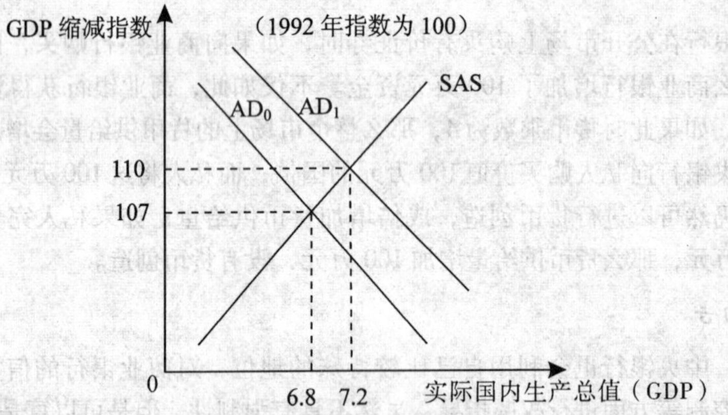

图9－8　货币量变动的短期影响

初始的均衡是 AD_0 与总供给曲线 AS 的交点（物价水平为107，而实际国内生产总值是6.8万亿元）。

那么当市场上货币总量（存款和贷款）更多的时候，人们计划增加自己的消费支出，企业也计划增加自己的投资，于是总需求增加了。总需求曲线向右移动到 AD_1，新的均衡点出现了，此时物价水平上升到110，而实际国内生产总值水平增加到7.2万亿元。

当然，这个7.2万亿元不能超过整个经济的最大生产能力，也就是说没有实现充分就业。

反过来，如果货币量减少，家庭和企业都会减少支出，于是总需求减少，总需求曲线向左移动，导致物价水平下降，而实际国内生产总值减少。

(三) 货币量变动的长期效应

在长期，总供给曲线是由充分就业水平决定的潜在国内生产总值水平，是一个固定的水平。

此时改变货币量，对经济中的物价水平和实际国内生产总值的影响就略有不同。因为短期中均衡的变动只有总需求曲线的移动，供给是相对确定的水平；随着时间延长，企业能够充分调整产量，因此总供给曲线会对物价变化有所反应，如图9－9所示。

如果潜在国内生产总值为7万亿元，那么当货币供给量增加之后，首先推动总需求曲线向右移动，从AD_0移动到AD_1，均衡点从A移动到B，实际国内生产总值从7万亿元增加到7.2万亿元，而物价水平从107上升到110。

这时由于实际国内生产总值高于潜在国内生产总值（充分就业时的产出），那么失业率下降到自然失业率以下，劳动短缺会使得货币工资率上升——企业将会减少供给，于是短期总供给曲线从SAS_1向左移动到SAS_2，均衡点也从B点移动到C点。

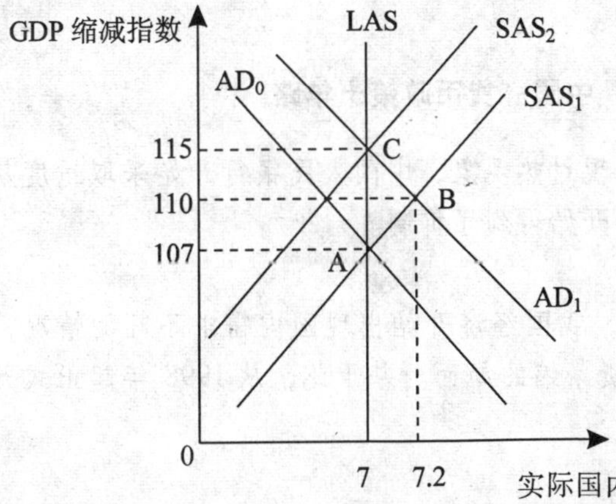

图9－9　货币量变动的长期影响

随着短期总供给的减少，实际国内生产总值回到潜在国内生产总值的水平——7万亿元，而物价水平进一步上升到115。

因此，在充分就业水平下，货币供给量的增加使得均衡点从一种充分就业均衡（A点）移动到新的充分就业均衡状态（C点），只是提高了物价水平，并不影响实际国内生产总值。

三、货币政策的局限

货币政策通过调整货币供给量影响市场利率，然后通过市场利率的变化来影响储蓄和投资，最后改变总需求和就业。

（一）时滞

货币政策间接作用于总需求，可能需要一个较长时间才能发挥作用，因此时滞较长，影响了货币政策的效果。

（二）政策单向

在通货膨胀时期，实行紧缩的货币政策（提高法定准备金率，卖出国债等）效果比较明显，但是在经济衰退时期，实行扩张的货币政策效果不明显。

主要原因在于：经济衰退时期，家庭和企业对于未来的预期比较悲观，即使降低利率，他们也不愿意进行投资。

（三）货币流通速度

货币供给量受到货币流通速度影响，货币流通速度是一个常量吗?

在通货膨胀时期，货币购买力下降，贬值风险较大，人们不愿意持有货币。于是，在交易时，人们会尽量加快货币转手率，使得货币流通速度加快。而反通货膨胀的政策主要目标在于减少货币供给量，结果因为货币流通速度加快，政策效果被削弱。

在通货紧缩时期，中央银行采用各种措施增加货币供给量，但是不能改变货币流通速度变慢的事实，结果政策效果也非常有限。

资料链接

中国：货币政策十年路

从1993年开始中国经济出现过热现象，中国人民银行开始采取适度从紧的货币政策，严重的通货膨胀由1995年开始得到了抑制。

1. 1998—2002年

稳健的货币政策：1997年，我国经济开始出现国内需求不旺的情况，加上亚洲金融危机爆发影响，我国形成通货紧缩的局面。基于此，从1998年起正式开始实施稳健的货币政策。

2. 2003—2007年

稳中从紧的货币政策：2003年开始，我国进入新一轮经济增长周期的上升期。在此期间，货币政策虽然名义上仍维持“稳健”的基调，但内涵已逐步表现出适度从紧的趋向。截至2007年年底一共加息8次，上调准备金率14次。

3. 2007—2008年10月

从紧的货币政策：为防止经济增长由偏快转为过热，防止价格由结构性上涨演变为明显通货膨胀，2007年年底的中央经济工作会议明确提出从2008年起货币政策由“稳健”改为“从紧”。至此，我国实施10年之久的“稳健”货币政策正式被“从紧”货币政策所取代。

4. 2008年11月—现在

适度宽松的货币政策：2008年11月5日召开的国务院常务会议提出，为抵御国际经济环境对我国的不利影响，必须采取灵活审慎的宏观经济政策，当前要实行适度宽松的货币政策。这次也是中国10多年来货币政策中首次使用“宽松”的说法。适当宽松的货币政策意在增加货币供给，在继续稳定价格总水平的同时，要在促进经济增长方面发挥更加积极的作用。

美国：大萧条与“罗斯福新政”

凯恩斯提出，短期内经济总是处于有效需求不足的状态，在资本主义制度下，经济危机的产生是必然的，为了拯救资本主义制度，政府就有必要采取一些政策手段刺激经济。

1. 1929—1933年经济大萧条

1929年10月初的一周之内，美国人在证券交易所内失去的财富高达100亿美元；到11月中旬，纽约证券交易所股票价格下降40%以上，证券持有人的损失高达260亿美元；三年中，有5 000家银行倒闭，至少13万家企业倒闭，汽车工业下降了95%；到1933年，工业总产量和国民收入暴跌了将近一半，商品批发价格下跌了近三分之一，商品贸易下降了三分之二以上；占全国劳工总数四分之一的人口失业。

2. “罗斯福新政”（复兴、改革、救济）

1933年3月9日，美国国会通过《紧急银行法》，决定对银行采取个别审查颁发许可证制度，对有偿付能力的银行，允许尽快复业。

1933年4月5日，宣布禁止私人储存黄金和黄金证券，美钞停止兑换黄金；1933年4月19日，禁止黄金出口，放弃金本位；1933年6月5日，公私债务废除以黄金偿付；1934年1月10日，宣布发行以国家有价证券为担保的30亿美元纸币，并使美元贬值40.94%。

先后通过了《农业调整法》和《全国工业复兴法》，要求资本家们遵守“公平竞争”的规则，订出各企业生产的规模、价格、销售范围；给工人们订出最低工资和最高工时的规定。

1933年5月，美国国会通过联邦紧急救济法，成立联邦紧急救济署，将各种救济款物迅速拨往各州，1934年又把单纯救济改为“以工代赈”，给失业者提供从事公共事业的机会；在罗斯福的第二个“百日新政”结束后，政府至少提供了600多万个工作岗位，失业人数比1933年初减少了400万。

1935年农民的全部现金收入从1932年的40亿美元上升到近70亿美元；1936年工商业界倒闭数目只有1932年的三分之一；各保险公司资产总额增加了30多亿美元，银行业早已渡过了难关，道·琼斯股票指数上升了80%。

资料来源：于辉. 中国货币政策效率分析［M］. 北京：中国经济出版社，2007.

第五节　经济增长与供给管理

生产函数告诉我们，为了实现更快的经济增长，我们可以从两个方面着手，一方面是提高每小时劳动的资本增长率，另一方面是提高技术进步的速度。

一、刺激储蓄

由于资本来自于投资，投资引起资本积累，而储蓄为投资筹资。因此，刺激储蓄可以刺激经济增长，东亚经济增长率和储蓄率最高，一些非洲国家和地区经济增长率和储蓄率最低。当然，对于中国政府而言，面对的问题往往是相反的方面：居民储蓄率很高，结果导致现期消费需求不足。

如何刺激储蓄？通常政府可以通过税收政策来鼓励人们储蓄，比如建立个人退休金账户，以税收方式强制人们为未来消费而储蓄。还有一些经济学家主张，对消费征税而不对收入征税，也能够鼓励人们储蓄——储蓄等于收入减去现期消费，消费减少则储蓄会增加。

1960—1991 年，新加坡和日本的投资占到国内生产总值的 30% 以上，而对应的经济增长率为 6% ~7% 之间；相对的，孟加拉国和卢旺达的投资不到国内生产总值的 10%，而经济增长率也在 1% 上下徘徊。

二、鼓励研究与开发

一百年来，电话、内燃机、电脑等新产品的出现引起了劳动生产率的迅速增长。虽然大多数技术进步来自于企业和个人的研究，但所有人都可以利用这些基础知识的结果，并且从中获利。在很大程度上，基础知识是公共物品，尤其是关于数学、物理等方面的基础知识。

正如政府在提供国防、治安、法律等公共物品方面起的作用一样，它也应该采取措施鼓励研究与开发。

政府可以直接赞助研究与开发，比如为大学或者专业研究院提供津贴，或者设立国家奖励基金。但这种方法并不简单易行，评定一项具体的研究成果的贡献并奖励研究者，是一件困难的事情。

政府还应当建立保护知识产权的制度——专利制度。当企业或个人发明了一种新产品时，可以通过专利制度的保护，在一定年限内享有排他性的生产该产品的权利。在本质上，专利给予发明者的保护，把他的成果从公共物品变成了私人物品，这种制度提高了对私人研究与开发的激励。当然，这种制度的消极影响就是降低了成果对经济增长的作用。试想一下，如果对袁隆平的水稻杂交技术给予专利，该技术就不能免费推广到全国甚至全世界，那么水稻产量的增加就会减少，人们的生活水平当然也会降低。

三、鼓励国际贸易

自由的国际贸易能够带来什么好处？贸易可以改善每个国家的处境。

国内企业有的时候也宣称它们需要保护以避开外国竞争来生存和成长，这种幼稚产业保护论与对外国人的普遍不信任结合在一起，有时会使发展中国家决定实行关税和其他贸易限制措施。

事实上，我们考察中国最近 50 年的经济发展历程，可以看到进出口贸易对经济增长是多么重要。中国出口服装而进口飞机，原因在于中国在生产服装上具有比较优势，而生产飞机的技术比不上美国等高科技国家。在国际贸易中处于什么样的状况还受到地理位置的影响：纽约、旧金山和香港都位于海边，发展国际贸易更加容易。

也许你会觉得生产服装的利润率比不上生产飞机的利润率，中国在这样的国际贸易中更“吃亏”——这是大多数发展中国家都面临的问题。但是比较一下中国自己投资于技术研究和开发，然后生产飞机这种方式，我们就会发现国际贸易事实上缩短了中国技术进步的时间，带来了很高的收益。

试一试：

如果中国一直依靠“自力更生”的方式生产产品，既不进口也不出口，你的生活会有什么变化？

四、改善教育质量

人力资本积累主要通过教育来实现，长期中对于经济增长的影响至少和资本积累同样重要。在人力资本特别稀缺的发展中国家，受过教育的工人与未受过教育的工人之间的工资差距明显。

由于教育（尤其是基础教育）具有很强的公共物品的性质，所以政府提高人力资本的一种方法是提供良好的学校，并鼓励人们利用这些学校。

人力资本投资和物质资本投资一样也有机会成本，当学生上学时，他就失去了工作取得收入的机会。在我国的一些贫困地区，尽管有九年义务教育的规定，而且人们也能够认识到接受正规教育的收益非常高，但仍然有很多青少年小小年纪就退学了，这主要是因为家庭需要他们的劳动收入来帮助养家糊口。

发展中国家面临的另一个问题是人才外流——受过高等教育、具有较高人力资本的人更容易移民到发达国家去，因为发达国家的收入和生活水平都更高。因此，政府对于留学是一种什么样的态度呢？一方面，美国等发达国家有最好的高等教育制度和教育水平，因此送一些人去国外留学是积累人力资本的一个好办法；另一方面，这些在国外生活过一段时间的学生可能选择不回国，这种外流反而进一步减少了发展中国家的人力资本存量。

五、控制人口增长

世界最贫穷的国家经常面临这样一个问题：饥荒。饥荒是因为人口过多吗？

英国经济学家托马斯·罗伯特·马尔萨斯（1766—1834）提出过这样的观点，他在1798年出版的《人口学原理》中预言，人口增长将超过食物生产。原因在于人口将按照几何级数增长（1，2，4，8，16……），而食物产量将按照数学级数增长（1，2，3，4，5……）。当人口增长与食物增长矛盾发展到一定程度时，就可能周期性地爆发战争、灾难和疾病，强制性减少人口。

然而事实上，非洲的饥荒更多的不是因为人口过多，而是在于政治不稳定和分配不均——食物是有的，但是需要它的人得不到。比如在20世纪90年代初，索马里的饥荒就主要是因为战争，内战中对立派别之间的战斗阻止了运送食物的卡车到达饥饿地区。

中国最能感受到人口过多对经济增长造成的压力，即使国内生产总值总量已经达到世界第三的水平，但人均国内生产总值却使中国仍然只能算是一个低收入国家。为了降低人口增长率，中国实行计划生育制度，普通家庭只能生育一个小孩——这一点在近年略有放松。另一个影响人口增长的办法是影响机会成本，鼓励人们作出期望的反应。一个获得了良好教育并得到合意的就业机会的妇女倾向于少生孩子——养孩子的机会成本高，因此，鼓励平等对待妇女的政策是发展中国家减少人口增长率的一种方法。

试一试：

德国等国家人口增长率降低，甚至是负增长，对经济会产生什么影响？政府可能采取什么样的措施？

六、产权和政治稳定

以色列和巴勒斯坦在加沙地区的冲突一直不断，2009 年更是爆发了大规模武装冲突。在这个地区的巴勒斯坦人会投资兴建旅馆吗？

除了中东地区，另一个常常因为战争或政治冲突在新闻中出现的地区是非洲。1978—1987 年，非洲人均产量下降了 0.7%，1987—1994 年又下降了 0.6%。

非洲国家更倾向于采取“自给自足”的政策，限制国际贸易，因为这些国家经历了长期殖民统治，把对外开放作为对国家主权的威胁。

殖民统治遗留的另一个问题是政治冲突，革命和政变变得很普遍，因此私人产权得不到有效保护，人们也就缺乏投资的激励。如果政府更替，革命政府可能没收一些企业的资本，其后果就是国内居民减少储蓄、投资，倾向于去外国发展。

因此，经济繁荣部分取决于政治繁荣，“稳定压倒一切”。一个有着廉洁高效的政府和稳定状况的国家享有的生活水平明显高于战乱国家。

试一试：

中国未来的经济增长会是什么样的情形？政府有办法改进吗？

总结与回顾

● 失业率是那些想要工作而又没有工作的人在总劳动人口中所占的比例，不同国家对于失业的定义有所不同，我国官方统计以城镇登记失业率为主，现在正逐步采用另一个更为规范的指标——城镇调查失业率。

● 失业的类型和原因多种多样，其中自愿失业不那么受重视，而非自愿失业包括摩擦性失业、季节性失业、结构性失业和周期性失业。其中，周期性失业与经济周期紧密相关，因此是可以避免的，也是政府宏观政策的主要调控对象。

● 失业不仅影响经济产出，而且会产生不利的社会影响，比如影响家庭稳定、使失业者丧失信心以及影响社会稳定。失业的经济影响可以用奥肯定律来衡量，表示失业率高于自然失业率一个百分点，实际国内生产总值就会比潜在国内生产总值低两个百分点。

● 为了减少失业，我国政府实施的政策包括：建立信息交流平台、加强劳动者技能培训、逐步消除流动限制以及实行需求管理政策等。

● 通货膨胀是物价水平持续上涨、货币价值不断下降的过程，通常依赖于消费价格指数（CPI）、生产者价格指数（PPI）和GDP缩减指数的计算来衡量通货膨胀率。

● 产生通货膨胀的原因多种多样，可能有政治军事原因，也可能是经济原因，我们主要考察需求拉动的通货膨胀、成本推动的通货膨胀以及两者相互作用产生的通货膨胀。

● 当通货膨胀不可预期时，通货膨胀会产生消极影响，可能引起财富再分配和税收扭曲以及增加菜单成本和皮鞋成本，严重的通货膨胀甚至引起混乱。

● 抑制通货膨胀的常用政策有紧缩性财政政策、收入政策和利率政策，但每种政策都可能伴随着副作用。

● 短期菲利普斯曲线表示当预期的通货膨胀率和自然失业率不变时，通货膨胀与失业之间存在着交替关系。

思考与练习

宏观经济政策的挑战

人们对宏观经济学总是存有敬畏之情，不仅很难制定出行之有效的宏观政策，而且也很难对宏观经济形势进行准确判断。

20世纪美国最伟大的经济学家之一——阿尔文·费雪对于货币数量论、利率和通货膨胀有着深刻研究，但是他在20世纪20年代末美国股市上扬的时候，通过大量借债购买股票，结果在1929年的崩溃中损失了大约有1 000万美元！

无论是否具有专业的经济学知识，人们常常对宏观经济发表看法：政府应该增加或减少政府支出以影响总需求，中央银行应该放松或紧缩银根，政府应当促进财富更平等的分配，等等。但事实上，宏观经济政策的挑战并不是表面上那么简单。

1. 政府应当努力稳定经济吗？

当经济处于衰退或萧条时，普遍认为应当采取扩张性政策刺激需求，比如增加政府支出、减税或者降低利率等。

问题的一个难处在于：政策并不能立即影响经济，其作用需要一个很长的时滞。决策者需要准确把握经济形势，并根据不同的原因来制定针对性的政策。现实问题很难对经济有一个准确的预期，因为经济随时都在发生变动，人们只能使用各种方法来加以猜测，结果可能使得政策起到相反的作用。

2. 中央银行应该追求零通货膨胀率吗？

一般情况下，通货膨胀带来的负面影响远远大于正面影响，那么中央银行就应当追求零通货膨胀率吗？

支持者认为，从长期来看，通货膨胀率与失业率无关，因此降低通货膨胀率并不会导致产出下降、失业率上升，因此是一项长期有利的政策。

反对者认为，即使零通货膨胀不会影响就业，降低通货膨胀率的政策也会产生成本，会降低产出。通过估算表明，放弃1%的通货膨胀率要求放弃一年产量的5%左右。

从这个角度看，反通货膨胀成本高昂，而且降低通货膨胀导致产出减少时，这种损失并不是平均分摊在每个人身上，因此会加剧不平等。

其他引起争论的宏观经济问题还有：应该以什么作为货币政策的目标，如何对待财政赤字，是否应当为了长期增长而鼓励储蓄等。

就像治疗疾病需要对症下药一样，制定宏观经济政策也需要对于经济形势有着准确地把握，而这正好是困难甚至是不可能的，因此宏观经济学充满了争议和话题。

思考：

通过目前为止的经济学学习，你认为宏观经济的主要问题是什么？政府能够解决哪些经济问题，而不能解决哪些问题？

图书在版编目(CIP)数据

经济学原理/吴开超,吴伶主编.—3版.—成都:西南财经大学出版社,2013.8(2017.9重印)

ISBN 978-7-5504-1052-7

Ⅰ.①经… Ⅱ.①吴…②吴… Ⅲ.①经济学 Ⅳ.①F0

中国版本图书馆CIP数据核字(2013)第120400号

经济学原理(第三版)

主　编:吴开超　吴　伶

副主编:刘伟娜　罗　晶

责任编辑:张　岚

助理编辑:李晓嵩

封面设计:杨红鹰

责任印制:封俊川

出版发行	西南财经大学出版社(四川省成都市光华村街55号)
网　　址	http://www.bookcj.com
电子邮件	bookcj@foxmail.com
邮政编码	610074
电　　话	028-87353785　87352368
照　　排	四川胜翔数码印务设计有限公司
印　　刷	郫县犀浦印刷厂
成品尺寸	185mm×260mm
印　　张	19.25
字　　数	435千字
版　　次	2013年8月第3版
印　　次	2017年9月第6次印刷
印　　数	16001—18000册
书　　号	ISBN 978-7-5504-1052-7
定　　价	38.00元